THÉORIE DU DROIT PUBLIC

Logiques Juridiques

Collection dirigée par Gérard Marcou

Le droit n'est pas seulement un savoir, il est d'abord un ensemble de rapports et pratiques que l'on rencontre dans presque toutes les formes de sociétés. C'est pourquoi il a toujours donné lieu à la fois à une littérature de juristes professionnels, produisant le savoir juridique, et à une littérature sur le droit, produite par des philosophes, des sociologues ou des économistes notamment.

Parce que le domaine du droit s'étend sans cesse et rend de plus en plus souvent nécessaire le recours au savoir juridique spécialisé, même dans des matières où il n'avait jadis qu'une importance secondaire, les ouvrages juridiques à caractère professionnel ou pédagogique dominent l'édition, et ils tendent à réduire la recherche en droit à sa seule dimension positive. A l'inverse de cette tendance, la collection *Logiques juridiques* des Éditions L'Harmattan est ouverte à toutes les approches du droit. Tout en publiant aussi des ouvrages à vocation professionnelle ou pédagogique, elle se fixe avant tout pour but de contribuer à la publication et à la diffusion des recherches en droit, ainsi qu'au dialogue scientifique sur le droit. Comme son nom l'indique, elle se veut plurielle.

Dernières parutions

Ümit KILINC, *La liberté d'expression en Turquie à l'épreuve de la convention européenne des droits de l'homme,* 2010.
Amel AMER-YAHIA, *Le régime juridique des dividendes*, 2010.
Séraphine LEKA, *Le régime de gestion des résidences sociales*, 2010.
Manuel GROS, *Droit administratif. L'angle jurisprudentiel,* (2e édition), 2010.
Robert SAVY, *Émergence d'une région. Le cas du Limousin : 1986 – 2004*, 2009.
Frédéric WILLEMS, *La face cachée des magasins d'usine*, 2009.
Ali Cenk KESKIN, *Pour une nouveau droit international de la concurrence*, 2009.
Matthieu HOUSER, *L'intervention de l'État et la coopération entre communes*, 2009.
Alexandre CIAUDO, *L'irrecevabilité du contentieux administratif français*, 2009.
Çagla TANSUG, *La régulation des services publics de réseau en France et en Turquie. Électricité et communications électroniques*, 2009.
Pierre BOURDON, *Le contentieux indemnitaire de la nullité du contrat administratif*, 2009.

Jiangyuan JIANG

THÉORIE DU DROIT PUBLIC

Préface de
Jean-Arnaud Mazères

L'Harmattan

5-7, rue de l'École-Polytechnique ; 75005 Paris

http://www.librairieharmattan.com
diffusion.harmattan@wanadoo.fr
harmattan1@wanadoo.fr

ISBN : 978-2-296-12169-0
EAN : 9782296121690

Préface

1) Tout au long d'un parcours universitaire qui n'est pas loin d'approcher du demi-siècle, j'ai été conduit à écrire d'assez nombreuses préfaces ; aujourd'hui pourtant, au moment de présenter à ses lecteurs l'ouvrage de M. Jiang, je ressens un curieux sentiment d'étrangeté, et l'impression d'être confronté à une entreprise inédite.

C'est que, on ne met guère de temps à s'en apercevoir, cet ouvrage se caractérise par sa profonde originalité.

Son titre d'emblée intrigue : *Théorie du droit public...* Le consommateur ou l'usager qu'est souvent aujourd'hui le lecteur se serait attendu, sous le titre alors de « Droit public », à un manuel — un de plus — lui permettant de répondre aux exigences positivistes des programmes des examens ou concours. Mais une « théorie » du droit public, c'est évidemment autre chose, une posture qui interroge, et même pour certains, dérange.

C'est que, par les temps qui courent, la recherche obsessionnelle de l'efficacité, du rendement et de la statistique, rend douteuse toute démarche visant à la théorie, jugée hasardeuse, dispendieuse, voire prétentieuse.

Et il est vrai que, lorsque l'on s'aventure sur ce terrain de la spéculation, l'on ne peut, en outre, que sentir le poids de grandes œuvres du passé : et il faut un vrai courage pour tenter une théorie du droit public après tant d'illustres auteurs, après Duguit, Carré de Malberg, ou Hauriou dont les *Principes de droit public* ont encore aujourd'hui cette force emblématique propre à décourager toute entreprise ayant une telle ambition de réflexion générale.

Faut-il rappeler qu'aujourd'hui effectivement une telle réflexion sur le droit public dans son ensemble est tout à fait hors du commun (du moins en droit français, car cette réflexion est loin d'être inexistante au Royaume-Uni notamment) ? A la suite d'une évolution dont les causes sont multiples, la notion même de droit public se trouve démembrée, chacune des disciplines la composant ayant été entraînée dans un mouvement centrifuge, chacune revendiquant d'ailleurs au-delà d'une autonomie justifiée par sa technicité, une position dominante vis-à-vis des autres : on connaît bien notamment à cet égard quelle est depuis plusieurs années celle des constitutionnalistes, mais aussi maintenant celle des communautaristes. Le droit public balkanisé a perdu son identité, étouffé par des querelles de techniciens et des luttes de pouvoir, et il fallait un certain courage pour se situer au-delà de ces stériles affrontements.

M. Jiang a eu ce courage, et l'on est conduit à penser, paradoxalement, que sa modestie aussi lui a permis d'oser cette entreprise : c'est parce qu'il n'a pas cherché à se placer aux côtés des grands publicistes du passé ; parce que, venu d'un pays lointain, il s'est senti libre de poser, à son échelle, et par des chemins qui lui étaient propres, des questions majeures, cardinales, qui effectivement, comme il l'a senti, sont toujours ouvertes, et d'autant plus ouvertes qu'elles ont été déjà abordées par de grands esprits. M. Jiang a, pour nous, quelque chose de cette « intelligence sans attache » dans laquelle Mannheim voyait le modèle du chercheur.

Et cette liberté face au poids du passé, comme à la tyrannie contemporaine de l'« efficience » est bien sans doute le trait majeur de la pensée de M. Jiang. C'est cette liberté qui donne à cet essai sa profonde originalité, et la force qui est la sienne. Loin des conventions académiques, des idées dominantes qui structurent la conception actuelle du droit public, M. Jiang échappe à ce que Michel Foucault appelle « l'ordre du discours », et nous livre sur chaque grande question, une analyse qui après avoir surpris, interroge ; et souvent après avoir interrogé, convainc, avec cette jubilation rare du regard « autre » qui se révèle dire le vrai.

2) Mais, il ne faut pas s'y tromper, M. Jiang n'est pas pour autant un esprit qui, échappant à toute culture, aurait la position facile de ce qu'il est à la mode d'appeler un « électron libre ».

On se rend vite compte au contraire de l'immense savoir qui est le sien dans le domaine de la théorie et de la philosophie, qui lui permet de traverser le droit public pour lui donner à la fois son sens et sa signification.

Il est vrai que cette culture n'est pas exhibée, qu'elle est souvent sous-jacente, aux confins parfois du discours eidétique ; l'appareil critique (pour employer cette expression convenue) est réduit au minimum : peu de notes infra-paginales, peu de références explicites, peu de citations... Mais, une fois encore, ce livre n'est pas un ouvrage répondant aux contraintes de ce qui est désigné par les autorités universitaires comme « scientifique » par la forme à défaut de pouvoir l'être par la substance. C'est un parcours qui va de l'avant, une pensée qui marche librement sans s'alourdir de justificatifs et de justifications formelles destinées trop souvent à une simple reconnaissance académique.

Et sans doute faut-il au lecteur lui-même une connaissance et une culture qui lui permettront de saisir les racines et les implications des analyses conduites par M. Jiang. Ce livre est un ouvrage exigeant, qui sollicite l'attention et la réflexion, appelle à penser, à solliciter ses connaissances, à les mettre à jour, et surtout à les mettre en cause. Et comme nous l'a fait comprendre Gaston Bachelard, il y a dans cette exigence, la condition véritable de ce qu'est une démarche scientifique.

****

3) Présenter, dans ces conditions, une telle recherche n'est pas tâche facile. On serait tenté d'abord d'exposer les thèmes majeurs qui traversent le droit public, et qui font l'objet de la part de l'auteur d'un nouvel examen systématique ; mais présenter une œuvre n'est pas en exposer ni même en expliquer le contenu : le lecteur ne doit pas d'emblée être prisonnier d'une grille de lecture que livrerait une préface par trop directive. On ne saurait non plus se contenter du genre d'éloge mondain dont l'élégance ne peut cacher la viduité. C'est Borges qui définit sans doute le mieux ici la voie, lorsqu'il écrit qu'une préface « est une forme latérale de la critique ». Et cette latéralité consiste sans doute à être à côté du lecteur, non point pour le guider, mais pour l'accompagner.

4) Engageons-nous avec lui dans ce vaste champ complexe et parfois déroutant qu'est cette *théorie du droit public*.

Ce qui retient d'abord, c'est — attitude rare aujourd'hui — le positionnement préalable du droit public, non point par son domaine ou son objet, mais par la « problématique qui lui est propre ». M. Jiang, pour la dégager, pose d'emblée des questions épistémologiques essentielles.

La première le conduit à une réflexion sur la distinction entre théorie et pratique, située dans le prolongement de l'opposition aristotélicienne entre la *vita contemplativa* et la *vita activa* ; et sur ce point déjà s'affirment l'originalité et la pertinence du propos, d'autant plus bienvenues que cette question est le plus souvent noyée dans le flot des idées convenues, et des idées convenant surtout aux dictats de la rentabilité.

La seconde entraîne l'auteur vers un brillant développement sur les distinctions subtiles et aujourd'hui déformées par un kelsénisme rampant, entre la science du droit et la doctrine ou la dogmatique juridique, soulevant la question toujours ouverte de la vérité dans le champ du droit.

M. Jiang enfin, avant d'exposer le plan général de son ouvrage, ouvre heureusement le vieux débat entre droit positif et droit naturel en le situant dans une perspective plus générale et plus heuristique de la problématique relation entre l'universalisme et le relativisme. Et c'est au carrefour de ces deux positions qu'il tente de saisir ce qu'il nomme « l'être du droit public », c'est-à-dire à la fois son essence et son existence, ce qui le conduit à construire sa recherche sur le socle d'une première démarche fondamentale — et il faut le dire très largement inédite — consistant à dégager *« l'idée »* du droit public.

J'imagine déjà le sourire dédaigneux des bien-pensants du droit positif... Mais ce qu'ils considèrent, avec une hypocrite modestie, comme de stériles spéculations, répond pourtant à une inéluctable exigence de toute approche cognitive : celle, avant de s'engager dans l'analyse, de poser la question « qu'est-ce que ? ».

Qu'est-ce que le droit public ? Et, dès lors, qu'est-ce que le droit ? Et que faut-il entendre par son qualificatif « public » ? On conviendra de l'importance de ces interrogations, et aussi de leur oubli à peu près général chez les « publicistes ».

M. Jiang, lui, les affronte d'emblée, et les réponses qu'il propose, notamment quant à la détermination de ce qu'est le public (auquel est consacré plus d'une vingtaine de pages), donnent enfin à ce terme toute sa dimension, bien au-delà du vide tautologique généralement rencontré sur cette question : le « public » est saisi, effectivement, à la fois comme donnée de l'existence humaine (« le privé, écrit l'auteur, en est le côté individuel, spécifique ; le public en est le côté universel, générique »), et comme construit de la conscience réflexive. Et son rapport au privé est dégagé à la fois de manière statique comme distinction, et de manière dialectique comme mouvement qui va de l'un vers l'autre, selon un schéma dont on reconnaîtra aisément l'inspiration hégélienne.

C'est cette même inspiration que l'on retrouve lorsque M. Jiang s'efforce de saisir ce qu'est le droit. La définition donnée d'abord du droit semble pourtant relever d'un évident subjectivisme : le droit serait le *suum cuique* de chaque existence humaine, résulterait de la situation existentielle au monde de chacun d'entre nous.

Dans cette perspective, même si cela nous surprend, on comprend que pour notre auteur ce n'est pas le devoir-être qui livre la nature du droit, mais l'« avoir », la possession, la propriété. Cette vision située dans le sillage des analyses du philosophe germanique Eric Fromm (*Avoir ou être ? Un choix dont dépend l'avenir de l'homme*) modifie en profondeur la vision traditionnelle que la doctrine se fait du droit, surtout à la suite de la conception formaliste de Hans Kelsen.

Mais, et là se manifeste toujours la référence à Hegel pour M. Jiang, le droit « doit être réalisé dans l'existence concrète de l'homme », selon un processus de réalisation qui se réfère expressément aux trois moments définis par Hegel dans sa philosophie du droit et de l'Etat (le droit abstrait, le droit subjectif, et le droit concret), même si l'auteur donne à ces trois moments un sens qui lui est propre.

La définition qui s'en suit du droit public comme droit de l'Etat peut sembler alors décevante par sa simplicité : mais il faut bien comprendre qu'elle est déterminée et enrichie par toute une problématique préalable qui donne à cette qualification une dimension qui n'est ni tautologique ni même seulement formelle.

5) Un nouvel étonnement va surgir lorsque le lecteur va aborder le chapitre II de l'ouvrage, consacré à ce que M. Jiang appelle « la structure du droit public ». Ici, en effet, le titre semble classique, et l'on pourrait s'attendre à du convenu. Or les catégories retenues, les concepts utilisés, les classements opérés relèvent une fois encore d'une démarche profondément originale qui oblige à repenser toutes les questions cardinales censées « structurer » le droit public. Laissons le lecteur découvrir ces contrées inédites, avoir le plaisir du regard différent, de la perspective novatrice ; seulement quelques brefs exemples devraient lui donner l'envie de s'aventurer plus loin...

Déjà la *summa divisio* adoptée par M. Jiang n'est pas conforme aux canons habituels : la distinction entre droit public matériel et droit public formel, fondée sur la conception aristotélicienne des causes, donne un sens plus fort à ces deux termes de matériel et de formel souvent employés en doctrine sans réflexion préalable. La matière (le bloc de marbre) sera mise en forme (la statue) par le sculpteur : ainsi, le droit matériel comprend pour notre auteur tout ce qui concerne l'organisation et les fonctions de l'Etat (et comprend donc ce qu'il est convenu d'appeler, notamment en droit communautaire, le droit institutionnel) ; tandis que par droit formel, M. Jiang entend « les formes de la réalisation du droit public », perspective qui, au-delà de la notion de sources du droit jugée approximative et incomplète, permet de saisir la formation progressive des normes depuis leur émergence dans la coutume puis dans le droit écrit jusqu'à leur accomplissement « authentique » (pour employer un mot de Kelsen) avec l'intervention du juge (et c'est une fois encore pour l'auteur l'occasion de suivre la dialectique hégélienne telle qu'elle est magistralement élaborée dans *Les principes de la philosophie du droit*).

Au sein de cet ensemble ainsi structuré, les grandes notions classiques du droit public prennent une dimension et une signification renouvelées et souvent approfondies et clarifiées. Ainsi en est-il, entre autres, de la question toujours débattue de la supra-constitutionnalité. Ou encore de l'opposition faite entre distinction et classification des fonctions de l'Etat, à partir de laquelle est repensée l'insondable question de la séparation des pouvoirs, et de l'émergence qui en résulte d'une « fonction volitive » que prolonge nécessairement une « fonction exécutive » (comment à cet égard ne pas penser, bien que l'auteur ne le suggère pas, à la conception du monde comme volonté au-delà de la représentation chez Schopenhauer ?) Mais l'analyse la plus surprenante est peut-être celle de la loi dont le destinataire ne serait pas directement le citoyen, mais l'Etat lui-même. Ici M. Jiang adopte pourtant une position qui d'emblée semble relever de l'évidence, mais une évidence qui nous avait largement échappé : la loi n'est pas destinée à régir le comportement des individus, pas plus qu'elle ne formule des interdits à leur encontre ; elle indique seulement à l'autorité chargée de l'appliquer, et en particulier le juge, les mesures à prendre pour que ses dispositions soient respectées. Relevons enfin l'ombre de la pensée du doyen Hauriou dans la distinction reprise et approfondie par M. Jiang entre les relations institutionnelles dans lesquelles l'Etat manifeste sa souveraineté vis-à-vis des individus, et celles où s'établit au contraire un rapport d'égalité et qui relèvent de ce qu'il nomme comme Hauriou, le « commerce juridique » (nous ne pouvons ici nous arrêter, malgré l'intérêt de la question, sur les différences qui séparent l'analyse de notre auteur de celle du doyen de Toulouse). Bien d'autres perspectives encore se trouvent ouvertes dans ce livre vers des horizons inattendus : les pages consacrées au contentieux, par exemple, inspirées de la philosophie d'Alexandre Kojève (et notamment sa notion cardinale de tiers), ne peuvent que retenir l'attention et à coup sûr susciter le débat. La distinction établie entre *juris-dictio* et *civitatis-dictio*, fort originale, est particulièrement pertinente pour rendre compte de la nature spécifique de certaines institutions de droit positif, comme le Conseil Constitutionnel par exemple.

6) Très débattues seront aussi sans doute les pages du troisième et dernier chapitre de l'ouvrage dans lesquelles M. Jiang s'attache à tracer les grandes lignes de la « réalisation historique du droit public ».

Là, en quelques lignes introductives d'une rare intensité, c'est toute une extraordinaire réflexion sur l'histoire et sa relation au droit qui se trouve livrée.

Une réflexion, d'abord de nature épistémologique sur les conditions de possibilité d'une démarche historique et les voies qui doivent être les siennes, relevant à la fois de la sémiotique (l'histoire établie à partir d'un ensemble de signes) et de l'herméneutique (l'histoire comme recherche de la signification des faits).

Une réflexion aussi sur la nature même de l'histoire qui, comme l'écrit fort justement l'auteur, « ne nous intéresse que si elle peut nous instruire sur notre condition présente ». L'histoire dans cette perspective apparaît alors sous un double visage.

En ce qu'elle livre d'abord au-delà du flot des évènements, un certain nombre de types idéaux, des modèles qui permettent de mieux comprendre le réel actuel.

L'essentiel pourtant n'est pas là, car on ne peut envisager l'histoire comme une sorte d'éternelle répétition du même (qui, comme le rappelle Mircea Eliade, est le propre de la signification du mythe). Elle est en effet avant tout, pour M. Jiang, « un processus évolutif, voire dialectique ». Suivant la voie de Voltaire, et surtout une fois encore, celle de Hegel, M. Jiang adopte une conception téléologique de l'histoire comme « réalisation progressive de la raison », et surtout une conception dialectique qui fait qu'elle se déroule selon un schéma « bien précis et déterminé ».

On comprend alors que le titre de ce chapitre « Réalisation historique du droit public », apparemment anodin, donne aux développements qu'il annonce une orientation bien particulière.

Il ne s'agit pas en effet d'une simple « histoire » du droit public dont les différents moments seraient présentés successivement, mais de l'analyse d'un mouvement historique par lequel le droit public se « réalise », c'est-à-dire parvient à révéler dialectiquement, selon l'auteur, sa véritable substance.

Et c'est là, à coup sûr, que ne peut que surgir le débat, sur le plan juridique, mais surtout philosophique.

Se pose d'abord, et cela n'a pas échappé à l'auteur, la question de la relation de cette double nature de l'histoire avec la notion de droit naturel, faisant réapparaître, mais ici dans une perspective temporelle, l'opposition déjà abordée de l'universalisme et du relativisme.

Mais surtout, et à l'évidence, est posée la question récurrente du « sens » de l'histoire, entendu à la fois comme mouvement et comme signification. Et nous ne cacherons pas notre perplexité sur ce point. Nous avons effectivement du mal à admettre sans réserve cette vision téléologique de l'histoire, le déterminisme qui en découle, et ce mouvement qui n'en est peut-être pas vraiment un puisqu'il est la réalisation de la raison qui est déjà en aval de l'histoire. Mais il faut bien avouer aussi que cette vision hégélienne qui fait rejoindre (comme l'a si bien montré Jean Hyppolite) l'esprit du christianisme et la rationalité des temps modernes a une grande force de conviction, et une incontestable charge heuristique. C'est là d'ailleurs, en lisant M. Jiang, que l'on se sent pris dans une sorte de contradiction : s'il peut sembler effectivement difficile, comme on vient de le dire, de trouver une signification déterminée au « sens » de l'histoire, force est de reconnaître en même temps que les périodes mises à jour par ce type d'analyse, donnent à l'histoire une intelligibilité, une lisibilité dont il est aussi difficile de se départir. Et l'on est amené à se dire, à ce stade de la réflexion, que si, en ce domaine historique, l'existence d'une « cause finale » semble pour le moins contestable, l'on peut peut-être admettre, dans des conditions particulières, l'existence d'une « cause efficiente ».

Dans cette logique, on ne peut qu'être séduit par les grands traits de la fresque historique que M. Jiang dessine magistralement en faisant apparaître trois moments essentiels de cette réalisation : *cosmologique*, *théologique*, et aujourd'hui *anthropologique* (même si, une fois encore, on peut hésiter à le suivre lorsqu'il écrit : « Ces trois visions du monde correspondent aux trois moments dans la dialectique de l'esprit chez Hegel : en soi, pour soi, et en soi et pour soi »).

Nous laisserons le lecteur découvrir la richesse de l'analyse de chacun de ses moments : M. Jiang fait preuve, pour chacun d'entre eux, d'une très grande culture, d'une véritable érudition, mise au service d'une puissante vision générale qui fait toujours ressortir le mouvement dont il suit le sens.

Nous cèderons pourtant au plaisir de poser un regard critique (au sens philosophique du terme) sur le troisième moment, qui correspond à l'époque contemporaine, et pour lequel doit être précisé ce que M. Jiang entend par vision « anthropologique du monde ».

Il est vrai d'abord que dans cette vision « la nature et Dieu sont tous deux considérés comme des créations de l'homme lui-même ». On sait effectivement comment, à partir de la Renaissance, l'individu considéré comme sujet s'est trouvé placé au centre du monde, un monde qui échappait alors à la double centralité du cosmos et du divin ; comment, dès les débuts du 15e siècle à Florence, la technique de la perspective est devenue le symbole de cette « conquête de la réalité » (selon l'expression d'Ernst Gombrich qui reprend ici dans son *Histoire de l'art*, l'analyse d'Erwin Panofsky dans son ouvrage sur *La perspective comme forme symbolique*) . Et l'on ne peut sur ce point que suivre la voie ouverte par Martin Heidegger, lorsqu'il écrit : « Le processus fondamental des Temps modernes, c'est la conquête du monde en tant qu'image conçue », la modernité n'apparaissant que « lorsque l'homme est devenu sujet et le monde image conçue » (in *Les chemins qui ne mènent nulle part*).

C'est bien ce sujet, muré dans son individualité autonome et souveraine, qui va effectivement s'approprier le monde en en faisant sa représentation avant de le dominer par sa volonté et son action. C'est bien ce sujet qui est le sujet de droit, placé au centre de notre système juridique, et qui en est à la fois le pivot et le moteur ; c'est bien lui auquel les civilistes reconnaissent cette « autonomie de la volonté » qui donne au contrat la force de la loi ; lui auquel les publicistes donnent la puissance (même illusoire) de la souveraineté, par la fiction du contrat social.

M. Jiang rend fort bien compte de la place centrale de l'individualisme dans la conception contemporaine du droit public, et là encore l'analyse est riche et aussi originale en ce qu'elle ne reste pas dans le champ de la philosophie, mais s'attache à montrer le sceau de cette conception dans les constructions les plus concrètes de nos régimes politiques et administratifs.

Mais surtout — et l'on retrouve ici la dynamique de la pensée dialectique de l'auteur — cet individualisme est pour lui le premier moment d'un mouvement qui va aller vers sa négation avec le droit public « collectiviste », avant que celui-ci ne soit à son tour dépassé par le droit public « personnaliste ».

Nous avons dit plus haut quelle était notre hésitation à adopter cette dynamique en ce qu'elle nous paraît relever d'une improbable dialectique déterministe. Mais la pertinence de la mise à jour de ces trois moments nous paraît en revanche indiscutable. Oui, comme l'avait d'ailleurs bien vu Maurice Hauriou, entre le tout à l'individu et le tout au collectif, il y a une voie qui pourrait bien être celle que M. Jiang esquisse dans les pages qu'il consacre au droit public « personnaliste ». Il en relève les manifestations, les incertitudes, les abus, mais les espoirs aussi ; et l'on voit alors que la pensée de l'auteur n'a rien de cette rigidité qui serait celle d'une implacable machinerie dialectique.

Il est vrai que le fil rouge de ce bel ouvrage est, on l'a souligné à plusieurs reprises, le système hégélien qui semble fasciner l'auteur, comme (pourquoi ne pas l'avouer ?) il nous fascine nous-mêmes. Et il peut paraître paradoxal, ou pire dépassé, que de se situer dans le sillage de Hegel alors que l'idéologie néolibérale triomphante nous immerge dans une sorte de kantisme tronqué et édulcoré prétendument seul garant d'une liberté pourtant trop souvent illusoire.

Reste à savoir cependant si on peut être aujourd'hui hégélien, et de quelle manière on peut l'être. Pour ce qui est de M. Jiang, la réponse n'est pas évidente : on a été déjà amené à le noter, et le lecteur s'en apercevra lui-même, l'hégélianisme de notre auteur a ses particularités et une incontestable part d'autonomie.

On peut penser ainsi que la vision téléologique de l'histoire qui semble être la sienne (et, on le sait, que nous ne partageons pas), est en fait chez lui nuancée, et reste en tout cas interrogée : est-elle une sorte de déterminisme quasi millénariste de l'avenir, ou bien seulement la recherche d'une intelligibilité de ce qui est déjà advenu, comme le laisserait entendre la si belle métaphore de la chouette dont le vol ne s'élève qu'au crépuscule ?

En même temps, qu'est-ce que ce mouvement dialectique accompli par ce mystérieux concept de « Aufhebung » à la fois conservation, négation et dépassement ? Et peut-on toujours se dire hégélien si, comme le conçoit M. Jiang, l'idée du droit comme

« avoir » que Hegel situe seulement au moment du droit abstrait, se poursuit dans le droit subjectif, puis dans le droit concret ?

En tout cas, on ne peut, selon nous, qu'être plus que méfiant devant la mécanique dialectique et l'idée de synthèse qui vient capter et unifier dans une médiation institutionnelle — et finalement étatique — le pluralisme jaillissant du social.

Et, partant de l'hégélianisme, ce serait pour nous aujourd'hui, vers la philosophie de Spinoza que nous serions tentés de nous diriger, vers cette conception d'une puissance immanente et permanente (*potentia* et non *potestas*) dont le jaillissement spontané va au-delà de toute médiation juridique et politique. Cette voie est celle ouverte notamment par Gilles Deleuze, mais aussi Pierre Macherey (avec son bel ouvrage *Hegel ou Spinoza*), Alexandre Matheron, et Antonio Negri (*L'anomalie sauvage. Puissance et pouvoir chez Spinoza*, précédé des préfaces des trois précédents auteurs).

Et, bien qu'il ne s'en réclame pas, nous pensons juste de situer la pensée de M. Jiang dans le mouvement de ce renouveau d'un hégélianisme humaniste qui, partant d'un sujet enfermé dans son individualité, va vers un sujet ouvert à l'autre, à la société, à la cité. Tel est notamment le chemin ouvert par la philosophie d'Axel Honneth, l'un des derniers représentants de l'Ecole de Francfort, avec cette théorie de la « reconnaissance » par laquelle il rejoint la ligne suivie ailleurs par Paul Ricœur. « Qui est le sujet de droit ? », brève étude parue en 1995 dans *Le Juste*, nous livre, de manière lumineuse, l'idée clé de tout ce mouvement auquel M. Jiang donne une nouvelle impulsion : « Sans la médiation institutionnelle, écrit Ricœur, l'individu n'est qu'une esquisse d'homme, son appartenance à un corps politique est nécessaire à son épanouissement humain ».

****

7) Au terme de ces trop longues lignes introductives, nous nous interrogeons sur cette latéralité du préfacier évoquée par Borges. La pensée de M. Jiang est si dense, si complexe, si savante... et aussi parfois si déconcertante que l'on se demande si ce n'est pas une illusion que de penser cheminer à ses côtés. Pourtant, quelque chose comme un sentiment de certitude intime nous rassure. Quelle que soit sa singularité, le chemin sur lequel nous sommes entraînés est celui d'une pensée profondément humaine, ouverte sur le monde et sur les autres ; oui, vous qui lirez ce livre, vous entreprendrez avec M. Jiang, dans le champ du droit public, un voyage qui vous paraîtra peut-être

étrange, mais qui vous conduira, au-delà de l'intelligence des choses, vers une compréhension des hommes, de leur société et de leur cité.

Jean-Arnaud Mazères, professeur émérite à l'Université de Toulouse 1 Capitole

Introduction

1) L'existence de la théorie du droit public doit être justifiée par rapport à la théorie générale du droit, d'une part, et aux différentes disciplines du droit public, d'autre part.

A l'égard de la théorie générale du droit, la théorie du droit public doit être comprise comme une théorie régionale. Tout comme la science peut comprendre la science de la nature et la science de l'esprit, la théorie du droit peut comprendre une théorie du droit public et une théorie du droit privé. A l'instar des autres sciences ou théories régionales, la théorie du droit public implique donc la spécification et l'approfondissement de la théorie générale du droit. Elle suppose que le droit public, en tant qu'espèce différente du droit privé, possède une problématique qui lui est propre et qui exige des solutions spécifiques. Par rapport à la théorie générale du droit, la théorie du droit public se présente donc comme un ensemble de propositions plus approfondies, axées spécifiquement sur une partie du droit, celle du droit public.

Au regard de différentes disciplines du droit public, la théorie du droit public se présente surtout comme une vision d'ensemble. Aussi bien dans l'enseignement universitaire que dans la pratique du droit public, la tendance actuelle est à la spécialisation. « Ah, vous faites du droit, mais quelle est votre spécialité ? », voilà la question inévitable dans toutes les rencontres mondaines dignes de ce nom. Non seulement un juriste doit se spécialiser dans une de *summa divisio* du droit, droit public et droit privé, mais en plus, s'il est publiciste, il doit choisir l'une des branches du droit public pour continuer sa spécialité, le droit constitutionnel, le droit administratif, le droit des finances publiques, le droit communautaire, le droit de l'environnement, le droit de la santé publique, etc. Mais si l'on veut vraiment passer pour un bon juriste, on ne doit pas s'arrêter en si bon chemin : il faut se spécialiser encore dans sa spécialité ! Si vous êtes administrativiste, par exemple, vous avez tout intérêt à vous spécialiser davantage dans le droit de la fonction publique, ou le droit des marchés publics, ou le droit de la télécommunication, ou le droit des collectivités locales, ou encore le droit des étrangers, etc. Si l'exigence de la pratique explique en partie cette manie de la spécialisation du savoir juridique, nous pensons tout de même qu'il y a, dans le savoir juridique, également place pour un savoir plus général, ou pour un spécialiste du général, car — faut-il insister sur cette évidence ? — tout savoir particulier ne trouve son sens véritable que dans le cadre d'un savoir plus général. Si en tant qu'êtres pensants, les juristes publicistes cherchent également à donner un sens à leurs savoirs péniblement accumulés, ils doivent s'intéresser eux aussi à la théorie du droit public.

Mais par-delà cette simple présentation, nous pensons que la meilleure justification de la théorie du droit public doit être la théorie du droit public elle-même.

2) Littéralement, la théorie signifie « vision générale ». Le droit public est, selon l'acception ordinaire des juristes, à la fois une réalité historique et une discipline du savoir. Au sens propre du terme, une théorie du droit public a donc pour ambition de fournir une vision générale du droit public en tant que réalité historique. Elle fait partie de la science du droit public.

Ainsi comprise, une théorie du droit public est susceptible d'une double détermination : par rapport à la pratique du droit public et par rapport à la science du droit public.

Avec la pratique du droit public, la théorie du droit public entretient une relation à la fois d'opposition et de complémentarité. L'opposition entre la théorie et la pratique est celle-là même entre la science et la technique, entre le savoir et le pouvoir. La théorie du droit public n'est pas la pratique du droit public, ni la technique ou l'art du droit public, tel que les juges, les avocats, en ont l'expérience dans leur vie professionnelle.

D'un point de vue historique, la distinction entre la théorie et la pratique a connu autant de variantes qu'il y a de systèmes philosophiques[1]. Dans l'Antiquité et au Moyen-Age, la *theoria* était considérée comme l'activité humaine la plus haute, puisqu'on y contemplait l'essence des choses, à la manière des dieux (*vita contemplativa*), tandis que la pratique relevait quant à elle de la *vita activa*, ou de la gestion des affaires de la cité. Selon Aristote, la *vita contemplativa* vient toujours après la *vita activa* : c'est seulement quand on est libéré du souci pratique qu'on peut commencer à s'étonner et s'émerveiller des choses les plus ordinaires, et acquérir par là la capacité de réfléchir, de théoriser, et de s'acheminer ainsi vers la sagesse (voir sur ce point sa *Métaphysique*). Dans un article

[1] Luc Ferry, « Theoria et praxis », in *Encyclopédie philosophique universelle, Univers philosophique*, p.116 et s.

qu'il a consacré à la crise de l'humanité européenne[2], Edmond Husserl a pu même voir dans l'activité théorétique la marque distinctive de l'humanité européenne : à la différence des autres cultures du monde, seule la culture européenne basée sur la philosophie et la science grecques aurait su dépasser les soucis pratiques immédiats et s'élever à l'universel et à l'infini. A partir de l'époque moderne, avec l'essor de la science physique et de la mathématique, la théorie s'est elle-même transformée en quelque chose d'opératoire, tant il est vrai qu'elle a pour visée principale de maîtriser et de dominer la nature, selon la fameuse directive formulée par Descartes. Avec Kant, l'opposition entre la théorie et la pratique retrouve quelque peu son sens originel, ou grec. S'il y a place pour une théorie physique, il y a *a fortiori* une place pour la théorie pratique. Dans son opuscule consacré à l'expression courante : *il se peut que cela soit juste en théorie, mais en pratique cela ne vaut rien*, Kant a pu montrer que dans le domaine de l'action humaine, quand il s'agit non pas de donner une explication rationnelle au fait, mais du concept de devoir, ou de fin que l'homme se propose dans son action, ou du sens qu'il donne à son existence individuelle ou collective, la théorie précède la pratique. Ainsi dans le triple domaine de la morale, du droit public et du droit international, la pratique est selon Kant entièrement subordonnée à la théorie. C'est donc fort logiquement que chez les successeurs de Kant (Fichte, Hegel et Marx) la théorie et la pratique tendent à se réconcilier dans une unité supérieure qu'est l'action ou l'activité humaine[3].

Pour nous aussi, la théorie du droit public est différente de la pratique du droit public et garde toujours une certaine distance par rapport à cette dernière. Dans la pratique du droit public, les juristes sont en prise directe avec des problèmes immédiats, ici et maintenant déterminés et les solutions qu'ils proposent sont toujours marquées du sceau de la contingence. Dans la théorie du droit public en revanche, on soulève des problèmes universaux et s'efforce d'en trouver des solutions reproductibles à l'infini. Aussi pour s'adonner à la spéculation théorique doit-on rompre avec l'attitude pratique. Ce n'est donc point un hasard si sur le plan historique, la théorie du droit public

[2] E. Husserl, *Die Krisis des europäischen Menschentums und die Philosophie* (conférence in Wiener Kulturbund, le 3 octobre 1935) Deutsch Europäische Verlagsanstalt, 2009, 78 Seiten, Kartoniert (TB).
[3] Sur ce dernier point, voir également Habermas, *Théorie et pratique*, Payot, 1975.

est souvent l'œuvre des universitaires et que parmi ces derniers, seuls ceux qui savent garder une distance suffisante avec l'exercice réel du pouvoir sont capables de s'élever à la hauteur théorique. En France au début du 20e Siècle, les trois plus grands théoriciens du droit public, Hauriou, Duguit et Carré de Malberg avaient su édifier leurs œuvres loin du brouhaha et des intriques de la Capitale, alors que leurs collègues parisiens restaient étrangement stériles sur le plan théorique[4]. Il est vrai que certains praticiens du droit public, qu'ils soient juges ou avocats, en raison de leur riche expérience professionnelle, peuvent eux aussi développer une attitude réflexive et édifier une certaine théorie en matière de droit public (exemple en France : Edouard Laferrière, conseiller d'Etat, avait développé une théorie des contentieux administratifs qui reste toujours une référence obligée pour tous ceux qui veulent étudier cette matière[5]), mais il s'agit là plutôt de rares exceptions et que ce faisant, ils se comportent eux aussi comme des théoriciens du droit public, non plus comme de simples praticiens.

Mais si la théorie du droit public est bien différente de la pratique du droit public, il ne faut pas croire qu'il y a une nette coupure entre les deux. Tout comme la pratique du droit public doit s'élever à la théorie et se laisser guider par celle-ci, la théorie du droit public doit synthétiser les expériences issues de la pratique du droit public, en les justifiant ou en les critiquant.

Que la pratique du droit public doive s'élever à la théorie et se laisser guider par celle-ci, c'est là une idée qui ne demande guère de justification. Aussi bien psychologiquement que phénoménologiquement, l'attitude réflexive ou théorétique est née de la nécessité pratique : c'est la contradiction du monde pratique, c'est l'obstacle de l'action qui incite les hommes à réfléchir et à construire des théories afin de surmonter leur perplexité, leurs difficultés dans les domaines pratiques. Une fois née, la théorie a donc naturellement vocation à guider la pratique. Explicitement ou implicitement, toute pratique suppose en effet une certaine théorie, et toute théorie a toujours des implications pratiques. Si la mauvaise théorie peut égarer

[4] Cf. Jean-Arnaud Mazères, « Les facultés de droit de Paris et de provinces dans la production de la pensée juridique : vers une geophilosophie du droit ? » in *Les facultés de droit, inspiratrices du droit ?* PU Toulouse 1, 2004, p.107 et s.

[5] Cf. Edouard Laferrière, *Le Traité de la Juridiction administrative et des recours contentieux,* Berger-Levrault et cie, 1887.

la pratique, il n'y a rien de plus pratique qu'une bonne théorie ! Pourquoi cela ? C'est tout simplement parce que l'homme est un animal raisonnable qui sait en principe ce qu'il fait et que la théorie lui permet précisément de déterminer la fin et les moyens de son action. Sans la théorie du droit public, la pratique du droit public tournerait dans le vide, de manière aveugle. La moindre action de l'Etat, étant intentionnelle, doit être justifiable sur le plan théorique. C'est donc par une singulière myopie intellectuelle que certains hommes politiques de nos jours prétendent pouvoir traiter les affaires de l'Etat de manière purement pragmatique, comme s'ils pouvaient diriger l'Etat sans la moindre considération théorique sur ce que doit être l'Etat, ses fins et ses moyens, ses droits et ses obligations. D'un point de vue critique, la théorie du droit public doit précéder et orienter la pratique du droit public. Pour reprendre l'expression d'un auteur anglais, la théorie du droit public doit servir de *map* (carte) pour la navigation du droit public positif[6].

Au regard de la science du droit public, la théorie du droit public occupe la place de la fondation et de l'achèvement à la fois. Plus précisément, la science du droit public n'est pas possible sans une théorie du droit public, et toute science du droit public suffisamment développée aboutira nécessairement à une théorie du droit public.

Tout comme la théorie de la physique forme la partie fondamentale de la science physique, la théorie du droit public constitue la partie fondatrice de la science du droit public. Si la science du droit public est l'ensemble des propositions qui décrivent les droits publics historiques, la théorie du droit public contient les concepts de base qui les rendent possibles. Sur le droit public en général ou sur tel ou tel droit public positif en particulier, on peut accumuler en effet une masse toujours plus impressionnante de détails de toutes sortes, mais ces détails ne trouveront leurs significations véritables que s'ils sont rattachés à une trame théorique globale. Faute de quoi, ils resteront de simples opinions, ou de bavardages, rapsodiques et chaotiques, insusceptibles de la vérité ou de la fausseté.

De nos jours, nombreux sont les juristes universitaires qui se déclarent désintéressés de la théorie du droit. Certains vont jusqu'à éprouver un véritable sentiment d'aversion, dès lors qu'on leur parle

---

[6] M. Loughlin, *Public law and political theory*, Oxford Clarendon Press, 1992, p. 37 et s. (*theories as maps*).

de la théorie du droit. Pour eux, tout ce qui est théorique est synonyme d'illusoire ou de chimérique, la vraie connaissance juridique consistant uniquement à la collection et au classement des textes du législateur et des décisions des tribunaux. Leur exercice favori est donc le commentaire de texte et le commentaire d'arrêt. Mais si l'on regarde de plus près leur pratique de commentaire, on constate qu'elle se résume le plus souvent à une simple mise en ordre chronologique des textes ou des décisions et à quelques sentiments personnels de justice ou d'équité : voici ce que décide le Conseil d'Etat aujourd'hui, voilà ce qu'il ou la Cour européenne de droit de l'homme de Strasbourg avait décidé hier dans un cas semblable, et qu'une telle décision paraît plus convaincante que telle autre, etc. Ce n'est donc point un hasard si l'une des revues françaises de droit public les plus anciennes a été depuis un certain temps divisée en rubriques portant le nom évocateur de *chroniques*, afin de coller au plus près à l'actualité législative et jurisprudentielle : chronique constitutionnelle, chronique administrative, etc. voire une chronique de fond (ou de la doctrine) ! Pour le rédacteur de ce genre de revue, le savoir juridique serait par nature sujet au caprice du Chronos, rien n'étant stable ou déterminé. Pas de théorie donc : tout est baigné dans l'éternelle mouvance du temps.

D'un point de vue critique, si le savoir juridique ne doit pas se contenter de collectionner des détails du droit positif, mais être capable de se hisser au rang de la science, il convient de lui fournir une théorie. Comment peut-on comprendre véritablement une décision juridictionnelle si l'on ne possède pas au préalable quelques notions de base dont les sens sont fixés par une théorie du droit ? Supposons que par une décision donnée, le Conseil d'Etat français a annulé un arrêté ministériel. Comment peut-on comprendre de manière adéquate cette décision, si l'on n'a pas la moindre idée de ce que veulent dire l'acte unilatéral, le recours pour excès de pouvoir, et plus fondamentalement encore, le principe de la légalité des actes administratifs, le principe de l'organisation de l'Etat moderne (l'Etat de droit, Rechtsstaat, ou rule of law), et en définitive, ce que signifie l'Etat ? Or, seule la théorie peut déterminer les significations de ce genre de notions.

Les juristes qui croient que seuls les commentaires de textes législatifs et d'arrêts juridictionnels sont dignes de la science juridique se trompent, car ils font de la théorie du droit sans le savoir, un peu comme Monsieur Jourdain qui fait de la prose ! Seulement leur théorie est souvent implicite, confuse et dogmatique.

Si par les temps qui courent, la théorie du droit public n'a guère de faveur auprès des juristes universitaires, dans le passé, elle était concomitante de la naissance même de la science du droit public. En Allemagne par exemple, jusqu'aux années 1860, la plupart des juristes, appartenant à l'école historique du droit (ou école pandectiste), opposaient le droit subjectif de l'individu et tout ce qui est en dehors de ce droit subjectif et considéraient l'Etat seulement comme un organisme de l'histoire non point comme une personne juridique ou un sujet de droit : pour eux, il n'y avait donc ni droits de l'Etat ni science du droit public. Pour construire une véritable science du droit public, il fallait donc qu'il y ait un changement radical de la perspective théorique et c'est là précisément la contribution très importante de Gerber dont le *Grundzüge* marquait le début de la science du droit public allemande[7]. En France, au début du 20e siècle, des auteurs comme Maurice Hauriou, Léon Duguit, Carré de Malberg avaient tous et chacun à sa manière contribué à la construction de la science du droit public française, avec leur théorie du droit et de l'Etat.

Mais avant tout et surtout, qu'est-ce que la science du droit public ? Dire que la théorie du droit public occupe une place fondamentale dans la construction de la science du droit public suppose que cette dernière existe.

Au sens littéral, la science est une connaissance vraie, à la différence du mythe ou de la fiction. Toute connaissance scientifique a donc la prétention à la vérité. Mais qu'est-ce que la vérité ? Dans le passé, la vérité est définie surtout comme *adequatio intellectus rei* (l'adéquation de l'idée à la chose qu'elle représente). Mais après le criticisme de Kant, la chose en soi étant devenue inaccessible à la raison humaine, on a tendance à penser que la vérité est la qualité liée à la cohérence et la complétude d'un système du savoir, à l'instar de la mathématique qui est une science purement hypothético-déductive.

---

[7] Carl Friedrich Wilhelm von Gerber, *Grundzüge eines Systems des deutschen Staatsrechts*, 1865. Voir sur ce point, Yan Thomas, « Mommsen et l'Isolierung du droit », préface à la dernière édition de l'ouvrage de ce dernier, *Le droit public romain* ; Olivier Jouanjan, *Une histoire de la pensée juridique en Allemagne* (1800-1918), puf, 2005, notamment la deuxième partie intitulée « construire la science du droit public : Gerber, Laband, Jellinek ».

Après la phénoménologie de Husserl, la vérité se présente surtout comme quelque chose d'intersubjectif : une idée est vraie si et seulement si tous les sujets connaissants l'acceptent comme telle[8]. Mais d'un point de vue critique, l'intersubjectivité ne peut pas être un critère de la vérité indépendant de deux autres, car, en vertu de quoi les sujets connaissants reconnaissent-ils telle idée comme vraie, telle autre comme fausse ? Ou bien de l'*adequatio intellectus rei*, ou bien de la cohérence intrinsèque d'un système donnée !

Si les savoirs juridiques doivent former une science, ils doivent eux aussi prétendre à la vérité. Mais quelle doit être la vérité dans la connaissance juridique ?

Depuis le néokantisme du milieu du 19e siècle, certains auteurs dont notamment Dilthey ont fait la distinction entre la science de la nature et la science de l'esprit (*Naturwissenschaft und Geisteswissenschaft*). Selon eux, la science de la nature serait une science explicative qui tend à établir le lien de causalité entre les phénomènes naturels, alors que la science de l'esprit serait une science compréhensive qui vise à comprendre les phénomènes culturels particuliers. Puisque le droit est incontestablement une production de l'esprit, la science juridique qui l'étudie doit être elle aussi définie comme une science compréhensive : elle ne prétend donc pas à des vérités universelles, contrairement à la science de la nature, mais s'attache à comprendre tel ou tel droit positif en particulier.

Sans le vouloir toujours explicitement, une telle conception de la science juridique est en effet partagée par la plupart des juristes de nos jours. Au lieu et à la place de la science juridique universelle, comme ce dont avaient rêvé les jusnaturalistes du 17e siècle, partout on préfère pratiquer ce qu'on appelle doctrine ou dogmatique juridique.

Mais qu'est-ce qu'on entend par doctrine ou dogmatique juridique ? Si nous nous référons à la pratique universitaire française et allemande, nous constatons qu'il s'agit, comme son nom l'indique, de l'opinion majoritaire des juristes sur tel ou tel système juridique positif donné. Trois traits caractérisent donc la doctrine ou la dogmatique juridique : la croyance au dogme donc non à la vérité, à la manière de Hobbes (*auctoritas non veritas facit legem*) ; la focalisation sur le droit positif de tel ou tel Etat ou l'absence de

[8] Voir notamment Jürgen Habermas, *Théorie de l'agir communicationnel*, trad. fr. 2 vol., Fayard, 1987.

référence au droit universel ; et enfin la visée immédiatement pratique ou technique. En France, on parle même de la doctrine de l'administration publique, comme si celle-ci était capable de penser elle-même ! La doctrine ou dogmatique juridique, telle qu'elle est entendue chez les auteurs français et allemands, en mélangeant l'exigence théorique et l'exigence pratique, ne fait donc exclusivement partie ni de la théorie du droit ni de la pratique du droit. Au mieux, on peut la qualifier comme technique ou art juridique (*ars juris*).

Les auteurs qui affectionnent la doctrine ou la dogmatique juridique gardent donc en vue une conception de la science juridique proche de celle de *Geisteswissenschaft* définie jadis par Dilthey : en tant que composante de la science de l'esprit, la science juridique n'est pas une science universelle, mais est constituée de savoirs particuliers ; elle ne vise pas à dégager des règles de droit universellement valables, mais tend seulement à comprendre tel ou tel droit positif donné. Contrairement à la science physique, où l'on observe des phénomènes naturels, expérimente des hypothèses rationnelles et dégage des lois universelles, les savoirs juridiques doivent se cantonner uniquement dans un patriotisme étriqué : les droits étrangers n'intéressent un juriste savant qu'à titre d'exotisme, sous le nom quelque peu méprisable et méprisé du droit comparé : un peu à la façon d'un touriste pressé, on fait un court séjour dans un autre système juridique, pour retourner vite dans son pays d'origine et conclure finalement que le meilleur droit est toujours celui qu'on a chez soi. Les juristes français et allemands ne soupçonnent donc même pas qu'il y a la moindre incongruité quand ils parlent de la science juridique française ou de la science juridique allemande, puisque pour eux, tout naturellement, la science juridique ne peut être que nationale, tout comme la production automobile ! Si les Français vantent les mérites de la science juridique française, notamment auprès des juristes de pays jadis colonisés par la France, les Allemands font valoir la supériorité de leur science juridique partout là où ils peuvent, ce qui provoque parfois des querelles parfaitement stériles entre les juristes des deux côtés du Rhin : par exemple, celle entre G. Jellinek et E. Boutmy au début du 20e siècle à propos de l'origine allemande ou française de la pratique de déclaration des droits de l'homme.

Par ailleurs, n'est-il pas vrai que le savoir juridique a toujours eu une dimension pratique ou pragmatique ? En systématisant et en critiquant les règles du droit positif, la doctrine ou la dogmatique juridique contribue à l'élaboration et au développement de ces dernières. Au temps de la querelle entre Thibaud et Savigny sur la nécessité ou non d'une codification du droit civil allemand, un professeur de l'université pouvait se donner de grands airs de législateur, tandis qu'aux heures sombres du national-socialisme, un certain Carl Schmitt n'hésitait pas à parler de la vocation de la science juridique allemande dans la lutte contre les juifs[9]. Bref, la science juridique n'aurait pas vocation à la vérité, mais devrait servir uniquement la pratique, pour le meilleur et souvent pour le pire !

Cependant, à l'instar de Hegel, nous devons nous étonner d'une telle situation de la science juridique. Quoi donc ! L'esprit, capable de dénicher les vérités cachées derrière les phénomènes naturels qui lui sont *a priori* étrangers, serait incapable de trouver la moindre vérité dans sa propre production qu'est le monde de l'esprit, qu'est le monde du droit ?

Tout en reconnaissant l'utilité pratique du savoir juridique, nous pensons que la vraie science juridique ne doit pas se réduire à la simple dogmatique ou doctrine juridique, sous peine de perdre sa raison d'être. Tout comme l'observation des phénomènes naturels est un moyen nécessaire, mais insuffisant pour bâtir la science de la nature, la connaissance qu'on a de tel ou tel système du droit positif n'est pas encore elle-même directement assimilable à la science juridique : en tant que savoir empirique, elle doit être subsumée sous une théorie pour être transformée en science juridique. En d'autres termes, pour construire une véritable science juridique, il faut adjoindre à la doctrine ou la dogmatique juridique une théorie juridique. Tout comme l'interprétation des faits ne s'oppose pas à, mais suppose la construction des idéaltypes selon Max Weber, la compréhension du droit positif particulier ne s'oppose pas à, mais implique elle aussi l'existence d'un droit rationnel, universel ou théorétique. Pour paraphraser Paul Ricœur qui dit qu'il faut bien comprendre pour mieux expliquer, et qu'il faut bien expliquer pour mieux comprendre, nous dirons qu'il faut une bonne théorie du droit

---

[9] Cf. Raphael Gross, *Carl Schmitt und die Juden*. Frankfurt am Main, 2000.

pour mieux comprendre la dogmatique juridique, et qu'il faut une bonne dogmatique juridique pour bâtir une meilleure théorie du droit.

Pour revenir à ce qui nous intéresse, nous pensons qu'afin de construire la science du droit public, il faut, en plus de la doctrine ou la dogmatique du droit public, une véritable théorie du droit public. Si la doctrine du droit public s'intéresse à un système de droit public historiquement déterminé (droit français, droit allemand, etc.), la théorie du droit public a quant à elle pour but de dégager l'idée même du droit public, sa structure logique et ses principes d'évolution historique, et cela, dans une perspective universelle.

3) Puisque la théorie du droit public se propose de dégager la vision générale ou universelle du droit public, pour la construire, nous devons suivre une méthode essentiellement déductive. Sur le plan formel, les différentes parties constitutives de la théorie du droit public doivent être déduites logiquement de l'idée même du droit public. Seule une telle déduction garantira la généralité ou l'universalité de la théorie du droit public.

En raison de cette exigence méthodologique, la théorie du droit public ne doit s'attacher à aucun droit public positif particulier, ni à aucune période historique déterminée. Le droit public français ne serait donc pas davantage pris en compte que le droit public anglais ou le droit public allemand. Le droit public moderne ne serait pas davantage traité que le droit public ancien. Dans la perspective théorique, tout ce qui relève du droit public historique doit être traité comme tel, c'est-à-dire, seulement comme des exemples, ou mieux, comme des paradigmes. Ils ne doivent pas être érigés au rang théorétique, comme des évidences en soi.

Plus concrètement, pour élaborer notre théorie du droit public, nous ne pouvons pas procéder comme Hauriou, Duguit, Carré de Malberg ou d'autres juristes publicistes contemporains, qui ont construit leur théorie du droit public principalement à partir des données du droit public libéral contemporain, avec des notions comme la souveraineté nationale, la liberté individuelle, ou encore le service public. A notre avis, leur méthode, utile pour synthétiser les droits publics positifs d'une époque historique déterminée, est néanmoins inadéquate pour construire une véritable théorie du droit public, universelle et transhistorique.

Cependant, la méthode déductive que nous utilisons pour déterminer les idées constitutives de la théorie du droit public ne signifie pas que nous devons ignorer les droits publics positifs. Bien au contraire, en prenant une certaine distance par rapport à tel ou tel droit public positif en particulier, la théorie du droit public doit permettre d'embrasser tous les droits publics positifs, dans ce qu'ils ont de commun et de fondamental parmi eux. Elle deviendra une sorte de grammaire pour les droits publics positifs.

4) Les différentes parties de la théorie du droit public constituent les formes d'expression de cette dernière. Le choix de ces formes ne doit pas être arbitraire, mais est commandé par le contenu que les formes sont appelées à exprimer.

La théorie du droit public doit fournir une vision générale de ce qu'est le droit public. Son but consiste à saisir ou comprendre l'être du droit public. Or, du point de vue de la métaphysique, l'être d'une chose comporte nécessairement deux éléments : l'essence et l'existence. L'essence d'une chose est, selon la logique d'Aristote, l'ensemble des caractéristiques génériques et spécifiques qui font qu'une chose est précisément ce qu'elle est, non pas autre chose. Pour nous et en ce qui concerne le droit public, il s'agira à la fois de l'idée et de la structure du droit public. L'idée du droit public est la détermination extrinsèque du droit public dans son genre prochain et dans sa différence spécifique, c'est-à-dire par rapport au droit en général et au droit privé en particulier. La structure du droit public est la détermination intrinsèque du droit public, c'est-à-dire par rapport à ses éléments constitutifs. L'existence d'une chose est la réalisation de l'essence dans le temps et dans l'espace. En ce qui nous concerne, il s'agira de ce qu'on appelle habituellement histoire du droit public. Si l'idée et la structure du droit public sont partout et de tout temps identiques, en revanche, chaque droit public positif, en tant qu'étape ou figure déterminée de la réalisation historique de l'idée du droit public, possède sa marque propre, en raison des contingences historiques qui le conditionnent. Pour cela, l'étude des droits publics positifs ou historiques ne fait pas elle-même partie de la théorie du droit public. Mais d'un autre côté, les droits publics positifs ne sont jamais de simples jouets du hasard : en tant que réalisation de l'idée du droit public, ils possèdent nécessairement leur part de rationalité. La détermination du principe et de différentes étapes de la réalisation historique du droit public entre elle aussi dans le champ d'investigation de la théorie du droit public.

5) Trois chapitres formeront par conséquent notre théorie du droit public : l'idée du droit public ; la structure du droit public ; et la réalisation historique du droit public.

Chapitre 1 — Idée du droit public

Qu'est-ce que le droit public ? Comment définir le droit public ? Voilà les questions préalables auxquelles nous devons répondre.

Le terme même de droit public (*public law, öffentliches Recht, dirrito publico, derecho publico*, etc.) vient littéralement de l'expression latine *jus publicum*. Dans le Siècle des Lumières, au lieu de droit public, on parlait plutôt du droit politique. Avec du recul, on peut considérer ces deux expressions comme équivalentes. Mais par-delà les mots, que signifie la chose ? Ou, ce qui revient au même, qu'est-ce que le concept de « droit public » ? En effet, si nous nous référons à la pratique de différents systèmes juridiques de nos jours, nous constatons qu'il n'existe pas une réponse unanime à notre interrogation : chaque système a sa propre manière de concevoir ce qu'est le droit public. A titre d'exemple, dans le monde anglo-saxon, le droit public est souvent synonyme de *statute law*, textes législatifs adoptés par le Parlement ou le Congrès (le droit public signifie donc le droit élaboré par les autorités publiques). Sur le site Internet du Congrès des Etats-Unis, il y a une section très importante de droit public. Mais qu'est-ce qu'on y trouve si l'on fouille un peu son contenu ? Toutes sortes de textes législatifs adoptés par le Congrès américain, y compris des textes qu'en France on qualifierait sûrement de droit privé ! Aussi extravagant que cela puisse paraître aux juristes du continent européen, le droit public s'y oppose au droit privé, exactement au sens de l'opposition entre le droit écrit (*the statute law*) et le droit coutumier (*the Common law*). Dans un registre tout à fait différent, les juristes allemands ont longuement discuté pour savoir quel est le critère distinctif entre le droit public et le droit privé, mais les résultats de leur discussion restent tout aussi déroutants : dans un premier temps, un peu à la manière d'Ulpien pour le droit romain, ils ont avancé le critère d'*intérêt* (*utilitate*) : le droit public aurait pour but la protection de l'intérêt public, tandis que le droit privé, celle des intérêts particuliers. Mais un tel critère n'est évidemment pas tout à fait convaincant, car si l'on adhère par exemple à la pensée libérale, on dira qu'il y a une main invisible qui se charge de convertir les intérêts les plus égoïstes des hommes en intérêt général. Dans un second temps, ils ont trouvé le critère dit de *sujétion ou de subordination :* il existerait une inégalité entre les sujets dans un rapport de droit public, puisque les individus particuliers y sont subordonnés aux autorités publiques, tandis que dans un rapport de droit privé, les sujets de droit seraient placés sur un strict pied d'égalité. Mais là encore, on notera que le critère en question n'est pas toujours opératoire, puisque dans le champ du droit privé, il peut y avoir aussi relation d'inégalité : au sein de l'entreprise privée par exemple, entre l'employeur et les employés, il existe à l'évidence une inégalité ! C'est pourquoi dans un troisième temps, ils ont opté pour une sorte de *mélange des deux critères précédents*. Mais il est facile de constater qu'un tel critère syncrétique n'en est pas vraiment un, puisqu'il ne permet pas non plus de séparer véritablement le droit public du droit privé dans des cas difficiles (ou *hard cases*)[10].

Notre désarroi s'accroit encore davantage, lorsque nous constatons qu'il existe des matières où le critère rationnel de la distinction entre le droit public et le droit privé n'a aucun sens. Par exemple, si en France, le droit pénal et le droit de procédure judiciaire font partie du droit privé, au moins dans le programme d'enseignement de la faculté de droit, dans les pays germaniques et anglo-saxons, ils sont tous les deux considérés comme faisant incontestablement partie du droit public.

Pour nous, la signification du terme « droit public » ne doit pas être appréhendée indépendamment de la compréhension de deux termes qui le composent. D'un point de vue aussi bien terminologique que logique, l'idée du droit public implique nécessairement la détermination d'abord de ce qu'est le public, ensuite de ce qu'est le droit et enfin de ce qu'est le droit public.

Section 1 — Le public

Le mot public vient du latin *publicus* et a de multiples significations lexicales. Si l'on se réfère au dictionnaire de la langue française, on peut relever tout au moins les sens suivants : 1) le peuple pris dans son ensemble, ce qui appartient à la collectivité sociale et politique, le public étant en ce sens synonyme de politique, de commun, de général. 2) ce qui est accessible, ouvert à tous ; dont

---

[10] Cf. H.-W. Arndt und W. Rudolf, *Öffentliches Recht. Grundriss für das Studium der Rechts- und Wirtschaftswissenschaft*. München, 2002.

l'usage n'est pas réservé à un particulier, auquel tout le monde peut participer : on dit ainsi lieux publics, promenade, place publique, voie publique, jardin public, par exemple. 3) ce qui a lieu en présence de témoins, devant une assistance plus ou moins nombreuse ; ce qui n'est pas secret : scandale public, confession, pénitence publique, scrutin public, audience, délibération, séance publique. 4) tout ce qui concerne la fonction, plus ou moins officielle, qu'on remplit dans le monde, dans la société : la vie publique et la vie privée. 5) ce qui est connu de tous, notoire, officiel, répandu : rendre quelque chose public signifie divulguer, ébruiter, exposer, paraître (faire paraître), publier, répandre, révéler[11].

D'un point de vue conceptuel, on sait que le public est quelque chose qui s'oppose logiquement au privé. La détermination du public implique donc celle du privé et inversement. Pour comprendre ce qu'est le public, il nous faut nous pencher sur le problème de la distinction entre le public et le privé.

§1 — La distinction entre le public et le privé

La distinction conceptuelle entre le public et le privé est un problème certes juridique, mais plus encore philosophique. Il suffit de songer à la célèbre discussion relative à la structure du public chez Hannah Arendt[12] et chez Jürgen Habermas[13] pour s'en convaincre. Avant de tenter de dégager un éventuel critère pour la distinction entre le public et le privé, la question primordiale que nous devons nous poser est donc de savoir à quoi se rapporte cette distinction, car, — faut-il rappeler ici les évidences langagières ? — avant d'être des substantifs, les deux termes en question sont surtout des adjectifs qui peuvent être accolés à de très nombreuses choses, vie publique vie privée, bien public bien privé, opinion publique opinion privée, liberté publique liberté privée, etc. Quel est dès lors le dénominateur commun entre toutes ces choses auxquelles se rapporte la distinction entre le public et le privé ? Ou pour parler comme les logiciens, quel est le genre prochain de ces espèces que sont le public et le privé ? Sans qu'il soit nécessaire de gloser abondamment, il nous semble que la

---

[11] Cf. Dictionnaire *Le grand Robert de la langue française*.

[12] Hannah Arendt, *Condition de l'homme moderne* (1958), Calmann-Lévy, coll. « Pocket Agora », Paris, 1983.

[13] Jürgen Habermas, *L'espace public : archéologie de la publicité comme dimension constitutive de la société bourgeoise*, Payot, 1997.

réponse en est assez simple : selon nous, le genre auquel se rapporte la distinction entre le public et le privé n'est ni plus ni moins l'existence humaine elle-même. Partout là où il est question du public ou du privé, on se réfère implicitement, mais nécessairement, à l'existence humaine comme telle. Bref, l'existence humaine est le genre prochain du public et du privé. Pour bien saisir la signification exacte de la distinction entre le public et le privé, il faut commencer par questionner l'existence humaine comme telle.

Selon nous, à l'instar de toutes les autres existences (des minerais, des plantes, des animaux), l'existence humaine doit être définie, sur le plan spéculatif, comme l'individuation de l'essence humaine. En soi, elle contient déjà virtuellement la séparation du privé et du public. Mais à la différence de minerais, de plantes, et d'autres animaux, l'existence humaine est en même temps une existence consciente : l'homme existe, mais en plus il sait qu'il existe. La conscience réflexive de l'homme, en prenant l'existence humaine comme l'objet de sa propre réflexion, rend à la fois possible et problématique la distinction du privé et du public à l'intérieur de l'existence humaine.

I - Dans l'existence humaine

Qu'est-ce que l'existence en général ? Et qu'est-ce que l'existence humaine en particulier ?

Le mot existence est certainement un des mots les plus énigmatiques du langage humain. Son champ sémantique se recouvre souvent avec ceux d'autres mots comme l'être, l'essence, la substance, la réalité, etc. Sans qu'il soit ici nécessaire de faire une longue digression, nous pensons que l'existence peut être simplement définie comme l'individuation de l'essence dans le temps et dans l'espace. L'essence est l'ensemble de caractéristiques, génériques et spécifiques, qui font qu'une chose est précisément ce qu'elle est, non pas autre chose. Déterminer l'essence d'une chose revient donc à définir le concept de cette chose. En tant qu'individuation de l'essence, l'existence correspond à l'ensemble des choses incluses dans l'extension du concept.

L'existence est littéralement quelque chose qui est là ou *Dasein*. Mais d'une certaine façon, l'existence est aussi l'avènement même de l'être-là, en tant qu'existant (*Seiend*). Puisque l'existence actualise l'essence, en lui procurant une réalité empirique ou mondaine, elle peut être considérée aussi comme un supplément de l'essence. En existant dans le monde empirique comme être-là phénoménal, l'essence s'actualise, s'accomplit au sens d'entéléchie d'Aristote. Mais en même temps, toute existence est une délimitation voire une déperdition de l'essence, car pour exister, l'essence doit s'accommoder de tout un ensemble des conditions empiriques. Entre l'essence pure et l'essence réalisée, il y a donc toujours une certaine inégalité ou distance. Si l'être d'une chose comprend à la fois son essence et son existence, le devoir-être est précisément cette distance qui sépare l'être-là de son essence, ou dans une perspective différente, cette injonction du retour adressée à l'être-là par l'essence.

De la même manière, l'existence humaine se conçoit comme l'individuation de l'essence humaine. Chaque être humain, dès sa naissance dans le monde, individualise l'essence humaine. Mais si l'on considère la vie humaine comme un processus ponctué par la naissance, la maturation, et la mort, on peut aussi dire que l'individuation de l'essence humaine se fait de manière progressive : si l'enfant contient déjà le potentiel du perfectionnement de l'essence humaine, il faut attendre l'âge adulte pour que ce potentiel s'actualise plus ou moins véritablement. La mort, en supprimant l'individu existant, signifie également pour cet individu le retour à l'essence humaine dans son état d'indétermination abstraite : une goutte de pluie redevient le nuage en s'évaporant, ou une poussière redevient la terre en y retournant.

Dès l'instant que je suis né dans le monde, en tant qu'être-là phénoménal ou empirique, je suis un individu, un particulier, ou un être singulier, qui, par des détails infimes, d'ordre physique, psychique, intellectuel, moral, etc. se différencie de tous les autres individus humains. Pour cette raison, il n'existe jamais deux individus humains rigoureusement identiques, tout comme il n'y a jamais deux feuilles strictement les mêmes dans le monde. Mais d'un autre côté et en même temps, j'existe toujours et d'emblée comme un individu *humain*. Inéluctablement, je partage avec tous les autres êtres humains quelque chose de fondamentalement identique, à savoir notre commune humanité, ou notre essence humaine. Si en tant qu'un individu singulier, je suis sujet de contingences et marqué de toutes sortes de particularités, en tant qu'être humain, même ma singularité la plus extravagante relève de l'ordre de la nécessité : malgré tout, je ne peux pas choisir de ne pas naître humain.

Du fait que tout homme est un individu, il possède une identité propre à lui. Mais du fait qu'il est un être humain, il partage inévitablement un certain nombre d'attributs génériques avec les autres êtres humains. Le fondement de la distinction entre le public et le privé se trouve selon nous dans la nature même de l'existence humaine. Le privé en est le côté individuel, spécifique. Le public en est le côté universel, générique.

Dans la mesure où, comme nous venons de le dire, l'existence humaine est l'individuation de l'essence humaine dans le temps et dans l'espace, et que le public et le privé en sont les deux dimensions constitutives, la question de savoir laquelle de ces deux dimensions est prioritaire dans le temps est absurde : l'homme n'existe pas d'abord comme un individu et ensuite comme un être humain, ou inversement d'abord comme un être humain et ensuite comme un individu : il est d'emblée les deux à la fois et simultanément. En d'autres termes, le public ne précède pas le privé, ni le privé ne précède le public : tous deux font partie de l'existence effective de l'homme dans le monde et sont présents dans cette existence de manière concomitante. Pour la même raison, on ne peut pas non plus soulever la question de primauté axiologique du public ou du privé : le privé est-il préférable au public, ou inversement, le public est-il préférable au privé ? Pour nous, un tel questionnement est oiseux et absurde, car, dans l'absolu, tout être humain doit avoir à la fois une vie publique et une vie privée, toutes les deux étant également importantes pour la plénitude de son existence.

Puisque la distinction entre le public et le privé se rapporte à l'existence de l'être humain dans le monde, elle est de nature essentiellement relative : le public se détermine par rapport au privé, tout comme le privé se conçoit par rapport au public, à l'intérieur de cet horizon commun qu'est l'existence de l'être humain dans le monde.

II - Devant la conscience réflexive

L'existence humaine est l'individuation de l'essence humaine. Or, qu'est-ce que l'essence humaine ? Selon la définition traditionnelle donnée par Aristote, l'homme est un animal raisonnable. Avant tout et surtout, l'homme est un animal. A ce titre, il partage avec les autres animaux tout un ensemble des attributs communs. Il est né de parents qu'il n'a pas choisis, avec tel ou tel patrimoine génétique déterminé ;

il a un corps qui a besoin d'être constamment nourri et chauffé, ce qui est pour lui un souci vital permanent ; il grandit et vieillit organiquement et mourra tantôt accidentellement de maladies ou d'autres aléas de la vie, tantôt naturellement, dans la limite d'âge. Comme la plupart des animaux, l'être humain est né sexué. Afin de se reproduire, il doit trouver un mâle ou une femelle de son espèce, ce qui est l'origine d'un grand nombre de comédies et de drames. Mais en même temps, l'homme est un être habité par le *logos* (qui signifie tout à la fois parole, raison et logique) ou un être spirituel. Si en tant qu'animal, l'homme est déterminé par les lois de la nature, comme l'être spirituel, il est libre. Cette coprésence de la déterminité et de la liberté chez l'homme rend l'existence humaine éminemment soucieuse[14], voire tragique[15]. Déterminé qu'il est par la nature, l'homme doit lutter contre celle-ci, pour la dominer, la maîtriser, afin de réaliser sa liberté. L'existence humaine est donc tout à la fois platitude et aventure, insatisfaction et espérance. La grandeur et la misère de l'existence humaine s'expliquent originairement par la nature même de l'homme : à la différence de minerais, de plantes ou d'autres animaux, l'être humain a une conscience capable de réfléchir sur sa propre existence.

Si la liberté est consubstantielle à l'existence humaine, la prise de conscience de cette liberté par l'homme empirique doit en revanche passer par le chemin de croix, long et semé d'embûches. Si potentiellement, tous les hommes sont libres, dans leur vie prosaïque, la plupart d'entre eux ne parviennent pas à la prise de conscience de leur liberté, soit parce que leurs conditions d'existence les en empêchent, soit parce qu'ils n'ont pas le courage d'utiliser leur propre raison.

En effet, du point de vue de la critique, ou ce qui revient au même, de la philosophie transcendantale, telle qu'elle est présentée par Kant dans sa *Critique de la raison pure*, l'esprit humain doit passer trois étapes avant de prendre pleinement conscience de sa propre liberté, celle de la sensibilité (*Empfindung*), celle de l'entendement (*Verstand*), et enfin celle de la raison (*Vernunft*). Par la sensibilité, l'esprit se met au contact du monde empirique (ou d'expérience), c'est

[14] Un thème largement développé par Martin Heidegger dans son *Sein und Zeit*, Max Niemeyer Verlag GmbH & Co KG ; 14 Auflage, 1993.
[15] Cf. Miguel Unamuno, *Del sentimiento trágico de la vida*. Alianza, 1986.

l'étape esthétique ; par l'entendement, l'esprit se retire en lui-même pour saisir l'unité du divers sensible avec ses propres catégories *a priori*, c'est l'étape conceptuelle ; par la raison, l'esprit réfléchit sur son propre parcours pour comprendre à la fois sa nécessité et son insuffisance, c'est l'étape critique, dialectique ou spéculative. Le savoir absolu selon Hegel n'est pas autre chose que cette prise de conscience de sa propre essence, c'est-à-dire de sa liberté par l'esprit lui-même.

Si toute existence humaine implique la distinction entre le public et le privé, c'est seulement devant la conscience réflexive que cette distinction devient significative, ou fait sens.

Pour un enfant dont la conscience est à peine éveillée, sa vie reste entièrement sensitive, non point réflexive, la distinction entre le public et le privé n'a à proprement parler aucun sens.

Mais à partir du moment où la vie elle-même devient problème (à partir de l'âge d'adolescence), avec toutes les joies et toutes les peines que cela suppose, elle se transforme en objet de réflexion. Quand on commence à poser la question sur le sens de sa vie, ou quand on commence à s'interroger sur son moi et sur le monde qui l'entoure : que puis-je savoir ? que dois-je faire ? que puis-je espérer, bref, que suis-je ? (les questions philosophiques ultimes selon Kant), on prendra peu à peu conscience de son moi, dans son rapport aux autres. La distinction entre le public et le privé commencera alors à s'insinuer dans la conscience humaine pour devenir finalement une évidence. Sans l'homme qui réfléchissait sur ses propres conditions d'existence au monde, la distinction entre le public et le privé n'aurait pas de signification véritable : elle existe en latence, comme un fait ou une donnée brute, mais ne signifie pas grand-chose pour l'homme. En ce sens, la conscience réflexive peut être considérée comme la cause efficiente de la distinction entre le public et le privé.

La conscience réflexive explique également l'absence d'une ligne de démarcation permanente entre le public et le privé.

En effet, pourquoi aux différentes époques et parmi les différents peuples du monde, la frontière entre le public et le privé n'est-elle pas la même ? La réponse ne peut être que celle-ci : c'est que les hommes n'ont pas toujours ni partout la même manière de concevoir le rapport entre le public et le privé. La frontière entre le public et le privé n'est pas d'ordre naturel, mais relève de la libre détermination de la conscience humaine. Si à telle époque, les hommes ont une telle manière de concevoir la relation entre le public et le privé, à telle autre, ils peuvent procéder d'une façon totalement différente. Ainsi, une même activité, une même chose, peut faire partie, pour un temps, du public, et pour un autre temps, du privé. A titre d'exemple, si l'activité des boulangers (fabrication et distribution des pains) relève, en temps de paix, du domaine privé, en temps de guerre ou de grande famine, elle peut être déclarée par le gouvernement d'un pays comme une activité d'intérêt général, et relève par là du domaine public.

Toutefois, la conscience réflexive n'est pas arbitraire dans sa détermination du public et du privé, conditionnée qu'elle est par des facteurs aussi bien naturels qu'historiques. Pour reprendre l'activité des boulangers, si elle est considérée comme de nature tantôt publique, et tantôt privée, c'est parce que les circonstances historiques (celle de la paix ou celle de la guerre ou de la famine) font qu'il y a nécessité de la classer tantôt dans le domaine public tantôt dans le domaine privé.

§2 — La dialectique entre le public et le privé

La coprésence du public et du privé dans l'existence humaine ne signifie pas qu'il y a toujours une frontière fixée et étanche entre les deux.

La distinction entre le public et le privé se fait à l'intérieur d'un cercle de relations entre le moi et autrui. Dans le sens originel, le privé, c'est le moi, le public, c'est les autres (ou plus exactement le moi et les autres).

Dans le monde vécu ou d'expérience, la détermination des domaines respectifs du public et du privé obéit à la logique dialectique, propre à la conscience réflexive. Le sens de cette dialectique est selon nous celui-ci : en sortant de son égoïté progressivement, le moi étend son champ d'action en direction d'autrui, ce qui entraîne l'élargissement du domaine privé et corrélativement le rétrécissement du domaine public. Mais en même temps et parallèlement, le privé perd son intensité au profit du public et se laisse dominer par le public. L'extension du domaine privé s'accompagne logiquement de l'augmentation de la puissance publique.

L'élargissement du domaine privé passe par l'expansion du moi en direction d'autrui. Dans un certain sens, ce phénomène correspond à ce que les philosophes appellent reconnaissance : plus je suis reconnu par les autres, plus mon domaine privé est important.

Logiquement et historiquement, en fonction de l'importance de cette expansion du moi vers autrui, il existe plusieurs cercles de reconnaissance, à savoir, celui de la famille, celui de la société civile, et enfin celui de l'Etat. Ces différents cercles de reconnaissance sont autant de moments de la dialectique entre le public et le privé.

Dans un premier moment, la distinction entre le public et le privé se fait à l'intérieur de la famille et par rapport à la famille : le privé se limite à ce qui est strictement individuel, ou intime, secret, caché, tandis que tout le reste (famille, société, Etat) relève du domaine public ; dans un second moment, la distinction entre le public et le privé se fait par référence à la société civile : désormais non seulement l'existence individuelle, mais également la vie familiale tout entière basculeront dans la sphère privée. Corrélativement, la société civile et l'Etat politique restent dans le domaine public ; enfin, dans un troisième moment, la distinction entre le public et le privé se fait par rapport à l'Etat politique : en dehors des domaines individuels et familiaux, le privé gagnera également le domaine sociétal, tandis que le public se voit cantonné à l'unique domaine politique ou étatique.

I - La famille

La famille est le premier domaine privé qu'un individu peut acquérir, en dehors de son moi intime. La constitution de la famille passe par l'élargissement du moi en direction d'autrui. Lorsqu'un individu fonde une famille avec un autre, il agrandit pour ainsi dire son moi, en incluant cet autre dans son intimité privée. Ce faisant, il réduit corrélativement le champ du public, car l'autre qui est désormais membre de sa famille ne fait plus partie de la masse anonyme qu'est autrui, la société ou l'Etat : il est devenu en quelque sorte une partie de son moi.

Cependant, qu'est-ce que la famille ? Conceptuellement, la famille peut être représentée comme le premier cadre de satisfaction des besoins des individus humains, fondé sur l'amour. Téléologiquement, la famille est donc un cadre de satisfaction des besoins pour ses individus membres. Chez les anciens Grecs par exemple, la famille (*oikos*) était surtout une sphère économique (*aeconomia).* Les besoins que la famille est appelée à satisfaire sont d'ordre biologique, matériel, affectif, intellectuel, moral, religieux, etc. Pour cette raison, tout comme l'Etat politique, et à la différence des corporations de la société civile, la famille ne connaît pas la spécification de ses objets : ce n'est pas tel ou tel besoin, mais ce sont tous les besoins de ses individus membres que la famille est appelée à satisfaire. Le fondement de la famille, ou le lien qui rattache les individus membres de la famille est l'amour (l'amour conjugal, l'amour parental et filial, et l'amour fraternel). Une famille sans amour n'existe qu'en apparence et disparaîtra tôt ou tard. Or, qu'est-ce que l'amour ? Selon Hegel, l'essence véritable de l'amour consiste dans le dépassement de la conscience de soi par celle de l'autre : en oubliant soi-même, en s'abandonner dans la conscience de l'autre, on finira par mieux posséder soi-même[16]. Dans l'amour, la séparation entre le moi et l'autre est en quelque sorte surmontée par le sentiment de fusion et de plénitude. Toute relation d'amour est donc de nature subjective ou sentimentale, non point objective ou rationnelle. Pour paraphraser Pascal, on dira que l'amour a une raison que la raison ne connaît pas. Dans la mesure où la famille est fondée sur l'amour, elle ne peut pas s'étendre indéfiniment sans se briser elle-même : par nature, le cadre familial est restreint et non universel.

En raison de l'étroitesse du lien d'amour qui rattache ses individus membres, la famille ne peut pas satisfaire tous les besoins de ces derniers : les besoins biologiques (de sexualité et de reproduction notamment), les besoins économiques (gain d'argent), les besoins culturels, spirituels, etc. ne sauraient être entièrement satisfaits uniquement dans le cadre familial. Il y a donc une contradiction fondamentale immanente à la famille : celle entre la fin et les moyens. C'est précisément en raison de cette contradiction que la famille doit être dépassée par la société civile et par l'Etat politique.

Si au regard de la société civile et de l'Etat politique, la famille est le domaine privé par excellence, par rapport à un membre déterminé de la famille, celle-ci apparaît bien comme quelque chose de public : au sein même de la famille, il y a d'ores et déjà le début de la séparation du public et du privé.

---

[16] „ Das wahrhafte Wesen der Liebe besteht darin, das Bewußtsein seiner selbst aufzugeben, sich in einem anderen Selbst zu vergessen, doch in diesem Vergehen und Vergessen sich erst selbst zu haben und zu besitzen". – Hegel, Vorlesungen über die Ästhetik

Pour un individu membre de la famille, son domaine privé est son moi intime ou secret, tandis que les autres membres de la famille font partie du domaine public. Psychologiquement et phénoménologiquement, l'enfant fait l'expérience du public d'abord et avant tout dans le cadre familial : lorsqu'il commence à prendre conscience de son moi, en devenant adolescent, son domaine privé est sa chambre, ses vêtements, sa correspondance, sa boîte e-mail personnelle, etc. Le privé, c'est le moi et son intimité ; le public, ce sont les autres membres de la famille, parents, frères et sœurs, etc.

Cette première distinction entre le public et le privé correspond approximativement à l'opposition entre l'extérieur et l'intérieur, ou plus généralement encore, entre l'apparaître et l'être chez les philosophes. Pour Wittgenstein par exemple, le terme « privé » désigne le caractère personnel des expériences et des pensées, en vertu duquel elles sont miennes. Tout ce qui est privé possède donc une sorte d'incommunicabilité solipsiste : puisque je suis nécessairement le seul à prendre connaissance par le « regard mental » ou par « contact cognitif », des événements qui se produisent dans l'espace interne que me procure ma conscience, alors j'en suis le seul témoin direct, à l'exclusion de tout autre. Il s'agit là d'une exclusion non pas ordinaire, mais superlative : quand bien même je voudrais communiquer ma pensée ou me laisser aller à manifester mes sentiments, je ne le pourrais pas ! Par définition, je ne peux pas vous manifester mes sentiments, car mes paroles, mes gestes, mes mimiques ne sont pas mon sentiment, mais seulement les signes extérieurs de ce que je ressens. Je ne peux donc vous montrer que les signes de mes sentiments, jamais mes sentiments eux-mêmes. Toujours, l'originel se dérobe. Par rapport à ce sens purement subjectif du privé, qui correspond au sentiment intime du moi, même le corps physique d'un individu peut être considéré comme quelque chose d'extérieur : en tant que limite et exposant du moi par rapport au monde extérieur, le corps peut être exhibé au regard ou au toucher d'un autre et devient par là quelque chose de public.

Or, que reste-t-il du privé, si celui-ci est réduit au strict sentiment intime du moi ? A vrai dire pas grand-chose. Tant que je suis seul, soustrait au regard d'autrui, je mène une existence purement animale ou divine, car, selon Aristote, un homme qui vit entièrement seul, en dehors de la communauté des hommes, est soit une bête soit un dieu ! Mais dès que je suis entré dans une quelconque relation avec les autres êtres humains, je connaîtrais immédiatement le dédoublement du public et du privé, que ce soit dans ma jouissance, ma souffrance, ou dans l'expression de mon opinion, de ma conviction et de ma pensée.

Par un étrange paradoxe, lorsqu'un individu vit seul, sa sphère privée, étant limitée à son moi intime, se révèle la plus étroite, voire inexistante : à quoi bon de parler de ma vie privée, si je suis toujours et strictement seul ! Le privé n'existe que par rapport au public. L'intimité du moi n'a de sens que par rapport à la présence possible des autres. Dans un sens radical, même les choses les plus intimes de l'individu ne font partie de son domaine privé que si l'on suppose qu'elles peuvent être épiées, convoitées par les autres. Robinson n'a ni vie publique, ni vie privée sur son île, lorsqu'il vit seul. Mais dès l'apparition de Vendredi, la question de la distinction entre le public et le privé se posera pour lui...

Pour un individu membre déterminé de la famille, cette dernière apparaît bien comme quelque chose de public, car composée des individus humains irréductibles à son moi intime. Au sein même de la famille, un individu reste différent des autres et peut entrer en conflit avec eux. Si conceptuellement la famille doit être fondée sur l'amour, dans la réalité historique, elle pourrait être la pire de puissance dominatrice pour ses individus membres. N'a-t-on pas déjà observé que dans le droit romain primitif par exemple, le père a le droit de vie et de mort sur les autres membres de la famille ?

Ce caractère paradoxal et contradictoire de la famille a été notamment mis en exergue par les auteurs marxistes. Selon Engels par exemple[17], le mot famille signifie initialement chez les Romains non point un couple marié et leurs enfants, mais uniquement les esclaves qu'ils possèdent. C'est seulement plus tard que la famille comprendra les maîtres de la maison, les femmes, les enfants ainsi que les esclaves de la maison sous la domination du maître. Chez Gajus, la famille revêt un sens essentiellement patrimonial et peut être transmise par testament. Marx a pu lui aussi observer que la famille moderne conserve en son sein non seulement l'esclavage (*servitus*), mais également toutes les caractéristiques qu'elle a héritées des époques antérieures : elle contient donc toutes les contradictions qu'on trouvera plus tard dans la société civile et dans l'Etat politique.

---

[17] F. Engels, *L'origine de la famille, la propriété privée et de l'Etat*, éditions sociales, 1975.

Le caractère à la fois public et privé de la famille n'a pas échappé aux juristes théoriciens eux-mêmes. Pour les juristes allemands du 19e siècle par exemple, la famille appartiendrait à la fois à la sphère politique (ou publique) et à la sphère privée. Comme système de relations de pouvoirs, la famille supplée aux insuffisances (d'âge ou de sexe) de ses individus membres et contient ainsi « le germe de l'Etat ». En quoi la famille fait partie du droit public ou droit politique. Mais en même temps, ces rapports domestiques revêtent primitivement le caractère de la propriété et impliquent la domination et la servitude. En quoi la famille fait partie également du droit privé[18].

II - La société civile

Après la famille, la société civile est la seconde sphère que l'individu peut conquérir en tant que domaine privé.

La société civile (the civil society ou die bürgerliche Gesellschaft) se présente logiquement comme la négation de la famille et comme l'étape préparatoire de l'Etat politique. Elle occupe donc la position intermédiaire entre la famille et l'Etat politique. L'apparition de la société civile est historiquement récente : dans l'Antiquité, entre la famille (*oikos*) et la cité (*polis*), il n'avait guère de l'espace pour d'autres formes d'existence collective, à part quelques associations ou bandes, le plus souvent à base familiale ou tribale. En Moyen-Age, il n'y avait que les familles ou les domaines seigneuriaux : ni société ni l'Etat politique n'existaient à proprement parler. C'est seulement à partir du 17e siècle, avec le début de l'industrialisation et de l'économie capitaliste qu'en Europe occidentale s'est apparue peu à peu la société civile.

La société civile est le dépassement dialectique de la famille tant naturellement que conceptuellement. Naturellement, car toute famille se décomposera à terme en une pluralité de familles : les enfants grandiront et deviendront eux-mêmes des personnes indépendantes de leurs parents et fonderont à leurs tours des familles, etc. Ces nouvelles familles se comporteront comme autant d'unités morales autonomes à leur tour. Conceptuellement, car, c'est seulement dans la société civile que certains besoins les plus importants des individus membres de la famille trouveront satisfaction.

---

[18] Cf. Y. Thomas, « Mommsen et l'Isolierung du droit », article précité.

Selon l'analyse désormais classique de Hegel, la société civile comporte trois moments, ou selon nous trois éléments constitutifs : le système des besoins (*das System der Bedürfnisse*) ; la protection de la propriété par l'administration de la justice (*der Schutz des Eigentums durch die Rechtspflege*) ; enfin, la police et la corporation (*die Polizei und Korporation*).

La société civile est avant tout un système des besoins et de satisfaction des besoins pour les individus particuliers. Les besoins ne sont pas uniquement ce qu'on appelle besoins vitaux ou naturels, mais également et surtout des besoins de représentation propre à la vie sociale (besoin de raffinement et de luxe, besoin d'honneur et de vanité par exemple). La surenchère des besoins extravagants pour les uns et l'impossibilité de satisfaire les besoins élémentaires pour les autres engendreront nécessairement la bipolarisation de la richesse et de la pauvreté. Si d'un côté, la société civile peut être considérée comme un système de coopération en vue de la satisfaction des besoins de tous, d'un autre côté et en même temps, elle est également un système de division et de lutte des classes (une thématique très largement développée par Karl Marx et ses émules). Ce n'est donc pas un hasard si dans la doctrine juridico-politique des 17e et 18e siècles, l'état de nature, un autre nom pour la société civile selon nous, est représenté, dans son abstraction dogmatique, tantôt comme un état de parfaite harmonie et de bonheur (chez Locke et Rousseau), tantôt comme un état de guerre de tous contre tous (chez Hobbes).

La société civile, en tant que système des besoins, est en même temps un système de l'administration de la justice, celui-ci ayant pour but essentiel de garantir la propriété privée, ou ce qui revient au même, de rendre à chacun ce qui lui est dû. En ce sens, le droit privé a pour unique but la protection de la propriété privée. Ce droit se présente de manière abstraite sous forme des lois, de manière concrète, sous forme des décisions juridictionnelles des juges ou des tribunaux. Cependant, la société civile, bien qu'elle soit, par vocation, un système des besoins et un système de garantie de la propriété privée, ne peut pas donner entièrement satisfaction aux individus particuliers qui la composent, puisque par définition, il y manque encore l'autorité centrale qui sanctionne le manquement au respect des lois et la violation de la propriété privée. Il s'agit là d'une des raisons essentielles du dépassement de la société civile par l'Etat politique. On sait par ailleurs que toute la doctrine du contrat social chez les philosophes du 18e siècle se justifie par cette nécessité de garantir l'effectivité de la propriété privée. La pensée de Locke est à cet égard exemplaire : selon lui en effet, la seule raison véritable qui pousse les hommes à sortir de l'état de nature et à entrer dans la société politique, c'est celle de la protection de la propriété privée.

Si la police consiste à maintenir l'ordre public ou à éviter les conflits d'intérêts parmi les individus particuliers au sein de la société civile, les corporations (ou associations corporatives) ont quant à elles pour but de favoriser activement la satisfaction des besoins particuliers pour ses individus membres ayant des talents spécifiques. Tout comme la famille, les corporations de la société civile représentent une des racines de l'Etat politique. Comparées à la famille et l'Etat, les corporations de la société civile ont des points de convergence et de différence à la fois. Les besoins que les corporations sont appelées à satisfaire sont des besoins spéciaux, non point des besoins indéterminés ou universaux comme dans le cas de la famille ou de l'Etat. Le lien qui rattache les individus membres d'une corporation est, comme dans le cas de l'Etat, quelque chose de rationnel, c'est-à-dire objectif et universel, ce qui est très différent de l'amour comme dans le cadre de la famille. Dans la mesure où les corporations sont des cadres de satisfaction de besoins spécifiques, elles constituent des sphères privées pour leurs individus membres ; mais dans la mesure où elles préparent l'avènement de l'Etat par l'universalité de leurs liens, elles ont d'ores et déjà un caractère public. D'une certaine façon, les corporations de la société civile sont déjà des Etats, non pas des Etats de la liberté certes, mais des Etats de la nécessité, si l'on peut emprunter cette expression quelque peu désuète de Hegel[19].

Par rapport à la société civile, l'individu, tout comme sa famille, fait partie de la sphère privée, tandis que la société civile elle-même et l'Etat politique entrent corrélativement dans le domaine public. Paradoxalement, la famille ne devient une sphère privée pour ses individus membres que si et seulement si ces derniers peuvent être envisagés comme des membres de la société civile et de l'Etat politique. C'est par rapport à la société civile et à l'Etat politique que la famille peut être considérée comme la première sphère privée au

---

[19] Sur la conception hégélienne de la société civile, voir par exemple Jean-Pierre Lefebvre et Pierre Marcherey, *Hegel et la société*, puf, 1984.

regard de ses individus membres, en dehors de leur moi intime. Désormais, la sphère privée enveloppera le moi et sa famille. Comparativement, toute la société civile et *a fortiori* toute la communauté politique relèveront de la sphère publique. Comme on le sait, la distinction grecque entre *aeconomia et politeia* (l'économie relève du domaine privé, la politique, du domaine public) doit être comprise en ce sens. Dans une très large mesure, cette distinction reste encore celle de la société moderne : l'individu et la famille font partie du domaine privé, tandis que la société civile et l'Etat politique font partie du domaine public.

Considérée en elle-même, la société civile est à sa manière quelque chose d'à la fois public et privé. Lorsque les philosophes de nos jours discutent sur la structure de l'espace public, ils gardent en vue essentiellement la société civile en tant qu'espace où émerge l'opinion publique. Chez Jürgen Habermas, par exemple, la sphère publique signifie avant tout la partie éclairée (par la raison) de la société civile. L'espace public serait ainsi directement lié à l'apparition de la presse écrite diffusée en grand nombre, à l'existence des salons privés où rencontrent les élites éclairées, à la correspondance épistolaire entre les savants de toutes les contrées du monde, etc. Mais en même temps, d'un point de vue critique, l'espace public ainsi compris reste pour l'essentiel quelque chose de privé, si on le compare avec l'Etat politique. Ce n'est donc point étonnant qu'il puisse subir des distorsions, précisément en raison de l'intrusion possible des intérêts privés.

III - L'Etat politique

Dans un troisième temps, avec l'émergence de l'Etat politique qui revendique pour lui seul le monopole du bien commun ou de l'intérêt général, le public se confond dorénavant avec l'étatique, et tout ce qui n'est pas de l'Etat sera relégué dans la sphère privée. Devant la majesté de la *Res publica*, ou de l'Etat, toutes les autres formes de l'existence humaine, qu'elles soient individuelles, familiales ou sociétales, seront ravalées au rang privé. En même temps, la monopolisation de la sphère publique par l'Etat signifie paradoxalement l'extension maximale du domaine privé : non seulement le moi intime des individus, leurs familles, mais également la société civile tout entière basculeront désormais dans le domaine privé. Le public gagne en intension, mais perd en extension, à l'inverse du privé qui gagne en extension, mais perd en intension.

Faut-il insister sur le fait que cette façon de distinguer le privé et le public est essentiellement celle des juristes de nos jours, lorsqu'ils sont amenés à faire la distinction entre le droit public et le droit privé ? Pour eux, en effet, le droit public est essentiellement le droit de l'Etat, tandis que le droit privé est le droit des individus particuliers et des corporations de la société civile. Historiquement, cette façon de distinguer le privé et le public trouve sa racine lointaine chez les jurisconsultes romains, et a été perpétuée continuellement par les juristes continentaux, au moins dans leurs écrits doctrinaux[20].

Si désormais le public est synonyme de l'étatique, tout ce qui n'est pas étatique relevant du domaine privé, la détermination du public implique donc celle de l'Etat. Or, qu'est-ce que l'Etat ?

Il existe un très grand nombre de conceptions de l'Etat, en fonction de différents points de vue. Les philosophes, les juristes, les politistes, les historiens, les sociologues, les économistes, voire les poètes, ont chacun leur conception de l'Etat. Sans qu'il soit nécessaire d'en faire l'inventaire complet, nous pensons que toutes ces conceptions de l'Etat partagent le même défaut, à savoir, celui de la partialité. Un peu comme ces aveugles qui avancent leurs conceptions de l'éléphant selon la partie de l'animal qu'ils ont pu tâter, les auteurs proposent leur conception de l'Etat d'un point de vue souvent partiel et partial : l'Etat est une machine, si l'on s'attache à sa composition (selon Hobbes, Locke, Rousseau et Kant notamment) ; il est le plus froid parmi les monstres froids, si l'on prend en considération son caractère foncièrement rationnel (selon Nietzsche); il est un nœud des normes juridiques, si l'on se penche sur le mode du fonctionnement de l'Etat, lequel n'est point arbitraire, mais régi par de règles préétablies (selon Kelsen) ; il est le mur qui entoure le jardin où pousse le fruit de l'humanité, si l'on tient compte du bienfait civilisateur de son existence (Hölderlin), etc.

Pour nous, et si nous nous référons à la logique d'Aristote, une bonne définition de l'Etat doit rendre compte des caractéristiques à la fois génériques et spécifiques de l'Etat. Mais quel est le genre prochain (*genus proximum*) auquel appartient l'Etat et quelle est la

---

[20] Sur ce point voir par exemple, J.C. Bluntschli, *Droit public général*. Paris, Librairie Guillaumin, 1881.

différence spécifique (*differentia specifica*) de l'Etat à l'intérieur de ce genre ?

D'un point de vue générique, comme son nom l'indique, l'Etat (du latin *status*, terme utilisé pour la première fois par Machiavel dans son célèbre ouvrage *Le Prince* pour désigner la communauté politique moderne) est un état ou une situation existentielle pour ses individus membres. Au sein de l'Etat, un certain nombre d'individus humains cohabitent pour mener une existence commune. L'Etat est donc une forme de la coexistence humaine, tout comme la famille et les corporations de la société civile. Quelle est la raison d'être de ce genre de coexistence collective ? Pourquoi y a-t-il des institutions corporatives (l'Etat ou la famille, ou les corporations de la société civile) plutôt que rien ? On peut spéculer indéfiniment sur ce genre de question, mais au dernier moment, on tombera toujours sur la même réponse, simple et évidente, c'est que les hommes ne peuvent pas se suffire à eux-mêmes en tant qu'individus isolés : pour satisfaire leurs multiples besoins, pour éviter les conflits qui les asservissent voire les conduisent à une mort violente, ils doivent vivre dans des institutions corporatives, ou dans des communautés. L'Etat est l'une de ces institutions ou communautés humaines, tout comme la famille et les corporations de la société civile.

Mais en même temps, l'Etat n'est pas n'importe quelle corporation. Il a sa différence spécifique par rapport à la famille et aux corporations de la société civile. En tant que dépassement dialectique de la société civile qui est elle-même le dépassement dialectique de la famille, l'Etat se présente comme la synthèse de la famille et de la société civile. Il ressemble à la famille et à la corporation de la société civile tout en maintenant sa différence. A l'instar de la société civile, l'Etat est universel en raison du lien rationnel qui rattache ses individus membres. Les philosophes modernes ont exprimé de façon imparfaite cette rationalité de l'Etat dans leur doctrine du contrat social : selon eux, c'est par le calcul que les hommes ont accepté de sortir de leur état de nature pour entrer dans l'état politique, par le biais d'un contrat social. A l'instar de la famille, l'Etat est un cadre de satisfaction de tous les besoins de ses individus membres. Il s'agit là d'une des différences fondamentales entre l'Etat et les corporations de la société civile, ces dernières ayant pour but de satisfaire seulement tel ou tel besoin spécifique de ses individus membres (celui du profit dans le cas d'une société commerciale, celui du salut spirituel dans le cas d'une église, celui de loisir dans le cas d'un club sportif ou ludique, celui de conquête du pouvoir de l'Etat dans le cas de partis politiques, etc.). Le but ou l'objet de l'Etat ne saurait donc être spécifié : tous les aspects de la vie humaine sont susceptibles de devenir les domaines d'intervention de l'Etat, y compris ceux de la vie intime liée à la sexualité et à la reproduction. Sous le nom de bien commun, d'intérêt général, d'utilité commune, ou de service public, etc., l'objet ou le but de l'Etat est infiniment variable en fonction du temps et du lieu.

Dans la mesure où l'Etat politique est la synthèse logique de la famille et de la société civile, il peut être considéré comme la forme la plus parfaite de l'existence humaine : déjà chez les anciens philosophes grecs, l'idéal de la vie bonne ne peut se réaliser qu'à l'intérieur d'une cité bien organisée, car qu'est-ce qu'une cité sinon l'homme inscrit en grands caractères, selon Platon par exemple ? Quand Hegel dit que l'Etat est la forme la plus haute de la moralité, il ne fait pas autre chose que d'affirmer une évidence déjà constatée par Aristote : l'homme est par nature un animal politique.

Les juristes publicistes contemporains ont l'habitude de définir l'Etat comme la personnification juridique de la nation. Une telle définition est à rapprocher de la conception de l'Etat que nous venons de présenter. Si l'on examine leur conception de plus près, on s'aperçoit qu'en dernier lieu, elle repose également sur la nature de l'homme. Car, que veut dire la nation ? Deux conceptions existent : selon la conception objectiviste, dont le représentant le plus illustre est Fichte dans ses *Discours à la Nation allemande*, la nation serait fondée sur un certain nombre de facteurs objectifs, comme la langue, la proximité géographique, l'ethnie, etc. Mais un seul instant de réflexion suffira pour comprendre que ces différents facteurs pris isolément ou collectivement ne donnent pas automatiquement naissance à une nation. L'existence d'une nation implique toujours de la part de ses individus membres une volonté subjective de vivre ensemble. C'est ce sur quoi insiste la conception subjectiviste de la nation, telle qu'elle a été exprimée par Ernest Renan dans son discours *Qu'est-ce qu'une nation ?* Selon la conception subjectiviste en effet, la nation serait la volonté de vivre ensemble, le plébiscite de tous les jours, ou le rêve d'avenir partagé, ou encore le bonheur ou la souffrance vécue ensemble.

De notre point de vue, aussi bien la conception objectiviste que la conception subjectiviste de la nation sont sujettes à la critique. Si la conception objectiviste a le mérite d'insister sur les conditions empiriques de la formation de la nation, elle a négligé le fait que la nation est également un phénomène spirituel, et implique la libre volonté des hommes dans sa détermination historique. Comparativement, la conception subjectiviste a su souligner l'importance de la volonté dans la formation de la nation, mais a négligé les conditions empiriques de cette dernière. Mais par-delà leur défaut respectif, les deux conceptions de la nation souffrent selon nous d'une lacune conceptuelle fondamentale : aucune de deux n'a su déterminer exactement la différence spécifique de la nation par rapport aux autres formes de l'existence collective des hommes, à savoir, celle de la famille et celle des corporations de la société civile. Ainsi, à l'encontre de la conception objectiviste de la nation, on peut soulever la difficulté suivante : puisque dans n'importe quel village, il y a également la réunion de différents facteurs objectifs (territoire, langue, race ou ethnie, vécu en commun, etc.), pourquoi ne qualifie-t-on pas un village de nation ? A l'encontre de la conception subjectiviste, on peut poser la question toute naïve voire simpliste : si la nation se définit comme la volonté de vivre ensemble, est-ce que toutes les volontés de vivre ensemble formeront une nation ? Un homme et une femme qui s'aiment ont certainement la volonté de vivre ensemble, mais à coup sûr, ils ne forment pas une nation.

Littéralement, la nation veut dire la terre où sont nés les ancêtres d'un groupement humain. Mais dans la mesure où la surface du globe terrestre forme un continuum, tous les êtres humains devront faire partie d'une seule et même nation, puisque tous leurs ancêtres sont nés sur cette même terre. Ainsi la spécificité de la nation ne doit-elle pas être recherchée uniquement dans sa comparaison avec les autres nations ou le monde, mais dans la direction « infra-nationale », par rapport à la famille et aux corporations de la société civile. Or, en comparaison avec la famille et les corporations de la société civile, la nation a bel et bien cette particularité d'être doublement universelle : d'abord, elle est universelle au sens où elle est un cadre de vie pour ses individus membres, c'est-à-dire un cadre de satisfaction de tous les besoins, non point des besoins spécifiques (l'universalité de la fin ou l'universalité téléologique de l'Etat-nation), contrairement aux corporations de la société civile, mais ensuite, elle est également universelle au sens où elle peut regrouper virtuellement en son sein tous les êtres humains, car, à la différence de la famille, la nation n'est pas fondée sur le sentiment d'amour, mais est basée sur des calculs rationnels, ou sur la volonté de vivre ensemble, ce qui veut dire que tous les êtres humains sont susceptibles de former une seule et même nation, dès lors qu'ils ont la volonté de vivre ensemble (l'universalité du lien des individus membres de l'Etat-nation). Par exemple, si l'on peut considérer les habitants des Etats-Unis d'Amérique comme formant une seule et même nation, ce n'est certainement pas en raison de leurs origines ethniques, religieuses, culturelles, etc., qui sont particulièrement diverses, mais c'est bien parce qu'ils ont la volonté de vivre ensemble : l'expression *melting-pot* convient donc parfaitement à la nation américaine.

Bref, pour que la définition juridique classique de l'Etat soit acceptable, il faut adjoindre une dimension universelle à la nation que l'Etat est appelé à personnifier. Du reste, la personnification juridique de la nation par l'Etat ne signifie pas autre chose que ceci : l'Etat en tant qu'unité morale de ses individus membres n'est pas quelque chose qui vient se surajouter à la nation, mais est la forme d'expression de celle-ci.

Il reste à remarquer que les Etats-nations, tel qu'ils se sont développés à partir du 19e siècle restent imparfaits et sont destinés à être dépassés par l'Etat cosmopolite dans le futur de l'humanité, cela précisément à cause de leur universalité imparfaite : la pluralité même des Etats-nations historiques contient selon nous la contradiction entre leur universalité conceptuelle et la réalité de leur cloisonnement mutuel, et la résolution de cette contradiction devrait aboutir à terme à l'Etat cosmopolite. D'une certaine manière, l'Organisation des Nations unies d'aujourd'hui pourrait être considérée comme un signe avant-coureur de ce futur Etat cosmopolite.

Notre conception de l'Etat en tant que cadre de vie universel est également à rapprocher de la conception hégélienne de l'Etat. Selon Hegel en effet, l'Etat est la réalité de l'idée morale, l'esprit moral en tant que volonté révélée, claire à elle-même, substantielle, qui se pense et se sait et qui exécute ce qu'il sait et en tant qu'il sait. Il a son existence immédiate dans les mœurs et dans la tradition (*Sitte*), et son existence médiate dans la conscience de soi de l'individu, dans le savoir et dans l'activité de celui-ci. Et l'individu, par la conviction, possède sa liberté substantielle en lui, qui est son essence, son but et le produit de son activité[21]. Que l'Etat soit la réalité de l'idée morale (*Sittlichkeit*) dans ses deux dimensions, celle de mœurs ou tradition d'un peuple, et celle de conscience morale des individus membres de l'Etat ne signifie pas autre chose que ceci : l'Etat est une forme d'expression de la volonté de vivre ensemble de ses individus membres. D'un côté, l'Etat est le produit de la libre volonté de ses individus membres, d'un autre, c'est seulement au sein de l'Etat que les hommes peuvent réaliser leur essence substantielle, c'est-à-dire vivre pleinement, et librement.

Hegel se voit souvent reprocher par les auteurs libéraux d'être un apologiste des Etats historiques et surtout de l'Etat prussien. Sa célèbre formule « Was vernünftig ist, das ist wirklich ; und was wirklich ist, das ist vernünftig » (ce qui est rationnel est effectif, ce qui est effectif est rationnel)[22] a été souvent interprétée comme une velléité de justifier les pires des Etats despotiques, voire totalitaires. Mais le procès que l'on a fait à Hegel manque de fondement, car issu d'une mécompréhension radicale de sa pensée. Ce qui intéresse Hegel, ce n'est pas tel ou tel Etat historique déterminé, mais l'idée même de l'Etat. Entre l'idée de l'Etat d'un point de vue spéculatif et les Etats historiques, il y a évidemment un décalage. En d'autres termes, pour Hegel, si l'Etat peut être considéré comme la plus haute des réalités morales, c'est uniquement selon la nécessité conceptuelle, non point par rapport aux Etats historiques déterminés. Sur le plan historique, que les Etats positifs ne réalisent pas ou pas suffisamment l'essence de l'Etat conceptuel, il n'y a là rien de très surprenant. Hegel n'a-t-il pas fait lui-même la distinction entre l'Etat conceptuel et l'Etat historique et considéré que tous les Etats historiques sont et doivent être justiciables devant le tribunal de l'histoire du monde ? Un Etat historique qui est vidé de sa substance morale n'existe que de nom, ou seulement en apparence : il est en déclin ou déjà mort, ou en langage

[21] „Der Staat ist die Wirklichkeit der sittlichen Idee - der sittliche Geist, als der offenbare, sich selbst deutliche, substantielle Wille, der sich denkt und weiß und das, was er weiß und insofern er es weiß, vollführt. An der Sitte hat er seine unmittelbare und an dem Selbstbewußtsein des Einzelnen, dem Wissen und Tätigkeit desselben, seine vermittelte Existenz, so wie dieses durch die Gesinnung in ihm, als seinem Wesen, Zweck und Produkte seiner Tätigkeit, seine substantielle Freiheit hat" – in Hegel, *Grundlinien der Philosophie des Rechts (Naturrecht und Staatswissenschaft im Grundrisse. Zum Gebrauch für seine Vorlesungen).*

[22] Hegel, *Grundlinien der Philosophie des Rechts*, op.cit.

hégélien, il n'est plus effectif (c'est le cas des empires orientaux, et de l'empire romain, voire de l'Etat prussien lui-même selon Hegel dans son essai éminemment critique sur *La Constitution allemande*, par exemple). Il faut donc prendre Hegel pour plus naïf qu'il n'était en réalité pour lui imputer l'idée absurde selon laquelle tous les Etats historiques, du fait qu'ils existent, seraient nécessairement rationnels. A vrai dire, pour Hegel, aucun Etat historique n'est éternel, puisqu'il ne peut incarner qu'un moment déterminé de l'esprit universel ou qu'il n'est rationnel que durant un laps du temps déterminé. Selon l'intime conviction de Hegel, l'esprit universel parcourt le monde de l'Est à l'Ouest, un peu à la manière du Soleil, en se révélant et en se développant. Si un Etat historique a pu incarner pendant un temps l'esprit universel, il est tout aussi inéluctable qu'il soit dépassé par ce dernier, à la manière dont une partie du globe terrestre, après avoir reçu les lumières de l'astre solaire, sombre peu à peu dans le crépuscule et se laisse engloutir par les ténèbres.

Du reste, nous pouvons ajouter que les Etats-nations historiques ne réalisent pas complètement l'essence (ou le concept) de l'Etat, dans la mesure même où ils sont limités géographiquement et démographiquement. Le vrai Etat de l'humanité doit être un Etat universel, mondial ou cosmopolite, comme l'ont jadis rêvé les philosophes stoïciens, et plus proche de nous, comme l'a prophétisé Kant[23]. Un Etat minuscule comme Monaco ou Andorre, bien qu'il existe positivement pour des raisons historiques contingentes, ne correspond évidemment pas à l'idée de l'Etat que se fait Hegel : il n'est donc point effectif, ni rationnel en soi.

Si nous devons rester fidèles à la pensée de Hegel, nous dirons qu'il n'y a jamais trop d'Etat, mais toujours pas assez d'Etat : l'Etat reste une tâche à réaliser pour l'humanité[24].

Le décalage entre les Etats historiques et l'Etat conceptuel explique en partie le phénomène de globalisation ou de mondialisation dont nous sommes les témoins à l'heure actuelle : pour résoudre les problèmes que l'humanité a à affronter (problème de réchauffement climatique, problème de raréfaction des ressources premières, problème de pollution de l'environnement, de l'extinction des espèces

---

[23] E. Kant, *Idée d'une histoire universelle au point de vue cosmopolitique*, Bordas, 1988 ; *Vers la paix perpétuelle*, Flammarion, 2007.

[24] En ce sens également, voir également Eric Weil, *Hegel et l'Etat*. Vrin, 2000.

végétales ou animales..., pour ne citer que les plus urgents), aucun Etat-nation traditionnel ne saurait se suffire à lui-même. Dans tous les domaines de l'existence humaine (d'Internet aux droits de l'homme en passant par la culture, le commerce et l'industrie...), on constate partout le même lien de solidarité qui se tisse entre les êtres humains. L'aurore de l'Etat mondial (ou cosmopolite) commence à pointer à l'horizon de l'histoire. Dans les tourments et les douleurs, les Etats-nations traditionnels se voient entrainés dans un vaste tourbillon qui lamine peu à peu leur souveraineté, leur autonomie ou leur « chacun-pour-soi » égoïste. Loin d'être la fin de l'histoire, le phénomène de mondialisation met en évidence la communauté profonde de tous les êtres humains, quelle que soit leur race, quel que soit leur lieu de résidence, et inaugure par là le commencement véritable de l'histoire de l'humanité en tant qu'espèce raisonnable.

Le problème de l'origine de l'Etat fait partie de l'interrogation classique de la philosophie politique. Dans la perspective qui est la nôtre, l'Etat se ramène en définitive à la sociabilité de l'homme, ou ce qui revient au même, à la dimension publique de l'existence humaine. Le problème de l'origine de l'Etat n'est donc pas chronologique, mais anthropologique : l'origine de l'Etat n'est ni plus ni moins l'existence de l'homme dans le monde en tant qu'animal raisonnable. En ce sens, les deux conceptions classiques de l'origine de l'Etat sont selon nous tout à fait conciliables. Selon la conception rationaliste, l'Etat est fondé sur le contrat social, mais ce contrat social lui-même doit être conçu comme une simple hypothèse logique non point comme une donnée archéologique. Autant dire que le contrat social est inscrit dans la nature même de l'homme. La conception historiciste insiste quant à elle sur l'importance des facteurs empiriques dans la formation de l'Etat historique et conclut sur le caractère irrationnel de ce dernier. Mais ce faisant, elle a oublié que malgré tout, ce sont toujours les hommes qui font l'histoire et ce sont également eux qui fondent l'Etat : malgré leurs motifs apparemment des plus arbitraires, il y a toujours une sorte de ruse de la raison qui les pousse vers cette forme particulière de coexistence humaine qu'est l'Etat. Or, qu'est-ce que cette fameuse ruse de la raison sinon la nature humaine elle-même ?

Marx a écrit, dans son manuscrit de 1843 *Critique de la philosophie politique de Hegel* : « L'Etat comme tel, cette abstraction, n'appartient qu'au Temps moderne, parce que la vie privée, cette abstraction, n'appartient qu'au Temps moderne. L'Etat politique, cette abstraction, est un produit moderne. ». Cette opinion de Marx est selon nous discutable. A coup sûr, si l'on prend l'Etat uniquement au sens des Etats-nations que l'Europe occidentale a connus à partir du 16e siècle, ce que Marx a dit est indéniablement vrai. Mais d'un point de vue conceptuel, l'Etat, en tant que la forme la plus élevée de la coexistence humaine est quelque chose d'inscrit dans la nature humaine et donc d'éternel : là où il y a communauté humaine, il a toujours eu et il y aura toujours l'Etat. De façon plus ou moins parfaite, l'Etat a existé dès le début de l'histoire de l'humanité et existera dans le futur, malgré toutes les fausses prophéties que les uns et les autres ont annoncées sur la fin de l'histoire.

L'Etat n'est en définitive ni une production purement volontaire de l'homme, ni le résultat d'une force aveugle de la nature. Il est inscrit dans la nature de l'homme qui est, selon la définition classique d'Aristote, un animal raisonnable et politique.

Section 2 — Le droit public

Le droit public doit être entendu uniquement au sens du droit du public, ou encore droit de la chose publique.

Un tel choix sémantique suppose que nous écartions d'emblée une question résiduelle qui agite parfois certains auteurs, celle de savoir si le droit en soi est de nature publique ou privée. Par exemple, lorsque des auteurs affirment que tout droit, dans la mesure où il est sanctionné par les autorités publiques, est nécessairement public, ils admettent implicitement cette conception particulière du droit public. Mais pour nous, une telle conception du droit public est totalement inappropriée dans la perspective de la théorie du droit public, car elle rend impossible la distinction même entre le droit public et le droit privé.

En tant que droit du public ou droit de la chose publique, le droit public est avant tout un droit, et ensuite un droit différent du droit privé. Ces deux propositions méritent quelques approfondissements.

§1 — Le droit

Que le droit public soit un droit, il s'agit là à première vue d'un banal truisme. Mais en réalité, notre affirmation n'est point gratuite. Dans les facultés de droit en France par exemple, il existe un vieux cliché qui consiste à dénier le caractère « droit » au droit public. « Quoi, vous faites du droit public ? Mais le droit public n'est pas du droit » ! Au-delà de la plaisanterie entre collègues de la faculté de droit, il se cache un doute profond et tenace quant au caractère « droit » ou caractère juridique du droit public. Par ailleurs, toujours en France, l'introduction au droit est un genre littéraire et un programme d'enseignement réservés aux juristes privatistes, car même pour les bureaucrates ministériels, seul le droit privé serait le droit vrai, et l'introduction au droit privé tiendrait amplement lieu de l'introduction au droit tout court.

Il n'est donc pas inutile de revenir rapidement sur la définition du droit (I) et sur l'appartenance du droit public au genre « droit » (II).

I - La définition du droit

La définition du droit a toujours été considérée comme un problème difficile. Contrairement aux objets des autres sciences naturelles ou humaines, l'objet de la science juridique est réputé comme indéfinissable[25]. Déjà chez les juristes romains, on se méfie de la définition en droit : *Omnis definitio in jure periculosa est.* Selon Kant, les juristes de son temps ne posséderaient toujours pas leur définition du droit. Un tel constat n'a rien perdu de son actualité. Pour Paul Amselek par exemple, le droit est une sorte d'OVNI dans le ciel culturel[26]. Outre-Rhin, Robert Alexy a fait l'inventaire d'une nébuleuse des définitions du droit dont le grand nombre même atteste la difficulté de la définition du droit[27].

Selon nous, cette difficulté de la définition du droit ne provient pas du droit lui-même en tant qu'objet d'étude. Son origine réside plutôt dans une méthode erronée de la part du sujet connaissant ou des juristes théoriciens eux-mêmes. En effet, aussi bien les philosophes que les juristes de nos jours ont tendance à voir dans le droit une affaire de spécialistes et à le concevoir comme une limite imposée à la liberté d'action de l'homme. D'où les deux significations souvent retenues de l'expression « droit » dans le langage juridique : droit subjectif et droit objectif. Le droit subjectif serait la faculté de faire ou

---

[25] Cf. H.L.A. Hart, *The concept of law*. Second edition, Oxford university press, 1997.
[26] P. Amselek (sous la direction de), *Théorie du droit et science*, puf, 1994.
[27] R. Alexy, *Begriff und Geltung des Rechts*, Alber Studienausgabe, München, 2002.

de ne pas faire quelque chose, tandis que le droit objectif serait les règles qui déterminent cette faculté de faire ou de ne pas faire quelque chose. Kant lui-même n'est pas étranger à cette conception normativiste du droit. Lorsqu'il s'évertue à distinguer la morale et le droit, il les considère tous deux comme des limites imposées à l'usage de la liberté : la morale concernerait le for intérieur puisqu'elle impose des limites sur l'usage interne de la liberté, tandis que le droit regarderait le for extérieur puisqu'il impose des limites sur l'usage externe de la liberté.

Mais cette conception purement normativiste du droit chez les auteurs modernes est selon nous profondément critiquable.

A notre avis, la perspective dans laquelle on doit se placer pour définir le droit ne doit pas être celle des juristes universitaires, ni même celle des gens du Palais. Comme tout un chacun le sait intuitivement, avant d'être une affaire de spécialistes ou un objet de réflexion de la part des théoriciens, le droit est surtout une préoccupation de tous les êtres humains dans leur existence au quotidien. C'est pourquoi la définition du droit ne doit pas être appréhendée uniquement dans la perspective des juristes professionnels, praticiens ou théoriciens, mais avant tout et surtout par rapport à l'existence humaine comme telle. C'est par rapport à chaque instance de mon existence que je dois me poser la question du droit et de sa définition.

Or, que signifie concrètement le droit pour un individu humain dans son existence de tous les jours ? A coup sûr, le droit pour lui ne doit être ni subjectif ni objectif, mais est à proprement parler quelque chose lié à son existence, ou faisant partie de son existence. Le droit ne doit pas se définir comme la faculté de faire ou de ne pas faire, ni encore moins comme les normes qui détermineraient cette faculté de faire ou de ne pas faire. En effet, même le bon sens indique que la faculté de faire ou de ne pas faire quelque chose, ou encore plus simplement, la liberté, est une prédisposition naturelle de l'homme et qu'elle n'est susceptible d'aucune limitation, car limiter la liberté revient à nier son existence même.

Selon nous, le droit doit être conçu comme un attribut de l'existence humaine. Mais quelle est la nature véritable du droit par rapport à l'existence humaine ? Ou quelle est la place exacte du droit dans l'existence humaine ?

Puisque nous ne devons pas inventer un nouveau sens pour le mot « droit », sous peine d'être incompris, il nous faut recourir à la tradition langagière pour retrouver sa détermination lexicale et conceptuelle.

Le droit est, si nous nous référons à la définition classique donnée par les anciens Grecs et Romains, le *suum cuique*. Plus exactement, le droit est ce qui revient à chacun, ce qui lui est dû, ce qu'il mérite. Mais comment savoir ce qui revient à chacun, ou en fonction de quoi peut-on déterminer ce qui revient à chacun ? Non pas en fonction d'un principe *a priori* ou d'une quelconque règle transcendante ou immanente, mais en raison de ce que chacun a fait ou n'a pas fait, ou en raison de sa situation d'existence dans le monde. Mon droit est tiré de mon être au monde, ou de mon être-là, de mon Dasein (*jus ex esse oriture*).

Cette conception du droit mérite quelques explications, en dépit de son apparente simplicité.

En premier lieu, elle insiste sur le fait que le droit relève de la catégorie de l'avoir (*Haben ou Besitzen* en allemand), non point celle de l'être (*Sein*), ni celle du devoir-être (*Sollen*). Quand j'affirme que j'ai tel ou tel droit, ou que j'ai droit à telle ou telle chose, cela revient à dire que je possède telle ou telle chose, ou que telle ou telle chose m'appartient en propre, en tant que ma propriété. Le droit fait partie de mon moi, tout comme mon corps et mon âme. Mon droit, c'est mon avoir, ma propriété (*Eingentum*), au sens littéral du terme.

En second lieu, elle met l'accent sur l'origine existentielle du droit. Le droit est quelque chose d'inhérent à l'existence humaine. En raison de ma manière d'exister dans ce monde, ou en raison de ma manière de mener ma vie d'ici-bas, j'ai quelque chose qui me revient ou qui m'appartient, en tant que mon droit. La détermination de mon droit ne dépend donc pas de la volonté d'une quelconque autorité extérieure, fût-il le législateur ou le juge, mais dépend uniquement de moi-même, de ma façon d'exister dans ce monde, de ma manière de faire ou d'agir : après tout, ce qui est en jeu, c'est mon droit, ou ma propriété. Or, *hic et nunc*, quel est mon droit ou quel doit être mon droit ? La seule réponse valable à cette question doit être celle-ci : mon droit est tiré de mon existence au monde. Comme sujet libre, j'ai initié par ma volonté ou mon action une série nouvelle de causalité et introduit une certaine modification dans l'ordre de choses de ce monde. Mon droit représente donc la valeur de mon action. Bref, c'est parce que j'ai fait telle ou telle chose que j'ai tel ou tel droit comme la conséquence de ce que j'ai fait. Entre mon droit et ma façon d'exister dans le monde, il doit donc y avoir une stricte corrélation ou correspondance : si j'ai cultivé un tel lopin de terre, à la sueur de mon front, la récolte qui en résulte me revient comme mon droit ; en revanche, si j'ai causé du tort à un autre, c'est également de mon droit (!) de réparer le préjudice qui en est issu. Si je commettais un crime, j'aurais mon droit à la punition comme la conséquence de mon acte criminel : la peine me revient donc comme ce que je mérite, comme mon droit ou ma propriété. Hegel n'a-t-il pas dit très judicieusement que la punition est une façon d'honorer la personne du criminel ? Imaginons qu'entre une fourmi et une cigale il y ait un litige. Pendant que la fourmi travaille tout l'été pour ramasser et stocker de la nourriture, la cigale se contente de se distraire en chantant. Puis, l'hiver rigoureux arrive et la nature se montre moins généreuse dans la fourniture des aliments pour les espèces vivantes. Voilà que la cigale veut prendre la nourriture de la fourmi, et que celle-ci refuse de la lui donner. Il y a donc conflit entre elles. Admettons qu'elles s'adressent à un corbeau pour trancher leur litige. Que doit décider ce dernier ? Il est évident que si ce corbeau est de bonne foi, il doit donner raison à la fourmi, car la nourriture qu'elle avait ramassée lui revient comme son droit, comme son *suum cuique*. Supposons qu'il adopte la solution contraire, nous allons certainement nous indigner et crier au scandale, car sa solution est injuste, arbitraire, même si ce corbeau était le législateur souverain ou le juge attitré de son petit royaume.

C'est donc en fonction de ce qu'on a fait qu'on a telle ou telle chose comme son *suum cuique*, comme son droit. Le droit ne dépend donc pas directement de la décision du législateur ou du juge. La conception ancienne du droit naturel ne dit pas autre chose que cette intuition simple et évidente. Il est à parier que cette conception reste encore celle de la majorité des individus qui n'ont pas été déformés par le préjugé normativiste. Lorsque John Locke s'évertuait à concevoir l'origine du droit de la propriété privée, il avait gardé certainement en vue lui aussi une telle conception du droit : si Dieu a donné à l'humanité tout entière la terre (chose commune ou *res commune*), la propriété privée ne peut se justifier originairement que par le travail[28]. Un paysan est propriétaire de sa terre parce qu'il l'a labourée à la sueur de son front. De même, un berger est le propriétaire de son troupeau parce qu'il l'a domestiqué, élevé et soigné tout au long des quatre saisons.

Le droit est donc ce qui revient à chacun comme son dû, comme ce qu'il mérite, ou comme son *suum cuique*, en raison de ce qu'il a fait ou ce qu'il n'a pas fait, plus généralement, en raison de sa situation existentielle dans le monde. Notons que le concept de situation existentielle a une extension plus grande que celui d'action, car dans certains cas, le non-agir peut engendrer également des conséquences juridiques : par exemple, la non-assistance aux personnes en danger est souvent punie en droit pénal. Comme une catégorie plus large que celle d'action, la situation existentielle doit être comprise comme la synthèse de l'ensemble des conditions existentielles d'un être humain à un moment déterminé de sa vie[29].

Il est évident que notre conception du droit n'implique nullement l'idée absurde selon laquelle il y aurait partout et de tout temps un droit identique, immuable et éternel. Dans la mesure où l'homme vit dans une société donnée et à une époque historique déterminée, la définition de son droit est évidemment conditionnée par l'ensemble des éléments constitutifs de sa société et de son époque historique. Ou mieux encore, la société et l'époque historique dans lesquelles vit un homme, font partie de sa situation existentielle et entrent en ligne de compte pour la détermination de son *suum cuique*. Par conséquent, deux actes semblables dans deux pays différents ne doivent pas produire des conséquences juridiques rigoureusement identiques. Si dans un Etat, un meurtre entraîne seulement une simple amende ou une peine d'emprisonnement, dans un autre Etat, il peut conduire jusqu'à la peine de mort. Au sein d'un seul et même Etat, à la même époque, la détermination du droit de chaque individu est fonction de nombreux facteurs empiriques : qu'un footballeur professionnel gagne des millions d'euros par mois, en courant derrière un ballon rond, alors qu'un ouvrier gagne à peine le SMIC, en transpirant derrière une

[28] Sur la notion de propriété chez Locke, voir par exemple, C.B. Macpherson, *La théorie politique de l'individualisme possessif, de Hobbes à Locke*, Gallimard (1971) 2004. p. 327 et s.

[29] Cf. notre thèse de doctorat, *Essai sur la notion de situation juridique et son extension en droit administratif français*, soutenue à l'Université de Toulouse I, 1992.

chaîne de montage, tous deux méritent certes ce qui leur revient, mais est-ce juste dans l'absolu ? Le système économique contemporain n'est-il pas devenu absurde ? Voilà des questions qu'on peut débattre à l'infini. « ... Plaisante justice qu'une rivière borne ! Vérité au deçà des Pyrénées, erreur au-delà », cette constatation pessimiste de Pascal ne cessera jamais, hélas, d'être d'actualité !

Le concept d'existence ainsi que celui de *suum cuique* qui s'y rattache, mérite, à n'en pas douter, quelques approfondissements.

Quand nous disons que le droit est le *suum cuique* de l'existence humaine, nous voulons dire par là que le droit est un attribut de cette dernière. Que cela signifie-t-il précisément ? Comme nous l'avons déjà dit, toute existence est l'individuation de l'essence. Or, qu'est-ce que l'essence de l'homme ? Deux sortes de réponses font autorité. Selon les Anciens, dont Aristote, l'homme est un animal raisonnable. Selon les Modernes, l'homme est avant tout un être libre. Ces deux conceptions ne sont pas à proprement parler contradictoires, même si chacune d'elles met l'accent sur un aspect différent de l'essence humaine. Pour nous, si l'homme est libre, c'est précisément parce qu'il est raisonnable. C'est donc la raison qui rend possible la liberté humaine et différencie l'homme du reste du règne animal, lequel est, comme nous le savons, enchaîné par les lois de la nature.

Le rapport entre l'être, l'essence et l'existence est un sujet classique de la philosophie première ou de l'ontologie. Sans vouloir entrer dans les détails d'une quelconque discussion philosophique, nous devons attirer néanmoins l'attention sur la distinction entre l'être, au sens de l'ontologie (*Sein*), et l'être-là phénoménal ou l'existant (*Dasein*), tel que l'entend la philosophie existentialiste. L'être au sens de l'ontologie est la synthèse de l'essence et de l'existence, tandis que l'existant ou *Dasein* est la réalisation ou l'actualisation de l'essence dans le monde empirique. L'existence par laquelle le *Dasein* advient dans le monde empirique est donc à la fois la réalisation et la limitation de l'essence. Entre l'essence et l'être-là phénoménal ou l'individu existant, il y a donc nécessairement un décalage. C'est ce décalage entre l'essence et l'existence qu'on dénomme généralement comme devoir-être (*Sollen*) ou valeur.

Le devoir-être ne doit pas être pensé comme quelque chose qui existe en dehors de l'être. Bien au contraire, il fait partie de l'être en tant que l'exigence de l'essence par rapport à l'existence finie.

Mais le droit comme devoir-être ne doit pas être confondu avec l'impératif de la morale. Le droit ne doit pas être pensé comme la règle de ce qu'un individu humain doit faire ou ne pas faire, celle-ci relevant selon nous exclusivement de l'office de la morale. Cependant, quel est le rapport entre le droit et l'action humaine ? Pour nous, la réponse en est assez simple, c'est que le droit se rapporte aux conséquences de ce qu'un homme a déjà fait, non point à ce qu'il s'apprête à faire ou ce qu'il doit faire. Le droit se situe pour ainsi dire en aval, alors que la morale elle, est en amont de l'action humaine. Quand le juge est appelé à dire le droit pour un acte humain donné, cet acte a déjà eu lieu ou il est déjà devenu un fait ! Il est donc trop tard pour vouloir le régir ! En ce sens, le droit court toujours après l'action. Seule la morale peut régir les comportements des hommes. En d'autres termes, le droit concerne le passé, alors que la morale régit le futur de l'existence de l'homme. Un bon juge, quand qu'il est appelé à dire le droit pour un individu humain donné, ne doit s'intéresser qu'à ce que ce dernier a déjà fait, à son acte passé, non point à ce qu'il projette à faire dans le futur. Même le projet d'un acte terroriste, s'il mérite l'incrimination pénale, suppose toujours un début de réalisation (recrutement des acteurs, collection de fonds, préparation des armes, etc.) : une intention d'agir enfouie dans le for intérieur d'un individu ne regarde pas le droit, dans la mesure où elle n'a pas encore entrainé une quelconque modification dans l'ordre des choses dans le monde empirique.

Puisque le droit n'est pas normatif pour l'action humaine, on ne doit pas le concevoir comme des limites imposées à la liberté humaine. Comme le bon sens nous l'enseigne, la liberté est avant tout un attribut de notre faculté de penser et d'agir. C'est l'usage de la liberté qui produit l'action. Puisque le droit ne s'intéresse qu'aux conséquences d'une action qui a d'ores et déjà eu leu, il ne peut pas concerner l'usage de la liberté, mais a à faire uniquement avec le résultat ou la valeur de l'usage de la liberté.

Dans les facultés de droit et de philosophie, on discute souvent sur le rapport entre le droit et la justice.

Selon l'école normativiste dont le chef de file est Hans Kelsen, le droit serait un système de normes. La norme est élaborée par les autorités positives qui sont habilitées par d'autres normes supérieures, ainsi de suite, jusqu'à la norme fondamentale (*Grundnorm*), qui est un simple postulat logique. Pour cette école, le contenu du droit, ou des normes est en soi indifférent à l'idée de la justice.

Selon l'école jusnaturaliste en revanche, le droit aurait pour but la réalisation de la justice. Le droit est le moyen, et la justice, la fin.

Pour nous, ces deux conceptions sont également ineptes et à rejeter.

L'école normativiste a eu tort de réduire le droit à des normes. Les normes juridiques ne sont que des outils ou instruments de la connaissance du droit. Elles ne doivent en aucun cas être identifiées au droit lui-même. L'apparition des normes juridiques s'explique uniquement, comme nous le verrons plus loin, dans le cadre de la réalisation du droit. Par ailleurs, dire que le droit est une norme ne suffit pas pour spécifier le droit, car toutes les normes (logiques, techniques, morales, etc.) ne sont pas du droit. Or, quelle est la différence entre la norme juridique et les autres normes ? Les juristes normativistes n'ont jamais donné une réponse satisfaisante à cette interrogation.

La justice se définit traditionnellement comme *suum cuique tribuere*, attribuer à chacun ce qui lui revient, ce qu'il mérite, ou ce qui lui est dû. Logiquement, l'idée de la justice suppose qu'il existe au préalable quelque chose qui revient à un individu et que c'est seulement en cas de doute ou de litige qu'il y a lieu de juger et d'attribuer, ou ce qui revient au même, de rendre la justice. La justice présuppose donc l'existence du droit et non l'inverse. Le but de la justice consiste à réaliser le droit, ou mieux encore, la justice est une modalité de la réalisation du droit. La conception contraire provient à notre avis du préjugé normativiste selon lequel le droit serait un ensemble de règles de comportement : c'est seulement à propos d'une règle de comportement qu'on peut légitimement se poser la question de savoir quel est son but, son contenu, etc. D'où l'idée selon laquelle le droit (pris au sens de règle de comportement) aurait pour but la réalisation de la justice, ou le contenu de la règle de droit serait la justice.

Si le droit est un attribut de l'existence humaine, sa détermination dépend alors du mode de l'existence humaine. A l'instar du jusnaturalisme moderne, nous dirons que l'homme est naturellement né avec un certain nombre de droits, ou qu'il est possible de déduire les droits des modes de l'existence humaine.

La première catégorie de droits est aussi la plus facile à concevoir. Il s'agit des droits à la conservation de l'être même de l'homme, avec ses dimensions physique, psychique, intellectuelle et morale. Le droit à l'intégrité physique et à la sûreté ; la liberté d'aller et venir et la liberté de pensée et de croyance, etc. font partie de cette première catégorie de droits.

Le droit de la propriété est étroitement lié à cette première catégorie de droits, car la propriété est à la fois le fruit du travail et la condition de l'existence de l'homme dans le monde. L'origine de la propriété doit être le travail comme l'a très bien dit Locke (et également Hegel et Marx à leur manière). Grâce au travail, l'homme transforme non seulement la nature, mais également lui-même : le monde devient donc un monde habitable pour lui, et l'homme n'est plus un simple animal, car, en travaillant, il prendra progressivement conscience de sa liberté. Le travail réalise l'homme et le fruit du travail lui revient comme sa propriété, comme son droit.

Ces deux catégories de droits — le droit à l'intégrité physique et la liberté de pensée et de croyance, d'une part et le droit à la propriété d'autre part — sont selon nous le *suum cuique* primordial de chaque être humain.

Sur ces droits premiers vient se greffer une troisième catégorie de droits qui n'a de sens que dans la relation de l'échange des droits premiers. Ce sont notamment les droits contractuels et les droits délictuels (d'aucuns diront droit de la responsabilité civile, commerciale ou pénale). Le contrat est un échange volontaire des biens ou des services, tandis que la violence peut être considérée comme un échange involontaire, dans la mesure où elle porte atteinte au bien d'autrui, sans le consentement de ce dernier.

Le droit corporatif peut être conçu comme une forme particulière de l'échange de biens par le contrat. Il y a à la base de toutes institutions corporatives un consentement mutuel de ses individus membres en vue de partager un certain nombre de biens (profits) en fonction des services rendus ou des moyens apportés.

Sur cette série de droits substantiels viendra s'ajouter une autre série de droits qu'on peut qualifier de formels ou procéduraux : droit à la défense, droit au juge, droit à la procédure équitable, etc. dont le but est la réalisation des droits substantiels.

Notre déduction des droits à partir de l'existence humaine est celle-là même de la plupart des Déclarations des droits occidentales à partir de la fin du 19e siècle. Il suffit de consulter la plus célèbre d'entre elles, la *Déclaration des droits de l'Homme et du Citoyen* de l'Assemblée constituante française de 1789, pour en avoir une idée approximative.

Un dernier problème mérite réflexion : si l'homme pouvait être le propriétaire de lui-même, de son corps et de son esprit ainsi que du fruit de son travail, est-ce que cela veut dire qu'il est libre de disposer de son corps et de son esprit ? Est-ce qu'un homme pourrait se vendre à quelqu'un d'autre sous forme de bien meuble (comme jadis l'on définissait l'esclave) ? La réponse est assurément négative. Si l'homme est propriétaire de lui-même, il ne saurait être la propriété de quelqu'un d'autre, puisque logiquement en devenant la propriété de quelqu'un d'autre il abolit lui-même son statut de sujet. Vis-à-vis de lui-même, de son corps et de son esprit, l'homme a un simple droit d'usage et un devoir de conservation. Il n'a point le droit de disposition. L'homme ne peut donc avoir le droit de se vendre lui-même comme une vulgaire marchandise (la vente en détail : le sang, le sperme, les organes, etc. ou en gros : la prostitution), ni de se mettre dans une servitude volontaire (l'esclavage). Dans une logique similaire, le droit au suicide ou le droit à la mort est selon nous également un concept absurde : si un individu veut se donner la mort, il est parfaitement libre de le faire, selon sa propre conscience morale, mais il n'a pas besoin d'un droit pour cela, car le droit de se supprimer soi-même est contradictoire avec l'idée même du droit qui suppose que l'homme existe dans le monde : si on est mort, on n'a plus aucun droit, ou mieux encore, on n'en a plus besoin ! Même le droit de respecter les morts (le droit à la sépulture d'un défunt comme dans la célèbre pièce de théâtre de Sophocle *Antigone*, par exemple) doit être interprété comme un droit qui se rapporte aux vivants (les proches du défunt par exemple), non point aux morts eux-mêmes.

II - Les formes du droit

Le droit comme *suum cuique* doit être réalisé dans l'existence concrète de l'homme. Le problème de la réalisation du droit est celui-là même de la justice. Traditionnellement, cette dernière se définit comme *suum cuique tribuere*, attribuer à chacun ce qui lui revient. Le problème de la justice ne se pose donc que lorsque le droit de quelqu'un se trouve plus ou moins mis en cause, contesté, dépossédé, et qu'un acte supplémentaire d'attribution est rendu nécessaire. Quand on peut jouir en toute tranquillité de ce que l'on a, ou de son *suum cuique*, la question de l'attribution du droit, ou la question de la justice n'a aucun sens. La plupart des hommes et des femmes traversent toute leur existence sans connaître le moindre ennui avec la justice et ce tant mieux pour eux ! Le problème de la réalisation du droit ou de la justice suppose toujours l'existence des conflits. A la limite, là où il est question du droit et de la justice, il y a nécessairement conflit, litige ou lutte pour le droit[30].

Le processus de la réalisation du droit comporte trois étapes différentes, si l'on adopte le schéma dialectique de Hegel : le droit abstrait ou règle de droit (le droit en soi) ; le droit subjectif (le droit pour soi) ; et enfin le droit concret ou le droit dit par le tiers (le droit en soi et pour soi, ou encore le droit juridique selon le jargon de certains auteurs contemporains). Ces trois étapes de la réalisation du droit peuvent être aussi considérées comme autant de formes du droit.

A - Le droit abstrait

La première forme de la réalisation du droit est de nature normative : c'est la règle de droit (ou norme juridique).

La règle de droit est une forme abstraite de l'attribution du droit. Elle est le droit abstrait. Le propre de la règle de droit est, comme on le sait, d'établir une typologie abstraite des situations existentielles et d'indiquer les conséquences juridiques qui s'y attachent. L'imagination aidée par la logique de la distinction et de la classification permet de fournir des contenus aux règles de droit abstraites, en tenant compte de la nécessité circonstancielle. Par exemple, parmi les droits premiers, on pourra faire la distinction entre le droit personnel et le droit réel ; parmi les droits secondaires, on sépare le droit du contrat, le droit de la corporation et le droit pénal, etc. Dans chacune de ces branches du droit, on imagine plusieurs situations hypothétiques et y attache des conséquences juridiques correspondantes.

Sur le plan linguistique, la règle de droit est formulée sous la forme de l'indicatif, non point de l'impératif, contrairement à ce qu'on a trop souvent pensé. Cette forme indicative de la règle de droit est

---

[30] Cf. Rudolf von Jhering, *Der Kampf ums Recht*, Wien, 1872. Trad.fr. *La lutte pour le droit*. Dalloz, 2006.

son signe distinctif par rapport à la règle morale : seule cette dernière forme ce qu'on appelle impératif catégorique.

Dès nos jours, la plupart des juristes admettent que la règle de droit serait de nature normative et aurait pour but de régir les comportements de leurs destinataires. Comme nous l'avons dit précédemment, il s'agit là d'une conception absolument fausse. En tant qu'elle indique la conséquence juridique d'une certaine situation existentielle, la règle de droit n'est point normative au sens du devoir-être moral. Elle ne prescrit aucun comportement à un être humain sur le point d'agir, ou de faire quelque chose. Seule la règle morale est de nature normative, car elle fait partie de la conviction morale du sujet d'action lui-même. La règle de droit intervient seulement en aval de l'action humaine. Celle-ci est temporellement antérieure à l'application de la règle de droit. La règle de droit ne dit pas à un sujet d'action ce qu'il doit faire ou ne pas faire. Elle lui indique tout simplement que s'il a fait telle ou telle chose, il aura tel ou tel droit comme conséquence de ce qu'il a fait. Par exemple, la règle de droit n'interdit pas de commettre le meurtre, une telle interdiction relevant uniquement de l'office de la règle morale ou religieuse. Mais elle indique en revanche que si un individu a commis un meurtre, il encourt une certaine peine (peine de mort ou peine d'emprisonnement par exemple), comme la conséquence juridique de son acte criminel.

D'aucuns diront que si la règle de droit n'est pas normative par rapport au sujet d'action, elle l'est au moins par rapport au juge qui est appelé à dire le droit, en cas de litige. Il s'agit là d'un simple sophisme. A coup sûr, dans un système juridique déterminé, le juge doit suivre les règles de droit édictées par le législateur, sous peine de sanction institutionnelle (cassation de son jugement, sanction disciplinaire qui affecte sa carrière, voire responsabilité civile ou pénale). Mais ce surplus de normativité de la règle de droit par rapport au juge est purement institutionnel. Il n'affecte en rien le sens non normatif ou le sens simplement attributif de la règle de droit dans sa nature propre, par rapport aux justiciables.

La règle de droit ne régit donc pas les comportements humains, n'en déplaise aux législateurs ambitieux. Pour un démon qui n'a point de moralité, un législateur a beau édifier un code pénal le plus volumineux et le plus sévère du monde, son comportement ne va pas changer d'un pouce. La preuve en est que dans nos sociétés modernes où il y a souvent inflation de la législation pénale, il existe encore et toujours des crimes parmi les plus abominables. Les règles de droit ne peuvent donc pas pallier l'absence de la morale dans une société humaine en proie à la dégénérescence éthique.

Mais de l'autre côté, pour un sujet d'action donné, une règle de droit peut influencer son comportement s'il l'a intériorisée comme sa propre conviction morale. Par exemple, une règle de droit dit qu'une personne ayant commis un meurtre aura comme conséquence juridique la peine de mort. Par la crainte qu'il n'encoure effectivement une telle condamnation, un individu a pu freiner au dernier moment son impulsion meurtrière. Pour nous qui analysons son comportement, nous dirons qu'il a réussi à transformer une règle de droit en règle morale et se comporter en conséquence. Mais cette intériorisation de la règle de droit n'est pas toujours nécessaire ni possible. Car, pour un individu qui défie la peine de mort ou qui se croit suffisamment malin, suffisamment puissant ou suffisamment chanceux pour échapper à la justice pénale d'un Etat, le fait qu'il y a une règle de droit prévoyant la peine de mort en cas de meurtre ne l'empêchera certainement pas de commettre son acte. Bref, une règle de droit ne peut affecter le comportement humain que si elle n'est plus une règle de droit, ou ce qui revient au même, si elle est transformée en règle morale.

Dans une société où la morale est en déclin, l'inflation des textes législatifs peut être considérée comme une tentative désespérée de réguler les comportements des individus par la crainte que les lois inspirent. Quand le législateur fait trop de lois, il infantilise le peuple, au lieu de l'élever. Inversement, un peuple vertueux n'a point besoin de tant de lois. Comme le disait Confucius, dans une société bien gouvernée, le perron des tribunaux doit être couvert de mousses.

Contrairement à la doctrine normativiste, nous pensons que le problème de la validité ne se pose pas à la règle de droit. Même le bon sens nous dira que c'est la règle qui pose la condition de validité pour des actes empiriques. Une vraie règle a sa raison d'être en soi et n'a pas besoin de la justification ou de la validation. La doctrine normativiste confond à notre avis le problème de la validité de l'acte d'énonciation de la règle de droit dans l'Etat politique positif avec celle de la règle de droit elle-même. La validité de l'acte d'énonciation de la règle de droit est un problème à proprement parler institutionnel. N'importe qui peut prétendre énoncer des règles de droit abstraites. Mais dans la réalité historique, seules les autorités positives, les prêtres, les chefs familiaux, tribaux ou politiques qui peuvent énoncer les règles de droit avec autorité, c'est-à-dire des règles institutionnellement valides, car sanctionnées par les moyens de contrainte (voir également §1 de la section 2 du chapitre 2 : « droit public abstrait »).

C'est d'ailleurs seulement par rapport à l'énonciation des règles de droit qu'on peut concevoir la hiérarchie ou la pyramide normative, telle qu'elle a été imaginée notamment par Hans Kelsen. Mais, à la place de la hiérarchie normative, il vaudrait mieux parler, selon nous, de la hiérarchie institutionnelle des actes énonciateurs des règles de droit. Par ailleurs, il convient également de remarquer que la question de la hiérarchisation des actes créateurs de règles de droit ne se pose réellement que dans les Etats modernes où il existe précisément une organisation hiérarchique des pouvoirs de l'Etat (pouvoir constituant, pouvoir législatif, et pouvoir règlementaire, etc.). Dans les Etats anciens où il n'existe pas de hiérarchisation des pouvoirs, il n'y avait logiquement pas de hiérarchie des actes créateurs de règles de droit. Sous la monarchie absolutiste par exemple, tous les pouvoirs étant détenus par le seul monarque, et toutes les règles de droit étant censées découler de sa volonté ou de son bon plaisir, il n'y avait aucune place pour une quelconque hiérarchie normative.

Par ailleurs, la validité institutionnelle d'un acte énonciateur des règles de droit ne doit pas être confondue avec l'effectivité de la règle de droit. L'effectivité d'une règle de droit dépend de sa conformité à la conscience juridique d'un peuple, ou plus précisément, de son application effective dans la résolution des litiges parmi la population concernée.

B - Le droit subjectif

A qui s'adresse la règle de droit ? Ou pour parler le langage normativiste, qui est l'adressateur de la règle de droit ? Soi-même, l'autre ou le tiers ?

Lorsque le sujet d'action intériorise une règle de droit comme sa propre règle de conduite, celle-ci se transforme, comme nous l'avons dit, en règle morale. Selon les Anciens, le sujet d'action est le premier lieu de la justice. Par rapport à moi-même, si je veux être un homme juste, je dois vivre honnêtement : *honest vivere*. Mais que signifie *honest vivere* sinon le fait que dans ma relation avec moi-même et avec autrui, j'attribue à moi ce qui me revient et à autrui ce qui lui revient ? Contrairement à l'opinion courante qui distingue le droit et la morale comme deux compartiments distincts, nous pensons que le droit et la morale se trouvent en quelque sorte dans une relation de contenu à contenant : le droit est la plupart du temps le contenu même de la moralité. Mais il convient de noter que la morale ne se réduit pas au droit ou à la justice : dans la morale, on peut trouver autre chose que la vertu de droit ou de justice, la charité ou l'amour selon la religion chrétienne par exemple : un homme moral ne doit pas être seulement un homme juste, ou un honnête homme. Il doit être également un homme charitable, capable d'aimer les autres ! A cet égard, l'adage classique *fiat justitia, pereat mundus* n'est pas toujours moralement irréprochable : même dans le monde le plus juste, l'homme a toujours besoin de l'amour et de la charité.

Quoi qu'il en soit, dans sa nature profonde, le droit subjectif est un phénomène spirituel, à savoir celui de la prise de conscience de son droit, ou de son *suum cuique* par un individu humain. C'est le droit selon la conscience subjective ou la conviction morale d'un individu humain.

Il faut noter que notre conception du droit subjectif n'est pas celle de la plupart des juristes contemporains. Pour eux, le droit subjectif est quelque chose de distinct du droit objectif ou de la règle de droit. La doctrine dominante enseigne donc très doctement que le droit subjectif est une prérogative déduite du droit objectif, ou ce qui revient au même, un effet second de la règle de droit. Pour elle, l'adjectif subjectif ne signifie pas autre chose que le fait que la prérogative en question se rapporte à un sujet. Dans la perspective qui est la nôtre, puisque tout droit est toujours et nécessairement celui d'un sujet humain (les règnes minéral, végétal et animal ne connaissant point des problèmes juridiques), le qualificatif « subjectif » dans l'expression « droit subjectif » est tout simplement superfétatoire. Par ailleurs, la conception classique du droit subjectif conduit inévitablement à des confusions, car, présentée sous la forme absolue, elle laisse entendre qu'il y aurait deux espèces de droits distinctes, le droit objectif d'un côté et le droit subjectif de l'autre, ce qui est évidemment faux. Dans la conception qui est la nôtre, le droit objectif et le droit subjectif ne signifient pas deux types de droits différents, mais renvoient uniquement aux deux formes ou deux moments de la réalisation d'un seul et même droit : le droit objectif en est la forme ou le moment abstrait tandis que le droit subjectif en est la forme ou le moment subjectif.

Concrètement, le droit subjectif se manifeste sous la forme de prétention subjective : ici et maintenant, j'ai telle ou telle chose comme mon droit.

Lorsqu'un individu humain prétend qu'il a tel ou tel droit, ou lorsqu'il revendique telle ou telle chose comme son droit, ou son *suum cuique*, sa prétention est ou bien reconnue, ou bien non reconnue (ou rejetée) par les autres.

La reconnaissance d'un droit subjectif par autrui peut être explicite ou implicite. Elle peut consister à reconnaître l'appartenance ou la propriété d'une chose (je reconnais que cette chose vous appartient en propre, ou qu'elle est votre *suum cuique*, votre propriété, votre bien) ; ou reconnaître la valeur de la chose (je reconnais que votre bien vaut telle ou telle somme d'argent). Il convient de noter que la reconnaissance du droit subjectif d'autrui est la base de toutes les opérations d'échange volontaire des biens ou du contrat. En tant qu'accord des volontés, le contrat est une forme d'expression de la reconnaissance réciproque des droits subjectifs. Dans le contrat, l'objet de l'accord est l'échange des *suum cuique* des deux contractants. La reconnaissance se porte sur 3 éléments : deux droits subjectifs différents, l'égalité de leurs valeurs, acceptation de l'échange de deux droits par les cocontractants.

Le contrat est une forme de manifestation du droit subjectif, car le consentement donné mutuellement n'est point en soi objectif. Il en résulte que d'un point de vue critique, l'échange réalisé par le biais du contrat n'est pas nécessairement juste objectivement. De par la nécessité existentielle, les hommes peuvent accepter beaucoup de choses dans leur relation avec autrui, cela ne veut pas dire que tout ce qu'ils ont accepté volontairement est objectivement juste. Sous la forme du contrat, peut se cacher la pire des contraintes ou injustices. C'est donc une faute morale de la part des auteurs libéraux de vouloir présenter le contrat comme la forme la plus parfaite de la liberté et de la justice.

Pour nous, même dans le cas où le consentement des parties contractuelles a été donné librement, il reste toujours de nature subjective. Les garanties formelles de la liberté contractuelle par le législateur ne transforment pas non plus automatiquement le contrat en quelque chose de juste en soi.

La corporation est une forme particulière du contrat. Elle est donc également de nature subjective. En tant que forme particulière de l'échange des biens ou des services parmi ses individus membres, la corporation n'est pas en soi juste.

Mais une prétention subjective peut être également rejetée ou non reconnue par les autres. Il y a alors ce qu'on appelle lutte pour le droit[31] : dans la réalité empirique, une telle lutte se manifeste sous la forme de conflit d'intérêts ou de litige. Au sens le plus dramatique, la lutte pour le droit peut être une lutte à mort ou struggle for life. Il ne faut jamais oublier que c'est souvent au nom du droit et de la justice que les hommes portent au paroxysme leur conflit, leur violence.

La célèbre dialectique entre le maître et l'esclave que Hegel a développée dans sa *Phénoménologie de l'esprit* peut nous aider à comprendre les différentes issues possibles de tout conflit des droits subjectifs.

Selon Hegel[32], la lutte à mort se déroule dans un processus dialectique dont l'étape finale débouchera vers le droit judiciaire ou le droit dit par un tiers impartial et désintéressé.

La première issue imaginable de la lutte pour le droit est pour ainsi dire la plus heureuse : à la fin de la lutte, l'une des parties renonce à sa prétention subjective, ou son droit subjectif, en reconnaissant la prétention contraire de son adversaire. Le conflit a été pour ainsi dire pacifié ou résolu. Rétrospectivement, aux yeux d'un observateur neutre, la lutte en question pourrait être qualifiée comme non sérieuse : elle n'était donc pas à proprement parler une lutte à mort.

La deuxième issue qui est aussi la plus dramatique est celle de la mise à mort de l'une des parties en conflit. Selon l'analyse subtile de Kojève, si dans l'immédiat, un tel résultat pouvait sembler satisfaisant pour le vainqueur, à terme, la satisfaction serait remplacée par la déception : la mort de l'autre prive précisément de la reconnaissance anthropogène tant convoitée par le vainqueur[33] ! En un certain sens, la mort de l'ennemi réduit le vainqueur lui-même à un simple animal.

---

[31] Cf. Rudolf von Jhering, *La lutte pour le droit*, op.cit.

[32] Cf. Alexandre Kojève, *Introduction à la lecture de Hegel*, Gallimard, 1979 ; *Esquisse d'une phénoménologie du droit*, Gallimard, 2007.

[33] L'une des thèses anthropologiques les plus importantes de Hegel est sans doute celle selon laquelle la conscience de soi d'un sujet passe toujours par la reconnaissance des autres. A notre époque, certains philosophes reviennent sur cette thèse de Hegel. Voir par exemple, Axel Honneth, *La lutte pour la reconnaissance*, trad. française de Pierre Rusch, Ed. du Cerf, 2000 ; Paul Ricœur, S*oi-même comme un autre*, Edition du Seuil, 1990 ; et *Parcours de la reconnaissance*, Stock, 2004.

La troisième issue est celle de la réduction d'une des parties en conflit en esclavage. Le vainqueur deviendra le maître, le vaincu, l'esclave. Si *a priori* l'esclavage est une situation avantageuse pour le maître, puisqu'il peut vivre aux dépens de l'esclave, grâce au fruit du travail de ce dernier, à la longue, il n'est tenable ni pour l'esclave ni pour le maître lui-même : en travaillant, l'esclave prendra progressivement conscience de sa liberté (le travail est émancipateur, car il transforme non seulement les choses, mais également l'agent lui-même) et finira tôt ou tard par se révolter contre le maître ; de son côté, le maître, en vivant une vie de parasite, deviendra de plus en plus dépendant de l'esclave. L'issue de leur lutte sera l'inévitable émancipation de l'esclave et la réduction en esclavage voire la mise à mort de l'ancien maître !

Enfin, c'est là la dernière issue imaginable, pour éviter les conséquences tragiques de la lutte à mort, lesquelles ne sont avantageuses pour aucune des parties, la raison recommandera à ces dernières de s'adresser à un tiers impartial et désintéressé pour dire leur droit respectif, de se promettre mutuellement de respecter l'autorité de la chose jugée par le tiers. Il s'agit là de ce qu'on appelle, faute de mieux, la convention judiciaire. Une telle convention est de nature à proprement parler anthropogène selon Kojève : elle marque la naissance de l'humain par rapport à l'animal. Le procès devant le tiers est une sorte de lutte pacifiée et formalisée.

Cette vertu pacificatrice et formaliste de la procédure judiciaire s'atteste souvent dans l'histoire ancienne. Au temps des Douze Tables à Rome, par exemple, la procédure formulaire devant le préteur garde encore cette trace de la lutte pour le droit. Ainsi, dans le cas de *l'actio sacramenti*, le plaignant devait commencer par traîner son adversaire devant le magistrat, en prononçant la formule : *In jus te voco* ou je t'appelle en justice. L'autre devait obéir ; s'il résistait, le plaignant avait le droit de recourir à la force, mais en présence de témoins. Le défendeur pouvait demander que l'action fût différée, en promettant de comparaître au jour dit. En ce cas, il devait trouver un garant pour sa promesse. Le jour venu, les deux parties se retrouvaient devant le magistrat. Là s'il s'agissait d'une contestation relative à la propriété d'un objet mobilier, celui-ci était présenté, et les deux plaideurs, chacun armé d'une baguette, *festuca*, symbolisant une lance, faisaient un simulacre de combat. Si le litige portait sur une propriété foncière, celle-ci était symbolisée par une motte de terre ou une tuile. Sur quoi le magistrat intervenait et sommait les parties de s'expliquer. Le demandeur affirmait son droit, et le défendeur, s'il pensait avoir raison, opposait une contre-revendication. Chacun d'eux prononçait alors un *sacramentum*, engageant une somme déterminée, véritable enjeu de pari. Celui dont, après enquête, le serment avait été reconnu contraire à la vérité, perdait son enjeu, dont le montant était consacré au sacrifice expiatoire, en raison des faux serments prononcés[34].

Le droit dit par le tiers impartial et désintéressé se présente alors comme le droit en soi et pour soi, ou le droit concret.

C - Le droit concret

Le droit concret est le droit dit par un tiers impartial et désintéressé. Dans l'acte juridictionnel du tiers, ou dans la sentence judiciaire du juge, le droit se réalise enfin concrètement : il n'est plus un droit abstrait ou hypothétique comme dans la règle de droit, ni un droit subjectif selon la conviction morale d'un individu. Il est désormais un droit garanti par l'autorité de la chose jugée du tiers. Il devient pour ainsi dire un universel concret dans le langage de Hegel, ou une vérité légale selon les juristes théoriciens.

La difficulté principale pour la réalisation du droit concret est de trouver un véritable tiers pour dire le droit. Conceptuellement, le vrai tiers pour les affaires humaines ne peut être que Dieu. Aussi n'est-il point étonnant que dans la représentation de la plupart des sociétés primitives, toutes les justices soient de nature divine. Dans la réalité empirique cependant, le tiers ne peut être qu'un homme, même si cet homme peut souvent prétendre être le lieutenant ou porte-parole de Dieu. Faut-il se rappeler ici la désolante constatation de Kant ? Les hommes ont toujours besoin d'un maître, mais où trouveront-ils le maître sinon parmi eux-mêmes ? Or, même le maître des hommes est fait du même bois que les autres hommes, lequel est tellement courbé qu'il n'est guère possible d'y tailler quelque chose de bien droit[35] !

Historiquement, l'institution du vrai tiers gît au cœur du problème de la réalisation du droit et de la justice. Du tiers individu au tiers incorporé dans une institution collective comme la famille, les corporations de la société civile, et l'Etat politique..., on peut relever autant de variantes du tiers que de formes de l'existence humaine.

---

[34] Cf. P. Grimal, *La civilisation romaine*, Flammarion, 1981.
[35] E. Kant, *L'idée d'une histoire universelle du point de vue cosmopolitique,* op.cit.

D'un point de vue historique, le service judiciaire de l'Etat politique représente la forme ultime ou la forme la plus haute du tiers.

Parallèlement, la juridiction (*juris-dictio* ou dire le droit) du tiers elle-même se trouve peu à peu rationalisée au cours de l'histoire : au lieu d'un dire-le-droit immédiat et intuitif, se mettra progressivement en place une juridiction médiatisée par la procédure judiciaire et par la législation.

La procédure judiciaire a pour but de rationaliser l'acte juridictionnel du juge. Le principe du contradictoire, le principe de plusieurs degrés de juridiction, etc. doivent tous contribuer à trouver la solution la plus juste possible pour un litige. Le droit au procès équitable selon *La Convention européenne des droits de l'homme* peut être ainsi considéré comme un droit second destiné à garantir la réalisation du droit premier ou substantiel.

En tant que moyen de rationaliser la juridiction du juge, la fonction législative fait conceptuellement partie de la fonction juridictionnelle. Dans le droit romain par exemple, c'était pour faciliter l'action en justice que le préteur publiait au début de sa charge un édit qui énumérait les principes selon lesquels il recevra les actions. Puisque la charge du préteur était annuelle, à la fin de l'année, l'édit devenait théoriquement caduc. Mais dans la pratique, le préteur nouveau reconduisait souvent l'édit de son prédécesseur. C'était donc par la voie jurisprudentielle qu'étaient nées progressivement les règles législatives.

L'intervention du législateur dans la fonction juridictionnelle deviendra de plus en plus importante avec la monopolisation de la fonction juridictionnelle par les Etats modernes. Comme on le sait, le syllogisme judiciaire implique nécessairement la détermination de la norme générale (majeur), la constatation et la qualification des faits (mineur) et la conclusion ou la sentence judiciaire (conclusion). Or, dans les Etats modernes, au lieu de laisser au juge lui-même le soin de fixer le majeur du syllogisme judiciaire (ou de déterminer la norme générale applicable), c'est désormais le législateur qui monopolise ce rôle, au nom de la séparation des pouvoirs. Parallèlement, le rôle du juge se voit réduit à celui de la bouche de la loi : constater et qualifier le fait ou l'acte à juger et en tirer la conséquence, en subsumant le fait ou l'acte en cause à la règle fixée par le législateur[36].

---

[36] Voir notre thèse de doctorat précitée.

§2 — Le droit public

Après avoir précisé la signification du mot public et du mot droit, il nous est désormais possible de déterminer le sens du terme composé qu'est le droit public. Selon nous, le droit public est d'abord un droit, et ensuite, le droit d'un sujet juridique particulier, à savoir le public. Bref, le droit public n'est ni plus ni moins que le droit du public.

Notre définition du droit public est simple sinon simpliste. Mais elle est loin d'être une évidence pour tous les auteurs. Par exemple, dans son ouvrage intitulé *The idea of public law*[37], Martin Loughlin a longuement disserté sur l'objet du droit public. Pour lui, le droit public aurait pour objet spécifique l'activité de gouverner (activity of governing). Celle-ci est pour lui une activité par nature politique qui se définit notamment par référence à la distinction entre l'ami et l'ennemi faite par Carl Schmitt (en ce sens, le droit public est pour lui également un droit politique). Mais pour nous, la conception du droit public de Loughlin est à la fois trop réductrice et trop complexe. Trop réductrice, car comme nous l'avons montré jusqu'à présent, c'est la dimension publique de l'existence humaine qui doit être l'objet du droit public et non uniquement le moyen d'action (activity of governing) qui permet de réaliser cette dimension publique de l'existence humaine. Trop complexe en même temps, car, comme l'auteur le constate lui-même dans son ouvrage, l'activité de gouverner renvoie en réalité à tout un ensemble de considérations qui, au lieu d'éclaircir l'objet spécifique du droit public, ont plutôt tendance à le diluer voire l'occulter. Dans ces conditions, il n'est pas surprenant de voir que pour lui, le droit public n'est pas un ensemble de règles ou de principes, mais est surtout une sorte de pratique politique, c'est-à-dire un assemblage de règles, de principes, de canons, de maximes, de coutumes, d'usages, de manières, etc. qui conditionnent, soutiennent et régulent l'activité de gouverner. Le droit public comprendrait non seulement des conventions et des règles de la parole, mais également un vocabulaire et une syntaxe qui se développent continuellement, etc. Nous voyons clairement que l'objet du droit public tend à se dissoudre dans les différentes pratiques politiques. A coup sûr, une telle conception du droit public est parfaitement déroutante pour les juristes continentaux.

[37] M. Loughlin, *The idea of public law*, Oxford university press, 2003.

Etant donné que le public est, tout au moins pour les hommes modernes, la communauté politique ou l'Etat, le droit public peut se définir aussi comme le droit de la communauté politique ou de l'Etat. Le droit public est le droit étatique. Les expressions « öffentliches Recht » et « Staatsrecht » sont considérées à juste titre par les juristes allemands comme des synonymes.

Comme le droit du public ou le droit de l'Etat, le droit public est d'abord un droit (I) et ensuite un droit distinct du droit privé (II).

I - Le droit public en tant que droit

Que le droit public soit un droit, il s'agit là apparemment d'une proposition simple. Mais derrière cette simplicité apparente, se cachent des difficultés redoutables. En effet, pour un grand nombre de juristes, le seul droit véritable est le droit privé, le droit public étant un faux-semblant qui n'a droit que de nom !

Pour comprendre la portée véritable de notre proposition, il faut distinguer deux plans différents, le plan conceptuel et le plan historique. D'un point de vue conceptuel, tout droit public digne de ce nom doit faire partie du genre « droit ». Il s'agit là d'une nécessité logique. Mais cette exigence logique n'implique nullement que sur le plan historique, le droit public de tel ou tel Etat positif (celui de la France d'aujourd'hui par exemple) est nécessairement un droit véritable, ou un droit qui a atteint le même degré de maturité et de perfectionnement que le droit privé. Dans la discussion doctrinale, les auteurs n'ont pas prêté suffisamment attention à la différence de ces deux plans de discours, ce qui a engendré de nombreux malentendus. Puisque nous nous occupons ici de la théorie du droit public, nous prenons donc en considération seulement la dimension conceptuelle, en laissant de côté la dimension historique.

Concrètement, que le droit public soit un droit veut dire ni plus ni moins que l'Etat, en tant que sujet du droit public, est lui aussi capable de la volonté et de l'action, et qu'il a lui aussi son *suum cuique*, comme la conséquence juridique de sa volonté et de son action.

En tant que droit véritable, le droit public doit lui aussi satisfaire l'exigence de la justice. Ce n'est pas parce que l'Etat a la souveraineté qu'il ne doit pas être juste. Bien au contraire, c'est dans l'Etat et au sein de l'Etat que la justice trouve son premier lieu de réalisation. Pour les anciens, chez Platon et Aristote par exemple, la justice est surtout une question de l'organisation de la cité. Avant de savoir ce qu'est la justice pour un individu, il faut, selon Platon, poser la question sur la justice dans la cité, car la cité n'est que l'homme inscrit en grands caractères. C'est la justice dans la cité qui doit servir de modèle pour la justice dans les affaires privées.

L'exigence de la justice dans l'Etat signifie concrètement deux choses.

D'abord, les institutions publiques doivent être justes. La justice dans les institutions ou dans l'organisation du public est ce qu'Aristote appelle justice politique ou justice distributive. Elle est régie par le principe de la proportionnalité. Dans la pensée politique moderne, au lieu d'insister sur la justice politique, les auteurs préfèrent souvent parler de la liberté publique, en admettant le postulat du libéralisme selon lequel les institutions libres sont nécessairement justes. Ce n'est qu'à partir des années 70 du 20e siècle que le problème de la justice politique est revenu dans la pensée politique contemporaine, notamment grâce aux travaux de John Rawls[38]. Une société prétendument libre n'est pas toujours juste, voilà une évidence qui s'impose de plus en plus à l'esprit de nos contemporains, en raison de l'excès de l'ultralibéralisme. Il est remarquable que si la pensée politique de nos jours a redécouvert l'intérêt du questionnement sur la justice politique, il n'en va pas de même pour la plupart des juristes publicistes qui délaissent de plus en plus l'étude des institutions politiques pour se consacrer au décorticage des décisions juridictionnelles (ou jurisprudences), comme si le problème de la justice politique ne faisait pas partie intégrante du droit public, ce qui est selon nous une erreur regrettable. En réalité, le moindre problème de l'organisation de l'Etat, du plus haut niveau (le choix du régime politique, parlementaire ou présidentiel) jusqu'aux infimes détails administratifs (la création d'une crèche, les subventions, le logement des sans-abris, la taxe, les impôts, les dépenses de l'Etat, etc.) soulève une question de la justice politique, ou ce qui revient au même, une question du droit en matière d'organisation du public, et mérite donc l'attention des juristes publicistes.

Ensuite, les relations de commerce juridique entre l'Etat et les autres sujets de droit doivent être justes. La relation de commerce juridique doit être entendue ici au sens de relation d'échange de biens entre l'Etat et les autres sujets de droit. Elle peut être de plusieurs

[38] John Rawls, *Théorie de la justice*. Edition du Seuil, 1997.

sortes, interne ou internationale, volontaire ou involontaire. Dans une relation de commerce juridique, l'Etat se trouve sur un pied d'égalité avec les autres sujets de droit (on dit souvent partenaires de l'Etat) et est régi par le principe de la justice commutative (ou arithmétique) et doit lui aussi avoir ce qui lui revient en fonction de ce qu'il a fait. Concrètement, l'exigence de la justice commutative signifie que l'Etat possède lui aussi des droits et des obligations dans ses relations avec les autres sujets de droit. Par exemple, si l'administration de l'Etat a acheté des biens meubles ou immeubles à un individu particulier, elle doit payer le juste prix. Si elle a causé des préjudices à autrui, elle doit réparer le dommage. A l'inverse, si l'Etat est victime des agissements d'autrui, il a le droit d'obtenir la réparation sous forme de dommages et intérêts. Bref, pour parler comme les juristes privatistes, nous dirons que l'Etat peut être lui aussi le titulaire de droits réels et de droits personnels. Comme nous le verrons plus loin, ce que nous appelons droit de commerce juridique de l'Etat dépasse le cadre étroit de ce que les juristes administrativistes français entendent par l'expression « responsabilité administrative » ou « responsabilité de la puissance publique », puisque de notre point de vue, dans les relations de commerce juridique, l'Etat n'a pas que des obligations, comme le laisserait entendre l'expression de la responsabilité, mais également des droits.

Selon nous, seul l'Etat qui satisfait cette double exigence de la justice (dans son organisation et dans ses relations de commerce juridique avec les autres sujets de droit) mérite véritablement le nom d'Etat de droit.

Cependant, si le droit public est lui aussi un droit régi par le principe de la justice, tout comme le droit privé, dans la réalité historique, aucun droit public n'est totalement assimilable au droit des individus particuliers ou au droit privé, soit parce qu'il accorde à l'Etat des privilèges, soit parce qu'il impose à l'Etat des contraintes spécifiques. Comment expliquer ce phénomène ?

Selon nous, la réponse en est assez simple, c'est que l'Etat est et doit être un sujet de droit particulier, spécifique, qui n'est nullement assimilable aux individus particuliers. En tant que détenteur de la souveraineté, l'Etat est à la fois une puissance de domination et un fournisseur de service par rapport à ses individus membres. Entre l'exigence de la justice et la souveraineté de l'Etat, il y a interférence perpétuelle. C'est le degré de cette interférence entre la souveraineté et la justice qui imprime concrètement sur les caractéristiques de tel ou tel droit public historique.

Par conséquent, en tant que droit de l'Etat politique, le droit public est et doit être un droit différent du droit privé.

Mais en aucun cas, de cette différence entre le droit public et le droit privé, on ne doit inférer la conclusion absurde selon laquelle le droit public ne serait pas un droit, ou le droit public serait moins « droit » ou moins juridique que le droit privé. Le préjuge tenace et très répandu dans les facultés de droit en France selon lequel le droit public n'est pas un vrai droit, ou que le droit public est moins « droit » que le droit privé est aussi stupide que celui selon lequel la femme ne serait pas un être humain ou moins humain que l'homme, parce qu'elle est différente de l'homme... Du point de vue de la logique formelle, si A et B sont C (ou A et B sont deux espèces du genre C), nécessairement, B est C, tout comme A est C. Ce n'est pas parce que B est différent de A qu'on doit conclure que B n'est pas C !

Eriger d'abord le droit privé au rang d'idéaltype et dénigrer par la suite le caractère « droit » au droit public parce que celui-ci n'est pas un droit comparable au droit privé, voilà la faute logique souvent commise par les juristes théoriciens. Le droit public et le droit privé ont chacun sa raison d'être propre : le droit public est le droit du public ou de l'Etat politique, tandis que le droit privé est le droit des individus particuliers. Le droit privé n'est pas plus le droit commun que le droit public n'est le droit d'exception ou le droit exorbitant. L'existence du droit public est tout aussi compréhensible pour la raison que celle du droit privé. Il n'y a là-dessus aucun mystère ou miracle, contrairement à ce qu'on a parfois affirmé en France[39].

II - Le droit public en tant que droit différent du droit privé

Que faut-il entendre par la proposition selon laquelle le droit public est un droit différent du droit privé ? Selon la conception que l'on a du droit et du droit public, la réponse peut être variable. Mais quelle que soit la réponse donnée, elle suppose toujours qu'on admette au préalable l'existence même de la distinction entre le droit public et le droit privé.

---

[39] Qu'en France puisse exister un droit administratif, il s'agit là d'un miracle selon Prospère Weil, voir son ouvrage intitulé *Droit administratif*, puf, *Que sais-je* ? 1992.

Comme on le sait, la distinction entre le droit public et le droit privé remonte aux jurisconsultes romains. Selon la célèbre définition donnée par Ulpien et reprise par *Institutes* de l'empereur Justinien, le droit public concerne l'utilité commune (de la cité romaine) : les cultes, les magistratures et les sacerdoces ; tandis que le droit privé est relatif à l'utilité privée : les personnes, les biens et les actions (en justice)[40]. Cette distinction s'était plus ou moins éclipsée tout au long du Moyen-Age, mais a été reprise par les juristes occidentaux à partir du 17e siècle pour finalement devenir la véritable *summa divisio* de la science juridique moderne[41].

De nos jours, chez beaucoup de juristes, il est de bon ton de pronostiquer la disparition de la distinction entre le droit public et le droit privé. Cette dernière, naguère si importante pour la science juridique, n'aurait selon eux qu'une valeur simplement pédagogique ou académique, alors que dans le champ du droit positif, elle aurait perdu toute sa pertinence ou sa raison d'être, car, d'une part, il existe de plus en plus de droits, tels le droit pénal, le droit de procédure, le droit de l'environnement, le droit fiscal, droit culturel, et *last but not least,* le droit social, qui dépassent allégrement la dichotomie classique de « droit public-droit privé », et d'autre part et plus décisivement encore, le droit public positif ne contiendrait plus, selon leur observation, de règles de droit spécifiques propres à l'Etat !

Afin de voir un peu plus clair dans cet épais brouillard que représente le problème de la distinction entre le droit public et le droit privé, il nous faut partir d'un constat simple : même pour les auteurs qui nient l'existence de la distinction en question, le fait que le public ou l'Etat existe comme une sphère distincte de la sphère privée est une évidence qui saute aux yeux. Seulement pour eux, si aujourd'hui la distinction en question a perdu sa superbe, c'est parce que d'un côté, certains droits sont de nature mixte, et d'un autre, l'Etat de nos jours

[40] « Hujusstudiiduaesunt positiones, publicum et privatum. Publicum jus est quod ad statum rei romanae spectat. Privatumn quod ad singulorum utilitatem. — Sunt enim quaedam publice utilia, quaedam privatim. Publicum jus in sacris, in sacerdotibus, in magistratibus consistit. Privatum jus tripertitum est ; collectumetenim est ex naturalibuspraeceptis, autgentium, autcivilibus ».

[41] Cf. G. Chevrier, « Remarques sur l'introduction et les vicissitudes de la distinction du « jus privatum » et « jus publicum » dans les œuvres des anciens juristes français », in *Archives de philosophie du droit*, nouvelle série, 1952, 5.

ne serait plus souverain, et qu'il n'existerait plus, par voie de conséquence, des règles de droit propres à l'Etat.

Que certains droits dépassent la frontière rigide du droit public et du droit privé n'est pas un argument suffisant pour mettre en cause la distinction entre ces deux droits : d'une part, l'existence même de ce type de droits dépend largement du choix plus ou moins arbitraire des juristes théoriciens en fonction souvent de leurs centres d'intérêt[42] ou en fonction de leur préférence idéologique (le droit social, le droit culturel, le droit de l'environnement, etc. existent-ils absolument ? Oui et non...), et d'autre part, d'un point de vue logique, l'existence de ce type de droits implique la reconnaissance de la validité de la distinction entre le droit public et le droit privé, car c'est précisément par référence à cette distinction que ce type de droits peut être qualifié de mixte et que séparer la part de règles de droit public et la part de règles de droit privé dans la constitution de ce type de droits est précisément l'une des tâches principales de ceux qui s'adonnent à leur étude.

Que le droit public n'existe plus, car l'Etat positif n'aurait plus la souveraineté et par conséquent ne connaîtrait plus des règles de droit spécifiques est un argument plus sérieux[43]. Mais pour nous, il est également irrecevable.

Pour commencer, l'idée selon laquelle l'Etat serait un sujet de droit comme les autres, car il n'aurait plus la souveraineté, est sujette à discussion. Même si dans la réalité contemporaine, la souveraineté de l'Etat ne se manifeste plus sous les mêmes formes que dans les époques antérieures, car au lieu de s'imposer par des actes unilatéraux, l'Etat recourt de plus en plus souvent aux actes contractuels, la négociation, la conciliation, l'entente, etc. pour parvenir à son but, il n'en reste pas moins qu'elle existe toujours, en tant que caractéristique spécifique de l'Etat par rapport à toutes les autres formes de l'existence humaine, celles de la famille et des corporations de la société civile. Là où cette souveraineté fait défaut, on peut craindre

[42] A la limite, n'importe quoi peut constituer un objet d'étude pour un juriste en mal de sujets d'articles, de livres, de spécialités, d'où la multiplication infinie des matières enseignées dans les facultés de droit en France : droit de la santé, droit social, droit d'Internet, droit alimentaire, etc.

[43] L. Duguit a par exemple avancé une conception négatrice de la distinction entre le droit public et le droit privé dans ce sens. Voir son *Traité de droit constitutionnel*, 3e éd. Boccard, 1927, t.1, p. 680 et s. (le droit public et le droit privé)

tout simplement que l'Etat ne soit en péril, ou pire encore, qu'il n'existe plus.

Par ailleurs, même si l'Etat libéral de nos jours n'a plus autant de pouvoir de contrainte qu'auparavant dans sa relation avec les individus particuliers, cela ne veut nullement dire que le droit public a perdu sa raison d'être. Les auteurs en question sont selon nous victimes d'une illusion optique. Pour eux, le droit public, c'est forcément le droit public tel que la France l'a connu à la suite de l'arrêt *Blanco* (*TC. 8 février 1873*), c'est-à-dire un droit public qui connaît des règles de droit spécifiques et des juridictions spécifiques. Dès lors, ils n'arrivent pas à concevoir un droit public qui ne soit pas spécifique par rapport au droit privé. Une des conséquences logiques en est qu'à partir du moment où le droit public positif ne contient plus de règles de droit spécifiques ni de juridictions spécifiques par rapport au droit privé, il n'existerait plus. Le concept même de droit public est selon eux une simple invention pédagogique de la part des professeurs d'université, non point quelque chose d'inhérent au droit positif ou historique.

Mais leur postulat de base est discutable, car comportant une pétition de principe. Le droit public est un droit spécifique, car le sujet régi par ce droit, à savoir l'Etat, possède la souveraineté. Maintenant, puisque l'Etat n'a plus de souveraineté (selon leur manière d'observer les Etats positifs), il n'y aura donc logiquement plus de place pour le droit public : le droit public disparaîtrait en même temps que la souveraineté de l'Etat.

Or, à notre avis, la détermination première du droit public est celle du droit du public. Le droit public est distinct du droit privé, car dans les deux droits, les sujets juridiques concernés ne sont pas identiques : dans un cas, c'est l'Etat politique ; dans l'autre, ce sont des personnes privées. D'un point de vue logique, la spécificité du droit public est seulement une détermination secondaire dont la disparition éventuelle ne doit pas remettre en cause l'existence même du droit public. Eriger un type historique du droit public au rang de concept de droit public, et proclamer la non-existence de celui-ci, à cause de la disparition d'un type historique déterminé, voilà le secret inavouable et l'erreur caractéristique de tous ceux qui nient la distinction entre le droit public et le droit privé.

Comme nous l'avons dit précédemment, le droit public est simplement le droit du public ou le droit de l'Etat. Sa définition se rapporte essentiellement au sujet de droit. Dire que le droit public existe, c'est affirmer en même temps que l'Etat ou la dimension publique ou collective de l'existence humaine a également une signification juridique, tout comme la sphère privée ou la dimension individuelle de cette même existence humaine. Pour autant, le droit public doit-il être nécessairement différent du droit privé sur le plan normatif ou juridictionnel ? Il s'agit là d'une question secondaire dont la réponse, quelle qu'elle soit, ne doit pas affecter l'existence même du droit public : tout comme on peut discuter pour savoir si un tel homme est bon ou méchant, on ne doit pas remettre en cause son existence même, quelle que soit la conclusion qu'on aura obtenue.

Par ailleurs, sur le plan conceptuel, est-ce que tout droit public doit être nécessairement un droit spécifique par rapport au droit privé, au sens du droit administratif français à la suite de l'arrêt *Blanco* ? Rien n'est moins sûr. Bien au contraire, aussi bien dans l'organisation de l'Etat que dans la relation de commerce juridique de l'Etat, l'idéal de justice veut que les règles de droit applicables et les juridictions compétentes soient de même nature que leurs équivalents en droit privé. Dans l'affaire *Blanco* par exemple, si nous nous plaçons dans la perspective de la fillette victime d'un véhicule administratif, nous devons dire que du point de vue de la justice formelle, il n'y a aucune raison sérieuse à ce qu'elle soit mieux ou moins bien traitée, en raison de la différence entre les règles de droit public et les règles de droit privé, ou en raison de la différence entre le juge administratif et le juge judiciaire. Dans les pays anglo-saxons, au nom de la justice ou *the rule of law*, le contrôle judiciaire de l'administration publique (*the judicial review of administration*) n'implique ni les règles de droit spécifiques, ni l'ordre de juridiction spécifique. Faut-il conclure que dans les pays anglo-saxons, il n'y a pas de droit public du tout ? La réponse est évidemment négative.

Bref, à notre avis, si le droit public est différent du droit privé, ce n'est pas parce que les règles de droit public sont spécifiques par rapport à celles de droit privé, ou que la juridiction administrative est différente de la juridiction judiciaire, mais tout simplement parce que ces deux droits ont des sujets différents. Le droit public est différent du droit privé, parce qu'il a pour sujet l'Etat politique, tandis que ce dernier a pour sujet les personnes privées.

Cela étant, le droit public a-t-il vraiment perdu toute sa spécificité par rapport au droit privé, sur le plan positif, en droit français par exemple ? Notre réponse est résolument négative. En effet, en France comme ailleurs, l'Etat a des droits auxquels aucune personne privée ne peut prétendre : le droit de législation, le droit d'imposition, le droit de police et de justice par exemple. Comme nous le verrons plus tard, bien que ce type de droits dits régaliens n'a pas encore été correctement traité par la doctrine publiciste, son existence dans le droit positif reste tout de même un fait incontestable. La notion de puissance publique en est un autre exemple. Dans la pratique doctrinale, on sait intuitivement que l'Etat est le possesseur de la puissance publique et que sa volonté s'impose aux individus particuliers. Mais cette supériorité de la volonté de l'Etat n'est pas du tout une question de fait : quand bien même la force de l'Etat serait *de facto* inférieure à des puissances privées, la volonté de l'Etat s'impose à ces dernières, en vertu d'un titre juridique. Mais pour quelle raison l'Etat possède-t-il ce genre de droits, à la différence des individus particuliers ? La réponse est selon nous toute simple : c'est que sans ce genre de droits, l'Etat n'existerait plus véritablement. Dans le domaine du droit public organisationnel, les autorités publiques peuvent mener en effet des négociations avec des personnes privées pour réaliser certaines actions d'intérêt général. Mais dans l'hypothèse où les négociations échouent, ces mêmes autorités publiques doivent prendre des décisions unilatérales nécessaires pour ne pas compromettre l'intérêt général ou le bien commun. C'est d'ailleurs pourquoi en France aujourd'hui, la contractualisation de certaines actions administratives ne remet pas fondamentalement en cause la puissance publique de l'Etat, et que l'acte unilatéral reste le moyen juridique privilégié de l'administration publique. Ce n'est pas non plus un simple hasard si le Conseil constitutionnel français a pu décider que si la matière de plein contentieux peut relever de la compétence de la juridiction judiciaire au gré du législateur, la matière de l'excès de pouvoir doit toujours relever de la compétence de la juridiction administrative.

En somme, l'Etat reste toujours souverain, même si sa souveraineté ne signifie pas toujours une force de contrainte, ni des privilèges juridiques. Les formes de l'exercice de la souveraineté de l'Etat ou de la puissance publique sont variables en fonction du temps et du lieu.

Mais les juristes qui prophétisent la disparition de la distinction entre le droit public et le droit privé ont fait une constatation partiellement vraie. C'est que dans les relations de commerce juridique, l'Etat se comporte de plus en plus souvent comme les individus particuliers, alors que jusqu'à une époque toute récente encore, il s'est arrogé nombreux privilèges, en matière de responsabilité, délictuelle ou contractuelle. Il suffit de songer à cet égard à des notions qui, jadis célèbres, sont aujourd'hui en voie de déclin voire de disparition, comme celles de faute lourde, de fait de prince, d'acte de gouvernement, de clause exorbitante, etc. en droit administratif français. En d'autres termes, dans les relations de commerce juridique, l'Etat de nos jours connait des droits assez semblables à ceux des individus particuliers dans leurs relations mutuelles. Le droit du commerce juridique de l'Etat se rapproche de plus en plus souvent du droit privé tout court. Faut-il déplore un tel phénomène ? Ou plus gravement encore, faut-il conclure à la disparition du droit public ? Non, bien au contraire ! D'un point de vue critique qui est le nôtre, la tendance actuelle est bien plus conforme à l'exigence de la justice commutative que la pratique antérieure. De la disparition d'un droit public exorbitant, on ne saurait tirer la conclusion sur la disparition du genre « droit public » tout court : entre les deux idées, il n'y a pas une relevance logique nécessaire.

Le rejet de la distinction entre le droit public et le droit privé connaît une autre variante, à savoir celle de la négation du droit privé au profit du droit public. Selon un certain nombre d'auteurs, puisqu'il y a désormais une intervention croissante de l'Etat contemporain dans la vie économique, sociale, culturelle, etc., le droit privé aurait connu une restriction progressive au profit du droit public. Le droit privé courait même le risque de disparition en raison de l'extension du droit public. Cette opinion mérite notre critique. En effet, lorsque certains domaines de l'existence humaine sont visés par les lois de l'Etat, cela signifie-t-il qu'ils sont transformés en domaines du droit public et que les lois en question font désormais partie du droit public ? La réponse que donne Charles Eisenmann à cette question est résolument négative[44]. Selon cet auteur, la solution contraire signifierait que tout droit serait public, puisque dans l'Etat contemporain, tous les domaines de l'existence humaine peuvent être visés par les législations de l'Etat. En dépit de la justesse de son objection, la

[44] Cf. Charles Eisenmann, « Droit public et droit privé », in *RDP*, 1952, p. 903 et s.

conception de Charles Eisenmann doit être à son tour nuancée. Considérée comme une activité volontaire, la législation de l'Etat peut elle aussi engendrer des conséquences juridiques. Et comme telle, elle peut et doit être l'objet du droit public. Ainsi, dans les Etats qui adoptent le système du contrôle de la constitutionnalité des lois, les actes législatifs sont susceptibles d'annulation, ce qui implique que là où il y a de plus en plus d'actes législatifs, le droit public étend conséquemment son champ d'intervention. Par ailleurs, l'acte législatif de l'Etat peut entraîner lui aussi des conséquences du point de vue du commerce juridique, celles de la responsabilité de l'Etat par exemple. En droit français, il s'agit de ce qu'on appelle responsabilité de l'Etat pour cause de lois. Bref, l'extension de la législation dans les domaines économiques, sociaux, culturels, etc. implique réellement une extension du droit public. Cela étant, par rapport au contenu même de la législation économique, sociale, culturelle, etc., notre affirmation doit être quelque peu différente. Nous devons distinguer en effet deux cas de figure : si une loi vise les individus uniquement dans leur relation mutuelle, l'existence de cette loi ne signifie pas la présence du droit public. Mais si une loi vise la relation entre les individus et l'Etat, on doit conclure qu'il y a bel et bien la présence du droit public. Par exemple, dans son ouvrage intitulé *la Cité antique*, Fustel de Coulanges a consacré un long chapitre à l'« omnipotence de l'Etat». Pour lui, le fait que la cité antique s'intéresse aux coiffures, aux vêtements, à la sélection et l'éducation des enfants est bel et bien un signe de l'omnipotence de la cité. Est-ce que pour autant, dans la Grèce et Rome antiques, il y avait une omniprésence du droit public ? A notre avis, la réponse pourrait être affirmative. Puisque par rapport à toutes ces règlementations tatillonnes de la cité, les citoyens sont traités comme des parties composantes du tout qu'est la cité. Leur style de vêtement ou de coiffure est pour ainsi dire intégré dans le mode d'existence de la cité et revêt par conséquent une signification institutionnelle. Les obligations en matière de vêtement et de coiffure sont donc des obligations citoyennes. Elles sont de nature institutionnelle, tout comme celles de payer les impôts, ou d'effectuer le service militaire, etc.

Seulement, si nous adoptons cette solution, il faut conclure que tout un pan de ce qu'on appelle en France droit privé doit entrer logiquement dans le champ du droit public. Une part importante du droit civil (celle relative au statut de la personne, la nationalité et l'âge de la majorité civile et politique, par exemple), du droit pénal, du droit social et du droit fiscal, ainsi que tous les droits de procédure, civile, commerciale et pénale feront logiquement partie du droit public. Le point commun entre tous ces droits réside dans le fait que les relations juridiques concernées impliquent l'Etat et les individus considérés comme membres de l'Etat.

Une manière originale de nier la distinction entre le droit public et le droit privé est celle de Hans Kelsen. Pour celui-ci, la distinction traditionnelle du droit public et du droit privé est à abandonner, car du point de vue de la création du droit (ou de l'édiction de la norme juridique), aussi bien le droit public que le droit privé font partie d'un seul et même ordre juridique. Les actes juridiques des particuliers sont eux aussi des actes étatiques, dans la mesure où ils sont habilités par des normes juridiques supérieures. Selon Hans Kelsen, la distinction entre le droit public et le droit privé n'a pas de sens ni de justification sérieuse : elle est de nature essentiellement idéologique[45]. Que faut-il penser de cette manière de nier la distinction entre le droit public et le droit privé par Hans Kelsen ? Selon nous, elle est profondément critiquable. Dire que, du point de vue de la création des normes juridiques, le droit public et le droit privé ont un aspect commun, ou présentent une certaine similitude, et que par conséquent, leur distinction n'aurait plus de raison d'être, c'est commettre une erreur logique, ou pire encore, c'est de la simple mauvaise foi. Ce n'est pas parce que deux choses ont des aspects communs d'un certain point de vue qu'elles ne peuvent plus être distinctes d'un point de vue différent : si du point de vue de l'alimentation ou de la reproduction sexuelle, l'homme et le chien sont assez semblables, cela ne vaut pas dire que d'un autre point de vue, cela de la philosophie morale ou politique, par exemple, on n'aura pas le droit de faire la distinction entre l'homme et le chien, le premier en tant qu'animal raisonnable, et le deuxième en tant qu'animal dépourvu de raison. Si du point de vue de leur création, le droit public et le droit privé présentent des similitudes, cela ne veut pas dire que d'un autre point de vue, celui de sujets juridiques concernés par exemple, la distinction entre le droit public et le droit privé n'aura plus aucune raison d'être. Or, la distinction traditionnelle entre le droit public et le droit privé se fait justement par rapport aux sujets juridiques concernés, ou par rapport à

---

[45] Cf. H. Kelsen, *Théorie pure du droit*, titre VI, droit et Etat. LGDJ, 1999.

la nature du rapport juridique impliqué, non du point de vue de la création des règles de droit applicables. Par ailleurs, un pan entier des règles de droit public ne trouve pas leur équivalent dans le droit privé. Pourquoi cela ? C'est tout simplement parce que le droit public est le droit de l'Etat politique, alors que le droit privé est le droit des individus particuliers. A moins qu'on ne veuille faire impasse sur la distinction entre le public et le privé, on ne peut pas non plus nier l'existence de la distinction entre le droit public et le droit privé.

L'autre argument sous-jacent à la conception négatrice de la distinction du droit public et du droit privé prônée par Hans Kelsen est celui selon lequel l'Etat et le droit sont une seule et même chose, c'est-à-dire, un ordre normatif. Le droit public ne saurait se différencier du droit privé, car, selon Kelsen, le droit public n'existe tout simplement pas : puisque le droit est l'Etat, l'Etat est le droit, il n'y a logiquement pas un droit de l'Etat ou un droit du public (de la même manière, il n'y a pas non plus un Etat de droit), sous peine d'une affreuse pétition de principe.

Mais la confusion entre l'Etat et le droit dans la théorie de Hans Kelsen est d'une telle absurdité qu'elle ne mérite guère de critique sérieuse. Par voie de conséquence, sa négation de la distinction entre le droit public et le droit privé par l'élimination de l'Etat doit être également laissée là où elle doit être, c'est-à-dire dans l'oubli.

Chapitre 2 — Structure du droit public

Par structure du droit public, nous entendons l'articulation fondamentale de celui-ci. Elle est une sorte de schéma immuable et invariable, immanente à tous les droits publics positifs ou historiques. Ainsi comprise, la structure du droit public ne doit pas signifier les branches ou les disciplines du droit public (le droit constitutionnel, le droit administratif, le droit des finances publiques, le droit pénal, le droit procédural, etc.). Les branches ou les disciplines du droit public, dans la doctrine classique, sont conçues en fonction d'intérêts pratiques et ne sont pas toujours logiquement irréprochables. En France par exemple, la doctrine juridique éprouve toujours quelques malaises quand elle est amenée à exposer la différence entre le droit constitutionnel et le droit administratif[46], ou entre le droit administratif et le droit des finances publiques[47]. Dans la perspective qui est la nôtre, la structure du droit public doit être conçue comme une sorte de syntaxe inhérente à toutes les disciplines ou branches du droit public, quelles qu'elles soient. Elle est pour ainsi dire la trame fondamentale qui parcourt toutes les branches ou disciplines du droit public. En raison de l'existence de cette structure, les différentes branches ou disciplines du droit public forment une totalité cohérente, coordonnée et hiérarchisée. En ce sens, la structure du droit public peut être considérée comme l'architectonique de tous les droits publics positifs ou historiques.

Or, quelle doit être la structure du droit public, ou comment doit-on concevoir la structure du droit public ? Pour trouver la réponse à cette question, il ne suffit pas de nous référer à l'expérience ou faire une recherche scrupuleuse sur tel ou tel droit public positif. La

[46] Lorsqu'un constitutionnaliste traite le problème de l'organisation et du fonctionnement du gouvernement ou de l'administration centrale (le problème du décret réglementaire du président de la République et du premier ministre par exemple), il aborde aussi un problème du droit administratif. Inversement, quand un administrativiste traite le problème de l'organisation et du fonctionnement des collectivités territoriales locales, il entre indéniablement dans le champ du droit constitutionnel.

[47] Une mesure fiscale prise par l'administration publique soulève-t-elle un problème du droit administratif ou un problème du droit fiscal, voire plus largement un problème du droit des finances publiques ? Aucune réponse logique n'existe pour ce genre de questions.

structure du droit public doit être déduite de l'idée même du droit public. Selon Aristote, pour qu'une chose puisse exister, il faut la réunion de quatre causes, à savoir, cause matérielle, cause formelle, cause originale (ou efficiente) et cause finale. Dans une statue de Vénus par exemple, la cause matérielle est un bloc de marbre ou d'airain, la cause formelle est la figure de la déesse Vénus (non celle d'Apollon), la cause originale est l'artiste qui a sculpté la statue, la cause finale est la jouissance esthétique ou l'adoration cultuelle. L'étude du droit public consiste elle aussi à dégager les différentes causes du droit public. Mais dans le développement qui suit, nous nous intéresserons uniquement à la cause matérielle et à la cause formelle du droit public, en faisant momentanément abstraction de la cause originale et de la cause finale, car les recherches sur ces deux dernières causes relèvent de l'enquête historique et doivent être traitées dans la partie consacrée à l'histoire du droit public, ou en ce qu'il nous concerne, au chapitre relatif à la réalisation historique du droit public (cf. *infra,* chapitre 3). Le droit public matériel est la matière même du droit public, et renvoie à la détermination du droit public substantiel, tandis que le droit public formel concerne les formes par lesquelles le droit public matériel se manifeste, s'actualise, et devient effectif dans la réalité historique. Pour nous, la matière du droit public et la forme du droit public forment donc la structure du droit public.

Notons en passant que notre distinction entre le droit public matériel et le droit public formel ne recouvre pas exactement le même contenu que la distinction entre le droit matériel et droit institutionnel, telle que la doctrine dominante la pratique aujourd'hui. En droit des Communautés et de l'Union européenne par exemple, le droit de la concurrence ou droit de la libre circulation des biens et des personnes fait partie du droit communautaire matériel, tandis que l'organisation des institutions des Communautés et de l'Union fait partie du droit communautaire institutionnel. Pour nous, comme nous le montrerons par la suite, l'organisation de l'Etat, dans la mesure où elle concerne la détermination du public dans une communauté historique, relève du droit public matériel. Dans un certain sens, ce que nous appelons droit public matériel comprend à la fois le droit matériel et le droit institutionnel au sens de la doctrine communautariste. Par analogie, ce que nous appelons droit public formel correspond approximativement à ce que la doctrine juridique classique appelle depuis Cicéron sources du droit public, bien que du point de vue qui est le nôtre, le concept de source du droit, de par sa connotation métaphorique, est d'une part imprécis, et d'autre part, loin de s'accorder avec ce que nous entendons « formes du droit public ».

Section 1 — Le droit public matériel

Comme nous l'avons vu précédemment, le droit public signifie littéralement le droit du public. Le droit public matériel a donc pour but deux déterminations, celle du public d'une part, celle du droit du public d'autre part. La détermination du public renvoie à la problématique de l'institution ou l'organisation du public. Elle suppose que dans la réalité empirique, le public n'est pas une donnée, mais un construit, ou une tâche à réaliser. Comment faire émerger, advenir le public dans le chaos de l'existence empirique des individus humains ? Voilà le problème de base qui gît au cœur du droit public organisationnel. Il va de soi que le droit public organisationnel ainsi entendu est primordial par rapport au droit public de commerce juridique, car sans lui, ce dernier ne pourrait même pas être envisagé, faute de public comme sujet (support). Le droit du public concerne essentiellement les conséquences juridiques de l'action ou de l'existence du public. On peut l'appeler également droit public fonctionnel ou encore droit public de commerce juridique, selon l'expression chère à Maurice Hauriou. Notons que chez les juristes allemands, le droit public organisationnel, tel que nous l'entendons, s'appelle tout simplement *Staatsrecht* (droit étatique ou droit de l'Etat) tandis que le droit public fonctionnel est appelé quant à lui *Verwaltungsrecht* (droit administratif). Mais comme nous le verrons ci-après, notre distinction entre le droit public organisationnel et le droit public fonctionnel ne recouvre pas exactement le même espace sémantique que la distinction entre *Staatsrecht* et *Verwaltungsrecht*.

§1 — Le droit public organisationnel

Comme nous l'avons vu précédemment, la distinction entre le public et le privé n'existe pas en soi, mais résulte de la détermination institutionnelle. Logiquement, la détermination du public est première et primordiale par rapport à celle du privé. Comme son sens littéral le laisse entendre, le privé se définit surtout négativement, comme un manque ou une privation, un peu comme le reste d'une soustraction. Si le privé n'a pas besoin d'une détermination positive, il en va tout autrement en ce qui concerne le public : ce dernier n'existe que dans et à travers sa propre détermination. C'est seulement après avoir déterminé ce qu'est le public que l'on peut savoir corrélativement ce qu'est le privé : est privé tout ce qui n'est pas du public.

Dans la mesure où le public est à l'époque moderne assimilable à l'Etat, la détermination du public revient concrètement à la détermination de l'Etat. Dans la suite de notre développement, nous considérerons les deux termes, public et Etat, comme des synonymes, tout en sachant qu'ils n'ont pas toujours eu exactement les mêmes significations, et que même de nos jours, le public peut déborder parfois le cadre institutionnel de l'Etat : aussi bien les corporations de la société civile que les familles peuvent avoir de la signification publique sous certaines conditions, comme en droit administratif français ; par ailleurs, au-delà des Etats-nations, il peut y avoir une forme internationale, voire mondiale du public, au moins du point de vue spéculatif.

Poser la question de la détermination du public ou de l'Etat revient à supposer qu'au regard de la théorie du droit public, l'Etat ou le public ne soit pas une donnée ou un fait historique, mais reste une idée à réaliser quotidiennement à travers toutes les activités humaines. Elle implique donc la distinction que nous avons déjà faite entre l'Etat positif et l'Etat conceptuel. Dans la perspective du droit public organisationnel, nous devons insister encore une fois sur l'importance de cette distinction. Pour nous, entre l'Etat positif et l'Etat conceptuel, il existe nécessairement un décalage et le but même du droit public organisationnel consiste précisément à réduire ce décalage. Si d'un point de vue historique, l'existence de l'Etat français ne fait l'objet d'aucun doute, au regard du droit public organisationnel, ce même Etat existe à peine, ou pas encore, ce qui signifie en même temps qu'il reste toujours une tâche à réaliser, à travers son organisation, ou ce qui revient au même, la manière d'être de ses individus membres.

Si avant tout, le droit public organisationnel soulève la question de la détermination du public ou de l'Etat, il ne faut pas perdre de vue qu'au cœur du droit public organisationnel, gît également le problème du droit et de la justice. C'est d'ailleurs à ce titre que la discussion sur l'organisation de l'Etat fait partie intégrante de la théorie du droit public.

Pour les auteurs classiques, par exemple Locke, Montesquieu et Rousseau, l'organisation de l'Etat soulève surtout le problème de la liberté. Du point de vue de la théorie du droit public, leur conception ne doit pas être privilégiée : un Etat libre n'est pas forcément un Etat juste et un Etat qui n'est pas juste n'est ni plus ni moins qu'une bande de voleurs, si l'on en croit saint Augustin. Au lieu de l'idéal de la liberté, il faut surtout mettre l'accent sur l'idée du droit et de la justice dans l'organisation de l'Etat.

De nos jours, chez la plupart des hommes politiques et des doctrinaires, l'organisation de l'Etat est surtout considérée comme quelque chose d'ordre technique ou managérial. Selon nous, même si la question de l'efficacité de l'action de l'Etat ne doit pas être négligée, dans la perspective de la théorie du droit public, nous devons surtout insister sur l'importance du problème du droit et de la justice dans l'organisation de l'Etat.

Comment savoir si *hic et nunc* il y a quelque chose qui peut être qualifié de public ou d'étatique ? Cette question peut être détaillée de la manière suivante : qui peut agir au nom et pour le compte du public ou de l'Etat ? C'est là le problème de l'organe du public ou de l'Etat ; et jusqu'où peut s'étendre l'action des organes publics ou étatiques ? C'est là le problème des activités publiques ou des fonctions de l'Etat.

I - L'organe de l'Etat

Du point de vue métaphysique, l'organisation de l'Etat soulève le problème de l'un et du multiple : de la multiplicité des individus membres de l'Etat, de la multiplicité de leurs existences ou de leurs activités, comment faire émerger l'unité qui sera leur Etat, leur moi commun, ou leur chose commune (*res publica*) ?

La recherche de l'unité a décidément quelque chose d'utopique, voire d'autoritaire. Selon l'observation critique de F. Nietzsche, dans un de ses textes inédits des années 1880, la métaphysique de l'unité est indissociablement liée à l'autorité de la raison[48]. Mais de l'autre côté, cette recherche de l'unité n'est pas non plus une folle aventure de la raison fourvoyée dans ses propres excès, puisqu'elle s'enracine

[48] „Man bedurfte Gottes, als einer unbedingten Sanktion, als eines Kategorischen "Imperators"- oder, sofern man auf die Autorität de Vernunft glaubt, man brauchte eine Einheits-Metaphysik", in F. Nietzsche, *Werke in drei Bänden*, Karl Schlechta (éd), Munch, 1954ff, band III, p. 906.

dans la conscience humaine elle-même. Kant n'a-t-il pas montré dans sa *Critique de la raison pure* que l'unité de l'aperception est fondée sur le « je pense » (*Cogito* ou *Ich denke*) du sujet connaissant lui-même, en tant que condition *a priori* de toute la pensée possible ?

La doctrine juridique classique désigne l'unité de l'Etat, sous l'influence de la théologie médiévale, par l'expression « personnalité juridique de l'Etat ». Tout en admettant l'utilité pratique d'une telle expression, nous devons, à l'instar de Léon Duguit[49], mettre en garde contre la tentation de la substantivation de l'Etat, comme si dans le monde des hommes il existait un être qui serait différent des individus humains eux-mêmes, et qui serait l'Etat. Par exemple, dans la page de couverture de l'ouvrage célèbre de Thomas Hobbes *Léviathan*, l'Etat est graphiquement représenté comme un homme géant, composé lui-même d'une multitude des individus humains. Pour nous, une telle représentation figurative de l'unité réalisée par l'Etat, si elle est utile pour suggérer métaphoriquement l'idée essentielle de l'auteur dans son ouvrage, peut être trompeuse, si on la prend au sens purement pictural. Pour nous, l'unité réalisée dans et à travers l'Etat ne se rapporte pas à ses individus membres comme substances individuées, car, une fois nés dans le monde, les êtres humains sont toujours des êtres séparés. L'Etat ainsi que l'unité réalisée par lui n'a de la signification que par rapport aux actes de ses individus membres, ou plus exactement, par rapport aux conséquences de leurs actes : dans l'hypothèse où une population n'agit pas, parler de l'Etat et de son unité ou de sa personnalité n'aurait tout simplement pas de sens.

Pour nous, l'Etat ne fait pas partie de la catégorie d'être, de substance, ou encore moins de personne. Il est seulement une catégorie de manière ou mode d'être, ou encore une catégorie d'acte ou de situation. Comme son sens littéral le suggère, l'Etat, n'est qu'un état ou une situation, ou encore une certaine manière d'être de ses individus membres. Dire que l'Etat français existe, cela ne veut dire ni plus ni moins que les individus membres de l'Etat français ont une certaine manière d'être, ou une certaine façon d'agir ensemble, collectivement. Plus qu'un *terminus a quo*, l'Etat est surtout un *terminus ad quem* d'un certain nombre d'actions humaines : au lieu de dire que l'Etat a voulu, décidé, fait ceci ou cela, il vaudra mieux dire

---

[49] Pour la critique duguiste de la notion de personnalité de l'Etat, voir L. Duguit, *Traité de droit constitutionnel*, t.1, Boccard, 1927, 3éd.

que c'est parce que telle ou telle population a voulu, décidé, fait ceci ou cela qu'il y a parmi elle l'Etat.

Au regard d'un observateur neutre, ou d'un phénoménologue désintéressé, l'Etat reste donc un concept éminemment relatif, par rapport aux domaines d'activités humaines. C'est pourquoi il est tout à fait sensé de penser que si dans un domaine déterminé de l'activité humaine, celui de la défense nationale par exemple, un tel Etat existe, dans un autre domaine, celui de la création littéraire ou artistique par exemple, le même Etat n'existe pas, ou existe à peine, très faiblement.

Mais comment plusieurs individus humains peuvent-ils agir ensemble, ou en d'autres termes, comment l'Etat peut-il exister ?

La réponse en est assez simple : c'est qu'ils sont organisés, ou ce qui revient au même, que l'Etat est doté d'organes.

A - La définition de l'organe de l'Etat

1) L'organe de l'Etat est évidemment un terme métaphorique. Comme unité morale, ou corporation abstraite, l'Etat reste avant tout une idée. Il ne saurait ni vouloir ni agir par lui-même, sans passer par ses organes.

Mais l'idée même de l'existence de l'organe de l'Etat comme moyen nécessaire de l'action étatique n'est pas toujours irréprochable. Le bon sens enseigne que l'Etat doit agir non pas par ses organes, mais par son corps, tout comme un être vivant quelconque. Plutôt que de l'organisation, il faudrait donc parler de l'incorporation de l'Etat. Cette distinction entre le corps et les organes de l'Etat pourrait avoir quelques conséquences d'ordre théorique. Par exemple, bien souvent les juristes discutent pour savoir si l'Etat a un seul organe ou au contraire plusieurs organes. Pour nous qui faisons la distinction entre le corps et les organes de l'Etat, une telle discussion n'aura pas de sens : à l'instar de l'être vivant, l'Etat a un seul corps, mais en même temps plusieurs organes qui composent ce corps. L'unité du corps de l'Etat n'est donc pas incompatible avec la pluralité des organes de l'Etat.

2) Mais qu'est-ce exactement qu'un organe de l'Etat ?

Selon la définition juridique classique, celle donnée par Raymond de Carré de Malberg dans sa *Contribution à la théorie générale de l'Etat* par exemple, un organe de l'Etat est un individu ou un groupement d'individus, qui, en vertu de la délégation de pouvoir par la constitution de l'Etat, veut et agit au nom et pour le compte de l'Etat.

Trois idées sont donc sous-jacentes à la notion d'organe de l'Etat : un individu ou un groupement d'individus capables de vouloir et agir ; la délégation de pouvoir par la constitution de l'Etat ; l'imputation de l'acte de cet individu ou de ce groupement d'individus à l'Etat.

D'abord, un ou plusieurs individus capables de vouloir et agir. Ils sont pour ainsi dire le matériau vivant de toute organisation de l'Etat. Puisque, comme nous le verrons par la suite, dans l'Etat positif ou historique, ces individus constitutifs de l'organe de l'Etat possèdent également une identité institutionnelle (en tant que citoyens, en tant que membres du parlement ou du gouvernement, etc.), nous devons les spécifier comme individus empiriques : ce n'est point en leur qualité institutionnelle, mais bien en leur qualité empirique que des hommes et des femmes sont appelés à former les organes de l'Etat.

Ensuite, la délégation de pouvoir par la constitution de l'Etat. Cependant, qui fait la constitution de l'Etat ? Une telle question ne recèle-t-elle pas un paradoxe insurmontable ? Avant qu'il y ait constitution de l'Etat, il n'y a logiquement pas encore d'organes étatiques, puisque par définition tout organe de l'Etat suppose l'existence préalable d'une constitution qui délègue des pouvoirs à des individus empiriques. Or, ceux qui sont capables de doter l'Etat d'une constitution doivent être eux-mêmes des organes de l'Etat. Mais d'où reçoivent-ils la délégation de pouvoir, alors que la constitution de l'Etat n'existe pas encore ? Pour sortir de ce paradoxe, il nous faut supposer que la naissance de la constitution de l'Etat, tout comme la naissance de l'Etat historique lui-même, est avant tout une question de fait, non point une question de droit. Pour un juriste publiciste adepte du positivisme, comme Carré de Malberg, l'Etat est ou existe, tout comme sa constitution : un point c'est tout ! Il s'agirait là d'un fait, ou alors comme le dira Hans Kelsen, d'un postulat logique.

Du point de vue critique, la solution positiviste du paradoxe de l'organe constituant n'est évidemment pas satisfaisante. Pour sortir de ce paradoxe, il nous faut réviser la définition même de l'organe de l'Etat telle qu'elle a été formulée par Carré de Malberg. Pour nous, est l'organe de l'Etat un individu ou un groupement d'individus qui est reconnu comme pouvant vouloir et agir au nom et pour le compte de l'Etat. Au lieu de la délégation de pouvoir par la constitution de l'Etat, nous introduisons donc l'idée de la reconnaissance dans la définition de l'organe de l'Etat. Comme nous l'avons dit précédemment, l'Etat est lui-même une manière d'être, ou plus exactement une manière d'agir ensemble de ses individus membres. Lorsque les actes d'un individu ou d'un groupement d'individus sont reconnus par les autres individus membres de l'Etat comme les leurs, cet individu ou ce groupement d'individus peut être considéré comme l'organe de l'Etat.

La reconnaissance peut se faire sur une base légale ou constitutionnelle, de façon explicite, comme pour la plupart des organes constitués de l'Etat, mais aussi de façon tacite ou coutumière, comme dans le cas du pouvoir constituant originaire. Ceux qui élaborent *ab initio* la constitution de l'Etat, même s'ils n'ont reçu aucune délégation de pouvoir d'une quelconque constitution antérieure, agissent néanmoins en tant qu'organe de l'Etat, cela parce qu'ils sont reconnus *a posteriori* par le reste des individus membres de l'Etat comme ayant agi en leur nom et pour leur compte. Sur le plan théorique, il importe donc peu qu'une constitution soit élaborée par des individus légitimes, par un groupuscule des comploteurs ou par des révolutionnaires opportunistes, pourvu que cette constitution ait été acceptée effectivement par le reste de la population comme la constitution de leur Etat, ces individus, ces comploteurs ou ces révolutionnaires doivent être considérés comme l'organe de l'Etat, ou plus précisément comme le pouvoir constituant originaire de l'Etat. Le signe d'une telle reconnaissance n'est pas autre chose que la durée de l'existence de la constitution, ou la durée des pouvoirs institués par la constitution. En d'autres termes, même le pouvoir le plus arbitraire, dès lors qu'il a réussi à s'imposer dans la durée, se comportera comme l'organe de l'Etat. Il est évident que cette qualification de l'organe de l'Etat pour les individus ayant agi de la sorte n'implique aucunement une quelconque approbation idéologique de notre part. Elle ne signifie pas autre chose que ceci : si les autres individus membres de l'Etat, malgré leur grand nombre, malgré leur liberté, n'ont pas réussi à renverser ce pouvoir arbitraire, ils ont implicitement reconnu ce dernier comme s'il avait agi en leur nom et pour leur compte. Chaque peuple possède sa propre constitution, et mérite le pouvoir qu'il a, voilà ce que nous a enseigné depuis fort longtemps le sage Solon.

Ce n'est donc pas non plus un hasard si dans l'histoire de l'humanité, les constitutions des Etats ont existé la plupart du temps sous la forme coutumière. Mais qu'est-ce qu'une délégation des pouvoirs par la constitution coutumière sinon le simple fait qu'un pouvoir *de facto* est reconnu tacitement comme légitime par le reste de la population ? Comme les meilleurs auteurs l'ont souvent enseigné, la constitution coutumière s'enracine dans l'esprit d'un peuple, à l'instar de sa langue, sa culture et sa religion.

Enfin, les actes accomplis par les individus empiriques ayant la qualité d'organe de l'Etat sont présumés imputables à l'Etat, et non à eux-mêmes, en tant qu'individus empiriques. Il s'agit là d'un des éléments les plus importants du concept d'organe de l'Etat. L'idée de l'imputation mérite, à n'en pas douter, quelques précisions. Littéralement, imputer veut dire inscrire quelque chose sur le compte de quelqu'un. Il est évident que dans le cas de l'organe de l'Etat, ce qui est imputable à l'Etat, ce n'est que la conséquence institutionnelle ou juridique d'un acte, non point la matérialité de l'acte elle-même, celle-ci étant à l'évidence imputable seulement à l'individu empirique qui l'a accompli en tant qu'auteur de l'acte. Mais s'il s'agit uniquement de l'imputation de la conséquence institutionnelle ou juridique d'un acte accompli par les individus ayant la qualité de l'organe de l'Etat, ne sommes-nous pas tombés dans le cas plus général, celui de tous les actes juridiques ? Selon Hans Kelsen par exemple, contrairement au lien de causalité parmi les phénomènes de la nature, l'imputabilité se trouverait au cœur de tous les phénomènes juridiques. Aussi pour être plus précis, il nous faut parler, dans le cas de la relation entre l'organe de l'Etat et l'Etat lui-même, non pas de l'imputation, mais du transfert : les conséquences institutionnelles et juridiques d'un acte accompli par les individus empiriques ayant la qualité d'organe de l'Etat sont pour ainsi dire transférées vers le compte de l'Etat, un peu à la manière dont on transfère de l'argent d'un compte bancaire vers un autre. Au lieu de l'imputation au sens défini par Hans Kelsen, il vaudrait mieux parler du transfert de l'acte des individus empiriques ayant la qualité de l'organe étatique vers le compte de l'Etat. Cependant, dans la suite de notre développement, nous continuerons à utiliser le terme d'imputation ou d'imputabilité pour désigner le transfert de la conséquence de l'acte d'un organe de l'Etat vers le compte de l'Etat, cela pour ne pas trop déroger à l'habitude langagière des juristes.

Logiquement, on doit distinguer deux sortes d'organes de l'Etat : les organes primordiaux qui établissent la constitution de l'Etat et les organes secondaires qui sont institués par la constitution de l'Etat. Dans la doctrine juridique classique, il s'agit de la distinction entre le pouvoir constituant et les pouvoirs constitués. Si l'acte d'élaboration de la constitution du pouvoir constituant est imputable (ou plus exactement transférable) à l'Etat, c'est parce qu'il a été reconnu *a posteriori* par l'ensemble des individus membres de l'Etat, explicitement ou implicitement. Pour les organes secondaires, ou les pouvoirs constitués en revanche, il existe ce que nous appelons présomption d'imputabilité de leur acte à l'Etat, en raison de la délégation de pouvoir par la constitution de l'Etat. Prenons par exemple le parlement dans l'Etat moderne, en tant qu'organe législatif institué par la constitution de l'Etat, son acte législatif bénéficie de la présomption d'imputabilité à l'Etat, ce qui veut dire qu'aussi longtemps que cet acte n'a pas fait l'objet d'une contestation ou d'un recours devant une juridiction constitutionnelle, il doit être considéré comme la loi de l'Etat. La même chose vaut pour les actes accomplis par l'organe administratif de l'Etat. En droit administratif français par exemple, cette présomption d'imputabilité à l'Etat des actes administratifs entraîne comme conséquence directe l'exécution préalable de ces derniers : tant que le juge administratif n'a pas encore prononcé l'annulation d'un acte administratif contesté, l'administration peut procéder immédiatement à son exécution, comme s'il était d'ores et déjà imputable à l'Etat (ou comme s'il était d'ores et déjà régulier, ou conforme à la loi de l'Etat). La présomption de l'imputation des actes de l'organe de l'Etat à l'Etat est ce qui différencie un organe de l'Etat de tous ceux qui n'ont pas la qualité d'organe de l'Etat, alors même que sous certaines conditions, ces derniers peuvent accomplir eux aussi des actes imputables à l'Etat (par exemple en droit français, des organismes privés, tels les ordres professionnels, les fédérations sportives, peuvent accomplir des actes administratifs imputables à l'Etat sous certaines conditions). Il convient de remarquer que dans un système de droit public qui connaît le mécanisme du contentieux institutionnel, tel le contentieux de l'excès de pouvoir en droit administratif français, la présomption de l'imputabilité à l'Etat des actes d'un organe étatique reste renversable, en raison de l'illégalité des actes accomplis par cet organe de l'Etat. La non-imputation des actes d'un organe étatique à l'Etat signifie ni plus ni moins que les individus empiriques derrière l'organe de l'Etat ont retrouvé leur qualité empirique, ou ce qui revient au même, perdu leur qualité institutionnelle.

3) Du fait que l'organe de l'Etat est un individu ou un groupement d'individus voulant et agissant au nom et pour le compte de l'État, on peut déduire l'idée selon laquelle tout organe de l'Etat possède une double identité : identité institutionnelle et identité naturelle.

L'idée de la double identité de l'organe de l'Etat, telle que nous venons de la formuler, peut être mise en parallèle avec la fiction mystique des deux corps du roi, telle qu'elle a été répandue par les juristes anglais de la période des Tudor[50]. En effet, il nous paraît évident que, une fois débarrassé de sa connotation mystico-physiologique d'origine (qui a été à juste titre l'objet des sarcasmes de Maitland), cette théorie médiévale des deux corps du roi peut être utilisée à profit par la théorie du droit public : à l'instar du roi d'autre fois, tout organe de l'Etat, quel qu'il soit, y compris le plus modeste des agents publics, possède selon nous deux corps ou plus exactement deux identités : une identité institutionnelle et une identité naturelle.

Tout organe de l'Etat a d'abord une identité institutionnelle. Cette identité institutionnelle de l'organe de l'Etat a été pensée dans la doctrine classique sous la forme de l'« office » (*officium).* Selon Charles Loyseau, dans la tradition romaine ou ecclésiastique, un office est différent de la seigneurie : si celle-ci se réfère à la dignité avec le pouvoir dans la propriété, celui-là signifie avant tout la dignité avec la fonction publique[51]. Cette identité institutionnelle de l'organe de l'Etat lui confère une certaine dignité institutionnelle qui est souvent protégée énergiquement par les lois de l'Etat : même un sot, dès lors qu'il agit en agent public, devient l'Etat lui-même et est protégé comme tel : dans tous les droits positifs, il existe un délit spécifique pour les individus rendus coupables d'injures ou d'offenses à l'encontre des fonctionnaires de l'Etat : offense à l'agent public ou offense au magistrat.

L'idée selon laquelle tout organe de l'Etat possède une identité institutionnelle comporte plusieurs conséquences. L'une des plus importantes de ces conséquences est sans doute celle de la continuité institutionnelle de l'organe de l'Etat : « le roi est mort, vive le roi ! ». Si les individus empiriques qui remplissent la fonction de tel ou tel organe de l'Etat sont mortels (le roi est mort !), en revanche, la

---

[50] Voir Ernst Kantorowicz, *Les deux corps du roi, - essai sur la théologie politique au moyen âge,* Gallimard, 1989.
[51] cf. Charles Loyseau, *Traité de seigneuries, 1614.*

fonction étatique (ou l'office) pour laquelle cet organe étatique a été institué n'est pas à proprement parler menacée de mort, car dépendante uniquement de l'organisation institutionnelle de l'Etat : tant que l'Etat existe et qu'il n'a pas supprimé un tel organe, ce dernier durera tout comme la fonction qu'il a à assumer (vive le roi !). Plus prosaïquement, la continuité institutionnelle de l'organe de l'Etat signifie aussi que l'acte accompli par l'individu empirique derrière l'organe de l'Etat reste toujours imputable à l'Etat, alors même que cet individu empirique n'existe plus ou n'occupe plus la fonction liée à l'organe de l'Etat en question. Ainsi, en droit américain, si l'on suit le raisonnement de John Marshall dans la célèbre affaire de 1803 *Marbury v. Madison,* l'acte de nomination d'un magistrat signé par un ancien Président devrait s'imposer au nouvel occupant de la Maison Blanche, sauf si la loi à la base de cet acte était elle-même entachée de l'inconstitutionnalité. En droit constitutionnel français actuel, une procédure de révision de la constitution de 1958 non achevée peut toujours être reprise par un nouveau président de la République, longtemps après son interruption : par exemple, en l'an 2000, en vue de réduire le septennat présidentiel en quinquennat, le président Jacques Chirac aurait pu parfaitement, selon la plupart des constitutionnalistes, reprendre la procédure de révision engagée, mais suspendue par le président George Pompidou en 1974, alors même que sur le plan politique, un tel choix n'aurait pas été le plus opportun (c'est par ailleurs pour ce genre de considérations politiques qu'il a effectivement choisi la solution de tout recommencer).

Certains auteurs pensent que l'identité institutionnelle de l'organe de l'Etat implique également que les organes de l'Etat représentent l'Etat. D'un point de vue critique cependant, le rapport entre l'Etat et ses organes n'est pas du tout de la même nature que celui de représentation en droit privé, entre commis et commettant, ou entre le mandataire et le mandant, par exemple. Dans le contrat de représentation en droit privé, il y a nécessairement deux sujets juridiques séparés et autonomes, le représentant et le représenté, alors que dans le cas de l'organe de l'Etat, il n'existe pas une telle séparation puisque les organes de l'Etat font partie de l'Etat, ou mieux encore, l'Etat n'existe que dans et à travers ses organes. Pour parler métaphoriquement, nous dirons donc que les organes de l'Etat ne représentent pas, mais incarnent l'Etat. C'est d'ailleurs pour tenir compte de cette particularité de la relation entre l'Etat et ses organes que les juristes publicistes utilisent plus volontairement l'expression « représentation de droit public ». Du reste, il faut préciser qu'à proprement parler, l'Etat se fait représenter non pas par ses organes, ce qui serait un pléonasme, mais par les individus empiriques derrière ses organes. Un certain parallèle peut être ici établi avec la conception classique de la représentation nationale. En tant qu'entité abstraite, la nation tout comme l'Etat lui-même n'existent pas en soi ni *a priori*, mais dans et à travers la représentation[52] : la volonté nationale est celle-là même exprimée par les élus de la nation.

Puisque dans la représentation de droit public le représenté n'existe pas indépendamment du représentant, la conscience naïve a la propension naturelle à identifier le représentant et le représenté. D'où partout et de tout temps le risque de la personnalisation du pouvoir de l'Etat. La célèbre phrase qu'on attribue à Louis XIV « l'Etat c'est moi » n'est donc pas entièrement dépourvue de quelque justification, encore faut-il observer, d'un point de vue critique, qu'un Etat ne s'identifie à son organe que si celui-ci agit en conformité avec les règles institutionnelles de cet Etat.

En dehors de leur identité institutionnelle, tout organe de l'Etat possède également une identité naturelle. Faut-il répéter que derrière l'organe de l'Etat, ce sont toujours des hommes et des femmes en chair et en os qui veulent et agissent en réalité ? Tous les actes accomplis par les individus empiriques derrière l'organe de l'Etat ne sont donc pas toujours imputables à l'Etat. Il en est ainsi quand ils accomplissent des actes purement personnels, strictement privatifs (des actes d'ordre biologique, des actes liés à leurs affaires privées par exemple).

Si son identité institutionnelle confère une certaine majesté à tout organe étatique et exige le respect voire l'adoration de la part des individus membres de l'Etat, son identité naturelle le rabaisse au rang de simples individus empiriques. Même le roi peut être nu. Dépouillés de leur qualité institutionnelle, les plus hauts dignitaires de l'Etat resteront de simples mortels, avec leur grandeur et leur faiblesse naturelle, et sont, à ce titre, faillibles. Pour cette raison, même dans l'Etat le mieux organisé du monde, les organes de l'Etat peuvent toujours être détournés de leurs fonctions officielles pour agir dans leurs intérêts propres ou dans l'intérêt d'un tiers. Dans ce cas, il y a ce

[52] Sur ce point, voir également, Martin Loughlin, *The idea of public law*, op.cit.

que la doctrine classique appelle détournement de pouvoir (qui est un cas d'ouverture du recours pour excès de pouvoir, en droit administratif français). Par ailleurs, c'est également par rapport à l'identité naturelle de l'organe de l'Etat qu'on peut poser la question de la responsabilité civile ou pénale de tel ou tel organe de l'Etat : par exemple en droit public français actuel, la responsabilité pénale du président de la République, des membres du gouvernement, des élus locaux, etc. Même le roi peut être considéré comme responsable de ses actes non imputables à l'Etat, notamment en matière civile ou pénale, le célèbre dicton des juristes anglais « the King can not do wrong » (le roi ne peut mal faire) ne devant s'appliquer selon nous qu'à la qualité institutionnelle, non point à la qualité naturelle du roi.

Cette double identité de l'organe de l'Etat est au cœur de ce qu'on appelle l'institutionnalisation du pouvoir. Contrairement au pouvoir de fait (*potentia*), le pouvoir institué *(potestas)* ne dépend pas du charisme personnel du chef, ni de la délégation divine, pour exister et pour être légitime. C'est donc avec raison que Max Weber a parlé du pouvoir institué de l'époque moderne en termes de légitimité rationnelle ou légale, non plus en termes de légitimité charismatique ou religieuse, telle qu'elle existait dans le passé.

Psychologiquement, l'institutionnalisation du pouvoir implique de la part des individus membres de l'Etat une certaine capacité intellectuelle, dont notamment celle d'abstraction. Pendant longtemps, et dans une moindre mesure de nos jours encore, le pouvoir politique connaît ce que les politistes appellent la personnalisation du pouvoir : l'Etat et la personne ayant le pouvoir de l'Etat ne se distinguent tout simplement pas. En ancienne Chine par exemple, en raison de la conception confucéenne de l'Etat et du gouvernant, le moindre fonctionnaire de l'Etat (sans parler de l'empereur lui-même) s'identifiait immédiatement à l'Etat lui-même et pouvait se comporter de la manière la plus arbitraire sans être inquiété pour ses actes[53]. En France, la parole de Louis XIV « l'Etat c'est moi ! » traduit à sa manière la non-distinction entre les deux identités de l'organe de l'Etat. Là où la double identité de l'organe de l'Etat n'est pas clairement affirmée, il n'y a pas de véritable institutionnalisation du pouvoir de l'Etat. L'absence de l'institutionnalisation du pouvoir de l'Etat dénote à sa manière le manque de discernement et du sens

[53] Cf. Lin Yutang : *La Chine et les Chinois*. Payot, 1937.

critique chez les individus membres de l'Etat. Le pire des régimes arbitraires trouve son explication ultime non pas dans le caractère personnel du chef, mais dans la conscience naïve de la population gouvernée par le chef.

De la double identité de l'organe de l'Etat, on peut déduire deux séries de conséquences juridiques importantes pour la théorie du droit public : la non-identification immédiate de l'acte de l'organe de l'Etat avec celui de l'Etat, et corrélativement, la non-imputation immédiate de la conséquence de l'acte de l'organe de l'Etat à l'Etat. Selon nous, les deux problèmes cruciaux de la théorie du droit public, celui de l'excès de pouvoir et celui de la responsabilité des agents publics, trouvent leur racine également dans cette double identité de l'organe de l'Etat.

La question fondamentale est évidemment de savoir sous quelle condition un acte accompli par les organes de l'Etat peut être imputable à l'Etat, non pas aux individus empiriques qui se cachent derrière les organes de l'Etat. La réponse à cette question peut être formulée selon nous de deux manières différentes : positivement, lorsque les actes des organes de l'Etat sont réguliers, conformes aux règles institutionnelles de l'Etat ou tout au moins compatibles avec elles ; négativement lorsqu'ils n'ont pas commis ce qu'on appelle excès de pouvoir ou *ultra vire*. Mais si l'on pousse la réflexion un peu plus loin, on constatera sans peine que ces deux expressions connotent une seule et même idée, c'est que pour que les actes des organes de l'Etat soient imputables à l'Etat, il faut qu'ils soient conformes à (ou tout au moins compatibles avec) les règles institutionnelles de l'Etat. Dans le cas où ces règles institutionnelles de l'Etat font défaut, il faut qu'ils soient au moins reconnus après coup comme imputables à l'Etat, par les individus membres de l'Etat (ou par le juge institutionnel).

Quand un Etat positif fixe au préalable l'ensemble des conditions de l'imputabilité à l'Etat des actes de ses organes dans un corpus de règles institutionnelles clairement identifiables, on dit classiquement qu'il y a Etat de droit. La conception de l'Etat de droit fait partie du crédo fondamental des hommes modernes : par des textes législatifs ou règlementaires, l'Etat doit fixer les conditions de l'imputation des actes étatiques. D'un point de vue critique pourtant, un Etat régi par des règles ne pourrait être qualifié au mieux que d'Etat légal : un Etat qui se donne des règles de conduite ou un Etat qui s'autolimite au sens des juristes allemands n'est pas nécessairement celui qui agit toujours selon l'exigence de la justice, ou qui respecte scrupuleusement les droits et les libertés de ses individus membres. C'est pourquoi un Etat de droit au sens formel peut commettre la pire des violations des droits et des libertés. Les régimes totalitaires du 20e siècle sont la triste illustration de ce décalage possible entre les deux sortes d'Etats de droit, l'Etat de droit formel (qui est un simple Etat légal) et l'Etat de droit substantiel (là où les droits et les libertés sont effectivement garantis par l'Etat).

Puisque tout organe de l'Etat a à la fois une identité institutionnelle et une identité naturelle, au cas où l'acte accompli par un organe de l'Etat a causé des préjudices à un tiers, il se pose logiquement la question de savoir qui peut être considéré comme responsable, l'Etat ou les individus empiriques derrière l'organe de l'Etat ? Pour nous, la solution à cette question est assez simple : si l'acte dommageable est imputable à l'Etat, la responsabilité civile ou pénale qui en résulte reviendra également à l'Etat, ce qui veut dire que corrélativement, les individus empiriques derrière l'organe de l'Etat ne sauraient être tenus comme personnellement responsables. Inversement, si l'acte dommageable n'est pas imputable à l'Etat mais aux individus empiriques derrière l'organe de l'Etat, l'Etat devrait être exonéré de la responsabilité, car seuls ces individus empiriques derrière l'organe de l'Etat pourront être tenus pour responsables. En droit administratif français, il existe la distinction entre la faute de service et la faute personnelle. A la faute de service correspond la responsabilité de l'Etat, tandis qu'à la faute personnelle correspond la responsabilité personnelle de l'agent administratif.

B - Les formes de l'organe de l'Etat

Au sein d'une population donnée, qui peut être appelé à former l'organe de l'Etat ? Il s'agit là du problème de la participation au pouvoir de l'Etat, ou encore de la nature du régime politique.

Dans la mesure où le choix du régime politique soulève également une question du droit ou de la justice, l'étude du régime politique fait partie de la théorie du droit public.

A l'instar d'Aristote, les auteurs classiques distinguent, selon un critère purement arithmétique, trois formes simples du gouvernement ou de la participation au pouvoir de l'Etat. Mais à côté de ces trois formes simples, il existe également des formes mixtes qui tendent à combiner leurs principes respectifs pour davantage de justice et d'efficacité.

a - Les formes simples

Selon le nombre d'individus susceptibles de participer à la formation des organes de l'Etat, on distingue trois formes simples : monocratie, oligarchie et démocratie.

1 - Monocratie

1) Comme son nom l'indique, la monocratie signifie le pouvoir d'un seul : parmi l'ensemble des individus membres de l'Etat, un seul individu participe donc à la formation de l'organe de l'Etat. Il est facile d'imaginer que dans une monocratie, l'Etat s'identifie parfaitement au monocrate. La volonté de celui-ci est immédiatement la volonté de l'Etat. La question de l'imputation à l'Etat des actes accomplis par le monocrate ne se pose même pas, car elle est dépourvue de sens.

L'avantage et la faiblesse de la monocratie s'expliquent tous deux par cette identification parfaite entre l'Etat et la personne du monocrate. L'avantage de la monocratie est assez facile à imaginer : à la différence des autres types de régimes politiques qui doivent inventer des mécanismes savants pour parvenir à l'unité du pouvoir de l'Etat, la monocratie la réalise de manière toute naturelle. Mais en même temps, dans la mesure où le monocrate est toujours identifié à l'Etat lui-même, et qu'il est pratiquement impossible de séparer ses deux identités, naturelle et institutionnelle, la monocratie est grevée d'une faiblesse certaine : en confondant en la personne du monocrate le pouvoir de fait ou *potentia* et le pouvoir de droit ou *potestas*, la monocratie anéantit toute possibilité réelle d'institutionnaliser le pouvoir de l'Etat. La grandeur et la faiblesse de l'Etat dépendront dès lors uniquement de la personne même du monocrate. Or, dans les faits, le monocrate reste toujours un être humain, en dépit de toutes les affabulations qu'il pourrait inventer pour justifier son pouvoir, l'Etat monocratique court donc le risque de sa propre perte, en raison de la faiblesse humaine inévitable du monocrate. Même le philosophe-roi de Platon, le roi thaumaturge au Moyen-Age, le roi de droit divin à l'époque moderne, ou encore le despote éclairé chez les philosophes de Lumières ne peuvent se soustraire à leur condition humaine et restent donc faillibles. A la confiance naïve que la populace, souvent impressionnée par le faste d'apparat, place souvent sur la sagesse du monocrate, il convient donc d'opposer le pessimisme foncier d'un Kant : le maître des hommes est fait d'un bois aussi courbé que les hommes eux-mêmes, on ne pourrait y tailler quelque chose de bien droit ! Dans ces conditions, la monocratie, si elle répond au besoin du maître chez les hommes, ne peut être au final qu'un régime politique parmi les plus frustes. L'unité du pouvoir de l'Etat que la monocratie a réalisée reste une unité naturelle, sans la médiation institutionnelle.

Psychologiquement, le régime monocratique correspond à l'âge de minorité de l'humanité. Dans un Etat où les individus membres ont la capacité et le courage d'utiliser leur propre raison, la monocratie a peu de chance de s'établir et de durer.

2) La pensée classique distingue plusieurs types de monocraties : la monarchie, la tyrannie, et la dictature.

La monarchie se caractérise comme une monocratie régulière : l'établissement, l'exercice et la transmission du pouvoir monarchique se font selon des règles plus ou moins constantes. Par exemple, dans le cas de la monarchie héréditaire, c'est le sang royal, ou la régularité biologique qui garantit la régularité de la transmission du pouvoir de l'Etat. Quant à l'exercice effectif du pouvoir, les auteurs classiques admettent généralement que les lois divines ou les lois fondamentales du royaume n'ont pour le monarque qu'une valeur directive, et non point une valeur coactive.

A la différence de la monarchie, la tyrannie (qui s'appelle despotisme chez les penseurs des Lumières) a pour marque de fabrique l'irrégularité : le tyran accède au pouvoir de façon irrégulière, par coup d'Etat, par complot, etc., et il exerce son pouvoir selon sa volonté arbitraire, et transmet son pouvoir arbitrairement. Le tyran exerce le pouvoir souvent dans son propre intérêt, mais exceptionnellement au service de l'intérêt de tous : après tout, il existe de bons tyrans dans l'antiquité grecque.

La dictature quant à elle a pour particularité d'être temporaire. Au sens propre, toute dictature doit être exceptionnelle, une sorte d'ersatz destiné à sauver le régime régulier, dans des circonstances de crise. L'idée de la dictature permanente contient donc une contradiction dans les termes. A l'époque romaine, la dictature fait partie des institutions républicaines régulières. Dans le constitutionnalisme moderne, la dictature peut être aussi prévue par les constitutions écrites elles-mêmes comme un régime d'exception pour des circonstances particulièrement graves : par exemple, celles prévues par l'article 48 de la Constitution de 1919 de la République de Weimar et par l'article 16 de la Constitution de 1958 de la Ve République française.

3) Dans une monocratie, il existe une injustice absolue entre le monocrate et le reste de la population soumise à sa volonté. Mais si l'on fait abstraction du monarque lui-même, parmi le reste de la population, il y a une sorte d'égalité parfaite : ils sont tous et chacun à sa façon peu de chose face à la toute-puissance du monocrate.

2 - Oligarchie

1) L'oligarchie est une forme intermédiaire de l'organe de l'Etat, entre la monocratie et la démocratie. Le régime oligarchique se définit donc comme le pouvoir de plusieurs. Comme la pluralité oscille entre l'unité et la totalité, le régime oligarchique est naturellement susceptible de degrés. Au minimum, l'oligarchie se rapproche de la monocratie. Au maximum, elle s'apparente à la démocratie. Du reste, parmi les oligarques qui détiennent le pouvoir de l'Etat, il peut y avoir encore une distinction de second niveau : lorsqu'un oligarque se distingue des autres et monopolise le pouvoir, il y a une forme monocratique du pouvoir au sein de l'oligarchie. A l'inverse, lorsque tous les oligarques se trouvent sur un pied d'égalité, on peut penser qu'il y a parmi eux une forme démocratique du pouvoir.

2) Parmi les régimes oligarchiques, on distingue notamment l'aristocratie et la ploutocratie.

Dans l'aristocratie, le pouvoir de l'Etat est censé appartenir aux meilleurs (ou aux élites). L'excellence des aristocrates peut être tantôt naturelle (aristocratie héréditaire), tantôt acquise par mérite (aristocratie d'épée ou aristocratie de robe par exemple). Mais quelle que soit l'origine, réelle ou supposée, de l'excellence des aristocrates, leur pouvoir se justifie par leur supériorité sur le reste de la population. Dans une certaine mesure, le régime aristocratique se rapproche de ce que les philosophes anciens appelaient régime timocratique (qui se définit comme un régime de valeur ou d'excellence). Chez Platon par exemple, si le régime aristocratique est le régime idéal, la timocratie en sera la forme dérivée ou corrompue.

La ploutocratie, quant à elle, est un régime où le pouvoir appartient aux riches. Dans la mesure où la richesse et la pauvreté sont par définition relatives, la ploutocratie est susceptible de degrés. Dans les Etats modernes, le régime censitaire garde encore quelques traces d'un régime ploutocratique. Selon qu'on relève ou rabaisse le seuil du cens (ou impôts) pour l'accès au droit de vote, le régime censitaire peut s'apparenter tantôt à la monocratie tantôt à la démocratie. On se souvient à cette occasion du fameux « enrichissez-vous ! » de Guizot par exemple !

Certains auteurs considèrent que la partitocratie est une forme contemporaine du régime oligarchique. Mais au sens proprement institutionnel, la partitocratie doit être considérée comme une forme dérivée de la démocratie représentative dans la société de masse : après tout, c'est par voie d'élection que les partis politiques parviennent au pouvoir de l'Etat et s'y maintiennent grâce au soutien populaire.

3) Le régime oligarchique peut être plus ou moins juste selon que les oligarques détenteurs du pouvoir de l'Etat méritent ou non leur pouvoir. Lorsque le mérite mis en avant par les oligarques afin de justifier leur pouvoir est largement reconnu par l'ensemble de la population, on peut présumer que l'oligarchie est à sa manière un régime politique juste. Dans le cas contraire, la réponse doit être négative.

3 - Démocratie

1) Comme son nom l'indique, la démocratie est un régime dans lequel le plus grand nombre (*demos*) détient le pouvoir de l'Etat (*cratos*). Idéalement, la vraie démocratie implique que tous les individus membres de l'Etat peuvent participer à la formation de l'organe de l'Etat. Mais dans la réalité historique, il arrive souvent que parmi l'ensemble de la population habitant le territoire étatique, seulement une partie possède la qualité de membre de l'Etat. Un des problèmes de base de tout régime démocratique est donc celui de la détermination de l'appartenance au *demos* ou au peuple. On sait que c'est en fonction de la solution de ce problème que la démocratie antique diffère sensiblement de la démocratie moderne[54]. Dans la

[54] Voir Moss Finley, *Démocratie antique et démocratie moderne*, Payot, 1990.

démocratie athénienne, même à l'époque de Périclès où elle atteint son apogée, seule une petite partie de la population (à peine 20 % selon les historiens) possède la citoyenneté. Sont exclues du corps des citoyens les femmes, les enfants, les esclaves, ainsi que les métèques. La possession de la citoyenneté fut considérée comme un véritable privilège. Selon l'étude de Claude Mossé[55], pour avoir la citoyenneté athénienne, il fallait naître de deux citoyens et du mariage (les enfants non légitimes sont exclus du corps de citoyens). Dans la démocratie moderne, progressivement, s'est dégagé peu à peu le principe de l'universalité de la participation : à l'exception des mineurs et des personnes majeures sous tutelle, tous les autres hommes et femmes ont en principe le droit de vote qui leur permet donc de participer à la gestion des affaires de l'Etat. Encore faut-il noter que la réalisation concrète de ce principe n'a pas été chose facile : au début du 19e siècle, se pratiquait encore largement le suffrage censitaire. Ce n'est qu'à partir de la seconde moitié du 19e siècle que s'est peu à peu imposé le principe de suffrage universel, en France, en Angleterre et aux Etats-Unis, etc. Les femmes ont obtenu le droit de vote en France seulement après la Seconde Guerre mondiale, en 1945. En Suisse, qui est le pays souvent cité comme la référence même de la démocratie moderne, il a fallu attendre 1975 pour que le droit de vote soit accordé aux femmes.

A propos du droit de vote, la doctrine juridique a connu pendant un temps la distinction entre le citoyen actif et le citoyen passif, une distinction qu'elle n'a point inventée à vrai dire, mais qui se trouve dans des textes constitutionnels, par exemple dans la première constitution française (celle de 1791). Mais quelle que soit l'origine historique ou idéologique d'une telle distinction, nous la trouvons profondément illogique. On est citoyen, ou on n'est pas citoyen. Or, par définition, tout citoyen doit avoir le droit de vote. Un citoyen qui n'a pas de droit de vote, comme c'est le cas du citoyen dit passif, n'est citoyen que de nom : il n'est pas un citoyen au sens plein du terme. Ce n'est donc pas par hasard que ce genre de distinction absurde a été vite balayé par le vent de l'histoire.

Puisque l'ensemble des citoyens forme le peuple, il convient de préciser ce qu'il faut entendre par celui-ci, tant il est vrai que dans le

---

[55] Claude Mossé, *Politique et société en Grèce ancienne – le modèle athénien*, Flammarion, 1995.

vocabulaire politique de notre temps, le mot même de peuple est surchargé de significations émotionnelles, voire magiques. Pour nous, le peuple ne doit pas signifier autre chose que l'ensemble des citoyens ou des individus humains ayant le droit de participer aux affaires de l'Etat. Compris ainsi, le peuple n'est ni la nation, celle-ci étant composée quant à elle de l'ensemble des individus possédant la nationalité d'un pays, ni encore moins la population, celle-ci étant l'ensemble des habitants d'un pays. Dans la mesure où tous les citoyens n'exercent pas effectivement leur droit de vote, le peuple ne doit pas s'identifier non plus au corps électoral. En droit public français actuel par exemple, l'exercice effectif du droit de vote est subordonné à la condition de l'inscription sur une liste électorale. Un citoyen non inscrit sur une liste électorale n'est pas vraiment un électeur, tout en restant citoyen. Il y a donc un rétrécissement progressif du champ sémantique de la population au corps électoral, en passant par la nation et le peuple.

Du reste, il faut faire la distinction entre le peuple au sens juridique tel que nous venons de le définir, et le peuple au sens idéologique, celui-ci étant identifié seulement à une partie du peuple au sens juridique, c'est-à-dire la partie plébéienne, à l'exclusion de la classe nobiliaire et du monarque par exemple. Rappelons que pour les juristes romains aussi, le *populus romanus* comprenait à la fois la plèbe et la noblesse (ou les patriciens).

Sur le plan psychologique, le régime démocratique correspond à l'âge adulte de l'humanité. Une véritable démocratie suppose en effet la capacité et le courage d'utiliser la raison de la part des individus membres de l'Etat. *Sapere Aude* ! Cette exhortation que Kant a pu identifier comme l'exigence même de la raison (*Aufklärung*) doit être entendue par tous les vrais démocrates, un peu comme leur étendard dans la lutte contre l'obscurantisme. Mais de l'autre côté, tout régime démocratique implique un certain relativisme, voire un certain scepticisme philosophique : la vérité absolue tout comme l'autorité absolue pour l'énoncer est par nature incompatible avec le régime démocratique. Dans un certain sens, le régime démocratique est nécessairement un régime de l'opinion publique, non point un régime de l'autorité dogmatique. La démagogie est dès lors inhérente à la démocratie : puisque le pouvoir de l'Etat appartiendra seulement à celui qui sait flatter l'opinion publique, les hommes politiques sont obligés de se livrer à des discours plus ou moins démagogiques pour parvenir à leur fin. Tout régime démocratique est donc le théâtre de l'âpre lutte entre les lumières et les ténèbres, entre la raison et la déraison. C'est aussi le régime le plus difficile et le plus instable qui soit, en raison même de cette lutte : l'alternance des pouvoirs en est donc à la fois la manifestation phénoménale et le principe structurel.

Mais présenté sous ses meilleurs jours, le régime démocratique peut être considéré également comme un régime de discussion et de dialogue, si l'on croit à Habermas[56].

L'égalité et la liberté sont les deux principes les plus importants de la démocratie.

2) Si l'universalité de la participation est le principe fondateur de tout régime démocratique, dans la pratique, la participation aux affaires publiques ne peut pas être toujours l'affaire de tous. Même la démocratie athénienne n'implique pas la participation effective de tous les citoyens à l'assemblée populaire ou à l'*Ecclesia*. En fonction du degré de la participation effective, la doctrine juridique distingue plusieurs formes de démocratie : démocratie directe, démocratie indirecte ou représentative, démocratie semi-représentative et enfin démocratie semi-directe.

La démocratie directe est la forme plus proche du concept même de démocratie. Les citoyens participent directement à la délibération des affaires publiques et prennent des décisions à la suite de leur délibération : les lois, les décrets voire les sentences judiciaires sont l'expression directe de la volonté des citoyens, sans aucune médiation. La démocratie athénienne est réputée comme une démocratie directe par excellence. A l'époque moderne, hormis quelques cantons helvétiques, et certains états des Etats-Unis d'Amérique, rares sont les pays qui pratiquent encore la démocratie directe.

La démocratie indirecte ou représentative est la forme moderne de la démocratie. En raison des dimensions géographique et démographique des Etats modernes, incommensurables avec celles des cités antiques, le peuple ne délibère plus directement ensemble sur les affaires publiques, mais se contente d'élire des représentants qui veulent et agissent à leur place. Pour justifier la démocratie représentative, ainsi que le mécanisme juridique qui la caractérise, des

---

[56] Jürgen Habermas, *Faktizität und Geltung. Beiträge zur Diskurstheorie des Rechts und des demokratischen Rechtsstaats*, Frankfurt a.m. 1992. Tr.fr. *Droit et démocratie. Entre faits et normes*, Gallimard, 1997.

auteurs comme Emanuel Sieyès recourent notamment à la théorie dite de la représentation nationale : les élus ne représenteraient pas les électeurs, mais l'entité abstraite qu'est la nation. Or, selon nous, une telle conception est discutable. Si nous enlevons la connotation mystique du mot « nation », nous devons nous accorder pour dire que sur le plan historique, la nation n'est pas autre chose que l'Etat lui-même. Dire que les élus représentent la nation, c'est dire exactement la même chose que les élus représentent l'Etat. Or, dire que les élus représentent l'Etat revient à dire que l'organe formé par les élus représente l'Etat, ce qui est affreusement banal (dans le sens où nous l'avons précédemment défini, tout organe de l'Etat peut être considéré comme représentant de l'Etat ou plus exactement comme incarnation de l'Etat). Mais de l'autre côté et en même temps, la théorie de la représentation nationale n'a pas répondu à la question qui nous occupe, à savoir celle concernant la nature du rapport entre les élus et les électeurs dans une démocratie représentative. Car en toute rigueur, du point de vue juridique, ce que la théorie de la représentation nationale exprime sur le rapport entre les élus et la nation s'applique aussi au rapport entre les électeurs eux-mêmes et la nation : pour nous, même les électeurs représentent l'Etat, en ce sens que le corps électoral forme un organe primordial de l'Etat, dans un régime démocratique. Or, si les élus tout comme les électeurs représentent l'Etat ou la nation, quelle doit être la nature du lien entre les élus et les électeurs ? De notre point de vue, il ne peut s'agir d'autre chose que d'une relation de représentation. Faut-il insister sur le caractère non contradictoire de cette double représentation ? Les élus représentent la nation ou l'Etat en leur qualité d'organe de l'Etat (tout comme le corps électoral le fait lui-même), mais en même temps, ils représentent les électeurs en tant qu'ils ont été élus par ces derniers pour former des organes de l'Etat. A notre avis, c'est faute d'avoir saisi ce double rapport de représentation que la doctrine classique à la suite de Sieyès a accordé une trop grande indépendance aux élus par rapport aux électeurs. Ce n'est donc non plus sans raison que des auteurs comme Rousseau et Carré de Malberg considèrent que la démocratie représentative n'est qu'une apparence de la démocratie : lorsque les élus sont totalement indépendants des électeurs, les élections ne servent qu'à légitimer le pouvoir oligarchique de quelques élites. La démocratie de façade cache en vérité une oligarchie ou une partitocratie. En ce sens, une démocratie représentative sans mandat impératif doit être caractérisée comme une oligarchie élective.

La démocratie semi-représentative correspond davantage selon nous à l'exigence première de l'idée de représentation dans une démocratie. Ici, si juridiquement les élus restent toujours indépendants des électeurs, en fait ils sont soumis à l'influence de ces derniers, pour des raisons tant institutionnelles que psychologiques. Comme on le sait, une des techniques-clés de la démocratie semi-représentative consiste, sur le plan de l'ingénierie institutionnelle, à aménager la rééligibilité des élus sortants et à écourter la durée du mandat électoral. Dans l'expectative d'une éventuelle réélection, les élus doivent répondre dès à présent aux attentes de leurs électeurs, alors même que juridiquement ils restent toujours indépendants par rapport à ces derniers. Dans la réalité historique, on observe que la plupart des démocraties occidentales de nos jours sont de nature semi-représentative, ou sont ce que les Anglo-saxons appellent « opinion government ». Du point de vue critique qui est le nôtre, la démocratie semi-représentative reste encore une forme imparfaite de la démocratie représentative : une vraie démocratie représentative exige qu'il existe un véritable lien de représentation entre les élus et les électeurs, ce qui signifie que la dépendance des élus à l'égard des électeurs ne doit pas être de nature simplement psychologique, mais doit être de nature juridique ou institutionnelle. Pour être les représentants authentiques des électeurs, les élus doivent répondre aux attentes de ces derniers et suivre leurs instructions. Corrélativement, les électeurs doivent pouvoir donner des instructions à leurs élus, et les révoquer en cas de la perte de confiance. Bref, il faut qu'il y ait un lien de mandat impératif, non pas celui d'un simple mandat représentatif entre les élus et les électeurs.

La démocratie semi-directe est une sorte de mélange de la démocratie directe et de la démocratie représentative. Elle consiste à introduire une dose de démocratie directe là où principalement se pratique la démocratie représentative. Historiquement, la démocratie semi-directe peut être considérée comme une sorte de correctif apporté à la démocratie représentative classique qui prive les électeurs de leur pouvoir au profit des élus. Techniquement, la démocratie semi-directe consiste à aménager une intervention directe des électeurs dans certains domaines d'activité étatique (celui de la révision de la constitution, ou celui de l'adoption de certains types de lois) dans un système principalement représentatif. Cette intervention des électeurs dans le processus décisionnel de l'Etat peut revêtir plusieurs formes : elle peut être entière (les électeurs prennent directement eux-mêmes la décision) ou simplement partielle (l'intervention des électeurs se combine avec celle des élus tantôt pour initier une décision, comme en cas d'initiative populaire, tantôt pour donner l'aval à une décision déjà prise par les élus, comme en cas de référendum).

Mais quelle que soit la forme du régime démocratique, y persistera toujours la possibilité d'une dérive : celui de la démagogie. Les individus ambitieux y sont tentés de flatter et de séduire la masse des citoyens par leur discours plus ou moins populiste. De deux choses l'une donc : soit, la masse des citoyens est laissée à elle-même, dans leur passion ou leur rancœur, il y aura ce que les anciens appelaient ocholocratie ; soit, elle se laisse séduire par les démagogues et abdique son pouvoir à leur profit, il y aura alors le risque d'un régime oligarchique. Comme l'a pressenti Rousseau lui-même, une véritable démocratie ne peut exister que dans un peuple des dieux. Tant que le peuple ne devient pas Dieu, la démocratie restera toujours quelque peu chimérique. D'un autre côté, si le peuple est Dieu, par définition, il n'aura plus besoin d'aucun régime politique pour se faire gouverner. Le régime démocratique est certainement le meilleur régime politique pour les hommes. Mais il est en même temps le régime le plus difficile à réaliser !

3) Le régime démocratique est *a priori* un régime juste, car, par définition, il donne le pouvoir de l'Etat au plus grand nombre sinon à tous. Mais dans la pratique, un régime démocratique peut cacher la pire des injustices : non seulement parce qu'il risque de ne pas reconnaître les mérites particuliers de certains individus membres de l'Etat, mais en plus le principe de la décision majoritaire peut constituer une lourde menace pour les droits et les libertés de la minorité (ou l'opposition). La démocratie n'est pas la solution, mais bien au contraire le lieu même où se pose la question de la justice politique.

b - Les formes mixtes

Les formes mixtes de l'organe de l'Etat combinent les principes de différentes formes simples. A suivre Aristote, la forme mixte du gouvernement représenterait l'idéal même de la constitution de la cité, car elles réunissent les avantages de différentes formes simples tout en évitant leurs inconvénients : l'efficacité de la monocratie, l'excellence de l'aristocratie et la justice de la démocratie. Dans la réalité historique, les formes mixtes du gouvernement résultent soit du choix délibéré, soit du concours des circonstances. Dans la mesure où elles ont pour but de réaliser la synthèse entre les différentes formes simples, elles contiennent le risque de leur propre négation : tôt ou tard, une des formes prendra le dessus par rapport aux deux autres, ce qui conduira progressivement à la fin du gouvernement mixte lui-même.

Selon la manière dont on combine les différentes formes simples, on peut faire la distinction entre la forme mixte intégrale et la forme mixte partielle.

La forme mixte intégrale tend à la synthèse parfaite entre la monocratie, l'oligarchie et la démocratie. Selon Polybe, la République romaine aurait connu un régime mixte presque parfait : le consul, le Sénat et les comices y représentent respectivement le principe monocratique, le principe aristocratique et le principe démocratique. Mais les historiens d'aujourd'hui savent que la réalité avait été infiniment plus complexe, en raison de la lutte constante entre ces trois éléments tout au long de l'histoire de Rome.

La forme mixte partielle tend à combiner non pas trois, mais seulement deux formes simples de l'organe de l'Etat ou du gouvernement.

Par exemple, la combinaison du principe monocratique et du principe démocratique donne naissance à ce qu'on appelle césarisme démocratique. A l'époque contemporaine, ce genre de régimes a été notamment réalisé par Napoléon Bonaparte, sous le Premier Empire en France. Dans un certain sens, le régime totalitaire du 20e siècle s'apparente quelque peu au césarisme démocratique : le chef puise la légitimité de son pouvoir dans le soutien populaire.

La monarchie limitée met en œuvre quant à elle le principe monocratique et le principe aristocratique. Le monarque garde encore ses pouvoirs traditionnels, mais leur exercice est quelque peu limité par des textes constitutionnels souvent imposés par la classe nobiliaire.

Le régime dit parlementarisme dualiste (ou le régime orléaniste en France) combine le principe démocratique et le principe monarchique à sa manière : le gouvernement issu d'une majorité parlementaire élue par le peuple est certes responsable devant celle-ci, mais en même temps, il peut être renvoyé par le chef de l'Etat qu'est le monarque.

II - Les fonctions de l'Etat

Par fonctions de l'Etat, il faut entendre les activités finalisées de l'Etat. Mais quelles sont les fonctions de l'Etat ? Ou, en d'autres termes, quelle activité humaine peut avoir une signification publique ou étatique ?

La détermination des domaines d'activités de l'Etat soulève une question de nature à la fois religieuse et politique. Selon George Dumézil par exemple, dans les religions indo-européennes, il existerait une structure tripartite de la souveraineté de Dieu[57]. Au cœur de la philosophie politique de Platon, on trouve une tripartition de la fonction politique au sein de la cité idéale : fonction gouvernementale et sacerdotale du philosophe-roi ; fonction militaire des défenseurs de la cité ; et fonction productrice des agriculteurs et des artisans.

Sous l'expression « parties potentielles », la théorie du droit public naturel du 17e siècle avait tenté de dégager les domaines d'activités les plus importants de l'Etat. Par exemple, elle faisait la distinction entre les domaines régaliens et les domaines non régaliens ; entre les domaines municipaux et les domaines étrangers, etc. A peu de chose près, les différentes « parties potentielles » de l'Etat correspondent aux différents ministères du gouvernement ou aux différentes commissions du parlement de nos jours.

Aujourd'hui, selon que l'on est adepte de l'idéologie libérale ou socialiste, on est tenté soit à limiter les fonctions de l'Etat au strict minimum, celles de police, justice, et armée, soit au contraire, à les étendre à des activités beaucoup plus nombreuses, y compris celles de nature économique, sociale et culturelle. Dans la perspective qui est la nôtre, l'Etat, en tant que négation de la société civile qui est elle-même la négation de la famille et des individus particuliers, ne doit connaître *a priori* aucune limite dans ses domaines d'intervention. En d'autres termes, aucune activité humaine n'est par nature étrangère à l'intervention de l'Etat et les fonctions de l'Etat peuvent s'étendre aussi loin que là où il y a activités humaines : même dans des domaines aussi intimes que ceux de la sexualité et de la reproduction biologique de ses individus membres, l'Etat n'est jamais totalement

---

[57] George Dumézil, *Les dieux souverains des Indo-Européens*, Gallimard, 1977.

absent. Dans la République idéale de Platon, la sexualité, le mariage et l'éducation des enfants font partie intégrante de la fonction de la cité. A notre époque, si en France la politique nataliste encourage la naissance des enfants, en Chine et en Inde ces derniers sont plutôt malvenus et font l'objet d'une politique de restriction. Comme nous l'avons dit précédemment, l'Etat, contrairement à une société commerciale, n'a pas un objet précis ou spécifique : afin de satisfaire aux multiples besoins de ses individus membres, il doit accomplir toutes les tâches exigées par les circonstances.

Puisque la théorie des parties potentielles prend en considération les domaines d'activités de l'Etat, lesquels s'étendent aussi loin que les activités humaines elles-mêmes, elle n'offre pas une base suffisamment commode pour l'organisation des pouvoirs de l'Etat. Aussi la doctrine publiciste contemporaine se trouve-elle dans la nécessité de la compléter en y adjoignant une conception des pouvoirs de l'Etat basée sur l'analyse de la structure interne de l'action étatique ou sur les facultés d'agir de l'Etat.

L'origine d'une telle démarche semble remonter à Aristote. Le Stagirite traite dans *Le Politique* le problème de la constitution de la cité. Selon lui, dans toute constitution, il y a trois parties qu'il convient de mettre en harmonie : la délibération, la magistrature et enfin la juridiction. La partie délibérative ne se réduit pas à ce que les modernes appellent fonction législative, puisqu'elle comprend toutes les délibérations en vue de la prise de résolutions, y compris ce qu'on appelle de nos jours décisions administratives. Les deux autres parties correspondent approximativement à ce que les auteurs de nos jours appellent fonction administrative et fonction judiciaire. Si de prime abord, Aristote a fait cette division tripartite de la constitution de la cité en se basant sur l'observation de la vie politique son époque, en réalité il a effectué une démarche logique qu'est l'analyse de la structure interne de l'action politique.

John Locke a repris à son compte cette conception des pouvoirs de l'Etat, mais avec une présentation quelque peu différente. Dans son *Deuxième traité sur le gouvernement civil* (1689), Locke pense que dans chaque Etat, il existe trois pouvoirs : le pouvoir législatif, le pouvoir exécutif et le pouvoir fédératif. Le premier consiste à faire des lois ou des règles générales et impersonnelles, le second, le pouvoir d'appliquer les lois dans des cas concrets, et le troisième, le pouvoir de faire la guerre ou la paix avec les puissances étrangères. Si les deux premiers pouvoirs doivent être séparés tant pour des raisons techniques (l'exercice du pouvoir législatif doit être limité dans le temps, tandis que celui du pouvoir exécutif doit être perpétuel) que pour des considérations politiques (la confusion de deux pouvoirs risquerait de compromettre la liberté publique), les deux derniers doivent être, en revanche, réunis entre les mains d'un seul monarque (puisqu'ils impliquent tous deux l'usage de la force de l'Etat, laquelle est une et indivisible). Il est remarquable que le pouvoir judiciaire, si important pour nos contemporains, soit littéralement absent de la conception de Locke. Cette absence du pouvoir judiciaire ne doit pas être interprétée comme si Locke avait négligé volontairement ou involontairement une puissance si terrible parmi les hommes (selon Montesquieu). Tout simplement, pour Locke, le pouvoir judiciaire n'est pas un pouvoir indépendant des deux autres pouvoirs, le pouvoir législatif et le pouvoir exécutif, mais les comprend comme ses composantes essentielles. En d'autres termes, le pouvoir de légiférer et le pouvoir d'appliquer les lois sont conçus par Locke comme deux moments ou encore deux éléments de la fonction judiciaire (c'est un point très important de la doctrine de Locke qui n'a pas été suffisamment souligné par ses commentateurs). Par ailleurs, chez Locke, le passage de l'état de nature à l'état politique se justifie principalement par la nécessité de dissocier les deux moments (législatif et exécutif) de la fonction judiciaire, en vue de garantir la liberté, la propriété et la sûreté.

Pour Montesquieu, dans chaque Etat, il y a aussi trois puissances ou trois pouvoirs : la puissance législatrice qui consiste à faire des lois générales et impersonnelles, la puissance exécutrice des choses qui dépendent du droit civil et la puissance exécutrice des choses qui dépendent du droit des gens. A première vue, Montesquieu aurait exactement la même conception des pouvoirs de l'Etat que Locke, puisque les deux dernières puissances selon lui ne sont ni plus ni moins que le pouvoir exécutif et le pouvoir fédératif au sens lockéen. Cependant, un peu plus loin dans son texte, lorsqu'il s'évertue à expliquer ce qu'il entend par les deux puissances exécutrices, Montesquieu dit que la puissance exécutrice des choses qui dépendent du droit civil peut s'appeler simplement puissance de juger et que la puissance exécutrice des choses qui dépendent du droit de gens peut s'appeler simplement puissance exécutrice[58]. Notons que dans le texte de Montesquieu, l'opposition entre le droit des gens et droit civil doit être prise au sens du droit romain : le droit civil est le droit commun aux citoyens romains (nous dirons aujourd'hui droit interne de l'Etat), le droit des gens, le droit commun aux Romains et aux étrangers (qui correspond au droit international de nos jours), et enfin le droit naturel, le droit commun à tous les animaux.

Il y a incontestablement un glissement sémantique dans la terminologie de Montesquieu, ce qui est lourd de conséquences théoriques et pratiques regrettables. De prime abord, la prise de position de Montesquieu semble être parfaitement claire : dans tout Etat, il n'y a que deux pouvoirs, législatif et exécutif, et le pouvoir exécutif se subdivise en deux espèces, interne et externe. Mais si l'on l'examine de plus près, on conclura qu'elle est profondément illogique. En effet, comparée à la conception de Locke, celle de Montesquieu est pour le moins ambigüe : le pouvoir fédératif au sens de Locke reçoit chez Montesquieu le nom de puissance exécutrice ou pouvoir exécutif, alors que le pouvoir exécutif au sens de Locke est entièrement absent de chez Montesquieu qui le remplace par un pouvoir judiciaire ou une puissance de juger. L'assimilation du pouvoir exécutif au pouvoir fédératif lockéen, telle que Montesquieu l'avait faite, est selon nous abusive : dans les Etats modernes par exemple, le pouvoir exécutif s'intéresse avant tout et surtout aux affaires internes, les affaires étrangères n'étant au mieux que le prolongement de ces derniers, en tant que partie composante de la fonction exécutive de l'Etat.

Du début du 19e siècle jusqu'à nos jours, à la suite de Locke et de Montesquieu, la doctrine juridique classique considère unanimement qu'il existe, au sein de chaque Etat, trois pouvoirs essentiels, à savoir le pouvoir législatif, le pouvoir exécutif et le pouvoir judiciaire.

---

[58] « Il y a dans chaque Etat trois sortes de pouvoirs : la puissance législative, la puissance exécutrice des choses qui dépendent du droit des gens, et la puissance exécutrice de celles qui dépendent du droit civil. Par la première, le prince ou le magistrat fait des lois pour un temps ou pour toujours, et corrige ou abroge celles qui sont faites. Par la seconde, il fait la paix ou la guerre, envoie ou reçoit des ambassades, établit la sûreté, prévient les invasions. Par la troisième, il punit les crimes, ou juge les différends des particuliers. On appellera cette dernière la puissance de juger et l'autre simplement la puissance exécutrice de l'Etat ». Cf. Montesquieu, *L'esprit des lois,* livre XI chapitre VI.

Certains auteurs voient dans ces trois pouvoirs surtout des fonctions juridiques de l'Etat[59]. Mais pour nous, puisque le fait de distinguer les fonctions de l'Etat en fonctions législative, exécutive et judiciaire n'a en soi aucun rapport avec la fonction juridictionnelle de l'Etat (celle de dire le droit en cas de conflit), l'épithète juridique accolée à ces fonctions de l'Etat n'a tout simplement pas de sens.

Selon nous, la conception classique de la tripartition des fonctions de l'Etat est critiquable, non pas parce qu'elle a connu des variations terminologiques, mais surtout parce qu'elle a commis des fautes logiques. Plus précisément, lorsque les auteurs classiques, y compris Aristote, Locke et Montesquieu, énoncent les trois fonctions (ou pouvoirs) de l'Etat de manière tantôt péremptoire, comme s'il s'agissait d'un axiome logique, tantôt indicative, comme s'il s'agissait d'une évidence empirique, ils mélangent involontairement, mais à tort, deux opérations logiques selon nous de nature tout à fait différente, à savoir celle de distinction et celle de classification. Révélateur est à cet égard le fait que chez la plupart des auteurs contemporains, le terme « distinction des fonctions de l'État » est toujours considéré comme interchangeable avec celui de « classification des fonctions de l'Etat ». Par exemple, Charles Eisenmann utilisait indifféremment les deux termes « distinction » et « classification »[60]. Michel Troper a fait à peu près la même chose, tout en introduisant quelques raffinements subtils, par exemple la distinction entre classification et classement : selon lui, un classement erroné n'invaliderait pas forcément une classification valable[61].

A - Distinction des fonctions de l'Etat

1) Dans l'introduction de son ouvrage *Critique de la raison pure*, Kant dit que tout jugement est soit analytique soit synthétique. L'existence même de ces deux types de jugements implique que notre

59 Par exemple, Hans Kelsen, *Théorie pure du droit*, LGDJ, 1999, p. 288.

60 Charles Eisenmann, « L'Esprit des lois et la séparation des pouvoirs », in *Mélanges Carré de Malberg*. Sirey, 1933, p. 190 et s.

61 Michel Troper, *Pour une théorie juridique de l'Etat*, puf, 1994. Pour le début de discussion sur la pensée de Michel Troper relative à la classification des régimes politiques contemporains, voir l'article Julien Boudon, « Le mauvais usage des spectres : la séparation « rigide » des pouvoirs », in *Revue française de droit constitutionnel*, 2009, n°78.

esprit est capable de deux types d'opérations logiques différentes, celle d'analyse et celle de synthèse.

Selon nous, au jugement analytique correspond l'opération logique de distinction. Contrairement à un simple dénombrement successif des éléments constitutifs d'un tout, la distinction suppose l'existence d'un critère et consiste à séparer les éléments constitutifs d'un tout en deux parties opposées.

Le choix du critère distinctif est selon nous commandé par des considérations à la fois logique et pragmatique. Parmi l'ensemble des objets, on peut multiplier à l'infini les critères distinctifs : par exemple pour distinguer les habitants d'une ville, on peut choisir le critère de l'origine ethnique, du sexe, de la taille, de la couleur des cheveux ou de la peau, du quotient intellectuel, de la vertu morale, etc. Mais le choix final parmi tous les critères possibles ou imaginables est déterminé par l'intérêt pratique que le sujet connaissant (ou plus exactement le sujet distinguant) attache à un critère donné : ainsi, le critère du sexe importe pour celui ou celle qui cherchent à se marier et faire des enfants, alors que les autres critères peuvent être intéressants si l'on se place dans des perspectives tout à fait différentes (l'intelligence ou la connaissance si l'on doit effectuer un recrutement des élèves pour une classe supérieure, par exemple). Considérés comme choses en soi, les objets ne se distinguent pas les uns des autres : si différents qu'ils soient, ils ont toujours quelques éléments en commun, ne serait-ce que par le simple fait qu'ils coexistent dans le temps et l'espace. C'est donc toujours le sujet connaissant qui, en imposant un critère distinctif, introduit des discriminations parmi les choses. Si les choses du monde sont différentes, c'est seulement par rapport au sujet connaissant qui l'embrasse d'un regard discriminant, non point en soi. Cependant, parmi l'ensemble des critères possibles ou imaginables, pourquoi choisit-on uniquement tel ou tel critère pour distinguer les choses ? La réponse ne peut être que celle-ci : c'est qu'un tel critère permet mieux au sujet connaissant de s'orienter dans la vie pratique. Dans un certain sens, tout choix du critère distinctif est toujours, en dernière analyse, pragmatique.

Mais en même temps, tout critère distinctif doit être également valide, du point de vue de la logique. La validité logique d'un critère distinctif dépend de sa précision. Un critère distinctif est logiquement précis lorsqu'il permet de séparer l'ensemble des objets à distinguer en deux catégories opposées. Ainsi pour prendre l'exemple d'une classe d'élèves, si l'on choisit la taille comme critère, on obtiendra trois catégories : celle d'une grande taille, celle d'une petite taille, et enfin celle d'une taille moyenne, encore qu'entre les trois catégories la frontière reste très difficile à tracer : que veut dire grand, petit et moyen en soi ? Aucune réponse n'est possible ! Par conséquent, la taille n'est pas un critère logiquement valide, de par son manque de précision. En revanche, si l'on choisit la taille de 1m70 comme critère distinctif, on obtiendra nécessairement deux catégories opposées, ceux qui ont la taille de 1m70, et ceux qui ne l'ont pas. Il se peut qu'aucun élève ne mesure 1m70 exactement et que parmi ceux qui ne mesurent pas 1m70, il y ait certains qui sont plus grands, et d'autres, plus petits. Il y a dans le premier cas, ce que le mathématicien appelle un ensemble vide, dans le second cas, la possibilité d'une sous-distinction. Bref, d'un point de vue logique, toute distinction doit être binaire (c'est en effet la logique de l'informatique ou des ordinateurs), puisqu'en vertu d'un critère choisi, il y a apodictiquement des objets conformes, d'autres non conformes à ce critère.

Les fonctions de l'Etat ne se différencient pas non plus en soi. Dans leur existence purement empirique, ou historique, les Etats n'ont pas les fonctions législative, exécutive, administrative, judiciaire, interne, externe, etc. Aussi bien le dénombrement que la dénomination des différentes fonctions de l'Etat dépendent de distinctions faites par le sujet connaissant ou par la théorie publiciste. Puisqu'il existe un nombre indéfinissable de critères distinctifs possibles, il peut y avoir un nombre indéfinissable de distinctions possibles des fonctions de l'Etat. Mais quel que soit le critère choisi, il faut qu'il soit précis, sous peine d'invalidité logique.

Si nous examinons de près la plupart des distinctions des fonctions de l'Etat proposées par la doctrine classique, nous constatons qu'elles n'ont pas toujours des critères suffisamment précis, ce qui affecte nécessairement leur validité logique.

2) La distinction entre la fonction législative et la fonction exécutive est certainement la distinction la plus célèbre. Même le plus mauvais des élèves de la faculté de droit peut réciter comme une vieille rengaine que dans tout Etat, il y a une fonction législative et une fonction exécutive (et une fonction judiciaire).

Mais quel est le critère logique sous-jacent à cette distinction entre la fonction législative et la fonction exécutive ? Contrairement à toute attente, rares sont les auteurs qui prennent soin de préciser leur pensée sur ce point. D'ordinaire, ils se contentent de dire, de manière quelque peu redondante, que la fonction législative est celle de faire la loi, et la fonction exécutive, celle d'exécuter la loi. Mais qu'est-ce que cela veut dire exactement faire la loi, ou exécuter la loi ? Si l'on leur pose la question, ils auront beaucoup de peine à trouver la solution, car, contrairement à toute attente, la question est loin d'être facile.

Si nous approfondissons un peu notre réflexion, nous constaterons que la distinction entre le pouvoir législatif et le pouvoir exécutif possède avant tout une signification relative. A première vue, la loi établit des règles générales et impersonnelles, tandis que l'exécution de la loi consiste à traduire ces règles générales et impersonnelles dans des cas concrets. Mais on sait aussi que, si générale qu'elle soit, une loi doit toujours viser quelque chose de plus ou moins concret : une loi parfaitement générale (dans son contenu) et impersonnelle (par rapport à ses destinataires), perdrait sa propre raison d'être. Par ailleurs, que signifierait la généralité ou l'universalité d'une loi ? Trois conceptions différentes se présentent confusément dans l'esprit des auteurs : d'abord, une loi est générale en raison de son auteur. Ainsi, chez Rousseau, la loi est considérée comme l'expression de la volonté *générale* du peuple, ce qui implique *a contrario* qu'elle n'est pas ou ne doit pas être l'expression de la volonté particulière d'un individu ou d'un groupement d'individus quelconque. Ensuite, une loi peut être générale selon son contenu. Lorsqu'on affirme, à tort selon nous, que la loi ne doive pas descendre dans les détails de la réglementation de tels ou tels aspects de la vie sociale ou économique, on voulait dire par là que la loi doit rester abstraite, sans entrer trop dans les détails de la règlementation. Enfin, une loi est dite générale en raison du nombre indéfini de ses destinataires : une loi ne doit pas viser tel individu ou tel groupe d'individus en particulier, mais doit être applicable à tous. Entre ces trois conceptions de la généralité de la loi, il existe à l'évidence de très grandes divergences.

Pour nous, ce qui caractérise la loi, ce n'est pas à proprement parler sa nature générale ou abstraite. Si l'on prend l'Etat comme une personne capable de vouloir et d'agir, légiférer n'est pas autre chose que la formation de la volonté d'agir de l'Etat, tandis qu'exécuter la loi signifie tout simplement la traduction de cette volonté dans le temps et dans l'espace. Comme l'a dit avec éloquence Rousseau dans son célèbre livre *Du contrat social*, pour que je puisse aller quelque part, il faut d'une part que je veuille bien y aller (la volonté) et d'autre part que mes pieds puissent m'y porter (l'exécution de la volonté). Dans l'hypothèse contraire, que je ne veuille pas y aller, ou que je veuille bien y aller, si je suis un paralytique, je resterais toujours sur place. Toute action humaine comporte donc nécessairement et exclusivement ces deux éléments. Contrairement à l'exécution de la loi qui se présente comme le moment de la concrétisation ou de l'actualisation d'une volonté d'agir de l'Etat, l'élaboration de la loi représente quant à elle le moment de la formation de la volonté d'agir de l'Etat. Si nous représentons l'action de l'Etat comme un processus, nous dirons que la loi de l'Etat en est le commencement, l'initiation ou l'impulsion, tandis que l'exécution de la loi en est l'aboutissement, la réalisation, l'actualisation, la concrétisation. La loi est l'intention d'agir, alors que l'exécution de la loi est l'extériorisation de cette intention d'agir dans la réalité empirique. Pour employer la terminologie d'Aristote, nous pouvons aussi dire que l'Etat existe en puissance dans et à travers ses lois, en acte dans et à travers l'exécution de ses lois.

Par ailleurs, il convient d'observer que l'exécution d'une loi ne se réduit jamais à de simples opérations matérielles, car pour exécuter une loi, il faut au préalable aussi une volonté de le faire. Par exemple, en droit français actuel, le fait qu'il y a une loi est bien souvent insuffisant pour mener à bon terme une action étatique. Il faut, en plus, que le gouvernement veuille bien exécuter la loi en publiant des décrets d'application. Or, qu'est-ce qu'un décret d'application sinon la volonté de l'exécution de la loi de la part du gouvernement ? On sait que d'un point de vue matériel (ou par rapport au contenu), grande est la difficulté pour les juristes publicistes de séparer logiquement une loi d'un règlement administratif. C'est donc avec résignation que les auteurs de la IIIe République ont fini par définir la loi comme un simple acte du Parlement édicté selon la procédure législative[62]. Une telle définition de la loi cache évidemment une pétition de principe, car pour expliquer pourquoi la procédure législative est telle qu'elle est, on est obligé de se référer à la définition de la loi.

Si le critère basé sur la généralité ou la non-généralité ne suffit pas pour différencier la fonction législative et la fonction exécutive, quel doit être alors le critère véritable de cette distinction ? Pour trouver la réponse à cette question, il nous faut changer complètement la

---

[62] Cf. R. Carré de Malberg, *La loi, expression de la volonté générale*. Sirey, 1931.

perspective théorique, en abandonnant le légicentrisme des auteurs classiques : dans la perspective de la doctrine classique, l'Etat se trouverait dans une relation d'extériorité par rapport à la société civile, à la famille et aux individus particuliers et il les dominerait par les lois et par les contraintes matérielles. Aussi bien le pouvoir législatif que le pouvoir exécutif sont envisagés comme des instruments de cette domination. Mais pour nous, dans la perspective théorique de l'organisation fonctionnelle de l'Etat, il faut considérer les pouvoirs législatif et exécutif de l'Etat surtout du point de vue de l'Etat lui-même, c'est-à-dire, les prendre pour deux moments nécessaires de l'action de l'Etat. A l'instar de Rousseau, nous dirons que pour faire quelque chose, l'Etat doit avoir d'une part la volonté de la faire et d'autre part la capacité matérielle de traduire cette volonté dans le temps et dans l'espace. L'élaboration de la loi fait précisément partie de la fonction volitive de l'Etat. La loi en tant que volonté d'action de l'Etat n'est pas faite pour un tiers, mais avant tout et surtout pour l'Etat lui-même. Pour utiliser le jargon des juristes, nous dirons que le destinataire de la loi de l'Etat est l'Etat lui-même (ou ce qui revient au même, les organes de l'Etat), non point ses individus membres envisagés comme des particuliers extérieurs à lui.

Pour cette raison, au lieu de la distinction classique entre la fonction législative et la fonction exécutive, il est préférable de parler de la distinction entre la fonction volitive et la fonction exécutive de l'Etat. La fonction volitive dont nous parlons est assez proche du pouvoir délibératif selon Aristote et a été parfois identifiée par des auteurs contemporains comme la fonction de décision, d'impulsion ou encore d'initiation. La fonction exécutive s'appelle également fonction d'application. Notons en passant que nous récusons par cette même occasion l'une des idées les plus répandues et en même temps les plus critiquables de la doctrine juridique dominante actuelle selon laquelle la différence entre la fonction exécutive et la fonction judiciaire de l'Etat résiderait dans le fait que la première exécute la loi de l'Etat, tandis que la seconde applique la loi de l'Etat. Selon nous, à moins qu'on ne veuille se payer de mots, exécuter la loi et appliquer la loi, ce sont exactement la même chose.

Dans la mesure où l'Etat moderne est formé de nombreux organes et d'agents, la fonction volitive est souvent diluée parmi ces organes et ces agents. Mieux encore, au lieu d'une instance unique, il existe souvent une véritable chaîne d'organes pour la formation de la volonté de l'Etat. Selon l'heureuse formule du juriste autrichien A.J. Merkl, reprise notamment par Hans Kelsen et quelque peu nuancée et critiquée par Carré de Malberg[63], il y a une sorte de « formation de la volonté de l'Etat par degré » : une volonté initiale (celle du constituant ou celle du législateur par exemple) doit être prolongée (ou exécutée) par une volonté secondaire (celle du gouvernement par un décret d'application de loi par exemple) qui à son tour doit être prolongée (ou exécutée) par une volonté de troisième degré, etc. Il convient de remarquer que là où existe effectivement une telle chaîne de la formation de la volonté de l'Etat par degré, la distinction entre la fonction volitive et la fonction exécutive au sein d'un Etat est nécessairement marquée par le sceau de relativité : par rapport à une règle constitutionnelle, le législateur, en élaborant une loi, remplit en quelque sorte une fonction exécutive. Mais par rapport au gouvernement qui prendra des décrets d'application de la loi, le législateur avait bel et bien rempli une fonction volitive. Quoi qu'il en soit, tant qu'une volonté ne s'apprête pas à être traduite définitivement dans la réalité empirique, en produisant ses effets, ou en apportant la modification escomptée dans la réalité empirique, elle restera abstraite, non efficiente : elle demeure simplement une volonté de vouloir. Si l'on représente l'Etat comme un homme en grand, on dira que cette chaîne de la formation de la volonté de l'Etat se déroule toujours et encore dans le for intérieur de l'Etat et ressemble au processus de délibération chez un individu humain.

Cependant, l'existence même de cette chaîne de formation de la volonté de l'Etat n'enlève en rien la valeur heuristique de la distinction entre la fonction volitive et la fonction exécutive : aux deux bouts de cette longue chaîne, l'élément volitif et l'élément exécutif restent toujours nettement différents. Tout comme la construction d'une maison suppose un plan fait par un architecte et l'exécution de ce plan par le maître d'œuvre et les ouvriers, une action étatique implique toujours et nécessairement une volonté d'agir et l'exécution de cette volonté d'agir[64].

---

[63] R. Carré de Malberg, *Confrontation de la théorie de la formation du droit par degré avec les idées et les institutions consacrées par le droit positif français relativement à sa formation*, Sirey, 1933.

[64] La distinction entre la fonction volitive et la fonction exécutive peut être également comparée avec la fonction de composer une partition musicale par un

3) L'autre distinction importante est celle entre la fonction administrative et la fonction judiciaire. Littéralement, la fonction administrative est une fonction de service ou de gestion des affaires publiques ; tandis que la fonction judiciaire est celle de dire le droit ou de rendre la justice. *A priori*, la fonction administrative et la fonction judiciaire ne semblent pas être du même genre et ne se distinguent donc pas, car, — faut-il insister sur cette évidence logique ? —, toute distinction des espèces ne peut avoir lieu qu'à l'intérieur d'un seul et même genre. Il est donc tout à fait sensé de parler de l'administration de la justice, tout comme de la justice de l'administration (ou la justice administrative). Dès lors, quel est le critère de cette distinction, si elle doit avoir une signification précise ?

Comme toute distinction logiquement valide, celle de la fonction administrative et de la fonction judiciaire doit permettre de séparer l'ensemble des activités de l'Etat en deux catégories opposées : une activité déterminée de l'Etat fait partie soit de la fonction administrative soit de la fonction judiciaire de l'Etat. Cette considération simplement logique doit nous permettre d'écarter d'emblée une conception positiviste très largement répandue selon laquelle la fonction administrative serait une fonction subordonnée par rapport à celle du gouvernement et celle de la législation. Envisagée comme une catégorie logiquement opposée à celle de la fonction judiciaire, la fonction administrative n'est pas subordonnée à la fonction législative ni à la fonction gouvernementale. Bien au contraire, elle comprend en son sein le moment de législation et le moment de gouvernement : aussi bien la fonction législative que la fonction exécutive doivent être considérées, comme nous allons voir plus tard, comme un moyen d'accomplissement de la fonction administrative et de la fonction judiciaire de l'Etat. Les juristes positivistes commettent une grave erreur en mettant en équation la fonction administrative et la fonction exécutive.

Quoi qu'il en soit, la distinction entre la fonction administrative et la fonction judiciaire de l'Etat ne préjuge en rien la réalité effective de ces deux fonctions au sein d'un Etat positif. Comme on le sait, historiquement, la fonction judiciaire n'a pas toujours été assurée par l'Etat. Pendant de longues périodes, c'étaient les individus concernés

---

génie inspiré comme Mozart et celle d'exécuter ladite partition musicale par un orchestre quelconque.

eux-mêmes ou les groupes comme les familles, ou les corporations qui assuraient la fonction de dire le droit. Celle-ci ne devient une fonction exclusive de l'Etat qu'à partir du moment où ce dernier a réussi à imposer sa volonté souveraine à ses individus membres, aux familles et aux corporations de la société civile, en monopolisant la fonction de dire le droit. En Europe, cette monopolisation de la fonction juridictionnelle par l'Etat s'est opérée en même temps que la construction de l'Etat monarchique absolutiste, à l'orée de la modernité. Bref, aussi bien conceptuellement qu'historiquement, la fonction judiciaire n'est pas une fonction immanente à l'Etat politique lui-même. Comparativement, la fonction administrative de l'Etat est inhérente à tout Etat et forme la raison d'être même de l'Etat, car pourquoi les hommes s'assemblent-ils dans un Etat politique plutôt que de vivre leur existence individuelle, familiale, sociétale ? La réponse ne peut être que celle-ci : parce qu'ils ont des affaires communes à gérer ou à administrer.

Après avoir précisé leur sens sémantique, nous pouvons maintenant poser la question qui nous intéresse : quel est donc leur critère distinctif ?

Comme nous venons de le dire, la fonction administrative de l'Etat est celle de gérer les affaires publiques, tandis que la fonction judiciaire est celle de dire le droit pour les individus particuliers en conflit. La gestion des affaires publiques est une fonction immanente à l'Etat en tant que collectivité humaine unifiée : lorsque l'Etat construit et exploite des chemins de fer, lorsqu'il construit des écoles et dispense de l'enseignement, lorsqu'il construit des hôpitaux, et soigne des malades, bref, lorsqu'il déploie une activité économique, culturelle, sociale, etc. il se comporte comme un Etat administrateur. Que toutes ces activités administratives de l'Etat soient également réglementées par des règles de droit, et par conséquent, qu'elles puissent être également l'objet de la fonction juridictionnelle, comme Hans Kelsen l'a fait remarquer[65], cela ne les transforme pas pour autant en activités judiciaires. Comparativement, la fonction judiciaire (ou juridictionnelle) n'est pas une fonction inhérente à l'Etat, à moins qu'on ne suppose à tort, comme l'a fait Locke, que l'existence même de l'Etat se justifie seulement et uniquement par la nécessité de surmonter les conflits au sein de l'Etat de nature, ou encore que la

---

[65] Cf. H. Kelsen, *Théorie pure du droit*, op.cit. p. 290.

raison d'être de l'Etat politique est seulement celle de l'Etat judiciaire. De notre point de vue, l'idée du passage progressif de l'Etat judiciaire à l'Etat administratif de Hans Kelsen peut faire l'objet d'une critique semblable, dans la mesure où elle implique la fausse conception selon laquelle à l'origine, l'Etat aurait pour fonction unique de dire le droit pour ses individus membres empêtrés dans les conflits d'intérêts, non pas pour la gestion des affaires publiques. Pour nous, dire que l'Etat a pour fonction essentielle de régler les différends de ses individus membres est aussi absurde qu'affirmer que les associés d'une société industrielle ou commerciale ont créé leur société uniquement pour régler leurs différends éventuels, non pas pour réaliser ensemble des profits ! La raison d'être primordiale de l'Etat est la gestion des affaires publiques. Le développement de l'Etat administrateur de notre époque est à cet égard symptomatique et ne fait que confirmer la nature essentiellement administrative de l'Etat. Avant l'Etat judiciaire, il y a surtout l'Etat administratif. Avant l'Etat gendarme, il y a surtout l'Etat providence.

Quoi qu'il en soit, lorsque l'Etat se comporte en administrateur, il est directement intéressé par les affaires qu'il a à gérer, et son intervention est exigée par son essence même ; lorsqu'il se comporte comme un service judiciaire, il se présente en revanche comme le tiers monumental (le mot est de Pierre Legendre), impartial et désintéressé par rapport aux parties en conflit. De cette différence résulte une autre, quant au mode d'intervention de l'Etat : lorsque l'Etat se comporte comme l'administrateur des affaires publiques, il se projette toujours dans un temps futur, alors que lorsqu'il se comporte comme le tiers judiciaire, il doit surtout apprécier et évaluer des faits ou des actes des individus (ou des justiciables) dans un temps d'ores et déjà révolu. Cependant, d'un autre point de vue, la fonction juridictionnelle de l'Etat peut être également considérée, dans la perspective interne de l'Etat, comme une fonction administrative. Ce n'est donc pas sans raison que dans le droit positif français, l'organisation et le fonctionnement des services judiciaires de l'Etat peuvent être considérés comme une fonction administrative et que le contentieux les concernant relève de la compétence de la juridiction administrative. L'émergence des autorités administratives indépendantes en droit français ainsi que l'existence des commissions et des boards en droit anglais qui cumulent des fonctions à la fois administrative et juridictionnelle attestent à leur manière cette confusion possible entre la fonction administrative et la fonction judiciaire de l'Etat dans la réalité historique. Si sur le plan conceptuel ou logique, la fonction administrative et la fonction juridictionnelle de l'Etat sont bel et bien distinctes, au sein d'un Etat positif donné, il n'existe pas toujours de cloisons étanches et infranchissables entre les deux.

4) La distinction entre la faculté de statuer et la faculté d'empêcher a été inventée par Montesquieu pour décrire la relation entre les différents composants de la Constitution anglaise, dans le fameux chapitre 6 du livre 11 de *L'Esprit des lois*. Bien que la doctrine publiciste n'ait jusqu'ici accordé peu d'attention à cette distinction, elle ne constitue pas moins, selon nous, la pierre angulaire de toute la théorie de la séparation des pouvoirs. Selon les termes mêmes de Montesquieu, la faculté de statuer est celle de prendre des résolutions par soi-même ou de corriger les résolutions prises par les autres, tandis que la faculté d'empêcher est celle de dire non à la résolution prise par les autres. Si l'on examine de plus près ce qu'il entend par ces termes, on s'apercevra que la faculté de statuer n'est ni plus ni moins le droit de déterminer le contenu d'une décision. Comparativement, la faculté d'empêcher ne s'occupe pas de la détermination du contenu d'une décision, mais s'intéresse seulement à sa validité institutionnelle ou plus exactement à son imputabilité ou non à une institution (en l'occurrence l'Etat). Pour cette raison, chez les auteurs contemporains, la faculté de statuer s'appelle aussi pouvoir d'action, tandis que la faculté d'empêcher, pouvoir de contrôle. La faculté d'empêcher peut s'exercer de façon positive : elle consiste alors à approuver (donc, ne pas empêcher) une résolution prise par les autres, ou de façon négative : elle consiste alors à invalider ou annuler (donc, empêcher) la résolution prise par les autres. Au regard de celui qui a la faculté d'empêcher, celui qui a la faculté de statuer se rabaisse pour ainsi dire au rang d'un simple agent empirique dont la dignité institutionnelle est momentanément mise entre parenthèses. Dans la théorie du droit constitutionnel, cette faculté d'empêcher est souvent appelée droit de veto. Il faut observer que la distinction entre la faculté de statuer et la faculté d'empêcher n'a de sens que par rapport à la prise de décision, ou ce qui revient au même, à la formation de la volonté de l'Etat, et qu'on ne saurait l'appliquer aux actes matériels de l'exécution de la décision. Par ailleurs, même si à l'origine Montesquieu limite l'application de cette distinction seulement à l'élaboration des lois de

l'Etat, nous pensons qu'il n'est pas interdit de l'étendre partout là où il est question de la prise des décisions (ou, ce qui revient au même, de la formation de la volonté d'agir), y compris des décisions administratives et juridictionnelles : en droit français par exemple, si l'administration active exerce une faculté de statuer en prenant une décision, le juge de l'excès de pouvoir, en annulant la décision prise, use en réalité de la faculté d'empêcher. De la même manière, si les juges judiciaires du premier et du second degré exercent une faculté de statuer, en rendant une sentence judiciaire, le juge de cassation, en annulant la sentence en question, use quant à lui d'une faculté d'empêcher.

Il convient de remarquer qu'aussi bien la faculté de statuer que la faculté d'empêcher doivent être envisagées comme appartenant à l'Etat en tant que personne morale, et non pas aux organes appelés à exercer ces facultés. Celui qui fait usage de la faculté de statuer ou d'empêcher a tout simplement voulu ou agi de manière positive, car, — faut-il le remarquer ? —, même l'usage de la faculté d'empêcher implique à son tour une prise de décision positive d'empêcher (décision d'annulation ou d'invalidation). D'où la célèbre question classique : qui contrôle le contrôleur (*quis custodit custodientes* ?), tant il est vrai que tout contrôleur est à son tour un acteur de second degré. Dans la mesure où un contrôleur du second degré doit être à son tour contrôlé, ainsi de suite, on comprendra aisément qu'une telle régression doit s'arrêter à un moment donné afin de préserver l'unité de l'Etat, et qu'à l'intérieur de l'Etat, il doit exister nécessairement un organe ou une instance qui possède pour ainsi dire la faculté d'empêcher ultime. Pour la doctrine juridique et politique traditionnelle, celui qui a le droit au dernier mot est l'organe souverain de l'Etat. En décidant sur l'imputabilité ou non des actes à l'Etat, le souverain de l'Etat fixe pour ainsi dire le sens de l'Etat lui-même. Comme nous le verrons plus tard, aux Etats-Unis d'Amérique, dans la mesure où la Cour suprême possède la faculté d'empêcher ultime en matière législative, elle peut être considérée comme le souverain de ce pays. L'influence très importante de la Cour suprême sur la société américaine s'explique certainement par sa position de souverain.

5) La distinction entre la fonction interne et la fonction externe de l'Etat a été parfois avancée par des auteurs comme Locke (le pouvoir municipal et le pouvoir fédératif) et Montesquieu (la puissance

exécutrice des choses qui dépendent du droit civil et la puissance exécutrice des choses qui dépendent du droit des gens) dans le cadre de la théorie de la séparation des pouvoirs. Mais la fortune de cette distinction n'a pas été aussi heureuse que les autres distinctions. Pour nous, il est tout à fait normal que cette distinction entre la fonction interne et la fonction externe de l'Etat n'ait pas la même importance que celle entre la fonction législative et la fonction exécutive, ou celle entre la fonction administrative et la fonction judiciaire, dans le cadre de la théorie de la séparation des pouvoirs de l'Etat. En dépit de l'apparent bon sens sous-jacent à cette distinction, nous ne voyons toujours pas son utilité pratique : on sait de nos jours que toute la politique extérieure peut être considérée comme le prolongement de la politique intérieure, et que toutes les affaires extérieures ont aussi des répercussions sur les affaires intérieures. Par ailleurs, le seul critère que l'on peut trouver pour cette distinction est d'ordre purement territorial, alors que sur le plan conceptuel, toutes les affaires de l'Etat sont à la fois internes et externes selon les points de vue : la législation civile d'un Etat, en matière matrimoniale par exemple, peut revêtir une signification externe, en ce sens qu'elle peut affecter les droits des ressortissants d'un pays étranger, ou plus généralement encore, des droits fondamentaux de l'homme par exemple. De plus, sur le plan purement conceptuel, si l'on représente la communauté étatique comme un tout, chaque fois qu'un de ses individus membres ne se conforme pas aux règles de la vie communautaire, il se comporte déjà comme une sorte d'étranger par rapport au reste de la communauté et le rapport entre lui et la communauté restante est exactement de même nature que celui entre n'importe quel autre étranger par rapport à la même communauté étatique. Il est donc tout à fait logique que dans la plupart des Etats actuels, les résidents étrangers aient souvent, sur le plan théorique tout au moins, les mêmes droits et devoirs que les ressortissants nationaux eux-mêmes. En France par exemple, un étranger paie les impôts, encourt des sanctions pénales en cas d'infraction à la loi pénale, exactement de la même manière qu'un ressortissant français. Enfin, il convient de noter que sur le plan conceptuel, l'Etat digne de ce nom doit être cosmopolite et que dans un Etat véritablement cosmopolite, faute de pluralité d'Etats, il n'y aura logiquement plus aucune place pour la distinction entre l'activité intérieure et l'activité extérieure de l'Etat. La distinction entre la fonction interne et la fonction externe de l'Etat n'a de sens que par rapport à une étape déterminée de l'histoire de l'humanité, celle de l'existence des Etats-nations positifs qui n'ont toujours pas su réaliser l'essence de l'Etat.

B - Classification des fonctions de l'Etat

1) La classification est une opération logique tout à fait différente de la distinction. Alors que la distinction correspond au jugement analytique ou à l'opération intellectuelle d'analyse, qui part d'un tout pour retrouver ses éléments constitutifs, la classification correspond au jugement synthétique ou à l'opération intellectuelle qu'est la synthèse. Celle-ci consiste à construire le tout à partir des éléments jusque-là divers et disparates. Comme le langage courant le laisse entendre, la classification consiste à dégager la vision d'ensemble des choses. Si nous employons la célèbre distinction de Pascal, nous dirons que la distinction est l'affaire de l'esprit de finesse, tandis que la classification est l'affaire de l'esprit de géométrie.

Dans les différents domaines scientifiques et techniques, on a inventé toutes sortes des systèmes classificatoires, classification alphabétique, classification décimale, etc. Tous ces systèmes n'ont pas toujours la même valeur d'un point de vue de la logique. Mais d'un autre côté, un système classificatoire est fait aussi et surtout pour répondre à des besoins pratiques. Il n'existe pas des systèmes classificatoires neutres et désintéressés. La classification des fonctions de l'Etat ne fait pas exception à cette règle. Elle est aussi commandée par des exigences pratiques. Dans la perspective théorique de l'organisation des pouvoirs de l'Etat par exemple, un système classificatoire des fonctions de l'Etat sera bon s'il répond au besoin de l'organisation des pouvoirs de l'Etat. Or, pour nous, la meilleure classification des fonctions de l'Etat doit satisfaire l'exigence de synthèse entre l'unité du pouvoir de l'Etat et la multiplicité des activités de l'Etat. Un tel système classificatoire ne peut être que celui de la classification hiérarchique, selon les principes de la logique pyramidale[66]. La classification hiérarchique des fonctions de l'Etat consiste à coordonner et à hiérarchiser à la fois les différentes distinctions des fonctions de l'Etat : parmi les différentes distinctions

[66] En Allemagne, le professeur L. Geldsetzer a fait une tentative remarquable dans la construction d'une telle logique. Son ouvrage *Grundriss der Pyramidalen Logik* est disponible sous format PDF via Internet.

des fonctions retenues, si l'on choisit une première distinction comme le principe, une seconde distinction comme la conséquence, la troisième comme la subconséquence, etc. on obtiendra nécessairement une sorte d'arborescence où la distinction principale se trouve bifurquée pour ainsi dire en des distinctions conséquentes, et celles-ci en des distinctions subconséquentes, ainsi de suite. Il convient de noter que le choix du principe, de la conséquence et de la subconséquence est une affaire subjective ou d'ordre pragmatique. Sur le plan de la pure logique, le principe, la conséquence et la subconséquence d'une classification sont parfaitement interchangeables. Mais une fois déterminés, le principe, la conséquence et la subconséquence doivent englober tous les objets à classer. La classification des fonctions de l'Etat ainsi obtenue permettra d'obtenir une vision d'ensemble de toutes les fonctions de l'Etat, dans leurs relations tant horizontales (ou relations de vis-à-vis) que verticales (ou relations d'inclusion et de compréhension).

2) Pour revenir à la question qui nous intéresse, à savoir, celle de la classification hiérarchique des fonctions de l'Etat, si nous choisissons la distinction entre la fonction législative et la fonction exécutive comme le principe, et la distinction entre la fonction administrative et la fonction judiciaire comme la conséquence, nous obtiendrons logiquement le résultat suivant : Dans chaque Etat, il y a deux fonctions : fonction législative et fonction exécutive (le principe de notre classification). La fonction législative comprend (ou se divise en) la fonction législative en matière administrative et la fonction législative en matière judiciaire ; la fonction exécutive comprend (ou se divise en) la fonction exécutive en matière administrative et la fonction exécutive en matière judiciaire (la conséquence de notre classification). Dans une classification ainsi obtenue, on voit immédiatement les relations entre les différentes fonctions de l'Etat : entre la fonction législative et la fonction exécutive, il y a bel et bien un rapport de distinction ; mais entre la fonction législative (ou la fonction exécutive) et la fonction administrative (ou la fonction judiciaire), il n'y a pas de rapport de distinction, mais seulement un rapport de compréhension et d'inclusion (la fonction législative et la fonction exécutive comprennent la fonction administrative et la fonction judiciaire de l'Etat, ou ce qui revient au même, la fonction administrative et la fonction judiciaire sont incluses dans la fonction législative et la fonction exécutive de l'Etat).

Si nous y ajoutons la distinction entre la fonction interne et la fonction externe comme subconséquence de cette classification, nous pouvons continuer notre énumération en disant qu'il y a une fonction de législation dans le domaine de l'administration interne, et une fonction de législation dans le domaine de l'administration externe, une fonction de législation dans le domaine de la juridiction interne et une fonction de législation dans le domaine de la juridiction externe, tout comme qu'il y a une fonction d'exécution dans le domaine de l'administration interne, une fonction d'exécution dans le domaine de l'administration externe, une fonction d'exécution dans le domaine de la juridiction interne et une fonction d'exécution dans le domaine de la juridiction externe. La distinction entre la fonction interne et la fonction externe de l'Etat est pour ainsi dire subordonnée à la distinction entre la fonction administrative et la fonction judiciaire qui est à son tour subordonnée à la distinction entre la fonction législative et la fonction exécutive.

Encore une fois, il faut remarquer que l'ordre de préférence entre le principe, la conséquence et la subconséquence dans un système de classification hiérarchique est interchangeable, au moins sur le plan de la pure logique. Théoriquement, il est donc tout à fait permis de dire que dans chaque Etat, il y a d'abord la fonction administrative et la fonction judiciaire. Mais ensuite, la fonction administrative de l'Etat comprend la fonction administrative par voie de législation (il y a dans chaque Etat des lois administratives comme celle du 2 mars 1982 en France relative à la décentralisation par exemple) et la fonction administrative par la voie d'exécution (les services administratifs ont pour fonction l'exécution des lois administratives de l'Etat), tout comme la fonction judiciaire comprend la fonction judiciaire par voie de législation (l'ensemble de codes et des textes en matière de législation civile et commerciale est destiné selon nous à fournir la prémisse majeure à l'activité juridictionnelle et fait ainsi partie de ce qu'on appelle syllogisme judiciaire) et la fonction judiciaire par voie d'exécution (les services judiciaires de l'Etat exécutent selon nous les législations civiles et commerciales de l'Etat). Rien n'interdit non plus de prendre la distinction entre la fonction interne et la fonction externe comme le principe, et la distinction entre la fonction législative et la fonction exécutive, et la distinction entre la fonction administrative et la fonction judiciaire comme la conséquence et la subconséquence, et de construire un système classificatoire de la manière suivante :

l'ensemble des fonctions de l'Etat est divisé en deux sous-ensembles : la fonction interne et la fonction externe. La fonction interne de l'Etat se subdivise à son tour en fonction interne par voie de législation (une législation sur l'éducation des enfants par exemple) et fonction interne par voie d'exécution (l'exécution de la législation éducative en question par l'ensemble des établissements scolaires de l'Etat, par exemple) ; tout comme la fonction externe se subdivise en fonction externe par voie de législation (une loi autorisant la ratification d'un traité ou engagement international par exemple) et fonction externe par voie d'exécution (les activités d'un ministère des Affaires étrangères ainsi que tous les services consulaires qui y sont rattachés participent à l'exécution des législations externes de l'Etat).

3) A notre avis, la tripartition des fonctions ou des pouvoirs de l'Etat selon la doctrine classique résulte d'une confusion malencontreuse entre la distinction et la classification des fonctions de l'Etat. Dire que tout Etat a trois pouvoirs, législatif, exécutif et judiciaire, c'est commettre la même erreur logique que de dire qu'en France, il y a des hommes, des femmes et des Français. Il ne s'agit là ni d'une distinction ni d'une classification. Deux distinctions qui auraient dû être subordonnées l'une à l'autre dans une classification hiérarchique se trouvent indûment mises côte à côte, tout en omettant l'un des termes d'une des deux distinctions, voilà le secret inavouable de la doctrine classique en matière de séparation des pouvoirs de l'Etat : la fonction législative (ou plus exactement comme nous l'avons qualifié, la fonction volitive) et la fonction exécutive ayant d'ores et déjà totalisé l'ensemble des fonctions de l'Etat, la fonction judiciaire n'aurait tout simplement pas de raison d'être et ne devrait pas être placée à côté de ces deux fonctions comme une troisième espèce. En tant que fonction qui s'oppose logiquement à la fonction administrative de l'Etat, la fonction judiciaire doit être subordonnée aux fonctions législative et exécutive comme conséquence d'une classification, tout comme la fonction administrative, par ailleurs. A la limite, pourquoi ne dit-on pas, si l'on suit la logique de la doctrine classique, que dans tout Etat, il y a la fonction législative, la fonction exécutive et la fonction administrative ? Ou la fonction législative, la fonction exécutive et la fonction externe (comme l'avait effectivement fait Locke), ou encore la fonction législative, la fonction exécutive, et la fonction interne ? Chez Montesquieu, cette erreur logique est d'autant plus aggravée que par un flottement terminologique, il a

confondu la fonction exécutive avec la fonction externe (ou ce qu'il appelle puissance exécutrice des choses qui dépendent du droit de gens : cette erreur de Montesquieu est vraisemblablement due à une mauvaise compréhension de Locke, pour qui le pouvoir exécutif proprement dit et le pouvoir fédératif doivent être réunis entre les mains d'un seul homme) et la fonction judiciaire avec la fonction interne (ou ce qu'il appelle puissance exécutrice des choses qui dépendent du droit civil).

On sait quelle est la conséquence tant théorique que pratique de cette erreur logique que la doctrine classique a commise en matière de séparation des pouvoirs de l'Etat. Sur le plan strictement théorique, la doctrine classique a toujours eu du mal à démêler la relation entre le pouvoir législatif, le pouvoir exécutif d'un côté, et le pouvoir judiciaire, de l'autre. Tout en admettant la tripartition des pouvoirs de l'Etat, elle ne traite pourtant que du rapport entre le pouvoir législatif et le pouvoir exécutif lorsqu'elle est amenée à parler de l'organisation des pouvoirs politiques de l'Etat, ou ce qui revient au même, du régime politique de l'Etat : nulle part, que ce soit dans le régime parlementaire ou dans le régime présidentiel, le pouvoir judiciaire n'a été sérieusement pris en compte. On affirme haut et fort l'existence d'un pouvoir judiciaire à côté des pouvoirs législatif et exécutif, mais en fin de compte, que fait-on avec ce prétendu pouvoir judiciaire ? Rien ou presque…

En France par exemple, la situation du pouvoir judiciaire est devenue littéralement tragico-comique : puisqu'on ne sait pas comment le définir par rapport aux pouvoirs législatif et exécutif, on se contentera généralement d'une simple dérobade verbale. Ainsi sous la Ve République, tout en admettant qu'il n'existe pas un pouvoir judiciaire, on soutient néanmoins qu'il y a bel et bien une autorité judiciaire. Mais quelle doit être la relation entre cette autorité judiciaire et les pouvoirs législatif et exécutif ? Là, la réponse devient indécise et mal assurée : l'autorité judiciaire devrait être autonome par rapport au pouvoir législatif et au pouvoir exécutif, mais sans en être totalement indépendante. Autant dire que pour la doctrine dominante, l'autorité judiciaire doit être à la fois dépendante et indépendante du pouvoir législatif et du pouvoir exécutif ! Il est donc de bon ton de s'indigner de l'intervention du gouvernement dans la gestion du corps de la magistrature (la présidence du Conseil supérieur de la magistrature par le Président de la République est jugée par la doctrine comme une atteinte à l'indépendance de l'autorité judiciaire de la part du pouvoir exécutif), et de préconiser aussi la coupure du lien ombilical entre le ministère public et le pouvoir exécutif (la chancellerie ou le ministre de la Justice), etc. A maintes reprises, on annonce de grandes réformes de la justice, pour la rendre moins dépendante du pouvoir exécutif ou du pouvoir législatif, mais on ne sait pas vraiment comment s'y prendre afin de mettre en chantier ces réformes tant désirées. On a ainsi révisé la Constitution pour réorganiser le Conseil supérieur de la magistrature (l'équivalent du *Consejo de Poder judicial* en Espagne) en 1993, et quelques années plus tard, on s'est proposé de refaire une révision de la précédente révision encore toute fraîche, suite au rapport d'une commission installée en grande pompe par le Président de la République. Mais nous savons désormais quelle est l'issue de toutes ces révisions à répétition : le projet de révision a été adopté en termes identiques par les deux assemblées parlementaires, le Congrès de Versailles a même été convoqué par une décision présidentielle, mais au dernier moment, comme s'il avait été pris par un soudain désir de repentir ou par une clairvoyance mystique, le Président Jacques Chirac a décidé d'annuler purement et simplement la convocation du Congrès et d'enterrer une fois de plus cette belle Arlésienne qu'est la réforme du pouvoir judiciaire.

III - L'organisation de l'Etat

L'organisation de l'Etat n'est pas une opération surajoutée à l'existence de l'Etat. En toute rigueur, en tant que manière d'être collective de ses individus membres, l'Etat ne peut exister que s'il est organisé. L'organisation de l'Etat est donc consubstantielle à l'existence même de l'Etat. Malheureusement, le terme « organisation de l'Etat » laisse entendre que l'Etat existerait d'abord et que son organisation viendrait ensuite, ce qui est évidemment faux d'un point de vue critique. Par ailleurs, cette fausse illusion se trouve confortée par la conception positiviste de l'Etat. Habituellement, on pense par exemple que l'Etat français existe d'ores et déjà en tant que réalité historique, et que son organisation est une simple question de lifting institutionnel plus ou moins pertinent. Dans la représentation positiviste, l'existence de l'Etat français serait donc indépendante de l'organisation de l'Etat.

Pour éviter les erreurs induites par l'expression « organisation de l'Etat », il est préférable de parler, comme nous l'avons déjà répété, de l'incorporation de l'Etat : l'idée abstraite de l'Etat s'incorpore dans la réalité historique.

Puisque toute existence empirique est à la fois temporelle et spatiale, l'organisation de l'Etat, en tant qu'elle rend possible l'existence même de l'Etat, doit être elle aussi à la fois temporelle et spatiale. L'organisation temporelle de l'Etat a pour but la durée de l'Etat et se réalise par ce que nous appelons organisation fonctionnelle de l'Etat. L'organisation spatiale ou territoriale de l'Etat est simplement ce que les auteurs classiques ont habitude d'appeler (à tort nous semble-t-il) formes de l'Etat. Dans la logique qui est la nôtre, l'organisation spatiale ou territoriale de l'Etat ne vise pas tant l'espace de l'Etat comme portion de la surface du globe terrestre que ce même espace habité par les individus membres de l'Etat : après tout, comme nous l'avons déjà souligné à plusieurs reprises, l'Etat n'est pas autre chose que la manière d'être collective de ses individus membres.

A - Organisation fonctionnelle de l'Etat

L'organisation fonctionnelle de l'Etat consiste à attribuer les fonctions de l'Etat à des organes étatiques. Sa finalité est la conservation même de l'Etat : une meilleure organisation fonctionnelle permet à l'Etat de s'adapter aux circonstances historiques et d'exister dans la durée.

Quels sont les principes de l'organisation fonctionnelle de l'Etat ? En tant que forme de l'existence collective de ses individus membres, l'Etat doit être capable de vouloir et d'agir. Dès lors, il doit s'organiser de telle sorte qu'il soit apte à former sa volonté et à exécuter sa volonté. En plus, l'organisation fonctionnelle de l'Etat doit également satisfaire à l'exigence de la justice politique, car pour les individus membres de l'Etat, la solution apportée au problème de la justice politique conditionne leur adhésion à l'Etat, et ne doit pas rester étrangère à l'organisation de l'Etat : un Etat injuste ne pourra exister dans la durée, car il sera constamment sous la menace de révolte de ses individus membres. Le problème de la justice politique dans l'organisation de l'Etat a été abordé par les auteurs classiques sous l'angle de la liberté politique. Or, comme nous l'avons déjà remarqué, bien qu'ils soient étroitement liés, le concept de justice politique et celui de liberté politique n'ont pas exactement la même signification. Dans la perspective de la théorie du droit public, il convient de privilégier le thème de la justice politique.

Toute organisation de l'Etat consiste à concilier l'unité de l'Etat avec la diversité des organes et des fonctions de l'Etat. Dans la doctrine classique, depuis Locke et Montesquieu, selon qu'on privilégie le principe de l'unité ou le principe de la diversité, on parle du modèle de la confusion des pouvoirs ou du modèle de la séparation des pouvoirs. Remarquons que l'expression « confusion des pouvoirs » est quelque peu critiquable en raison de sa connotation négative. Sur le plan purement théorique, il semble plus approprié de parler du modèle de l'unification des pouvoirs, à la place de la confusion des pouvoirs. Ces deux modèles méritent un examen critique.

a - Unification des pouvoirs

1) L'unification des pouvoirs a été unanimement dénoncée par la doctrine classique comme attentatoire à la liberté politique. « Lorsque dans la même personne ou dans le même corps de magistrature, la puissance législative est réunie à la puissance exécutrice, il n'y a point de liberté ; parce qu'on peut craindre que le même monarque ou le même sénat ne fasse des lois tyranniques pour les exécuter tyranniquement. Il n'y a point encore de liberté si la puissance de juger n'est pas séparée de la puissance législative et de l'exécutrice. Si elle était jointe à la puissance législative, le pouvoir sur la vie et la liberté des citoyens serait arbitraire : car le juge serait législateur. Si elle était jointe à la puissance exécutrice, le juge pourrait avoir la force d'un oppresseur. Tout serait perdu si le même homme, ou le même corps de magistrature, exerçait ces trois pouvoirs : celui de faire des lois, celui d'exécuter les résolutions publiques, et celui de juger les crimes ou les différends des particuliers ». Voilà la parole célèbre de Montesquieu[67].

2) Pour nous, l'unification des pouvoirs législatif et exécutif est à la fois naturelle et nécessaire. Naturelle d'abord, car chez un homme par exemple, quand il a pris une décision, qui est mieux placé que lui-même pour l'exécuter ? La même logique s'applique à l'Etat. Comme nous l'avons dit précédemment, du point de vue de l'Etat considéré comme une personne morale ou une corporation collective, la fonction

[67] Montesquieu, *L'Esprit des lois*, op.cit. Livre XI, chapitre 6.

législative n'est rien d'autre que celle de la formation de la volonté de l'Etat. C'est donc tout à fait naturellement que l'organe qui fait la loi s'occupe également de son exécution, car lui seul sait exactement ce qu'il veut, aussi bien la fin que le moyen pour atteindre la fin. S'il doit déléguer le pouvoir de l'exécution de la loi à un autre organe, comme un architecte délègue à des ouvriers le pouvoir de bâtir la maison qu'il a conçue, il doit au moins établir un contrôle étroit sur cet autre organe, sous peine de voir sa volonté initiale complètement déformée. Mais en contrôlant l'organe exécutif, l'organe législatif se comporte en quelque sorte comme son maître et ne lui laisse guère de choix véritable. Y a-t-il dans ces conditions une réelle séparation entre l'organe législatif et l'organe exécutif de l'Etat ? A notre avis non : l'exécution ne fait qu'extérioriser une volonté déjà efficiente du législateur !

Par ailleurs, l'idée de Montesquieu selon laquelle l'unification de la puissance législative et de la puissance exécutrice serait une menace pour la liberté politique est elle aussi sujette à discussion. A proprement parler, en matière de liberté politique, ce qui importe avant tout, c'est le contenu de la loi faite par l'organe législatif : dans la mesure où un organe exécutif se borne à traduire dans la réalité empirique ce qui est déjà disposé dans une loi, si la loi est elle-même attentatoire à la liberté politique, même si l'organe exécutif est distinct de l'organe législatif, on ne voit pas comment la liberté politique pourrait être mieux préservée, à moins qu'on ne suppose que l'organe exécutif puisse ne pas exécuter fidèlement la loi, ce qui est inadmissible du point de vue institutionnel. Dans le cas où une loi ne porte pas atteinte à la liberté politique, son exécution fidèle par l'organe exécutif ne doit pas non plus produire ce mal supplémentaire que serait l'atteinte à la liberté politique.

Non seulement l'unification du pouvoir législatif et du pouvoir exécutif est naturelle, mais en plus elle est logiquement nécessaire. La solution contraire signifierait une grave atteinte à l'unité du pouvoir étatique. Pour utiliser le langage de Bodin et de Rousseau, nous dirons que la souveraineté de l'Etat est une et indivisible. Un pouvoir législatif complètement séparé du pouvoir exécutif donnerait naissance à une législation arbitraire, entièrement étrangère à l'exigence de sa propre exécution. Un pouvoir exécutif totalement indépendant du pouvoir législatif risquerait de s'ériger lui-même en pouvoir législatif en interprétant les lois librement, ou arbitrairement.

Entre les deux pouvoirs ainsi séparés, règneront inévitablement l'incompréhension, la suspicion et le conflit. Ce n'est donc point un hasard si la première Constitution française de 1791 déboucha sur la Terreur, car entre l'Assemblée législative et le roi qui détenaient respectivement le pouvoir législatif et le pouvoir exécutif, le conflit ne pouvait se résoudre autrement que par l'affrontement violent dont le résultat est nécessairement l'effacement d'une des parties en conflit, en l'occurrence, le roi. L'exécution du roi, ou la suppression de l'organe exécutif signifie logiquement et historiquement la fin de cette constitution, ainsi que la séparation rigide du pouvoir législatif et du pouvoir exécutif qu'elle avait mis en place.

Comme nous le verrons plus tard, dans le régime parlementaire où le pouvoir législatif et le pouvoir exécutif sont formellement séparés, émergera nécessairement un troisième organe qui réalisera derechef l'unité du pouvoir de l'Etat, à savoir, le gouvernement. Sous l'apparence de la séparation souple, le régime parlementaire réalise en réalité l'unification des pouvoirs au profit de la majorité parlementaire et du gouvernement qui en est issu[68]. Dans la Constitution des Etats-Unis d'Amérique en revanche, au lieu de la séparation rigide des pouvoirs que la doctrine constitutionnaliste dominante lui a prêtée à tort, se réalise en réalité une séparation selon nous beaucoup plus significative pour la préservation de la liberté politique, à savoir celle entre la faculté de statuer et la faculté d'empêcher, à l'intérieur aussi bien du pouvoir législatif que du pouvoir exécutif (*infra*).

3) Enfin, la proposition de Montesquieu sur le rapport entre le pouvoir législatif, le pouvoir exécutif et le pouvoir judiciaire n'est pas évidente en soi. Comme nous l'avons vu auparavant, sur le plan de la pure logique, le prétendu pouvoir judiciaire n'existant pas à côté du pouvoir législatif et du pouvoir exécutif, parler de leur séparation est tout simplement dénué de sens. Pour éviter la confusion terminologique, là où on admet l'existence du pouvoir législatif et du pouvoir exécutif, il est préférable de parler, comme le font les juristes français, de l'autorité judiciaire et de l'autorité administrative.

---

[68] Voir en ce sens, W. Bagehot, *The English Constitution*, 1867.

b - Séparation des pouvoirs

A la suite de Locke et de Montesquieu, la pensée libérale a fait de la séparation des pouvoirs la pierre angulaire du constitutionnalisme moderne. Significatif est à cet égard l'article 16 de la *Déclaration des droits de l'Homme et du Citoyen* du 26 août 1789 de l'Assemblée constituante française : « Toute société dans laquelle la garantie des droits de l'homme n'est pas assurée ni la séparation des pouvoirs déterminée, n'a point de constitution ». Selon Emmanuel Sieyès, la séparation des pouvoirs formerait à elle seule tout le contenu de la constitution de l'Etat.

La séparation des pouvoirs est considérée par les fondateurs du libéralisme politique comme la condition *sine qua non* de la liberté politique. Son postulat de départ est celui-ci : tout homme qui a du pouvoir est naturellement porté à en abuser. Tout comme Locke, Montesquieu fonde ce postulat sur l'expérience. Mais à la réflexion, la nécessité de la séparation des pouvoirs ne doit pas être déduite d'un postulat simplement empirique, car on peut discuter à l'infini sur la bonté ou la méchanceté naturelle de l'homme. Pour nous, la séparation des pouvoirs est exigée par l'existence de la constitution de l'Etat elle-même. Toute organisation rationnelle des pouvoirs de l'Etat, ou ce qui revient au même, toute constitution volontaire de l'Etat implique apodictiquement la séparation des pouvoirs : à quoi bon de faire une constitution écrite si on doit faire confiance à la bonté ou la sagesse naturelle de tel ou tel homme et lui donner tous les pouvoirs de l'Etat ? Au minimum, la séparation des pouvoirs signifie donc la division rationnelle du travail gouvernemental : tout comme l'ingénieur dessine une machine et les ouvriers la fabriquent à travers la chaîne de montage, au sein de l'Etat, le législateur s'occupe de l'élaboration des lois, et les services administratifs et judiciaires appliquent les lois dans des cas concrets. Une constitution écrite qui donne tous les pouvoirs de l'Etat à un seul homme ou groupement d'hommes annulerait sa propre raison d'être.

Mais qu'est-ce qu'on entend exactement par la séparation des pouvoirs ? A cette question, la réponse est loin d'être évidente. D'aucuns diront même que le principe de la séparation des pouvoirs a essentiellement une signification négative ou qu'il ne possède aucun contenu positif[69]. Il ne faut pas confondre les différents pouvoirs de l'Etat sous peine de porter atteinte à la liberté publique. Mais comment les séparer concrètement ? Les réponses données par les auteurs sont loin d'être évidentes.

De notre point de vue et compte tenu de la pratique constitutionnelle de différents Etats occidentaux à l'époque contemporaine, le principe de la séparation des pouvoirs revêt essentiellement deux significations différentes, celle de la spécialisation organique des fonctions et celle du partage organique des fonctions. Globalement, le régime dit parlementaire correspond au modèle de la spécialisation organique des fonctions de l'Etat, tandis que le régime dit présidentiel ou plus concrètement le régime des Etats-Unis d'Amérique applique le modèle du partage organique des fonctions de l'Etat. Notons que les auteurs parlent souvent à cet endroit du modèle de la séparation souple et du modèle de la séparation rigide des pouvoirs, ce qui est tout à fait critiquable : avec ce genre d'expressions métaphoriques creuses, la doctrine classique induit souvent en erreur et surtout dénature les régimes politiques contemporains.

1 - Spécialisation organique des fonctions

La séparation des pouvoirs en tant que spécialisation organique des fonctions de l'Etat consiste à attribuer les deux fonctions étatiques logiquement distinctes, fonctions législative et exécutive, ou fonctions administrative et judiciaire, ou encore fonctions interne et externe, etc. à deux organes étatiques différents, chacun de ces deux organes étant spécialisé dans une fonction déterminée, à titre exclusif. Idéalement, pour qu'une telle spécialisation des fonctions ait un sens, les deux organes doivent être indépendants l'un de l'autre. Dans l'hypothèse contraire, la prétendue spécialisation perdrait sa raison d'être : par exemple, si l'organe ayant la fonction législative peut s'immiscer dans le fonctionnement du pouvoir exécutif, il n'y aurait plus spécialisation organique ni de la fonction législative ni de la fonction exécutive, tout comme dans l'hypothèse contraire où l'organe exécutif peut intervenir dans le fonctionnement de l'organe législatif. La même chose pour la relation entre l'organe administratif et l'organe judiciaire : tout

[69] Cf. M. Troper, *La séparation des pouvoirs et l'histoire constitutionnelle française*, LGDJ, 1973, 2e éd. 1980.

comme le service judiciaire ne doit pas s'immiscer dans le fonctionnement de l'administration active, celui-ci ne doit pas non pas intervenir dans le fonctionnement du service judiciaire. En droit français, il s'agit là du point de départ de la séparation de la juridiction administrative et de l'administration active : dans la mesure où la loi du 16-24 août 1790 interdisait le juge judiciaire d'intervenir dans le fonctionnement de l'administration active que s'est peu à peu développée au sein de l'administration active la juridiction administrative, d'abord sous la figure de ministre-juge, ensuite, celle de Conseil de Préfecture et enfin, celle de juridiction administrative relativement indépendante[70]. Dans une mesure bien moindre, la spécialisation des fonctions internet et externe donne naissance dans la plupart des Etats à deux départements ministériels bien séparés : ministère de l'Intérieur et ministère des Affaires étrangères.

Concernant les fonctions législative et exécutive, il faut observer qu'à côté de leur séparation institutionnelle, il doit y avoir également une séparation sociologique ou partisane. Si ce n'est pas le cas, on pourrait craindre que derrière la séparation de façade, ne se cache en réalité une véritable confusion des pouvoirs. De nos jours, la doctrine dominante a trop souvent tendance à oublier cette simple évidence, lorsqu'elle affirme par exemple que le régime parlementaire en Europe occidentale est un régime de la séparation des pouvoirs, alors que partout aussi bien le pouvoir législatif et le pouvoir exécutif sont toujours détenus par une seule et même majorité politique ! Montesquieu n'avait-il pas imaginé la séparation des pouvoirs essentiellement pour la société qui connaissait encore la division des ordres ? Derrière l'apparence de la séparation du pouvoir législatif et du pouvoir exécutif, ce qui était réellement en jeu, c'était les pouvoirs respectifs de différents ordres de la société : la clergie, la noblesse et le tiers état (ou le bas peuple) devaient participer chacun à sa manière à l'exercice de différents pouvoirs de l'Etat. Comme l'ont très bien

---

[70] En droit administratif français, cette logique de spécialisation des fonctions administrative et judiciaire donne naissance au principe dit de la séparation de l'administration active et de la juridiction judiciaire, ou ce qui revient au même, de l'autorité administrative et de l'autorité judiciaire. Voir sur ce point la thèse de Jacques Chevallier, *L'élaboration historique du principe de séparation de la juridiction administrative et de l'administration active*, LGDJ, 1970.

montré Charles Eisenmann[71] et Louis Althusser[72], la théorie de la séparation des pouvoirs chez Montesquieu a avant tout une signification sociologique. Sans la séparation sociologique des pouvoirs, la séparation purement institutionnelle des pouvoirs de l'Etat perdrait sa signification véritable, car dépourvue de la réalité effective.

Envisagé du point de vue purement organisationnel, le régime parlementaire correspond bien, dans sa logique profonde, au modèle de la spécialisation organique des fonctions législative et exécutive de l'Etat. Il est vrai que contrairement au régime des Etats-Unis d'Amérique, le régime dit parlementaire n'est pas le résultat d'une application explicite ou délibérée du principe de la séparation des pouvoirs. Sa naissance est due, comme on le sait, à la transformation coutumière des institutions anglaises au cours du 17e et 18e siècle, encore faut-il remarquer que le régime anglais n'a jamais pratiqué véritablement la séparation du pouvoir législatif et du pouvoir exécutif, contrairement à l'interprétation habituelle des constitutionnalistes, à la suite de la méprise de Montesquieu. C'est donc seulement par le biais de l'interprétation que nous pouvons imputer au régime parlementaire le principe de spécialisation organique des fonctions.

Selon notre interprétation, sur le plan organisationnel, dans le régime parlementaire, la fonction législative est attribuée au parlement, tandis que la fonction exécutive revient, non pas au gouvernement, mais aux services administratifs et aux services judiciaires de l'Etat (Civil Service et Judicial Service en Grande-Bretagne).

Le parlement est composé des représentants élus qui sont soit réunis dans une chambre unique, soit répartis en deux chambres distinctes, chambre haute et chambre basse. Si la chambre basse représente la population entière, la chambre haute représente quant à elle les différentes classes sociales, ou les différents corps de métiers, ou encore les différentes collectivités territoriales locales comme sous la Ve République française. Quelles que soient sa composition et sa structuration, le parlement est censé représenter le peuple ou la nation.

---

[71] Ch. Eisenmann, « L'Esprit des lois et la séparation des pouvoirs », in *Mélanges de Carré de Malberg*, Sirey, 1933, p. 190 et s.

[72] L. Althusser, *Montesquieu, la politique et l'histoire*, puf, 1981.

La volonté exprimée par le parlement égale donc la volonté générale du peuple ou de la nation. Ou mieux encore, la volonté générale du peuple ou de la nation ne commence à exister qu'à partir du moment où les parlementaires votent une loi. Au parlement et à lui seul revient donc la fonction législative de l'Etat. Le monopole de la fonction législative par le parlement fait de celui-ci l'organe souverain de l'Etat. D'où vient également ce qu'on appelle souveraineté parlementaire. Selon la plaisanterie bien connue des juristes anglais : le parlement peut tout faire, sauf transformer un homme en femme, ou un coq en poule !

Il est vrai que dans la plupart des pays où le régime parlementaire est adopté, la toute-puissance législative du parlement semble être davantage un leurre qu'une réalité : l'initiative des lois ne revient-elle pas la plupart du temps au gouvernement ? Et le gouvernement ne participe-t-il pas très largement à la procédure législative, en animant et dirigeant les travaux des assemblées parlementaires ? Bref, les assemblées parlementaires ne sont-elles pas de simples chambres d'enregistrement ? Cependant, selon nous, une telle constatation n'entame en rien la validité de notre proposition précédente, car, d'une part, comme nous le verrons par la suite, le gouvernement n'est pas, dans sa nature profonde, un organe simplement exécutif, mais est plutôt un organe hybride ou synthétique dont la raison d'être profonde est précisément celle de pallier les défauts de la spécialisation organique des fonctions propre au régime parlementaire, et d'autre part, ce qui est plus décisif encore, l'initiative législative du gouvernement et la participation du gouvernement aux travaux législatifs du parlement ne signifient en aucun cas que la fonction législative soit partagée entre le parlement et le gouvernement. L'initiative législative du gouvernement, en dépit de son importance pratique, ne fait pas du gouvernement l'auteur juridique de la loi, car, d'une part, elle n'est pas exclusive, puisque les parlementaires eux-mêmes gardent aussi et toujours le droit d'initiative, et d'autre part et surtout, elle doit composer avec le droit d'amendement des parlementaires : en amendant ou pas un texte d'origine gouvernementale, les parlementaires se l'approprient en quelque sorte. On ne souligne jamais assez l'importance du droit d'amendement pour la compréhension du rapport institutionnel entre le parlement et le gouvernement. Sur le plan juridique, seul le parlement doit être considéré comme l'auteur véritable de la loi : une fois voté par le parlement, le texte est juridiquement parfait (sauf l'existence d'un contrôle *a priori* de la constitutionnalité des actes législatifs comme sous la Ve République française) et devient la loi de l'Etat après sa promulgation par le chef de l'Etat. Il ne rencontre pas un veto quelconque de la part du chef de l'Etat, contrairement à ce qui se passe aux Etats-Unis d'Amérique où le bill voté par le Congrès peut être mis en échec par le veto présidentiel. Cette absence du droit de veto du chef de l'Etat à l'encontre des textes législatifs votés par le parlement doit être considérée comme un des signes distinctifs les plus importants du régime parlementaire par rapport au régime dit présidentiel. Dans un pays comme la France, sous la Ve République, où à la suite d'une saisine, un organisme comme le Conseil constitutionnel peut annuler en partie ou en totalité un texte législatif voté par le Parlement, on a toutes les raisons de penser que sur le plan institutionnel tout au moins, le pouvoir législatif est désormais partiellement partagé entre le Parlement et cet autre organisme qu'est le Conseil constitutionnel (sous condition de saisine pour les lois ordinaires) et que ce dernier peut être considéré comme une sorte de troisième chambre législative.

Dans le régime parlementaire, la fonction exécutive de l'Etat revient aux services administratifs et judiciaires, non pas au gouvernement, contrairement à l'idée très largement répandue par la doctrine juridique classique. Comme nous l'avons dit, si la fonction législative consiste à former la volonté d'agir de l'Etat, la fonction exécutive consiste quant à elle à traduire cette volonté dans le temps et dans l'espace, par des moyens appropriés. Or, qui est chargé de la fonction exécutive ainsi comprise dans le régime parlementaire ? Non pas le gouvernement, mais bien les services administratifs et judiciaires de l'Etat. Contrairement aux Etats-Unis d'Amérique où l'organe exécutif est pratiquement identifié à la personne même du Président[73], dans un régime parlementaire, l'exécution des lois revient avant tout aux services administratifs et judiciaires, composés de fonctionnaires professionnalisés, bénéficiant de garanties statutaires. Ce n'est donc pas un hasard si la Constitution française de 1958

[73] Les secrétaires et *a fortiori* les autres fonctionnaires administratifs subalternes sont considérés juridiquement comme de simples instruments d'action du Président, d'où l'absence d'un organisme collégial et solidaire tel le gouvernement dans le régime parlementaire, d'où sans doute aussi le système d'emploi ainsi que le « spoils system » longtemps en vigueur dans la fonction publique américaine.

dispose dans son article 21 que « le gouvernement assure l'exécution des lois et dirige l'administration et la juridiction » : le gouvernement *assure* l'exécution des lois, ce qui doit être interprété selon nous au sens suivant : le gouvernement n'exécute pas lui-même les lois, mais *assure (seulement)* l'exécution des lois faite par les services administratifs et judiciaires de l'Etat.

Il convient de noter que l'existence d'une administration bureaucratisée, composée de fonctionnaires recrutés sur concours et jouissant de certaines garanties statutaires par rapport à la classe politique dans leurs tâches quotidiennes de l'exécution des lois, représente historiquement un progrès. Le Civil service britannique et les fonctions publiques française et allemande participent incontestablement à ce que Max Weber appelle légitimité légale de la domination moderne.

Si le régime parlementaire est bien un régime de la spécialisation organique des fonctions législative et exécutive, est-il un véritable régime de la séparation des pouvoirs, comme cela a été pendant longtemps enseigné par la doctrine classique, c'est-à-dire un régime capable d'éviter les abus des pouvoirs et de contribuer par là à l'épanouissement de la liberté politique ?

Notre réponse est négative. Selon nous, la spécialisation organique des fonctions législative et exécutive, telle qu'elle est pratiquée dans les régimes parlementaires, résulte d'une mauvaise compréhension du principe de la séparation des pouvoirs. Plus concrètement, si on l'examine à la loupe de la critique, le régime parlementaire, loin d'être un régime capable de garantir la liberté politique, est celui qui conduit bien souvent au résultat contraire : afin d'éviter l'éclatement des pouvoirs de l'Etat, se réalisera tôt ou tard dans un régime parlementaire une nouvelle concentration des pouvoirs au profit d'un seul homme ou d'un seul parti politique, ce qui est en soi un danger pour la liberté politique. Car, que peut-il arriver dans un régime parlementaire si le parlement peut faire toutes sortes de lois sans se préoccuper de leur possibilité d'exécution, et les services administratifs et judiciaires, tout à fait indépendants du parlement, se permettent d'exécuter les lois selon leur libre arbitre ? Rien d'autre que le soupçon permanent et le conflit perpétuel entre les deux organes ! Ce n'est donc pas un hasard si dans tout régime parlementaire, il existe nécessairement un organe intermédiaire entre le parlement et l'administration et la juridiction, à savoir le gouvernement. Celui-ci n'est ni un organe législatif, ni un organe exécutif, mais en même temps, participe à l'exercice de la fonction législative et de la fonction exécutive. Le gouvernement possède pour ainsi dire la fonction de médiation entre la fonction législative du parlement et la fonction exécutive de l'administration et de la juridiction. Tel le Janus bifrons, le gouvernement a donc deux visages différents : à l'égard de l'administration et de la juridiction, il apparait comme un chef hiérarchique et assure la fonction de direction et de contrôle : la création des services, le recrutement et la gestion des agents, l'édiction des circulaires et directives qui guident les agents dans leurs tâches d'exécution des lois, etc. relèvent ainsi de la fonction du gouvernement ; à l'égard du parlement, le gouvernement apparait comme une sorte d'informateur et assure la fonction d'expertise et *feedback* : en dirigeant l'exécution des lois par l'administration et la juridiction de l'Etat, le gouvernement est le mieux placé pour connaître les insuffisances de la législation actuelle et les réformes nécessaires afin d'y remédier. C'est pourquoi partout dans un régime parlementaire, le gouvernement détient le droit d'initiative en matière législative et participe aux travaux législatifs des assemblées parlementaires. Il faut remarquer que ces deux fonctions du gouvernement, celle d'assurer l'exécution des lois par l'administration et la juridiction et celle de participer à la législation du parlement, ne sont pas à proprement parler séparables : c'est précisément parce que le gouvernement a la fonction de direction de l'administration et de la juridiction qu'il a également la fonction de participation à la fonction législative du parlement.

Si la spécialisation organique des fonctions législative et exécutive dans un régime parlementaire comporte, comme nous l'avons dit, le risque d'éclatement du pouvoir de l'Etat, le gouvernement symbolise l'unité retrouvée du pouvoir de l'Etat à l'intérieur d'un régime parlementaire. Dans la mesure où le gouvernement incarne et symbolise l'unité des pouvoirs de l'Etat, il est naturellement appelé à jouer un rôle prééminent dans l'Etat. Ce n'est donc pas un simple hasard si à partir de la seconde moitié du 19e siècle et surtout au cours du 20e siècle, dans tous les pays pratiquant le régime parlementaire, le gouvernement a acquis de plus en plus d'importance face au Parlement, à tel point que certains auteurs n'ont pas hésité, à la suite de W. Bagehot, à qualifier le régime parlementaire de régime de cabinet ou de *cabinet gouvernment*[74]. De son côté, M. Hauriou a dû inventer le concept de pouvoir gouvernemental pour rendre compte de cette nouvelle réalité historique[75]. Et si l'on tient compte du fait que le cabinet ministériel est en réalité dirigé par le premier ministre, on doit conclure que tout régime parlementaire est nécessairement un régime primoministériel, car c'est entre les mains du premier ministre soutenu par la majorité parlementaire que se concentrent *ipso facto* tous les pouvoirs de l'Etat. Pour un observateur avisé, le premier ministre britannique a bien plus de pouvoirs dans son pays que le Président des Etats-Unis dans le sien, alors même que ces derniers pratiqueraient, selon la doctrine classique, un régime dit présidentiel.

Du fait de l'existence du gouvernement qui réalise derechef l'unification du pouvoir législatif et du pouvoir exécutif, le régime parlementaire est le contraire même de la séparation des pouvoirs. Sauf dans l'unique constitution écrite de l'Angleterre, *the Instrument of Government* de Cromwell de 1653, le pouvoir législatif et le pouvoir exécutif en Angleterre n'ont jamais été réellement séparés, mais ont été toujours exercés en commun par le Parlement et le Roi : ou plus exactement par *the crown in council in parliament.* D'où également la fameuse maxime : *the King can do no wrong*, très répandue durant le XVIIIe siècle, car tout ce que fait le Roi nécessite toujours le consentement du Parlement. L'émergence du Cabinet, que Bagehot a qualifié d'efficient secret de la Constitution anglaise, ne fait que consolider et renforcer cette tendance de l'unification du pouvoir législatif et du pouvoir exécutif au sein du régime anglais.

On sait que l'objectif affiché du principe de la séparation des pouvoirs est d'éviter que le même individu ou groupement d'individus ne concentre en ses mains tous les pouvoirs de l'Etat. Or, qu'en est-il exactement dans un régime parlementaire ? Dans tout régime parlementaire, aussi bien institutionnellement que sociologiquement, les pouvoirs de l'Etat sont en réalité réunis entre les mains d'un seul groupement d'hommes voire d'un seul homme, à savoir, la majorité parlementaire et son chef. Sur le plan institutionnel d'abord, dans un régime parlementaire, le gouvernement, de par sa fonction de médiation entre le parlement et les services administratifs et judiciaires, ne peut pas être totalement indépendant du parlement,

---

[74] Cf. W. Bagehot, *The English constitution*. Op.cit.

[75] M. Hauriou, *Principes du droit public*, Larose et Tenin, Première édition, 1910.

censé représenter la nation ou le peuple. C'est pourquoi historiquement et logiquement, le gouvernement est et doit être issu du parlement, et est et doit être politiquement responsable devant lui, notamment par le biais de la question de confiance et de la motion de censure. Le gouvernement est de ce fait une sorte de comité exécutif du parlement. Les deux organes sont d'autant plus difficiles à être séparés organiquement que le gouvernement dispose à l'encontre du parlement ou tout au moins de la chambre la plus importante du parlement le droit de dissolution. On sait aujourd'hui qu'en Angleterre, le droit de dissolution est surtout utilisé par le premier ministre pour s'assurer du soutien de sa propre majorité et pour choisir le meilleur moment électoral. Aussi bien la responsabilité politique du gouvernement devant le parlement que le droit de dissolution du parlement par le gouvernement ont donc pour unique fin d'établir l'identité institutionnelle parfaite entre les deux organes. Théoriquement et pratiquement, le gouvernement n'est que le noyau dirigeant du parlement.

Cette absence de la séparation des pouvoirs au sein du régime parlementaire se constate également sur le plan sociologique. L'unification institutionnelle des pouvoirs conduit inéluctablement à la monopolisation des pouvoirs de l'Etat par un seul groupement d'hommes, un parti politique ou une coalition des partis politiques. Dans les Etats démocratiques contemporains, les ordres sociaux ayant été supprimés, la seule division sociale possible est issue des élections : en fonction du résultat du scrutin, on est soit dans la majorité et soit dans la minorité ou l'opposition. Puisque dans le régime parlementaire, la spécialisation organique des fonctions législative et exécutive conduit nécessairement à l'émergence du gouvernement et à l'identité institutionnelle du gouvernement et du parlement, il suffit, du point de vue stratégique, de conquérir le parlement afin de posséder tous les pouvoirs de l'Etat. Ce n'est donc pas un hasard si dans les Etats pratiquant le régime parlementaire il y a l'exacerbation de la passion partisane ainsi que la distinction très nette entre la majorité et l'opposition. L'un des résultats importants de cette distinction entre la majorité et l'opposition est certainement ce que les thuriféraires du régime parlementaire appellent alternance : périodiquement, au gré des élections parlementaires, la majorité d'hier se transforme en opposition d'aujourd'hui ou inversement. Si l'alternance a l'indéniable mérite de ne pas figer le pouvoir de l'Etat dans un seul parti politique, son inconvénient, à savoir, la discontinuité et l'instabilité de la politique gouvernementale, ne doit pas pour autant être minimisé : pour feindre de tenir ses promesses électorales, la nouvelle majorité non seulement se fait un point d'honneur de défaire les lois adoptées par la majorité ancienne, mais en plus, est obligée de fabriquer de nouvelles lois. Dans ces conditions, comment pourra-t-on éviter l'inflation législative souvent décriée par les juristes ?

Par ailleurs, contrairement à l'idée de Hans Kelsen[76] selon laquelle le régime parlementaire se caractériserait par la délibération entre les membres du parlement en vue de la meilleure législation de l'Etat, nous pensons que le régime parlementaire est surtout marqué par l'absence de délibération ou de discussion : en raison de la discipline de fer qui règne au sein des partis politiques, les membres de la majorité approuveront toujours les projets de loi du gouvernement, tandis que les membres de l'opposition s'opposeront par principe à tous les projets issus de la majorité : la majorité approuve et l'opposition s'oppose, voilà la devise inébranlable de tout régime parlementaire. Une vraie démarche délibérative en vue de meilleurs textes législatifs ne peut pas exister dans ces conditions. Comment ne pas constater que dans les Etats qui pratiquent le régime parlementaire, les lois sont souvent de mauvaise qualité, et qu'elles ne reflètent pas toujours l'intérêt général, mais traduisent l'intérêt partisan de la majorité au pouvoir ? Comment s'étonner aussi de cette volte-face incessante des lois ?[77]

Si Maurice Duverger, l'instigateur de la « révolution sociologique » dans l'étude des institutions politiques en France, a eu raison d'insister sur l'importante des facteurs partisans dans le fonctionnement concret des régimes politiques[78], il n'a pas su en

---

[76] Cf. Hans Kelsen, *La démocratie — sa nature, sa valeur*, Dalloz, 2004.

[77] Deux exemples : durant la période d'alternance rapide entre la gauche et la droite en France (à partir de la première cohabitation de 1986), les mêmes entreprises peuvent être tantôt nationalisées, tantôt privatisées, selon qu'il y a un gouvernement de gauche ou de droite ; après son élection à la présidence de la République en 2007, Nicolas Sarkozy s'est empressé d'instaurer le « bouclier fiscal » pour les grandes fortunes, ce qui n'a cessé de susciter la raillerie et l'indignation de la part des hommes de gauche. Il est presque certain que si un homme de gauche arrive un jour à la présidence, la loi instaurant le « bouclier fiscal » sera purement et simplement supprimée.

[78] Maurice Duverger, *Les partis politiques*, 1951, Point Seuil, 1992.

revanche faire ressortir le rôle crucial des institutions politiques dans le façonnage même des partis politiques. De notre point de vue en effet, si les partis politiques sont ce qu'ils sont dans les régimes parlementaires en Europe et dans le régime dit présidentiel aux Etats-Unis d'Amérique, avec toutes leurs différences, c'est précisément parce qu'il y deux manières différentes de pratiquer la séparation des pouvoirs de deux côtés de l'Atlantique. Bref, c'est le facteur institutionnel ou plus exactement la façon de séparer les pouvoirs de l'Etat qui explique la configuration partisane et la manière d'être des partis politiques.

Puisque dans le régime parlementaire, il suffit d'avoir la majorité parlementaire pour posséder tous les pouvoirs de l'Etat, la stratégie des hommes et des partis est entièrement orientée vers la victoire de l'élection parlementaire. La passion partisane y est d'autant plus exacerbée que l'enjeu politique est important. Comparativement, aux Etats-Unis d'Amérique, de par la manière dont la Constitution de 1787 organise les différents pouvoirs de l'Etat, aucune élection ne permet le monopole de tous les pouvoirs de l'Etat, les partis politiques n'existent qu'au moment des élections, et sont obligés de négocier et de s'entendre quand il s'agit d'adopter les décisions importantes pour le pays. Comme on l'a souvent constaté, aux Etats-Unis, un Président républicain peut parfaitement gouverner avec un Congrès majoritairement démocrate ou inversement. La politique de l'occupation de l'Irak du Président républicain G. Bush junior n'a pas été remise en cause par le parti démocrate, pourtant devenu majoritaire au sein de la Chambre des Représentants. Lorsque le Président démocrate B. Clinton avait décidé d'accepter la Chine comme membre de l'OMC, sa décision avait été farouchement combattue par la majorité démocrate au sein du Congrès, mais largement approuvée par les républicains. Une autre chose totalement inimaginable dans le régime parlementaire aussi : un démocrate du nord a parfois plus d'affinité politique avec un républicain du sud, ou inversement !

Le régime parlementaire n'est pas un régime de séparation des pouvoirs en vue de la liberté, bien au contraire, il en est le contre-pied[79]. La plus tragique expérience de la négation des droits de l'homme au 20e siècle n'a-t-elle pas eu lieu dans des pays européens

[79] René Capitant, *La réforme du parlementarisme*, Sirey, 1934.

qui pratiquaient le régime parlementaire : régime nazi en Allemagne, régime fasciste en Italie, le régime franquiste en Espagne, le gouvernement collaborationniste de Vichy en France ? Hitler était élu démocratiquement et arrivait au pouvoir par la voie parlementaire, dans les conditions fixées par la Constitution de 1919 de la République Weimar. Et pourtant, son régime n'est pas, et c'est le moins qu'on puisse dire, l'exemple même du gouvernement modéré où s'épanouissent les libertés. L'ironie de l'histoire est ici particulièrement patente : la Constitution de Weimar est pourtant, selon la plupart de juristes constitutionnalistes, une des premières tentatives de la rationalisation du régime parlementaire !

Le régime parlementaire n'est un régime de séparation des pouvoirs qu'en apparence. En réalité, c'est un régime de confusion des pouvoirs au profit de la majorité politique.

2 - Partage organique des fonctions

Le partage organique des fonctions est un mode de séparation des pouvoirs bien différent. Au lieu de donner à un seul organe une fonction spécifique, ici on divise chacune des deux fonctions (législative et exécutive) de l'Etat en deux parties, ou plus exactement en deux facultés, la faculté de statuer et la faculté d'empêcher, et les attribuer à deux organes différents : si l'un a la faculté de statuer, l'autre aura la faculté d'empêcher, de sorte qu'aucun de deux organes n'ait les deux facultés à la fois. De cette façon, l'exercice de chacune de deux fonctions de l'Etat nécessite toujours le concours de deux organes differents. Ainsi, pour la fonction législative, si l'organe A a la faculté de statuer, l'organe B aura quant à lui la faculté d'empêcher. L'élaboration de la loi nécessite donc la collaboration de A et B. Il en va de même pour la fonction exécutive. Cette fois, si la faculté de statuer revient à l'organe B, l'organe A aura la faculté d'empêcher. L'exécution de la loi nécessite donc lui aussi l'entente entre A et B. Dans un tel modèle, aussi bien l'élaboration de la loi que l'exécution de la loi exigent la collaboration de deux organes étatiques différents. Faute d'une telle collaboration, aucune action étatique ne serait possible. Comme l'a très bien dit Montesquieu, dans un gouvernement modéré, les pouvoirs de l'Etat sont ou bien en repos, ou bien contraints d'agir de concert !

Dans le constitutionnalisme moderne, seuls les Etats-Unis d'Amérique pratiquent selon nous le partage organique des fonctions. Comme on le sait, la constitution de 1787 a été très largement influencée par les idées de Locke, Montesquieu et Blackstone. Les « founding fathers » avaient appliqué à dessein les recettes de la séparation des pouvoirs au moment de l'élaboration de cette constitution. « It is by balancing each of these powers against the other two, that the efforts in human nature toward tyranny can alone be checked and restrained, and any degree of freedom preserved in the constitution », disait alors John Adams[80].

Selon cette constitution, au niveau du gouvernement fédéral, il existe trois organes : le Congrès, le Président et la Cour suprême. Le Congrès est composé de deux chambres, la Chambre des Représentants élus pour deux ans directement par la population et le Sénat (chambre fédérative) dont les membres sont à l'origine désignés par les législatifs des Etats fédérés, mais désormais élus par la population de ces derniers de façon démocratique, suite au 17e amendement de 1913, pour un mandat de 6 ans, renouvelable par tiers tous les deux ans. A raison de deux sénateurs par Etat, il y a donc au total 100 sénateurs. Le Président est formellement désigné par un collège des grands électeurs issus de différents Etats fédérés, mais en réalité élu directement par la population, tant il est vrai que les grands électeurs ne possèdent qu'un mandat impératif et doivent voter dans le sens du choix de la majorité des électeurs de leur Etat d'origine. Contrairement à ce qui se passe dans un régime parlementaire, le Président n'étant pas politiquement responsable devant le Congrès ne peut être renversé par ce dernier, tout comme le Congrès ne peut pas être dissout par le Président. Entre les deux il y a donc une véritable indépendance organique[81]. Quant à la Cour suprême, elle est composée de 9 juges nommés à vie par le Président avec le consentement du Sénat. Leur indépendance par rapport au Congrès et au Président est si grande que les juristes américains n'ont pas hésité à en faire un adage : « ils meurent rarement et ne démissionnent jamais ! »

---

[80] Cf. R.H. Horowitz (Ed), *The Moral Foundations of the American Republic*. Charlottesville, University Press of Oceania, 1986.

[81] Remarquons que la procédure d'impeachment que le Congrès peut éventuellement tenté contre le Président est de nature simplement pénale, issue d'une vieille tradition de Common Law britannique.

En vertu de la Constitution de 1787, la fonction législative est partagée entre le Congrès et le Président. Le Congrès en a la faculté de statuer. L'initiative, la discussion, le vote et l'adoption des bills législatifs sont donc du ressort exclusif du Congrès. Le Président en a quant à lui la faculté d'empêcher ou le droit de veto. Il y a en effet deux sortes de veto : le veto normal qui ne peut être surmonté que par une nouvelle adoption par chacune de deux chambres du Congrès, avec une majorité difficile à atteindre, à savoir celle de deux tiers des membres ; et le veto de poche ou *pocket veto* qui intervient 10 jours avant la fin de la session du Congrès et qui ne pourra pas être surmonté, car le Président ne l'envoie même pas au Congrès en vue d'une nouvelle adoption, ce qui signifie qu'il peut l'enterrer purement et simplement. Avec l'émergence du contrôle de la constitutionnalité des lois notamment par la Cour suprême, à la suite du célèbre arrêt *Marbury v. Madison*, sous le Chef Justice John Marshall en 1803, on peut raisonnablement penser que désormais, la faculté d'empêcher en matière législative appartient en dernier ressort à la Cour suprême, car, rétrospectivement le Congrès et le Président peuvent être considérés comme ayant exercé ensemble la faculté de statuer en matière législative. La jurisprudence de la Cour suprême ne peut être écartée que par une révision de la constitution, ce qui est particulièrement difficile compte tenu de la lourdeur de la procédure de révision. On ne souligne jamais assez l'importance de la Cour suprême dans la vie politique américaine. Et cette importance de la Cour suprême s'explique selon nous non pas simplement par sa fonction juridictionnelle, fut-elle suprême, mais bien plutôt par sa fonction de contrôler la constitutionnalité des lois. D'une certaine façon, la Cour suprême fait partie de l'organe législatif des Etats-Unis d'Amérique. Elle est une sorte de législateur négatif, de par la faculté d'empêcher dont elle fait usage.

La même logique se trouve dans le partage de la fonction exécutive. Ici, la faculté de statuer appartient au Président. C'est donc celui-ci qui prend les décisions sur la création des services administratifs, sur la nomination de hauts fonctionnaires, tels les membres du cabinet ou les secrétaires, les membres de la Cour suprême, sur l'engagement de forces armées, etc. Et c'est lui également qui négocie et signe les traités avec les puissances étrangères. Mais contrairement à ce qu'on pourrait croire trop rapidement, avec une lecture superficielle du texte de la constitution de 1787, le Président n'a pas à lui seul la totalité du pouvoir exécutif, puisque la faculté d'empêcher en matière exécutive revient au Congrès, dont notamment le Sénat. Le consentement du Sénat est souvent nécessaire pour la validation de nombreuses décisions importantes prises par le Président. Si le Sénat refuse de donner son consentement à des décisions prises par le Président, celui-ci sera obligé de prendre de nouvelles décisions qui à leur tour doivent obtenir l'accord du Sénat, et ainsi de suite. Pour la nomination des membres du cabinet et des membres de la Cour suprême par exemple, compte tenu de l'enjeu politique qu'elle implique, c'est au sein du Sénat que la bataille entre les deux partis, les démocrates et les républicains, fait souvent rage, afin de décider si le Sénat doit donner ou refuser son consentement au Président. Pour les observateurs avisés, dans la vie politique américaine, le Sénat joue un rôle bien plus important que la Chambre des Représentants. Pourquoi cela ? Selon nous, la réponse est toute simple : c'est surtout en raison de sa faculté d'empêcher en matière exécutive.

L'importance du Sénat en matière exécutive ne signifie évidemment pas que le Sénat abuse de sa faculté d'empêcher. Au cours de l'histoire, s'est peu à peu forgée une convention constitutionnelle dite de courtoisie sénatoriale : pour les décisions présidentielles de moindre importance, le consentement du Sénat est souvent réputé comme acquis d'avance, ou relève d'une simple formalité.

Depuis 1932, il existe également une pratique dite de *legislative veto* (veto législatif) ou *congressional veto* (veto du Congrès). Dans des lois, par une sorte de délégation législative, le Congrès autorise le Président ou les services dépendant de lui à prendre un certain nombre des mesures. En retour, ces mesures prises pourront être désapprouvées par un vote majoritaire d'une chambre ou de deux chambres du Congrès. En 1983, la chambre des représentants avait désapprouvé par un veto législatif la décision du département de la justice de suspendre l'expulsion des étrangers sans nationalité, la Cour suprême, dans son arrêt célèbre du 23 juin 1983 *Immigration and Naturalization Service v. Chadha*, a jugé que le veto législatif en question était inconstitutionnel, car contraire au principe du bicaméralisme et au principe de la séparation des pouvoirs. Cette décision de la Cour affecte environ 200 lois américaines ayant rapport avec des sujets très variés tels que le pouvoir de guerre du Président, l'aide aux pays étrangers et la vente d'armes, la protection de l'environnement, l'intérêt des consommateurs, etc. Elle a suscité et continue à susciter d'importantes controverses doctrinales parmi les juristes américains, car, en dépit de cette décision de la Cour suprême, le Congrès continue à faire usage du veto législatif (dans les lois votées par lui en 1984, il n'existe pas moins de 11 vetos législatifs par exemple). De notre point de vue, si le veto législatif est discutable au regard du texte de la Constitution de 1787, il est néanmoins conforme à l'esprit de celle-ci[82] : par rapport à ces décisions prises par le Président ou les services dépendant de lui, le veto législatif n'est pas autre chose qu'une sorte de faculté d'empêcher en matière de législation déléguée.

De par cette façon de partager la fonction législative et la fonction exécutive, la Constitution de 1787 ne confie donc aucune de ces deux fonctions à un seul organe de l'Etat, de manière exclusive. Ce qui signifie concrètement que pour qu'il y ait une loi aux Etats-Unis d'Amérique, il faut la collaboration de deux voire trois organes différents, à savoir le Congrès, le Président et plus tard les tribunaux dont notamment la Cour Suprême. Dans la même logique, l'exécution d'une loi exige à son tour l'accord du Président et du Congrès, dont notamment le Sénat, sans parler de juges qui exercent un contrôle judiciaire, sous le nom de *judicial review of administration*. A défaut d'une telle collaboration ou d'un tel accord, ni l'élaboration de la loi ni l'exécution de la loi ne seraient possibles. Dans une certaine mesure, le régime américain correspond bien au gouvernement modéré dont rêvait Montesquieu, en réalisant la véritable séparation des pouvoirs : les différents pouvoirs de l'Etat sont ou bien en repos, ou bien contraints d'agir de concert si l'action de l'Etat est vraiment indispensable.

Il convient d'observer qu'un tel système de partager les pouvoirs législatif et exécutif de l'Etat, malgré son avantage évident qu'est d'éviter la trop grande concentration d'un pouvoir entre les mains d'un seul organe et son possible abus, ne comporte pas moins quelques inconvénients.

---

[82] Sur le veto législatif aux Etats-Unis, voir J. Korn, *The power of separation : American constitutionalism and the myth of the legislative veto*, Princeton University Press, 1996.

Le blocage possible de l'action étatique est un des défauts les plus décriés du système américain, au moins par ceux qui le regardent de la vieille Europe. Puisque les décisions législatives ou exécutives les plus importantes nécessitent l'accord d'au moins deux organes étatiques différents et indépendants l'un de l'autre, en cas de désaccord, aucune action de l'Etat ne sera possible. C'est pourquoi en vue d'une action politique, il faut au préalable beaucoup de tractation, de négociation afin de parvenir à un certain compromis. Une certaine lenteur voire inefficacité caractérise donc inévitablement l'action étatique. Mais à la réflexion, n'est-ce pas là l'objectif recherché de la séparation des pouvoirs ? N'a-t-on pas vu que cette nécessité institutionnelle a pu contribuer à la naissance de l'esprit de compromis et de concertation parmi les hommes politiques américains, et plus loin encore dans la société américaine[83] ? Par ailleurs, il convient de ne pas trop exagérer l'importance de ce spectre de blocage institutionnel, car, après tout, comme tout un chacun le sait, les Etats-Unis d'Amérique ne sont pas moins bien gouvernés qu'un quelconque pays européen.

Si, comme nous l'avons dit auparavant, cette manière d'organiser les pouvoirs de l'Etat a exercé une profonde influence sur la configuration partisane aux Etats-Unis d'Amérique et sur leurs comportements, en même temps elle a développé un phénomène d'une ampleur rarement connue dans les Etats pratiquant le régime parlementaire, à savoir, celui du *lobbying* : puisqu'aussi bien le Président que chaque membre du Congrès choisit librement le sens de sa décision selon sa propre conviction, non point selon le programme ou le consigne du parti politique, les personnes privées (physiques ou morales) ont naturellement tout intérêt à obtenir la faveur du Président ou de tel ou tel membre du Congrès, par tous les moyens dont ils disposent, y compris parfois celui de corruption. De leur côté, les hommes politiques, dont la compagne électorale est généralement très coûteuse, sont souvent obligés, pour s'assurer de leur réélection, d'être sponsorisés par les groupes de pression privés, moyennant des promesses plus ou moins douteuses. La confusion de l'intérêt public et de l'intérêt privé dans les décisions politiques est, dans ces conditions, très difficile à éviter. Il s'agit là certainement d'un des défauts les plus

[83] J-P. Lassale, *La démocratie américaine, — anatomie d'un marché politique*, Armand Colin, 1991.

criants du régime politique des Etats-Unis d'Amérique. C'est d'ailleurs en raison de l'irresponsabilité des hommes politiques et du phénomène de corruption que pendant un temps, des auteurs comme le professeur W. Wilson, futur Président des Etats-Unis lui-même, ont pu préconiser l'adoption du régime parlementaire sur le sol américain[84] !

Dans sa nature profonde, le régime des Etats-Unis d'Amérique doit être simplement qualifié de régime de séparation des pouvoirs ou régime de *checks and balances*, et non point de régime présidentiel, contrairement à ce qu'on a trop souvent enseigné en France. Faut-il rappeler que pendant longtemps, ce régime avait été identifié comme « *congressional government* », par exemple par W. Wilson[85]? Et dans un autre temps, il a été caractérisé comme un *gouvernement du juge* par un observateur français Edouard Lambert[86]. Ce n'est qu'au 20e siècle, avec la politique de New Deal sous la présidence de Franklin Roosevelt, et surtout à la faveur de la Seconde Guerre mondiale que le Président des Etats-Unis a été mis en avant sur la scène politique américaine et sur la scène internationale et que le régime américain a acquis progressivement son caractère présidentiel que nous connaissons aujourd'hui. Mais même durant cette période de consolidation et d'accroissement du pouvoir présidentiel, le Président des Etats-Unis ne possède jamais à lui seul la totalité des pouvoirs de l'Etat, contrairement au premier ministre dans un régime parlementaire, comme en Angleterre par exemple : le pouvoir présidentiel n'a jamais été absolu, puisqu'il est constamment contrebalancé par celui du Congrès et celui de la Cour suprême. A lui seul, le Président n'a ni le pouvoir législatif, ni le pouvoir exécutif et encore moins les deux à la fois. N'a-t-on pas rapporté cette parole de résignation du Président Bill Clinton : « Je ne suis rien face au Congrès... » ? Et ce n'est certainement pas à cause uniquement de l'impeachment que le Congrès avait tenté contre lui dans la célèbre affaire dite de « Monicagate »...

Le régime américain est selon nous un régime de modération des pouvoirs ou plus simplement encore un authentique régime de

---

[84] Cf. W. Wilson, *Congressional Government*, 1885.
[85] *Ibidem*.
[86] Lambert Edouard, *Le gouvernement des juges et la lutte contre la législation sociale aux Etats-Unis — L'expérience américaine du contrôle judiciaire de la constitutionnalité des lois* -, 1921.

séparation des pouvoirs. La Constitution de 1787, en mettant en place un tel régime, a été à juste titre vénérée par le peuple américain comme la bible de leurs droits et de leurs libertés. Sans cette constitution, la paix et la prospérité dont jouissent les Américains sont tout bonnement impossibles. Faut-il ajouter qu'elle est à la fois la première et la plus ancienne des constitutions écrites modernes au monde ? Pour un observateur avisé, la Constitution de 1787 n'est plus simplement quelques lignes de texte révisables à loisir, mais est l'ensemble des principes qui informent la conscience collective du peuple américain : elle est à la fois l'expression et le symbole de ce que les Américains eux-mêmes appellent, sans quelque fierté bien justifiée, *the American Way of Life*[87].

B - Organisation territoriale de l'Etat

Si l'organisation fonctionnelle de l'Etat est de nature temporelle et vise l'existence de l'Etat dans la durée, l'organisation territoriale est à proprement parler spatiale. Dans la mesure où les trois éléments constitutifs de l'Etat — la population, le territoire et le gouvernement organisé — sont corrélatifs, l'organisation territoriale de l'Etat peut être considérée également comme l'organisation de la population ou du gouvernement.

L'organisation territoriale de l'Etat doit répondre à une seule et même interrogation : comment faire pour que la puissance d'action de l'Etat puisse s'étendre à toute la population, en dépit de la diversité géographique et démographique à l'intérieur du territoire de l'Etat ?

La doctrine juridique classique distingue deux types d'Etats en fonction de la forme de l'organisation territoriale de l'Etat : l'Etat unitaire et l'Etat fédéral. Il convient de les examiner brièvement, afin d'en dégager les principes et suivre la réalisation.

a - L'Etat unitaire

1) Qu'est-ce qu'un Etat unitaire ? En dépit de l'usage fréquent du mot, la chose a été rarement l'objet d'une recherche approfondie.

---

[87] La constitution américaine tire sa force et son autorité de son caractère quasi coutumier : le texte originel s'efface peu à peu pour laisser place à la pratique, tout au long de l'histoire. Comme nous allons voir, idéalement, une constitution écrite doit se transformer en constitution coutumière en vue de sa propre effectivité. C'est en quelque sorte la prouesse réalisée par la constitution de 1787.

Dans la réalité historique, les Etats unitaires ont parmi eux des différences très importantes : entre un Etat chinois qui comporte des régions, des provinces dont chacune équivaut à un Etat moyen en Europe et un Etat monégasque assis sur un rocher, il est évident que les modes d'organisation territoriale ne sont pas les mêmes, alors même que tous deux se disent Etats unitaires. Or, en quoi un Etat unitaire est-il spécifique par rapport à un Etat fédéral ?

Si nous devons nous efforcer de dégager le critère distinctif entre Etat unitaire et Etat fédéral, nous dirons que dans un Etat unitaire, l'espace territorial est envisagé comme le champ d'intervention d'une volonté unique : quel que soit le domaine d'action de l'Etat, une seule et même volonté de l'Etat prédomine ; alors que dans un Etat fédéral, l'espace territorial de l'Etat est divisé en plusieurs parties : si dans certains domaines d'action prévaut une volonté unique, en revanche, dans d'autres domaines, il existe une pluralité de volontés. Pour parler le langage des juristes, nous dirons donc que par-delà leur diversité, les Etats unitaires ont ceci de particulier par rapport aux Etats fédéraux qu'un seul législateur a la compétence de légiférer pour tout le territoire de l'Etat. La volonté suprême de l'Etat est issue d'un centre unique. Comparativement, un Etat fédéral connaît deux types ou plus exactement deux niveaux de législateurs différents : le législateur fédéral qui fait des lois valables pour tout le territoire de la fédération et les législateurs des Etats membres, qui font des lois valables uniquement pour leurs territoires respectifs. L'unicité du législateur d'un côté, et la pluralité des législateurs d'un autre, voilà la différence fondamentale entre l'Etat unitaire et l'Etat fédéral. Insistons sur ce point : c'est qui importe pour différencier l'Etat unitaire et l'Etat fédéral, c'est bien l'unicité ou la pluralité organique de l'auteur des lois, non pas l'unicité ou la pluralité de la législation elle-même. Concrètement, même dans le cas où un Etat unitaire fait des lois différentes pour les différentes parties de son territoire ou de sa population, pourvu que ces lois soient faites par le même organe législatif, il garde toujours son caractère unitaire : lorsque l'Etat français fait des lois dites expérimentales pour telle ou telle portion de son territoire, pendant une durée limitée, afin de tenir compte de sa spécificité, il a certes introduit une dose de discrimination parmi sa population, mais à notre avis il ne remet pas en cause son caractère unitaire. A l'inverse, dans un Etat fédéral, même si les différents Etats membres ont exactement le même type de législation dans un domaine déterminé, dès lors que les lois en question sont faites par des organes législatifs différents, nous pensons qu'il s'agit toujours d'un Etat fédéral.

En résumé, nous disons que l'Etat unitaire se caractérise surtout par l'unicité de son organe législatif. La doctrine juridique classique a donc raison, lorsqu'elle affirme que dans un Etat unitaire, la décentralisation, même très poussée, ne doit pas concerner la fonction législative de l'Etat. Lorsque, comme c'est le cas de l'Espagne ou de l'Italie qui pratique le régionalisme politique, une collectivité locale se voit dotée de la fonction législative, et peut faire ses propres lois dans des domaines déterminés, on peut douter très sérieusement si l'Etat en question reste toujours et encore un Etat unitaire. Une vraie décentralisation ne doit concerner que la fonction administrative, ou plus exactement la fonction de l'exécution des lois : elle ne doit jamais affecter la fonction législative elle-même.

2) Si tous les Etats unitaires se caractérisent par l'unicité du législateur, il peut y avoir en revanche deux types d'Etats unitaires en fonction de la modalité de l'exécution des lois : Etat unitaire centralisé et Etat unitaire décentralisé.

Un Etat unitaire centralisé est un Etat où la fonction de l'exécution des lois est assurée par un seul et même appareil exécutif de l'Etat : l'administration centrale. Les agents composant cet appareil administratif sont recrutés, gérés par l'Etat, et intégrés dans une structure hiérarchique dont le chef dépend directement du gouvernement. Dans les détails, on peut encore faire la distinction entre l'administration concentrée et l'administration déconcentrée. Dans le premier cas, les agents locaux de l'administration de l'Etat n'ont point de pouvoir de décision, et se contentent de la préparation et de l'exécution des décisions prises par l'administration centrale. Dans le second cas, l'administration centrale délègue une partie du pouvoir décisionnel à ses agents locaux (les services déconcentrés ou les services extérieurs de l'Etat dans le jargon des juristes français) pour qu'ils puissent prendre des décisions mieux adaptées à des circonstances locales. Mais même dans ce dernier cas, les agents locaux ne sont point autonomes par rapport à l'administration centrale, puisqu'ils sont toujours placés dans un rapport de dépendance hiérarchique par rapport à cette dernière et leurs décisions peuvent être contrôlées, réformées, et annulées. Comme on le dit en France, avec la déconcentration, « c'est toujours le même marteau qui frappe, mais on a raccourci le manche ».

Il est indéniable que dans un Etat unitaire centralisé, l'exécution des lois, assurée par la seule et même administration, présente l'avantage de l'uniformité et de l'égalité : les habitants, qu'ils soient au cœur de la capitale ou au fin fond d'une lointaine province, auront exactement les mêmes avantages ou inconvénients eu égard aux lois de l'Etat. Mais d'un autre côté, on peut craindre que dans un tel Etat, la concentration du pouvoir exécutif dans les mains d'une seule et même administration ne favorise trop la tendance bureaucratique propre à toute structure hiérarchique (laquelle aboutira finalement à ce que Peter a appelé l'incompétence des dirigeants selon sa fameuse loi sur l'organisation hiérarchique[88]), et conduit trop souvent à la négligence des particularités locales. Il est dès lors facile d'imaginer que la centralisation se pratique essentiellement dans les Etats de dimension géographique et démographique relativement réduite.

Dans tous les Etats centralisés se pose la question de la division et de la structuration de l'administration. Si généralement cette administration est représentée comme une structure hiérarchie, il reste à savoir combien de degrés elle doit comporter, et au niveau de chaque degré, combien de divisions horizontales il convient de faire. Sans entrer dans les détails de la question de la structuration de l'administration de l'Etat, lesquels dépendent souvent de facteurs circonstanciels, nous pensons que toute structure hiérarchique doit idéalement comporter au moins trois degrés : le degré supérieur, le degré inférieur et le degré intermédiaire. Si le degré supérieur de l'administration (ou l'administration centrale) a pour rôle essentiel de fixer les directives (une fonction essentiellement volitive, qui détermine la volonté d'exécuter les lois), et le degré inférieur (qu'on dénomme l'administration communale ou municipale) a pour fonction l'exécution matérielle des lois (qui actualise *hic et nunc* les lois), le degré intermédiaire (l'administration départementale ou provinciale) aura alors pour mission principale la médiation entre les deux : transmettre les ordres du degré supérieur, ou les demandes du degré inférieur, d'une part, et surveiller et contrôler l'exécution des lois par le degré inférieur au nom et pour le compte du degré supérieur,

[88] J. Peter, *The Peter Principle*, 1969. Selon l'auteur, « in a hierarchy every employee tends to rise to his level of incompetence ».

d'autre part (les intendants, les préfets, etc.). Quant au nombre de divisions que chaque niveau doit emporter, il n'existe pas de réponses purement logiques. S'il est évident que l'administration centrale est une, au niveau local, la division pourrait être très variable selon l'exigence pratique. Par ailleurs, à l'intérieur de chaque division (ou circonscription) de l'administration locale, il peut y avoir encore d'autres divisions subalternes : par exemple, au niveau de la préfecture, il peut y avoir plusieurs sous-préfectures ; au niveau de la commune, il peut y avoir encore des cantons ou des arrondissements, etc. Mais la multiplication de niveaux administratifs comporte évidemment des inconvénients : la dilution et le conflit des compétences administratives et la lourdeur et la complexité de l'action administrative.

L'Etat décentralisé suppose logiquement que l'Etat était au préalable centralisé. Là où il n'y a pas une administration centralisée, parler de la décentralisation est tout simplement insensé. La décentralisation, comme son nom l'indique, doit être conçue logiquement comme une réaction contre une administration jusque-là trop centralisée. Toute décentralisation s'analyse comme une réorganisation de l'administration de l'Etat elle-même afin de la rendre plus efficace. Comme l'a très bien dit Maurice Hauriou, la décentralisation est une manière d'être de l'Etat. Ou plus précisément encore, la décentralisation est selon nous une manière d'être de l'administration de l'Etat.

Contrairement à la simple déconcentration, la décentralisation se présente avant tout comme une répartition des compétences administratives (ou la fonction de l'exécution des lois) entre deux ordres de structures administratives différentes, à savoir l'administration centrale et l'administration spéciale ou locale. Cette répartition des compétences administratives est généralement faite par le législateur, mais plus rarement par le constituant lui-même. Lorsque la décentralisation est faite sur la base législative, on peut imaginer aisément que le législateur a toujours le droit de repentir et peut par une nouvelle loi « recentraliser » une partie des compétences administratives jusque-là décentralisées. Mais lorsque c'est la constitution de l'Etat qui décide elle-même si certaines compétences doivent être décentralisées ou non, il est logique que seule une révision de la constitution permette une nouvelle répartition des compétences : ce qui est généralement plus difficile à réaliser. Bref, une décentralisation administrative à base constitutionnelle peut être considérée comme une meilleure garantie pour les compétences décentralisées de l'administration locale ou spéciale.

Il est évident que la décentralisation est susceptible de degrés, en fonction du nombre des compétences transférées de l'administration centrale vers les administrations locales ou spéciales : entre une seule compétence ou toutes les compétences, le choix du législateur est large. Dans la réalité, la décentralisation se présente donc souvent comme un processus et il y a des Etats plus décentralisés que d'autres.

Chaque administration est relativement autonome dans l'exercice de ses compétences. Un des traits distinctifs de la décentralisation par rapport à la déconcentration est le fait que pour accomplir ses compétences, l'administration décentralisée possède ses propres personnels qui ne sont plus désignés ou nommés par l'administration centrale et qui ne sont plus dans un rapport de dépendance hiérarchique par rapport à cette dernière. Généralement, ils sont choisis ou élus par la population concernée. Dans la doctrine juridique française, on fait la distinction entre la décentralisation fonctionnelle ou de service (par exemple, les universités sont des administrations décentralisées ou des établissements publics qui sont gérés par des conseils d'administration élus) et la décentralisation territoriale. Dans le premier cas, il y a le principe de spécialité : telle ou telle compétence administrative spéciale est affectée à une unité administrative déterminée. Dans le second cas, il y a le principe de généralité : on transfère une ou plusieurs compétences administratives à des unités territoriales existantes ou spécialement créées (les collectivités territoriales locales).

Quel que soit le type de décentralisation, un délicat problème se pose, à savoir celui du rapport entre l'administration décentralisée et l'administration centrale. En France, pendant longtemps, ce rapport avait été celui de la tutelle dans lequel l'administration centrale avait un large pouvoir de contrôle sur les actes des collectivités décentralisées (y compris par exemple le pouvoir d'annulation, de réformation), mais l'existence même d'un tel contrôle est quelque peu contradictoire avec la logique même de la décentralisation. C'est pourquoi avec la loi de décentralisation du 2 mars 1982, la tutelle a été remplacée par un mécanisme plus complexe qui est celui du contrôle juridictionnel des actes administratifs des collectivités décentralisées. A notre avis, le contrôle juridictionnel a l'avantage d'être en phase avec la logique même de la décentralisation : étant donné que l'administration décentralisée est mise sur un pied d'égalité avec l'administration centrale par les lois de l'Etat, celle-ci ne doit plus se comporter comme le chef hiérarchique ou le supérieur tutélaire des collectivités décentralisées : en cas de doute sur la légalité des actes de l'administration décentralisée, elle a simplement la possibilité de faire annuler ces actes par le juge administratif, par le biais du recours pour excès de pouvoir. En France par exemple, les déférés préfectoraux font partie du mécanisme de recours permettant de déclencher un tel contrôle juridictionnel des actes des collectivités locales décentralisées : les actes les plus importants des collectivités locales sont obligatoirement déposés aux services préfectoraux et si le préfet pense qu'un de ces actes est entaché d'illégalité, il le défère au tribunal administratif pour une éventuelle annulation (au lieu de le faire lui-même comme c'était auparavant le cas avec le mécanisme de tutelle).

Dans la mesure où la décentralisation consiste à transférer une partie des compétences administratives de l'administration centrale vers les collectivités décentralisées, elle doit s'accompagner également du transfert de moyens financiers, matériels et personnels afin de permettre aux collectivités d'accomplir leurs compétences nouvelles. Dans l'hypothèse contraire, on pourrait soupçonner que l'Etat cherche en réalité à se désengager d'un certain nombre de compétences qu'il a assumées jusqu'alors. Dans ce cas, la décentralisation est un art habile ou une sorte de ruse de l'Etat, afin d'alléger sa responsabilité envers les populations locales. A l'époque actuelle en Europe occidentale, la plupart des Etats, si minuscules qu'ils soient, affectionnent la décentralisation, sous la poussée de la pensée libérale. Selon nous, ce genre de décentralisation n'est rien d'autre que la volte-face de l'Etat providence : de nombreuses compétences transférées aux collectivités locales ne seront tout simplement plus exercées, faute de moyens nécessaires.

Comparée à la centralisation, la décentralisation a ses avantages et ses inconvénients. Les avantages : une administration plus proche de la population intéressée, un apprentissage de la logique démocratique par la population locale, des décisions répondant le mieux aux besoins locaux, etc. Mais ces avantages sont contrebalancés par de nombreux inconvénients : une administration globalement plus coûteuse, l'inégalité entre les collectivités décentralisées, la féodalisation certaine de la société civile, etc. Faut-il rappeler que sur le plan historique, la centralisation administrative sous la monarchie absolue était un progrès par rapport à la société féodale du Moyen-âge ? Un Etat unitaire court le risque de sa propre perte, à cause d'une décentralisation excessive. Même en matière de décentralisation, il faut aussi raison garder.

b - L'Etat fédéral

1) L'Etat fédéral est généralement défini par la doctrine comme une superposition de deux ordres étatiques, celui de la fédération et celui des Etats fédérés. Historiquement, un Etat fédéral est né soit de l'association de plusieurs Etats unitaires jusque-là indépendants, soit de l'éclatement d'un seul Etat jusque-là unitaire. Mais contrairement à une simple confédération d'Etats qui reste avant tout une organisation internationale, ou une réunion diplomatique plus ou moins durable, l'Etat fédéral est un véritable Etat avec tous les attributs essentiels qui le caractérisent.

La spécificité de l'Etat fédéral peut être mise en relief par sa comparaison avec l'Etat unitaire décentralisé. Contrairement à un Etat unitaire décentralisé, un Etat fédéral confère aux Etats fédérés des compétences législatives, non plus de simples compétences en matière d'exécution des lois. Afin de sauvegarder leurs compétences législatives face à un éventuel empiétement de l'Etat fédéral, les Etats membres participent généralement à l'exercice même du pouvoir législatif de celui-ci. Le juriste français George Scelle[89] a dégagé deux principes qui régissent l'organisation de l'Etat fédéral : le principe d'autonomie et le principe de participation.

2) Le principe d'autonomie signifie avant tout l'autonomie des compétences législatives. Dans la constitution fédérale, il existe toujours des dispositions relatives à la répartition des compétences législatives entre l'Etat fédéral et les Etats fédérés. Deux techniques rédactionnelles existent à cet égard : celle de la Constitution des Etats-Unis d'Amérique de 1787 qui réserve à l'Etat fédéral ce qu'on appelle les compétences d'attribution (expressément prévues par la constitution), aux Etats membres ce qu'on appelle les compétences de droit commun (toutes les compétences qui ne sont pas expressément attribuées à l'Union reviennent *ipso facto* aux Etats membres), et celle

[89] Cf. Geroge Scelle, *Précis de droit des gens* (1932), Dalloz, 2008.

de la loi fondamentale de la République fédérale d'Allemagne de 1949 qui attribue des compétences législatives exclusives aussi bien aux länder qu'au Bund, tout en conservant un certain nombre de compétences communes aux deux : dans ces domaines des compétences dites concurrentes, les Länder ont le pouvoir de légiférer aussi longtemps et pour autant que la Fédération n'a pas fait par une loi usage de sa compétence législative. Dans ces domaines, la Fédération a le droit de légiférer pour autant qu'il s'agisse de réaliser des conditions de vie équivalentes sur le territoire fédéral ou de sauvegarder l'unité juridique et économique.

Mais quelle que soit la technique rédactionnelle de la constitution fédérale, on peut imaginer facilement que les compétences qui reviennent à l'Etat fédéral sont celles qui justifient son existence même : ce sont des compétences que généralement un Etat membre seul ne saurait accomplir de façon optimale. Généralement, des compétences telles que la défense nationale, la diplomatie, la monnaie, la douane, le transport, la poste et la télécommunication, le commerce interétatique reviennent à l'Etat fédéral, tandis que des compétences telles que le maintien de l'ordre local, la santé, l'environnement et l'éducation peuvent revenir aux Etats membres. Cependant, il faut se garder de toute généralisation hâtive en la matière : tout dépend en effet de la conviction du constituant au moment même de la rédaction de la constitution. Dans la réalité historique, la répartition des compétences législatives entre les deux ordres étatiques fait souvent l'objet d'âpres débats entre les partisans fédéralistes et leurs adversaires : la constitution des Etats-Unis a été, comme on le sait, le fruit de compromis, à l'issue de ce genre de luttes (cf. le célèbre *compromis du Connecticut*).

Pour exercer ses compétences législatives, chaque ordre étatique possède généralement ses organes législatif, administratif, judiciaire et gouvernemental au complet (sauf exception : en Allemagne, le Bund ne possède pas son propre appareil administratif en vue de l'exécution de ses lois). Le fonctionnement de tous ces organes étatique est régi par une constitution : au niveau fédéral, il y a la constitution fédérale, au niveau fédéré, chaque Etat membre a sa propre constitution.

3) Pour sauvegarder l'autonomie de l'Etat fédéral et des Etats membres, il existe généralement une cour constitutionnelle qui statue sur les conflits de compétences éventuels entre les deux ordres étatiques ou parmi les différents Etats membres. En toute logique,

dans la mesure où la cour constitutionnelle est appelée à trancher les conflits entre l'Etat fédéral et les Etats membres, elle ne doit pas être considérée comme faisant partie de l'ordre étatique fédéral[90]. Mais dans la réalité, les membres de la cour sont souvent nommés et gérés par le gouvernement fédéral, on peut facilement imaginer qu'ils sont plus enclins à favoriser l'extension des compétences de l'Etat fédéral au détriment des celles des Etats membres, comme ce fut pendant longtemps le cas de la Cour suprême des Etats-Unis qui a développé, comme on le sait, une doctrine dite de compétences implicites en faveur de l'Union.

Mais le rempart le plus efficace pour l'autonomie des Etats membres est certainement leur participation à l'exercice même de compétences législatives de l'Etat fédéral. En règle générale, l'organe législatif de l'Etat fédéral est composé de deux assemblées : si la première représente la population de l'Etat fédéral, la seconde représente quant à elle les Etats membres. C'est pourquoi on qualifie généralement la seconde assemblée de chambre fédérale ou Bundesrat. Contrairement à un Etat unitaire, où la raison d'être de la seconde chambre du Parlement fait l'objet de débats récurrents, l'organe législatif dans un Etat fédéral pratique le bicaméralisme par nécessité logique. De plus, contrairement à la seconde chambre parlementaire d'un Etat unitaire dont le rôle législatif est généralement moins important que celui de la première chambre représentant la population, la seconde chambre dans un Etat fédéral a souvent autant voire plus de pouvoirs que la première chambre (tel est en effet le cas du Sénat par rapport à la Chambre des Représentants aux Etats-Unis d'Amérique).

En principe, la chambre fédérale doit être composée des représentants des Etats membres de façon strictement égalitaire, comme aux Etats-Unis d'Amérique où chaque Etat membre a droit à deux sénateurs. Mais dans la pratique, ce principe de bon sens peut rencontrer quelques difficultés. En Allemagne, les Länder ont par exemple un nombre variable de représentants (entre 3 et 6) à la Bundesrat en fonction de leur importance démographique. Le fédéralisme inégalitaire est moins respectueux du principe fédéral que

[90] Certains auteurs comme Kelsen vont jusqu'à penser que la cour constitutionnelle et la constitution fédérale forment à elles seules un ordre étatique différent de celui de l'Etat fédéral et de celui des Etats fédérés.

le fédéralisme égalitaire. Aussi n'est-il point étonnant si un Land en Allemagne a bien souvent moins d'autonomie qu'une région en Italie ou en Espagne, tous deux étant pourtant des Etats prétendument unitaires.

4) Dans la mesure où il existe une superposition de deux ordres étatiques, la doctrine juridique classique a rencontré une difficulté théorique considérable, chaque fois qu'elle est amenée à traiter le problème de la souveraineté dans l'Etat fédéral. Comme on le sait, tout Etat est nécessairement caractérisé par la souveraineté. Or qu'est-ce que la souveraineté sinon le pouvoir suprême à l'intérieur du territoire étatique ? Et la logique veut que tout pouvoir suprême se doive d'être unique et exclusif. La superposition de deux ordres étatiques signifierait ni plus ni moins que la superposition de deux souverainetés dans un seul et même territoire étatique, ce qui est à proprement parler contradictoire. Comment sortir d'un tel paradoxe logique ?

Les solutions trouvées par la doctrine classique ne sont pas toujours satisfaisantes. Selon Maurice Hauriou par exemple, il faudrait distinguer deux souverainetés dans un Etat fédéral : si la souveraineté externe appartient exclusivement à l'Etat fédéral, la souveraineté interne appartiendrait à l'Etat fédéral et aux Etats membres pour autant et aussi longtemps qu'il existe une identité nationale et un gouvernement national à chaque niveau. Mais même pour Hauriou lui-même, la question de l'identité nationale et du gouvernement national est d'ordre factuel et n'est susceptible d'aucune détermination logique. Autant dire que cette manière de résoudre le problème de la souveraineté n'en est pas une en réalité.

Pour nous, le problème de la souveraineté dans un Etat fédéral peut recevoir des solutions assez simples. En effet, si tout Etat digne de ce nom doit être souverain, cela ne veut pas dire pour autant que l'Etat doit ou peut tout faire. Pour avoir un sens précis, la souveraineté de l'Etat doit être mise en relation avec l'action de l'Etat : elle est avant tout une qualité du pouvoir d'agir de l'Etat. Dire que l'Etat est souverain, cela revient ni plus ni moins à affirmer que l'Etat possède le pouvoir suprême d'agir dans les domaines de son intervention. La souveraineté de l'Etat est significative surtout par rapport aux domaines d'actions. Là où l'Etat n'agit pas, ou ne veut pas agir, ou ne peut pas agir, parler de sa souveraineté n'aura tout simplement pas de sens. Même dans un Etat unitaire, lorsque l'Etat n'intervient pas dans certains domaines, pour des raisons idéologiques ou considérations financières, on ne peut pas dire de façon conséquente que l'Etat y est ou reste souverain. Ce n'est donc pas sans raison que les auteurs classiques considèrent la souveraineté de l'Etat non seulement comme *suprema potestas,* mais aussi et surtout comme *suuma potestas*. Pour les juristes internationalistes de nos jours, la souveraineté de l'Etat reste également et avant tout une somme de compétences.

Puisque dans tout Etat fédéral, il existe nécessairement une répartition constitutionnelle des compétences législatives, la question de l'appartenance de la souveraineté doit se décider en fonction de cette répartition. Plus précisément, lorsque telle ou telle compétence législative revient selon la constitution fédérale à l'ordre étatique fédéral, on peut dire que celui-ci a lui seul la souveraineté par rapport à cette compétence, ce qui veut dire *a contrario* que les Etats membres ne sont pas souverains par rapport à cette même compétence. Inversement, lorsque telle autre compétence est selon la constitution attribuée aux Etats membres et non pas à l'Etat fédéral, on peut conclure sans difficulté que ce sont seulement les Etats membres qui sont souverains, et non pas l'Etat fédéral par rapport à cette même compétence. Il n'y a donc pas deux souverainetés par rapport à la même compétence, alors même qu'il y a deux ordres étatiques qui se superposent.

La même solution est selon nous applicable au problème de la souveraineté dans une construction régionale comme celle de l'Union européenne de nos jours. Comme on le sait, cette dernière n'est ni une simple confédération d'Etats, ni un véritable Etat fédéral, mais est une forme intermédiaire entre les deux. A chaque avancée de la construction des Communautés et de l'Union européenne, les Etats membres transfèrent une partie de leurs compétences vers les Communautés ou l'Union. La question que les juristes se posent est donc de savoir si, ce faisant, les Etats membres n'ont pas perdu leur souveraineté. Dans le cadre doctrinal classique, une telle question reste insoluble, puisque la souveraineté de l'Etat est conçue comme un bloc monolithique et indivisible, la souveraineté d'un Etat membre doit être considérée comme entièrement perdue au profit de l'Union européenne, chaque fois qu'il y a un transfert important de compétence (politique agricole, douanière ou monétaire par exemple), ce qui est selon nous irréaliste et contraire au bon sens : nous savons pertinemment que les Etats membres restent très largement souverains par rapport aux autres compétences qu'ils ont jalousement gardées pour eux-mêmes. Or, si l'on conçoit, comme nous le faisons ici, la souveraineté comme significative par rapport à un certain nombre des compétences, ce phénomène de transfert des compétences des Etats membres vers les Communautés et l'Union sera assez facile à comprendre : lorsque les Etats membres ont transféré telle ou telle compétence à l'Union européenne, par rapport à cette compétence, l'Union européenne est désormais souveraine, non plus les Etats membres. Mais cela ne veut nullement dire que les Etats membres aient également perdu leur souveraineté par rapport aux autres domaines de compétences qu'ils continuent à exercer eux-mêmes. Le chagrin des souverainistes est selon nous non fondé et manifestement exagéré.

Certains auteurs pensent que la solution du problème de la souveraineté dans l'Etat fédéral peut se concevoir autrement. Dans la mesure où c'est la constitution qui effectue la répartition des compétences législatives entre les deux ordres étatiques, c'est donc la constitution qui a la souveraineté : ni l'Etat fédéral ni les Etats fédérés ne peuvent être considérés comme souverains. Hans Kelsen semble faire partie de ces auteurs. Pour lui, dans un Etat fédéral, il existerait non pas deux, mais trois ordres étatiques différents, à savoir l'ordre fédéral, l'ordre fédéré, et enfin l'ordre constitutionnel (dont l'organe se réduit au constituant et au juge constitutionnel chargé de surveiller l'application de la constitution). La souveraineté dans un Etat fédéral appartiendrait uniquement à l'ordre constitutionnel, non pas à l'ordre fédéral ni à l'ordre fédéré. De la sorte, le problème de la souveraineté serait également résolu. A notre avis, une telle solution, bien que plausible, souffre néanmoins d'une sophistication certaine. A quoi bon concevoir la souveraineté de l'ordre constitutionnel si celui-ci se contente de répartir les compétences entre les deux ordres étatiques ?

Si le rassoir d'Occam doit également opérer dans la théorie du droit public, nous pensons que notre manière de résoudre le problème de la souveraineté dans l'Etat fédéral est préférable, car le plus simple.

§2 Le droit public fonctionnel

Si le droit public organisationnel concerne l'existence de l'Etat en tant qu'entité collective ou publique, le droit public fonctionnel est quant à lui relatif à l'Etat envisagé comme sujet de droit. En raison de ce qu'il a fait, l'Etat a lui aussi son *suum cuique,* ou ses droits et ses obligations.

Cependant, quels doivent être les droits et les obligations de l'Etat ? Poser cette question sans restriction, c'est également s'interroger sur la signification juridique de l'existence collective des individus membres de l'Etat. Tout comme l'existence individuelle, l'existence collective des êtres humains doit avoir elle aussi des significations juridiques.

Il faut souligner d'emblée que notre manière de poser la question des droits et des obligations de l'Etat déplace quelque peu le centre de gravité de l'interrogation de la doctrine publiciste classique. Pour celle-ci, le droit public est surtout envisagé du point de vue des individus particuliers : il est donc conçu comme l'ensemble de règles destinées à protéger les individus particuliers dans leurs rapports avec l'Etat ou avec les différentes parties composantes de l'Etat, administrative et judiciaire notamment. Pour nous, et conformément à la définition même du droit public que nous avons adoptée, la théorie du droit public doit s'intéresser surtout aux droits et aux obligations de l'Etat en tant que sujet de droit spécifique, non pas aux droits des individus particuliers dans leur rapport avec l'Etat : au mieux, les droits des individus particuliers face à l'Etat doivent être considérés, dans la perspective de la théorie du droit public, comme des droits-reflets des obligations de l'Etat.

Que l'Etat en tant que personne juridique spécifique ait également des droits et des obligations est à la fois une évidence et l'objet de profondes méprises. C'est une évidence, car quotidiennement les juristes praticiens ont affaire à des problèmes de droits ou des obligations de l'Etat. Mais en même temps, les droits et les obligations de l'Etat sont souvent méconnus par la doctrine juridique, car à la place du droit de l'Etat, les auteurs parlent la plupart du temps du pouvoir ou de la puissance de l'Etat, comme si l'Etat était seulement une puissance de fait qui s'impose, et qui n'a besoin d'aucun titre juridique pour s'imposer. Par ailleurs, bien que la doctrine juridique (notamment allemande) ait inventé la notion de « droit public subjectif » pour désigner le droit des individus particuliers face à l'Etat, cette même notion n'a été néanmoins jamais appliquée à l'Etat dans sa relation avec ces mêmes individus particuliers : ici aussi on suppose que l'Etat possède uniquement des pouvoirs ou des devoirs, mais pas des droits. Or, à notre avis, en tant que ce qui revient ou ce qui appartient à un sujet, la notion de droit subjectif telle que la doctrine classique l'entend, doit également s'appliquer à l'Etat. Sur le plan théorique, le vocable « pouvoir ou puissance » doit céder la place au terme « droit » ou « compétence ». Ce qui importe pour la théorie du droit public, ce n'est pas tant le fait que l'Etat a des pouvoirs (c'est-à-dire certaines capacités d'agir ou de faire quelque chose), mais le fait que l'exercice de ces pouvoirs a lui aussi des conséquences juridiques. Bref, l'Etat a lui aussi des droits et des obligations, en raison de l'exercice de ses pouvoirs, ou en raison de ce qu'il a fait, de ses actions. Si la notion de droit public subjectif (*das subjektive öffentliche Recht*) doit avoir un sens, elle doit s'appliquer aussi et surtout à l'Etat.

Logiquement, les droits et les obligations de l'Etat doivent être déduits de la manière d'être de l'Etat. Comme nous l'avons vu précédemment, l'Etat est une personne juridique souveraine. En tant que personne juridique, l'Etat doit posséder tous les droits et des obligations qui s'attachent habituellement à la personne juridique ; mais en tant que personne souveraine, l'Etat doit posséder des droits et des obligations qui lui sont propres, ou des droits et des obligations que les autres personnes juridiques non souveraines ne doivent pas posséder. Bref, en raison de sa manière d'être, l'Etat a selon nous deux types de droits, l'un qui lui est spécifique, à savoir, le droit de souveraineté, l'autre qu'il partage avec les autres sujets de droit, à savoir, le droit de commerce juridique.

I - Le droit de souveraineté

La souveraineté est sans conteste l'une des notions les plus importantes et les plus méconnues de la théorie du droit public. Elle n'a cessé de susciter de graves controverses parmi les philosophes et les juristes. Si les uns la considèrent comme la pierre angulaire de l'Etat moderne, les autres la traitent comme complètement inutile, voire dangereuse. Pour nous, la souveraineté doit être conçue surtout comme la qualité du pouvoir de l'Etat dans ses rapports aux autres pouvoirs individuels, familiaux et corporatifs : le pouvoir de l'Etat est suprême, incomparable. La souveraineté est ainsi liée à l'existence même de l'Etat : un Etat qui n'est pas souverain n'est pas un Etat véritable. Ce n'est donc pas sans raison que certains auteurs pensent que la souveraineté de l'Etat est le critère substantiel de l'Etat.

L'argument invoqué par Duguit[91] pour réfuter la notion de souveraineté de l'Etat n'emporte pas la conviction : ce n'est pas parce que cette notion a été fabriquée par les auteurs à l'époque du Moyen-âge et qu'elle a été mise en valeur à l'époque de la monarchie absolue qu'elle doit nécessairement disparaître comme les circonstances historiques qui l'ont vu naître.

Au Moyen-âge, *ius eminens* ou *Hoheitsrechte* signifiait l'ensemble des droits privés que possède un seigneur au point de vue de l'héritage, de l'aliénation (*Vererbung, Veräuserrung*). Mais avec la naissance de la monarchie absolue, *ius eminens* devient un droit relatif à la souveraineté ou la *plenitudo potestatis*[92]. L'idée du droit de souveraineté a été formulée pour la première fois par Jean Bodin, reprise ensuite notamment par Hobbes et Rousseau. Selon Hobbes par exemple, l'autorité dirigeante de l'Etat n'a pas seulement la plénitude de pouvoir, mais a surtout cette plénitude du pouvoir comme son droit[93]. La conception du droit de souveraineté a été par la suite approfondie, sous l'expression de majesté, par Johannes Althusius (1557-1638). Selon ce dernier, les droits de majesté comporteraient six éléments : législation, domination territoriale (*Landeshoheit*), droit de guerre et de paix, droit de lever l'impôt et de nommer les fonctionnaires, droit de punir, tandis que le Landeshoheit est un pouvoir administratif, qui se divise à son tour en six éléments particuliers[94].

Du droit de souveraineté de l'Etat, la doctrine juridique classique a déduit l'idée de la puissance publique (en allemand, *Herrschaft ou Herrschaftsgewalt*). Du point de vue critique qui est le nôtre, si la déduction n'est pas en soi illogique, la doctrine juridique classique, en insistant sur la puissance de l'Etat, a néanmoins eu tort de ne pas avoir suffisamment mis en relief son caractère juridique. Pour elle, le pouvoir de l'Etat, ou la puissance publique, serait plutôt quelque chose qui s'impose *de facto* (au sens de *potentia*), non point un titre juridique fondé sur le droit de l'Etat (au sens *de potestas*). Pour nous,

---

91 L. Duguit, *Traité de droit constitutionnel*, op.cit. ; *Les transformations du droit public*. A. Colin, 1913.

92 Wilheim Henke, *Das subjektive öffentliche Recht*, J.C.B. Mohr Tübingen, 1968, p. 9 et s.

93 Leo Strauss, D*roit naturel et histoire*, champs Fammarion, 1986, p. 172.

94 Michael Stolleis, *Histoire du droit public en Allemagne*, puf, 1998, p. 156.

la souveraineté de l'Etat doit être surtout conçue comme un titre juridique, non point comme une puissance de fait. Il se peut que dans le fait, la puissance d'un Etat ne soit pas plus grande que celle d'une famille, d'une tribu, ou d'un groupe privé quelconque de la société civile (l'Eglise par exemple au Moyen-Age), mais en droit, la puissance de l'Etat doit être considérée comme supérieure à celle de la famille, de la tribu, ou du groupe privé de la société civile, car autrement, l'Etat ne serait plus digne de ce nom. Faut-il rappeler que pour son inventeur Jean Bodin, la souveraineté est avant tout un concept juridique ? La République a été définie par lui comme un droit gouvernement de plusieurs ménages et de ce qui leur est commun, avec la puissance souveraine. Corrélativement, la souveraineté est pour lui la puissance absolue et perpétuelle de la République.

A première vue, l'idée même du droit de souveraineté de l'Etat est quelque peu paradoxale. La souveraineté de l'Etat est, comme nous l'avons dit, une notion corrélative à l'action de l'Etat, alors que le droit se conçoit surtout comme la conséquence d'une action. La question de droit de l'Etat ne se pose qu'après l'action étatique, ou ce qui revient au même, après l'exercice de la souveraineté de l'Etat. Comment concevoir dans ces conditions le droit de souveraineté de l'Etat ? De notre point de vue, tout comme pour la liberté morale des individus particuliers, la souveraineté de l'Etat ne se présente jamais comme un fait, mais uniquement comme une prétention subjective de la part de l'Etat. Aussi bien conceptuellement qu'historiquement, la souveraineté de l'Etat s'annihile elle-même dès lors qu'elle se revendique : quand un Etat se trouve dans la nécessité de revendiquer sa souveraineté, c'est qu'en réalité, la suprématie de sa puissance a été effectivement concurrencée, contestée, ou mise à mal par une puissance étrangère, ou en d'autres termes, sa puissance n'est plus vraiment suprême. Pour un individu, un groupe ou un autre Etat qui n'y croit pas ou la méprise, la souveraineté d'un Etat n'aurait aucune signification. La souveraineté de l'Etat est donc comme une sorte de charme magique : dès lors qu'on prononce son nom, elle s'évapore et n'est plus ce qu'elle prétend être. Cependant, tout groupement humain qui entend former un Etat doit revendiquer sa souveraineté, car autrement, il perdrait son caractère étatique : il sera un groupement quelconque sauf l'Etat. Par conséquent, afin d'éviter son caractère apparemment paradoxal, il nous faut concevoir le droit de souveraineté de l'Etat surtout comme un droit subjectif ou une prétention subjective : tout Etat digne de ce nom doit prétendre à la souveraineté et se comporter comme s'il avait la souveraineté.

Selon la doctrine classique, la souveraineté de l'Etat a une double signification : la souveraineté interne et la souveraineté externe. La souveraineté interne s'analyse en puissance suprême de l'Etat par rapport aux individus et aux groupes à l'intérieur même du territoire étatique, tandis que la souveraineté externe s'analyse en indépendance de l'Etat dans ses rapports avec les puissances étrangères. Si du point de vue historique, une telle distinction a indéniablement sa raison d'être, sur le plan conceptuel, elle est quelque peu inadéquate, car idéalement, dans un Etat cosmopolite, faute de la pluralité des Etats, la distinction entre les relations internes et les relations externes de l'Etat n'aurait tout simplement plus aucun sens. Par ailleurs, même par rapport aux Etats positifs de nos jours, les deux souverainetés, interne et externe ne peuvent exister l'une sans l'autre : si un Etat n'est pas souverain sur le plan interne, il ne doit pas être considéré comme indépendant sur le plan externe ; inversement, un Etat qui n'est pas indépendant sur le plan externe, ne peut pas être considéré comme souverain à l'intérieur, car, logiquement le véritable souverain serait la puissance étrangère qui dicte à cet Etat sa politique intérieure.

Concrètement, le droit de souveraineté de l'Etat s'analyse en droit de constitution et en droit d'action de l'Etat.

A - Le droit de constitution

Le droit de constitution signifie littéralement que tout Etat a le droit de se constituer en Etat. Une telle proposition semble à première vue tautologique : si l'Etat existe déjà, il n'a pas besoin d'être constitué ; s'il n'existe pas encore, il n'est pas là pour revendiquer son droit de constitution. C'est pour sortir de cette difficulté logique que la doctrine classique a dû inventer une autre entité comme le titulaire de ce droit de constitution de l'Etat, à savoir la nation. Le titulaire du droit de constitution de l'Etat ne serait pas l'Etat, mais la nation. Mais d'un autre point de vue, il est tout aussi raisonnable de penser que l'Etat n'est pas autre chose que la forme d'expression de la nation elle-même. La nation n'existe pas avant ni en dehors de l'Etat : les deux ne sont que les deux faces de la seule et même communauté politique. Tout comme l'Etat n'est que l'expression institutionnelle de la nation, la nation n'est que le substratum humain de l'Etat. Au sens

juridique, la nation ne doit jamais être confondue avec un groupement ethnique ou linguistique quelconque (bien qu'étymologiquement le terme nation y fasse référence). Une nation ne connaît qu'un seul Etat, et inversement, un Etat ne connaît qu'une seule nation. Du point de vue du droit constitutionnel, un Etat ne doit jamais reconnaître l'existence de plusieurs nations en son sein, sous peine de saper son propre fondement existentiel. Mais sur le plan du droit international, lorsqu'un groupement humain revendique son identité nationale, il est tout aussi logique qu'il revendique son droit de se constituer en Etat. Il s'agit là, comme nous le savons, du principe de l'autodétermination du peuple en droit international public.

Dans la philosophie politique, la constitution de l'Etat est souvent assimilée au contrat social. Hobbes, Locke, Rousseaux et Kant ont attaché leurs noms illustres à cette longue tradition. Selon eux, avant l'Etat politique, il existerait un Etat de nature dans lequel les hommes vivent libres et égaux, mais sont dépourvus de sécurité (même chez Rousseau l'état de nature est en définitive un état d'insécurité, à cause de l'apparition de la propriété privée et de l'inégalité parmi les hommes). La raison pousse donc les hommes à sortir de cet état de nature, par le biais d'un contrat social, en troquant leur liberté naturelle contre la liberté politique. Le contrat social est conçu tantôt comme *pactum subjectionis* comme chez Hobbes, tantôt comme *pactum societatis* comme chez Rousseau. Dans le premier cas, les hommes concluent un contrat de soumission par rapport à un tiers qui, n'étant pas partie du contrat, n'a aucune obligation envers eux. Dans le second cas, les hommes conclurent surtout un contrat d'association par lequel ils abdiquent la totalité de leurs libertés naturelles pour les recouvrer sous forme de libertés politiques : ils se soumettent seulement à la volonté générale, non point à la volonté d'un seul ni à la volonté de tous. D'un point de vue critique, celui de Hegel par exemple, la doctrine de contrat social, bien qu'elle ait le mérite de mettre en avant le caractère rationnel de la constitution de l'Etat, est néanmoins entachée d'un grave défaut : en réduisant l'Etat à une simple association de droit privé, elle méconnaît la nature véritable de l'Etat en tant que la forme la plus haute de la réalisation de la moralité objective d'un peuple, ou de la *Sittlichkeit*.

Le droit de constitution de l'Etat a pour titulaire la nation non pas le peuple. Sur le plan strictement juridique, le peuple est un concept dont l'extension est moins large que la nation. Plus exactement, le

peuple n'est que la partie active de la nation ou la partie ayant le droit de participer à la gestion des affaires publiques. Dans le droit public contemporain, le peuple est selon nous constitué par l'ensemble des citoyens ou personnes possédant le droit de vote. Le droit de constitution de l'Etat appartient à la nation, non pas au peuple, en ce sens que le peuple présuppose l'existence de l'Etat, et qu'il a besoin de législation de l'Etat pour avoir une détermination précise : dans le droit positif, le peuple au sens juridique est déterminé par les lois de l'Etat. Mais dès lors que l'Etat est constitué ou commence à exister, on peut dire sans trop de risque d'erreur que le peuple exercera la souveraineté de l'Etat à la place de la nation. Pour reprendre une formule de la constitution de la Ve République française, nous dirons que la souveraineté nationale appartient alors au peuple (qui l'exerce par ses représentants et par la voie du référendum).

Concrètement, pour une nation donnée, le droit de constitution de l'Etat signifie surtout deux choses : premièrement, elle a le droit de se donner une constitution ; deuxièmement, elle a le droit de changer sa constitution.

La constitution doit être entendue selon nous au sens de l'organisation de l'Etat ou l'organisation des pouvoirs de l'Etat. C'est par le biais de l'organisation que l'Etat devient une personne capable de vouloir et d'agir. Tout Etat a donc une constitution, y compris les Etats dits despotiques (l'arbitraire en est précisément le caractère fondamental)

Le droit de constitution de l'Etat est un droit opposable à toutes les puissances étrangères hostiles. Exprimé sur le plan international, ce droit prend la forme du droit de l'autodétermination du peuple (par exemple à l'encontre de la puissance coloniale) ; mais sur le plan interne, lorsqu'une partie de la population revendique le droit de constitution (comme le font les représentants des Etats généraux durant l'été de 1789 en France), il y a là une revendication à proprement parler révolutionnaire : ce qu'elle réclame n'est ni plus ni moins la refonte des pouvoirs de l'Etat sur la base d'une nouvelle constitution. Il est évident qu'une telle revendication s'adresse avant tout au pouvoir établi et constitue une lourde menace pour lui.

Le droit à la modification de la constitution de l'Etat signifie tout simplement qu'une nation doit être maîtresse de son propre destin politique et que si elle le juge nécessaire, elle a toujours la possibilité de changer sa propre constitution de la manière qu'elle juge la plus

appropriée. Dans l'absolu, comme l'a très bien dit Rousseau, un peuple a toujours le droit de changer ses propres lois, y compris les meilleures. Cependant, dans la pratique, il n'est pas déraisonnable qu'un peuple ou une nation se donne quelques limites quant à la manière de changer sa constitution : des limites matérielles (certaines matières ne doivent pas être modifiées, par exemple dans les constitutions françaises depuis la IIIe République, il existe toujours une interdiction de changer la forme républicaine du gouvernement), ou des limites temporelles (durant certaines périodes, la constitution ne doit pas être révisée), ou encore des limites procédurales (pour opérer la révision constitutionnelle, il faut un organe spécifique différent du législateur ordinaire, et une procédure de révision généralement plus lourde et plus complexe que la procédure législative ordinaire). Il est évident que quelles que soient les limites imposées par le pouvoir constituant originaire, elles sont toujours susceptibles d'être affranchies. Certains constitutionnalistes français ont pu ainsi suggérer malicieusement que, du point de vue de la technique juridique, toute interdiction en matière de révision de la constitution peut être facilement contournée par le procédé dit de double révision ou de révision sur la révision : dans un premier temps, on révise les dispositions relatives à la révision en y supprimant les interdictions gênantes, et dans un second temps, on procédera à toutes les révisions souhaitables ! Si à première vue, une telle astuce juridique paraît scandaleuse, parce qu'elle ridiculise l'intention même du pouvoir constituant originaire, à la réflexion, elle s'accorde parfaitement avec l'idée même du droit de constitution de l'Etat ou de la nation.

B - Le droit d'action

Une fois constitué, l'Etat a le droit de vouloir et le droit de manifester sa volonté dans le temps et dans l'espace. Cette double capacité d'agir de l'Etat est ce que la doctrine classique appelle droit de la puissance publique. Concrètement le droit d'action de l'Etat s'analyse en droit de volition d'une part et en droit d'exécution d'autre part.

a - Le droit de volition

Le droit de volition est également un droit de nature subjective. Il signifie que l'Etat en tant que personne morale de la nation a la capacité de vouloir, ou de former sa volonté d'agir. Comme toute volonté humaine, la volonté de l'Etat consiste elle aussi à déterminer à la fois la fin et le moyen permettant d'atteindre la fin. Elle est à la fois libre et déterminée : libre parce que l'Etat peut vouloir ou ne pas vouloir quelque chose (libre arbitre); mais déterminée en même temps, car toute volonté, étant intentionnelle, se dirige nécessairement vers un objet spécifique. Une volonté parfaitement abstraite, ou une simple volonté de vouloir n'est pas encore une volonté efficiente, faute de la détermination.

Concrètement, le droit de volition de l'Etat prend souvent la forme de droit législatif. La loi de l'Etat est l'expression de la volonté de l'Etat. Quand l'Etat fait une loi, c'est avant tout pour réaliser une certaine action. La loi de l'Etat, tout comme l'intention d'agir chez un individu humain, est le commencement de l'action étatique. Cet aspect volitif de la loi de l'Etat a été à juste titre souligné par les auteurs classiques. Chez Rousseau par exemple, la loi est définie surtout comme l'expression de la volonté générale du peuple, ou de l'Etat (le peuple étant la communauté politique prise au sens actif, alors que l'Etat est la communauté politique prise au sens passif). Pour les auteurs contemporains, la loi de l'Etat est surtout considérée comme des règles de comportement que l'Etat impose aux individus particuliers par la contrainte. Le caractère volitif est quelque peu occulté par l'aspect normatif de la loi.

Si au regard des individus particuliers mis sous la contrainte de la loi de l'Etat, celle-ci se présente surtout comme une extériorité ou une transcendance, au regard de l'Etat lui-même, la loi qu'elle élabore doit être considérée surtout comme une sorte de moralité de l'Etat : tout comme les individus humains capables de se donner des règles de conduite selon l'exigence de la raison pure pratique, l'Etat peut lui aussi se donner des lois afin de régir ses propres comportements. Dans la doctrine juridique allemande, cela s'appelle « autolimitation de l'Etat ».

En tant que forme d'expression de la moralité de l'Etat, la loi de l'Etat est surtout significative par rapport à l'Etat lui-même. Ce qui est exprimé dans la loi de l'Etat, ce sont des règles ou des préceptes

moraux que l'Etat se donne à lui-même, pour sa propre conduite. Le destinataire de la loi de l'Etat n'est donc pas une personne étrangère ou un tiers, mais bien l'Etat lui-même : ses individus membres et ses organes (le parlement, le gouvernement, l'administration et la juridiction de l'Etat, etc.).

A première vue, notre affirmation pourrait surprendre. Quoi donc ? L'Etat fait des lois pour régir ses propres conduites, non pas les conduites des individus particuliers, des familles et des corporations de la société civile ? Mais si l'on réfléchit un peu, on doit conclure que notre affirmation n'a rien d'extravagant. D'abord, il est évident que la loi d'un Etat ne régit pas les comportements des Etats étrangers ou des ressortissants étrangers ; ensuite, même par rapport à ses propres ressortissants, de deux choses l'une : soit ces derniers respectent les lois et ils se comportent alors comme citoyens de l'Etat, soit ils ne respectent pas les lois et ils se comportent alors comme des étrangers par rapport à l'Etat : leur comportement échappe pour ainsi dire à l'emprise des lois de l'Etat, ce qui veut dire également qu'en réalité, leur comportement est régi par un tout autre motif que les lois de l'Etat : faut-il rappeler encore une fois que du point de vue de la philosophie pratique, seules les règles morales régissent les comportements des hommes ?

Concrètement, les lois de l'Etat sont surtout significatives par rapport aux organes de l'Etat. Par exemple, une loi pénale ne dit jamais à un individu humain ce qu'il doit faire ou ne pas faire. Elle dit simplement au juge pénal lorsqu'un meurtre a été commis par un individu humain, quelle doit être la peine qu'il va infliger à ce dernier. Au cas où le juge pénal ne se comporterait pas selon les lois de l'Etat, il commettrait un excès de pouvoir, et son acte juridictionnel pourrait être annulé par le juge de cassation. Même les lois relatives aux contrats de droit privé ne font pas exception à ce principe, car, en dernière analyse, elles ne font que prescrire des règles au juge judiciaire dans sa manière de dire le droit, lorsqu'il est appelé à trancher les litiges nés de ce genre de contrats.

Certains auteurs contestent l'existence du droit de législation de l'Etat, en partant du constat que dans bien des milieux sociaux, les comportements des individus sont régis par des usages, des coutumes, ou par des règles corporatives, etc. Mais selon nous, l'existence des usages ou des coutumes ne doit pas mettre en cause le droit de législation de l'Etat : puisque la loi est l'expression de la volonté

subjective de l'Etat, il appartient toujours à l'Etat lui-même de juger si dans tel ou tel domaine, il doit ou ne doit pas faire des lois. Il est donc loisible à l'Etat de tolérer les us et les coutumes, ou au contraire de les supprimer purement et simplement.

Mais même si les lois de l'Etat sont la forme par excellence de l'expression de la volonté d'agir de l'Etat, elles n'en sont pas pour autant la forme unique ou exclusive. En effet, dans la réalité du droit positif, la volonté d'agir de l'Etat peut exister à travers toutes sortes d'actes unilatéraux : les règlements administratifs, les décisions individuelles de l'administration ou de la juridiction de l'Etat, etc. Bref, il pourrait y avoir ce qu'on appelle la formation de la volonté de l'Etat par degré.

Ce que nous avons dit à propos de lois de l'Etat est également valable pour tous les autres actes unilatéraux de l'Etat. Concrètement, tous les actes unilatéraux ne sont unilatéraux qu'en apparence, car, tout comme la loi, un acte unilatéral n'a de signification que par rapport à l'Etat et ses organes, non point par rapport aux individus particuliers. Il n'est donc pas destiné à régir le comportement de ces derniers.

Selon la doctrine dominante, dans la relation juridique entre les individus particuliers, le mode d'action normal est le contrat basé sur l'accord des volontés, alors que dans la relation entre l'Etat et ses sujets (administrés ou justiciables), le mode d'action principal est l'acte unilatéral : la volonté de l'Etat s'impose unilatéralement aux administrés. Mais cette vision dominante est selon nous profondément critiquable. D'un point de vue conceptuel, mêmes les actes de législation, d'administration et de juridiction de l'Etat (qu'on qualifie souvent d'actes unilatéraux) ne sont unilatéraux qu'en apparence, étant donné qu'ils se déroulent dans le cadre institutionnel de l'Etat, et que celui-ci a été préalablement accepté par ses individus membres (par l'adhésion ou par la manifestation de la communion). Dans l'hypothèse où un acte unilatéral n'est pas accepté par son destinataire (le refus de payer les impôts par exemple), on doit déduire logiquement que momentanément le lien étatique entre l'administration auteur de l'acte unilatéral et l'individu particulier destinataire de l'acte unilatéral est présumé rompu et que les deux parties se retrouvent à nouveau sur un pied d'égalité. Leur conflit ressemble donc aux conflits entre les individus particuliers. Nous nous retrouvons alors dans l'hypothèse où l'Etat entre dans une relation de

commerce juridique avec les autres sujets de droit, individuels ou corporatifs.

Pour bien saisir la nature de l'acte unilatéral, il ne faut donc pas perdre de vue la distinction que nous avons faite entre l'Etat conceptuel et l'Etat positif. Dans un Etat conceptuel, les individus membres de l'Etat en tant que parties composantes et l'Etat en tant que totalité composée se trouvent nécessairement dans une relation par définition dépourvue de conflits, les intérêts des citoyens étant les mêmes que ceux de l'Etat ou l'intérêt général (c'est en effet l'argumentation déployée par Jean-Jacques Rousseau dans son livre *Du contrat social*). Mais dans un Etat positif comme l'Etat français d'aujourd'hui, il arrive souvent qu'entre les individus membres de l'Etat et l'Etat il y ait des conflits d'intérêts : l'Etat au sens conceptuel n'est pas une donnée, mais une fin à réaliser dans un Etat positif. Chaque acte de l'Etat doit être l'objet d'un consensus entre les individus membres de l'Etat. Le contrat social fondateur de l'Etat tel que la philosophie moderne l'a conçu doit donc être actualisé tous les jours. A défaut d'un tel consensus, l'Etat positif ne serait pas vraiment un Etat digne de son concept.

Tout acte unilatéral de l'Etat, en tant que forme d'expression de la volonté de l'Etat, implique et suppose la libre volonté des individus membres de l'Etat. Il n'est unilatéral qu'en apparence. De deux choses l'une : soit l'acte unilatéral est accepté volontiers par son destinataire en tant qu'individu membre de l'Etat, soit il est rejeté par lui. Dans le premier cas, l'acceptation transforme la nature même de l'acte unilatéral : il devient pour ainsi dire un acte institutionnel ; dans le second cas, l'acte unilatéral doit être considéré comme une pure expression de la puissance de l'Etat, mais dépourvu de la prétention juridique. La relation entre l'Etat et le destinataire de l'acte unilatéral s'analysera à nouveau comme une simple relation de lutte ou de conflit, laquelle est de la même nature que n'importe quelle autre relation conflictuelle parmi les individus privés[95].

b - Le droit d'exécution

C'est un droit par lequel l'Etat traduit sa volonté dans l'espace et dans le temps. Il signifie que l'Etat a la faculté de se comporter selon

[95] Pour une conception similaire, voir par exemple Wilhelm Henke, *Das subjektive öffentliche Recht*, op.cit. (§10, Das wirkliche Verhältnis zwischen Staat und Bürger)

la règle de conduite qu'il se donne, à l'instar de l'individu humain. Comme le droit de volition, il est également de nature subjective.

Comme tout droit subjectif, le droit d'exécution de l'Etat prend la forme de la prétention subjective, ce qui signifie que ce droit n'a de sens véritable qu'en cas de contestation ou de résistance : que l'Etat ait le droit d'exécution signifie que l'Etat peut employer tous les moyens qu'il juge nécessaires pour faire cesser la résistance à sa volonté. Aussi, d'ordinaire, ce droit d'exécution de l'Etat apparaît-il sous la forme de droit de la puissance publique, ou de droit d'employer la force de contrainte.

En tant que prétention subjective, le droit d'exécution de l'Etat n'implique en soi aucune légitimité d'ordre morale. Il faut donc nous départir de la conception de Max Weber selon laquelle l'Etat aurait le monopole de la contrainte légitime. La question que Weber a oublié de se poser est celle de savoir en vertu de quoi la contrainte exercée par l'Etat serait légitime : s'il répond que la légitimité de la contrainte réside dans les lois de l'Etat, il commettrait une affreuse pétition de principe.

Un individu ou un groupement d'individus est donc libre de résister à la puissance de contrainte de l'Etat, pourvu qu'il assume la conséquence de son acte de résistance (le risque de la répression de l'Etat, par exemple). Tout comme la contrainte de l'Etat n'est pas en soi légitime, la résistance des individus n'est pas en soi condamnable moralement. Phénoménologiquement, toute résistance à l'Etat de la part d'un individu ou d'un groupement d'individus engendre un conflit entre cet individu ou ce groupement d'individus et l'Etat, ce qui donnera naissance à ce que les juristes appellent lutte pour le droit ou contentieux de droit public. L'existence du contentieux est, comme nous le verrons ci-après, l'origine même du droit public concret.

Dans la mesure où l'action de l'Etat peut être divisée en deux catégories, à savoir, celle de l'action administrative et celle de l'action juridictionnelle, le droit d'exécution peut s'analyser aussi en deux droits différents : le droit d'administration et le droit de juridiction.

La distinction entre le droit d'administration et le droit de juridiction n'a de sens que par rapport aux domaines d'activités de l'Etat, comme nous l'avons précédemment dit. Le droit d'administration signifie donc que l'Etat a un droit subjectif pour gérer ses propres affaires, ou ce qui revient au même, les affaires communes de ses individus membres (selon Hauriou, à la base du

droit administratif, il y a la théorie de gestion administrative). Le droit de juridiction signifie que l'Etat a le droit subjectif de dire le droit pour les individus particuliers, en cas de conflit. Dans les deux cas, l'Etat ne fait que se comporter selon sa propre législation ou sa propre volonté : si au regard des individus particuliers, l'administration et la juridiction de l'Etat se présentent bel et bien comme des autorités extérieures, ou transcendantales, au regard de l'Etat lui-même, par actes administratifs et actes juridictionnels, il ne fait que réaliser ses volontés d'ores et déjà exprimées dans les lois.

L'exécution de la volonté suppose que l'Etat possède les moyens nécessaires, personnels et matériels. Un Etat a beau vouloir être plus juste et plus efficace, s'il est dépourvu de moyens, il n'aurait qu'une volonté inefficiente et son rêve de grandeur ne serait qu'une simple chimère.

L'ensemble des personnels de l'Etat forme la fonction publique (en France) ou the Civil Service (en Angleterre) de l'Etat. Il va de soi que dans la réalité concrète, de la qualité de sa fonction publique, ou de son Civil Service, dépend directement la capacité de l'Etat à se réaliser dans le temps et dans l'espace. Dans les Etats de nos jours, la fonction publique est souvent indépendante des personnels gouvernants. Les agents de la fonction publique sont recrutés sur concours, et spécialisés dans les différents services administratifs ou judiciaires de l'Etat. Ce phénomène dit de bureaucratisation de l'administration et de la juridiction de l'Etat, déjà pressenti par Hegel et largement décrit par Max Weber, explique en grande partie l'efficacité de l'Etat interventionniste contemporain, mais parfois aussi ses défauts les plus criants.

Les moyens matériels de l'Etat sont de plusieurs sortes. D'abord, la situation géographique et climatique de l'Etat ainsi que les ressources naturelles dont il dispose. La capacité de résistance d'un Etat face aux menaces extérieures dépend très largement de sa situation géographique et climatique par exemple. Ensuite, les biens meubles et immeubles de l'Etat (les édifices publics, les chemins, les routes, les places, les plages, les forêts, les fleuves, les véhicules, etc.). Enfin, les finances de l'Etat : pour que l'action de l'Etat soit possible, il faut que l'Etat ait l'argent nécessaire pour payer ses fonctionnaires, pour financer tel ou tel projet de construction, pour subventionner ses individus membres en détresse, etc. C'est la raison pour laquelle le droit d'exécution de l'Etat implique notamment le droit d'imposition

et le droit de dépense publique. Il convient de noter que si d'un côté, il appartient à l'Etat lui-même de décider librement sa politique fiscale (les assiettes, les taux d'imposition, etc.), d'un autre côté, il lui faut tenir compte de l'état patrimonial de ses individus membres : une ponction fiscale trop importante risque d'appauvrir la population, de susciter la révolte. La dépense de l'Etat doit être limitée par rapport aux moyens financiers de l'Etat (le principe de l'équilibre budgétaire) : un trop grand déficit n'est jamais le signe d'une bonne gestion de l'Etat. Elle doit être économiquement opportune et politiquement juste. C'est en matière de finances publiques que le principe de la justice politique (ou le principe de la justice distributive) doit s'appliquer prioritairement et principalement.

Comme nous le verrons par la suite, les moyens matériels et financiers de l'Etat font partie du bien de l'Etat ou de la *res publica* (chose publique).

Parmi l'ensemble des droits d'exécution de l'Etat, le droit de punition occupe une place singulière. Théoriquement et historiquement, le droit de punir appartient aux individus privés sous forme du droit de vengeance. La vengeance est une forme primitive de la justice : œil pour œil, dent pour dent. Mais avec la monopolisation de la fonction juridictionnelle, l'Etat politique s'arroge aussi le droit de punir afin de préserver la paix parmi ses individus membres. Logiquement, le droit de punition de l'Etat s'analyse en mélange du droit de juridiction et du droit d'administration : la punition n'est rien d'autre que détermination de la peine par le juge pénal et son exécution par l'administration pénitentiaire. C'est pourquoi l'exercice du droit de punition ne doit pas être étranger à l'exigence de la justice rétributive : entre les crimes ou délits et la peine prononcée, il doit y avoir une certaine proportion. Une trop grande sévérité tout comme un trop grand laxisme serait injuste, tantôt par rapport à l'auteur du crime ou délit, tantôt par rapport à sa victime. Mais dans le concret, la politique pénale de l'Etat doit tenir compte de toutes sortes de facteurs circonstanciels afin de réaliser la justice pénale.

II - Le droit de commerce juridique

En tant que collectivité humaine capable d'action, l'Etat est lui aussi titulaire des droits et des obligations.

Comme participant aux rapports de commerce juridique, l'Etat se trouve logiquement sur un pied d'égalité avec les autres sujets de

droit. Il n'apparaît plus comme un souverain, mais se présente surtout comme une simple organisation corporative. Les relations de commerce juridique de l'Etat sont ou doivent être régies par le principe de la justice commutative.

Cependant à quel moment ou sous quelles conditions l'Etat apparaît-il comme partenaire d'un rapport de commerce juridique avec les autres sujets de droit et non comme un souverain face à ses sujets ?

Il n'appartient ni à l'administration, ni au législateur, ni même au constituant de l'Etat de déterminer ce moment ou ces conditions, contrairement à ce qu'ont trop souvent pensé les juristes positivistes (en droit français, on dit par exemple que c'est l'administration de l'Etat qui se met elle-même dans une situation contractuelle, au lieu d'utiliser l'acte unilatéral).

Pour nous, que l'Etat soit ou non dans un rapport de commerce juridique avec un autre sujet de droit résulte de l'analyse objective de la situation juridique dans laquelle il se trouve, et non pas du choix arbitraire de son administration ou de son législateur. Plus précisément, du point de vue phénoménologique, chaque fois que l'Etat a en face de lui une personne revendiquant ses droits ou n'exécutant pas ses obligations, il doit être présumé avoir été placé dans un rapport de commerce juridique avec cette personne. En d'autres termes, tout conflit ou tout contentieux entre l'Etat et une autre personne prive logiquement l'Etat de son caractère souverain et l'autre personne de sa qualité de citoyen (ou d'individu membre de l'Etat), et les place tous deux dans un rapport de commerce juridique.

Mais notre conception du rapport de commerce juridique de l'Etat ne revient-elle pas à dire que tous les rapports juridiques que l'Etat entretient avec un autre sujet de droit sont des rapports de commerce juridique ? A la réflexion, la réponse ne peut être qu'affirmative. D'une manière plus radicale encore, comme nous l'avons dit, les actes dits unilatéraux de l'Etat ne sont destinés qu'à l'Etat lui-même et non point à un autre sujet de droit : ils sont pour ainsi dire institutionnels. Dès lors qu'un acte de l'Etat, qu'il soit contractuel ou unilatéral, met l'Etat en face d'un autre sujet de droit, le rapport juridique qui en résulte est nécessairement un rapport de commerce juridique.

Que l'Etat se trouve dans un rapport de commerce juridique avec les autres Etats sur la scène internationale est une évidence. Dans le rapport international, tout au moins idéalement, le principe de justice commutative s'applique pleinement. Entre les différents Etats

souverains, le rapport juridique est exactement de la même nature que celui qui existe entre les individus particuliers à l'intérieur d'un Etat. L'égalité des Etats est un principe de base du droit international public.

Mais la plus grande difficulté se rencontre plutôt à l'intérieur même de l'Etat. Tout Etat étant souverain, comment peut-il être dans un rapport de commerce juridique avec ses propres sujets ? Entre la souveraineté de l'Etat et le principe de l'égalité inhérent au rapport de commerce juridique n'existe-t-il pas une contradiction logique ?

Pour surmonter cette difficulté, il faut nous départir de la vision positiviste de l'Etat et revenir une fois de plus sur la distinction que nous avons faite entre l'Etat positif et l'Etat conceptuel. Si dans un Etat conceptuel, entre l'Etat et ses individus membres, la relation est nécessairement celle du tout avec les parties (une relation par définition dépourvue de tout conflit ou de litige), en revanche, sur le plan historique, un Etat positif n'est véritablement un tout par rapport à ses individus membres que s'il y a entre eux absence de conflit ou de litige. Le moindre conflit entre l'Etat et un de ses individus membres laisse supposer que le lien étatique entre eux a été momentanément rompu ou mis entre parenthèses, et que les deux parties se trouvent à nouveau dans un rapport de face à face ou un rapport de commerce juridique (ou comme l'aurait dit Hobbes, dans un état de nature). Dans un tel rapport de commerce juridique, aussi bien l'Etat que l'individu en face de lui retrouvent leur droit naturel, qui est un droit substantiel ou matériel, résultant de leur situation existentielle. A supposer qu'un contribuable refuse de payer son impôt à l'Etat et qu'un contentieux s'élève entre l'administration fiscale et le contribuable en question, le simple fait qu'il y ait un contentieux parmi eux suffit pour présumer que la qualité de membre de l'Etat du contribuable a momentanément été mise entre parenthèses et qu'entre l'Etat et ce contribuable, la relation ne s'analyser plus en relation du tout avec ses parties, mais en relation entre deux sujets de droit distincts. Pour le juge saisi de leur litige, la question qui se pose est dès lors de savoir si le contribuable a le droit ou non (un droit substantiel ou matériel) de refuser le paiement de l'impôt, compte tenu de sa situation existentielle (par exemple s'il avait bénéficié ou non de la protection de l'Etat, s'il avait ou n'avait pas perçu des subventions de l'Etat, ou plus simplement encore, s'il réside ou non sur le territoire de l'Etat, etc.), et le jugement qu'il

rendra n'est ni plus ni moins qu'un jugement de nature juridictionnelle.

Par conséquent, à l'intérieur de son territoire, l'Etat entretient un double rapport avec ses individus membres : le rapport institutionnel et le rapport de commerce juridique, et il importe de distinguer soigneusement ces deux types de rapports, chaque fois qu'il y a lieu de déterminer les droits et les obligations de l'Etat. Les individus membres de l'Etat sont tantôt des sujets ou plus exactement des assujettis de l'Etat (dans le langage des juristes français, on dira des individus particuliers), tantôt des citoyens c'est-à-dire les parties composantes de la totalité étatique elle-même. Considérés comme des citoyens, les individus membres de l'Etat ne sauraient entrer dans une relation de conflit avec l'Etat. Il en résulte que chaque fois qu'il y a litige entre un individu membre de l'Etat et l'Etat, cet individu doit être considéré comme ayant agi en sa qualité de particulier. Dans la même logique, à l'égard des individus particuliers, l'Etat peut se comporter tantôt comme souverain, tantôt comme partenaire du rapport de commerce juridique. En tant que souverain, l'Etat peut imposer sa volonté. Mais en tant que partenaire du rapport de commerce juridique, l'Etat se trouve sur un pied d'égalité avec les autres sujets. Dans le rapport de souveraineté, l'Etat doit se comporter avec ses sujets selon l'exigence de la justice distributive, non point de manière arbitraire. En matière d'imposition ou de service militaire par exemple, le principe de la justice distributive sert à justifier l'impôt progressif, ou l'exonération du service militaire pour certains citoyens. Dans le rapport de commerce juridique, l'Etat est un sujet de droit comme les autres. Le principe de la justice commutative s'y applique pleinement. Notons que dans la doctrine juridique allemande, ce problème de la justice commutative entre l'Etat et les individus particuliers (*die Gerichtsbarkeit zwischen Souveran und Untertan*) se pose d'une façon quelque peu différente. Au lieu du droit ou de l'obligation de l'Etat, on soulève plutôt la question des droits et des obligations des individus particuliers dans leur rapport avec l'Etat. Est-ce que les individus particuliers possèdent des droits vis-à-vis de l'administration de l'Etat ? C'est là en effet la célèbre problématique de droit public subjectif (*das subjective öffentliche Recht*). Dans le droit administratif positif allemand, ce problème est étroitement lié à celui de l'intérêt pour agir devant le tribunal administratif (*Klagbefugnis*) : un individu ne peut se plaindre devant le tribunal

administratif que si son droit public subjectif a été violé par l'administration (in seiner Rechten verletzt). Pour Wilhelm Henke par exemple, ce droit n'est pas simplement de nature procédurale ou formelle, mais est plus fondamentalement un droit matériel. Chaque fois qu'il y a un conflit entre un individu membre de l'Etat et l'Etat (son administration, son législateur même), il faut supposer que l'individu en question ait perdu sa qualité de membre de l'Etat ou retrouvé sa qualité naturelle, en tant que simple habitant de l'Etat ou en tant que personne privée (*der Einzelne ist im Verhältnis zum Staat nicht mehr Berechtiger, d.h. Inhaber von Rechten, sondern "Individuum" oder "Staateinwohner", also auch nicht mehr Untertan, sondern nur im Besitz des natürlichen Freiheit befindlicher "Privatmann". Die Behörden handeln nicht in Ausübung von Recht, d.h. Hoheitsrechten, sondern als Vertreter der Gesamtheit*). Pour nous, la solution au problème du droit public subjectif est en effet assez simple. Il faut distinguer deux cas de figure : celui de la plainte contre un acte étatique et celui de la demande de dommages et intérêts à l'Etat. Le droit de l'individu particulier est dans les deux cas de nature différente. Le recours dirigé contre un acte tend à le faire annuler. Le droit supposé du requérant est un droit institutionnel. Le requérant agit en qualité d'individu membre de l'Etat (au cas où il serait de nationalité étrangère, il faut supposer qu'il se voit accordé momentanément cette qualité, durant le temps d'un recours). En droit administratif français, le recours pour excès de pouvoir a toujours été qualifié à juste titre par les auteurs comme un recours objectif, qui n'est pas fait pour protéger l'intérêt particulier du requérant, mais est fait dans l'intérêt de la loi ou de l'administration. La doctrine d'*ultra vires* en droit anglais ainsi que l'adage *si excessit, privatus est* en droit allemand dénote selon nous à peu de chose près le même principe. Le recours pour demander des dommages et intérêts (en droit français le recours de plein contentieux) est un droit que les individus particuliers possèdent dans leur relation de commerce juridique avec l'Etat. Il est de la même nature que le droit des individus particuliers dans leur relation mutuelle.

Dans la réalité historique, en raison de l'imperfection même de l'Etat positif, le rapport de souveraineté et le rapport de commerce juridique peuvent se confondre. La notion de contrat administratif en droit administratif français en est un parfait exemple : dans un contrat administratif, qui doit être par nature égalitaire, il existe néanmoins

souvent des clauses exorbitantes par lesquelles l'administration de l'Etat peut tantôt s'accorder des privilèges, tantôt s'imposer des obligations supplémentaires.

Notons en passant que dans la doctrine juridique classique, on s'est longuement interrogé sur le rapport entre le droit et l'Etat. Dans la mesure où le droit est compris uniquement au sens de règles de conduite sanctionnées par la puissance de l'Etat, on s'étonne de ce que l'Etat puisse lui aussi être régi par le droit. Aussi les auteurs allemands ont-ils dû inventer la célèbre théorie de l'autolimitation de l'Etat, en vue de sauver l'Etat de droit. Or, dans la perspective qui est la nôtre, l'Etat de droit ne doit pas signifier simplement l'Etat soumis aux règles de droit qu'il élabore lui-même, mais doit signifier surtout l'Etat qui assume les conséquences juridiques de ses actes. La conception sophistiquée de l'autolimitation de l'Etat devient complètement inutile, dans la perspective théorique qui est la nôtre. Quant à savoir pourquoi l'Etat peut avoir des droits ou des obligations, la réponse n'en peut être que plus aisée : c'est une exigence de la justice ou plus simplement encore du droit lui-même !

Selon la nature du rapport de commerce juridique dans lequel s'engage l'Etat, on peut distinguer deux types de droits pour l'Etat, celui du droit réel et celui du droit personnel, au sens du droit civil classique. Il va de soi que ces deux types de droits de l'Etat supposent et impliquent réciproquement des obligations de l'Etat.

A - Le droit réel de l'Etat

Le droit réel de l'Etat est un droit qui se rapporte directement à une chose (*jus in rem*) : droit de propriété, droit d'usufruit, etc. Comme tout droit réel, celui de l'Etat est également médiatisé par la reconnaissance des autres sujets de droit. Dans le rapport d'immédiateté que l'Etat entretient avec les choses se pose une simple question de fait, celle de la possession. La possession se transforme en propriété lorsqu'elle est reconnue par tous les autres sujets de droit. C'est en ce sens que tout droit réel peut s'analyser aussi en droit personnel.

Quand on dit que l'Etat est titulaire de droits réels, on veut signifier par là que certaines choses appartiennent à la collectivité des individus membres de l'Etat. Les choses possédées par l'Etat sont donc des choses publiques, ou *res publica*, ou bien commun. Il est vrai que de nos jours, l'idée de *res publica* est surtout associée à une

certaine forme de gouvernement ou régime politique (quand on dit que la république est différente de la monarchie ou de l'oligarchie par exemple). Mais dans le sens premier ou originel, la *res publica* signifie surtout les choses du public : chez les Romains par exemple, la *res publica* se définit par référence aux objets : lieux de culte, arènes, théâtres, systèmes d'adduction et d'irrigation, etc.

Logiquement, les choses publiques doivent être gérées dans l'intérêt de tous. Dans le droit administratif français de nos jours, parmi l'ensemble des choses possédées par l'Etat, on fait la distinction entre le domaine public et le domaine privé. Le domaine public est dit inaliénable et imprescriptible dans la mesure où il est directement affecté à l'usage du public ou aux services publics, tandis que le domaine privé peut être l'objet de l'aliénation et de la prescription. Mais dans les deux cas, l'administration chargée de la gestion des domaines de l'Etat doit toujours gérer ces domaines dans l'intérêt général, sous peine de commettre un excès de pouvoir.

Parmi l'ensemble des droits réels de l'Etat, le plus important est certainement le droit de propriété. L'Etat peut être propriétaire de nombreuses choses (des forêts, des rivières, des plages, des lacs, des immeubles, des chemins, des routes, des œuvres d'art, etc.). Une question intéressante est de savoir si le territoire même de l'Etat peut être considéré comme la propriété de l'Etat, et en cas de réponse affirmative, quelle est la nature du rapport juridique entre l'Etat et le propriétaire foncier privé. Puisque, comme nous l'avons dit, la propriété est une possession reconnue par tous les autres sujets de droit, sur le plan du droit international tout au moins, l'Etat doit être considéré comme le propriétaire de son territoire. Dès lors, il est tout à fait logique de penser que les propriétés foncières privées qui se trouvent sur le territoire de l'Etat ne sont en réalité que des droits dérivés de la propriété de l'Etat. La propriété privée est une sorte de disposition de la propriété collective, voulue par l'Etat, ou ce qui revient au même, aménagée par le système juridique de l'Etat. A l'époque de l'Etat patrimoinial, le territoire de l'Etat se confondait avec le *dominium* ou la propriété privée du roi. Si l'on remonte dans le passé de l'histoire, on constatera que les propriétés foncières des individus particuliers résultaient souvent de la distribution de la terre conquise par le chef militaire à leurs fidèles. Chez les Romains par exemple, de vastes territoires conquis par l'armée romaine, telle l'Egypte entière pendant un temps, étaient considérés comme la

propriété privée du chef militaire par le Sénat romain. De leur côté, les Mérovingiens et les Carolingiens considérèrent leurs empires entiers comme de simples patrimoines privés dont on pouvait hériter par voie de succession. Du point de vue aussi bien théorique qu'historique, la propriété foncière privée n'a de sens qu'à l'intérieur du territoire d'un Etat. Lorsqu'un Etat perd son territoire après avoir été envahi par une puissance étrangère, les propriétés foncières privées qui s'y trouvent perdront également leur signification juridique, au moins pour la puissance occupante.

B - Le droit personnel de l'Etat

Par droit personnel de l'Etat, on doit entendre l'ensemble des droits et des obligations que l'Etat possède dans ses rapports avec les autres sujets juridiques, que ce soit des individus particuliers ou des personnes morales. Comme nous l'avons dit précédemment, tous les droits et toutes les obligations sont de nature personnelle, puisque, même dans le cas du droit réel, la relation avec les choses est toujours médiatisée par la reconnaissance des autres sujets (c'est là précisément la différence entre la possession et la propriété). Mais à la différence du droit réel, dans le cas du droit personnel, les deux sujets de droit sont entrés dans une relation juridique interpersonnelle de façon immédiate et directe. C'est le droit de commerce juridique par excellence.

Les droits personnels de l'Etat ont été jusqu'ici étudiés par la doctrine classique dans le cadre de la responsabilité de la puissance publique. Cette manière de procéder s'explique sans doute par le fait que pour le droit public classique, le problème le plus important fut celui de garantir les droits des individus particuliers face à l'Etat, non pas celui de protéger les droits de l'Etat par rapport aux individus particuliers. Mais d'un point de vue théorique, l'Etat n'a pas uniquement des obligations ou des responsabilités, mais également des droits, à l'instar de tous les autres sujets de droit.

Il convient de préciser les significations de deux termes : obligation et responsabilité. Selon Kelsen par exemple, on est obligé par ce qu'on a fait soi-même, et responsable par ce qu'a fait un autre. Mais par-delà ce sophisme qui ne nécessite pas une critique sérieuse (car, du point de vue de la justice, on est toujours obligé ou responsable uniquement par rapport à ce qu'on a fait soi-même), nous devons admettre que pour les juristes ordinaires, les deux termes sont souvent pris comme des synonymes. Si nous devons à tout prix établir une frontière entre les deux termes, nous dirons que le mot responsabilité insiste davantage sur la capacité morale et juridique d'un sujet de répondre de ses actes (c'est pourquoi la responsabilité veut dire également imputabilité d'un acte ou d'un fait à un sujet juridique ou moral.), tandis que le mot obligation met l'accent sur la conséquence juridique d'un acte ou d'un fait. La responsabilité se rapporte à l'aspect subjectif tandis que l'obligation insiste davantage sur le côté objectif d'une situation juridique. Dans la suite de notre développement, nous utiliserons, sauf précision particulière, le terme « obligation » là où la doctrine classique préfère le mot « responsabilité ».

Les droits et les obligations de l'Etat dans ses rapports avec les autres sujets juridiques résultent soit d'un acte volontaire, soit d'un fait objectif indépendant de la volonté. A l'instar de la doctrine juridique classique, nous pouvons faire la distinction entre droit contractuel et droit délictuel de l'Etat.

a - Le droit contractuel

1) Que l'Etat puisse également conclure des contrats avec les autres sujets juridiques est un fait qui s'impose à tous les observateurs de la vie juridique de l'Etat contemporain. Le contrat de l'Etat s'appelle traité en droit international, contrat administratif en droit interne. En dépit de leur différence notable (le contrat administratif est sanctionné par le système juridictionnel de l'Etat tandis que le traité international ne bénéficie pas d'une sanction similaire, faute d'une autorité institutionnelle centralisée), le traité et le contrat se définissent tous deux comme l'accord des volontés, au moins sur le plan formel : aussi bien les droits que les obligations issues du traité international et du contrat administratif sont censés avoir été librement acceptés par l'Etat et son cocontractant.

Dans la doctrine juridique, le contrat en tant qu'accord des volontés est considéré un instrument de la liberté par excellence. Mais une telle vision idyllique est selon nous profondément discutable. Dans bien de cas, derrière les actes contractuels peuvent se cacher la pire des contraintes et des oppressions. L'accord des volontés ne reflète aucunement l'harmonie préétablie entre les cocontractants. Tout ce qu'un homme accepte dans sa vie n'est pas nécessairement juste. Par ailleurs, que veut dire précisément l'accord des volontés entre les cocontractants ? A l'évidence, l'accord des volontés ne signifie pas l'identité des volontés : dans un contrat d'achat et de vente par exemple, si l'un a la volonté de vendre quelque chose, l'autre a la volonté d'acheter cette chose. Il s'agit là manifestement de deux volontés différentes. Derrière l'accord des volontés, il y a en effet deux volontés unilatérales, parallèles, mais contraires. En droit privé, contrairement à ce que pense la majorité des juristes privatistes, le contrat se révèle bien souvent être un instrument de domination et de servitude, si nous devons nous fier à ce que pense Lacordaire : dans les domaines économiques, *c'est le contrat qui opprime ; la loi qui libère !* Dans le cas du traité international, cet aspect contraignant de la formation de la volonté contractuelle est d'autant plus important qu'il n'y a pas de législation internationale qui réglemente et corrige les inégalités de fait entre les Etats cocontractants.

2) Idéalement, la relation contractuelle entre l'Etat et un autre sujet doit être régie par le principe de la justice commutative qui instaure l'égalité arithmétique entre les deux : les droits de l'Etat supposent donc les obligations de son cocontractant et *vice versa*. Mais dans la réalité du droit positif, en raison de l'interférence de la souveraineté de l'Etat, il se peut qu'un Etat s'accorde davantage des droits qu'il n'accepte des obligations dans ses relations avec ses cocontractants. En droit français par exemple, l'Etat n'a pas exactement les mêmes droits, ni les mêmes obligations que les autres sujets de droit, individuels ou corporatifs, en matière de contrats administratifs : il bénéficie de véritables privilèges, tels les clauses exorbitantes du droit commun, le privilège de ne pas exécuter les contrats dans certains cas (la notion de fait de prince), etc.

Dans le droit interétatique ou le droit public international, les Etats souverains sont censés être égaux et seuls les traités issus de l'accord des volontés satisfont formellement l'exigence de la justice commutative. Mais là encore, il ne faut pas se voiler la face : dans la réalité historique, les relations entre les Etats sont rarement égalitaires. Derrière l'apparence contractuelle, se cache souvent un simple rapport de force. Bien souvent, les traités sont conclus à la suite des conflits militaires : au lieu de l'accord des volontés, il y a en réalité la subordination d'une volonté (celle du vaincu) par rapport à une autre (celle du vainqueur) ! Si *pacta sunt servanta* est une excellente maxime parfaitement respectable, il n'en demeure pas moins vrai que de nombreux traités sont injustes, et qu'ils encourent le risque d'être rapidement déchirés, si le vaincu d'hier a retrouvé suffisamment de force aujourd'hui pour défier le vainqueur.

b - Le droit délictuel

L'expression « droit délictuel » est trempeuse, puisqu'elle évoque littéralement d'un droit qui pourrait résulter d'un acte délictuel, ce qui est absurde. Ce n'est donc que par respect dû à l'usage langagier des juristes que nous parlons ici des droits délictuels de l'Etat. Pour nous, par cette expression, il faut entendre simplement l'idée selon laquelle l'Etat peut avoir des droits et des obligations, soit parce qu'il a causé des dommages à autrui, soit parce qu'il a subi des dommages à cause des agissements d'autrui. Dans la doctrine classique, le problème des droits délictuels de l'Etat est surtout traité sous le nom de responsabilité délictuelle de l'Etat, ce qui est quelque peu réducteur : du point de vue qui est le nôtre, dans ses rapports de commerce juridique avec les autres sujets de droit, l'Etat a non seulement des « responsabilités » (ou plus exactement des obligations), mais également des droits. Ici aussi, l'Etat doit être pensé comme un sujet qui a à la fois des droits et des obligations.

Les droits délictuels de l'Etat ont le même fondement que ceux des individus particuliers. Ce fondement est assez facile à formuler, tant il relève d'un sentiment élémentaire de justice : tout préjudice causé doit être réparé (selon le célèbre article 1382 du Code civil français).

Cependant, sur le plan historique, les Etats n'assument pas toujours leur responsabilité volontairement. Parmi les Etats ayant accepté leur responsabilité, il se peut que le régime juridique de la responsabilité de l'Etat soit très différent de celui des individus particuliers. En droit administratif français par exemple, suite au célèbre arrêt *Blanco* (*T.C, 8 février 1873*), aussi bien les règles de droit applicables que la juridiction compétente en matière de responsabilité de l'Etat sont profondément différentes de celles du droit de la responsabilité en droit privé. Ce genre de distorsions s'explique aisément : étant souverain, l'Etat positif rechigne à être mis sur un pied d'égalité avec les individus particuliers. Mais avec le temps, ces genres de distorsions sont appelés à disparaître. En droit français actuel, le régime de la responsabilité administrative ressemble de plus en plus à celui des individus particuliers. Une telle tendance est selon nous tout à fait normale et inscrite dans la nature des choses.

La doctrine classique fait la distinction entre la responsabilité pour faute et la responsabilité sans faute de l'Etat.

L'expression même de la responsabilité pour faute n'est pas exempte de critique. En effet, la notion de faute, en raison de sa connotation morale, fait allusion à une intention malicieuse de nuire. Or, dans bien des cas, surtout quand il s'agit de l'Etat, la responsabilité n'est nullement fondée sur l'existence d'une faute morale de la part de l'Etat.

En effet, pour qu'il y ait responsabilité de l'Etat, il faut la réunion des trois conditions suivantes :

Premièrement, il doit y avoir un préjudice. Ce préjudice peut être matériel, physique ou moral. Si les préjudices matériels ou physiques se calculent essentiellement selon la valeur marchande de la chose atteinte ou selon les frais médicaux engagés, le préjudice moral est par définition difficilement chiffrable en valeur monétaire. L'évaluation du préjudice moral dépend donc de la volonté du juge ou plus rarement du législateur. Il n'est pas rare que suite à un long procès, le juge condamne la partie perdante à un franc ou un euro symbolique. Dans la pratique du droit administratif français, il arrive souvent que le juge ne procède pas lui-même à l'évaluation du préjudice causé par une action administrative : il la confie à l'administration elle-même ou à des experts, ce qui est critiquable dans certains cas (lorsque l'administration évalue elle-même la réparation à allouer à la victime de son action, on peut estimer qu'elle se comporte partiellement comme juge et partie à la fois, ce qui est contraire à l'exigence de la justice).

Deuxièmement, il faut qu'il y ait un acte ou un fait imputable à l'Etat qui est à l'origine du préjudice en question. Trois précisions doivent être apportées à cet endroit. D'abord, l'acte peut être de nature positive ou négative. L'acte négatif s'analyse en inaction de la part de l'Etat ou de son administration. Ensuite, comme nous l'avons déjà dit, l'acte qui cause le préjudice n'est pas nécessairement constitutif d'une faute au sens moral. Enfin, la responsabilité de l'Etat est indépendante de la légalité ou non de l'acte étatique en question : même un acte administratif ou juridictionnel parfaitement légal peut engager la responsabilité de l'Etat dès lors qu'il est à l'origine d'un préjudice.

Troisièmement, il est nécessaire qu'il y ait un lien de causalité entre l'acte ou le fait de l'Etat avec le préjudice constaté. La cause doit être comprise au sens de cause originale d'Aristote et non point de cause matérielle, cause formelle, ou cause finale. Mais la détermination de la cause peut se révéler dans la pratique très difficile, en raison de l'infinité même des toutes les chaînes causales. Aussi se contente-t-on souvent de chercher la cause déterminante (directe ou immédiate). Dans des cas particulièrement délicats (en cas d'existence de la faute de victime par exemple), il arrive aussi que le juge retienne plusieurs causes pour un seul et même préjudice et fasse la différence entre les causes principales et les causes secondaires. Selon nous, la détermination des causes d'un préjudice relève à proprement parler de la science naturelle (physique, chimique ou médicale, etc.) et non point de la science juridique. Ce n'est donc pas étonnant si de nos jours les juges ont de plus en plus tendance à recourir aux compétences des experts pour ce genre de besognes, surtout dans les domaines médicaux, environnementaux, ou le domaine de la haute technologie.

La responsabilité délictuelle de l'Etat s'engage généralement en raison des actes administratifs et juridictionnels de l'Etat, car la plupart du temps ce sont ce genre d'actes qui réalisent la volonté de l'Etat et entraînent des conséquences préjudiciables pour autrui. Aussi les auteurs se contentent-ils de parler bien souvent de la responsabilité administrative de l'Etat. Mais la dénomination « responsabilité administrative » ne doit pas signifier que seule l'action administrative de l'Etat peut engager la responsabilité délictuelle de l'Etat. Pour nous, tous les actes étatiques, quels qu'ils soient, dès lors qu'ils ont causé des préjudices à autrui, engagent la responsabilité de l'Etat.

Un cas particulier mérite ici notre attention : c'est ce qu'on appelle en France la responsabilité de l'Etat du fait des lois. Dans la mesure où les lois de l'Etat sont d'ordinaire réalisées par le biais de l'action administrative de l'Etat, la responsabilité de l'Etat du fait de lois est généralement incluse dans la responsabilité administrative de l'Etat. Mais dans quelques rares hypothèses, les lois de l'Etat peuvent engendrer directement des préjudices et engagent ainsi la responsabilité de l'Etat, sans qu'il soit médiatisé par un quelconque acte administratif.

L'existence même de la responsabilité de l'Etat du fait des lois signifie que la question de la responsabilité de l'Etat est en soi parfaitement étrangère à celle de la légalité ou non d'un acte étatique. Il s'ensuit logiquement qu'un acte administratif, même légal (c'est-à-dire conforme à la loi de l'Etat), s'il a causé des préjudices à autrui, engage la responsabilité de l'Etat. En droit français, dans le passé, un acte administratif, dès lors qu'il était légal, ne pouvait pas engager la responsabilité de l'Etat. Mais une telle pratique est évidemment contraire au principe de la justice. C'est pourquoi elle a été peu à peu abandonnée au profit d'une conception nouvelle. Dans le célèbre arrêt *Couitéas* (30 novembre 1923), le Conseil d'Etat français a pu ainsi décider que la non-intervention de la force armée pour faire cesser l'occupation d'une parcelle de terre privée par des indigènes, bien que légale, compte tenu des circonstances, n'engage pas moins la responsabilité de l'Etat envers le propriétaire privé ainsi lésé.

La même logique s'applique à la responsabilité de l'Etat du fait des traités et des engagements internationaux. Lorsque ces traités ou ces engagements internationaux ont causé des préjudices à autrui, l'Etat doit assumer sa responsabilité envers les victimes.

Notre raisonnement en la matière peut être poussé encore plus loin : l'Etat peut se rendre responsable du fait même de sa constitution. Mais dans la pratique, une telle hypothèse se présente plutôt rarement. Le cas le plus probable se trouve certainement dans les relations internationales. En effet, du point de vue du droit international, peu importe qu'un acte de l'Etat soit constitutionnel, législatif, administratif ou juridictionnel, dès lors qu'il est la cause d'un préjudice, il doit engager la responsabilité de l'Etat.

Si jusqu'à présent, le problème de la responsabilité de l'Etat a largement retenu l'attention des juristes publicistes, il ne faut pas oublier que d'un point de vue théorique, l'Etat n'est pas seulement sujet des obligations, mais est également sujet des droits. Plus précisément, lorsque l'Etat est victime des actes dommageables des autres sujets de droit, qu'il s'agisse d'un individu particulier ou d'une personne morale, il a lui aussi droit à la réparation. Seulement, à la différence des individus particuliers ou des personnes morales qui sont obligés de s'adresser à la justice de l'Etat pour obtenir réparation, l'Etat peut parvenir au même résultat, souvent par la voie simplement administrative, sous forme d'amendement, ou autres types de sanctions administratives. En droit administratif français, dans le sillage de l'arrêt du Conseil d'Etat *Préfet de l'Eure (30 mai 1913),* il existe même un principe qui interdit à l'administration de recourir au juge administratif, si elle a le pouvoir de sanction pour obtenir satisfaction elle-même.

Mais du point de vue de la justice formelle, cette solution est quelque peu critiquable : l'administration de l'Etat étant à la fois juge et partie, il lui est difficile de rester impartiale quand il s'agit de prendre la décision de sanction à l'égard de l'auteur de l'acte dommageable à l'Etat.

Section 2 — Le droit public formel

Par droit public formel, nous entendons les formes de réalisation du droit public.

Les formes de réalisation du droit public ne sont pas quelque chose d'extérieur au droit public. Tout droit public qui existe existe toujours sous une certaine forme. A proprement parler, les formes du droit public donnent au droit public sa configuration concrète. Selon Aristote, la cause formelle sert même de définition à une chose : la statue de Vénus est différente de celle d'Apollon, non pas par rapport à son support matériel, qui pourrait être pareillement un bloc de marbre ou d'airain, mais par sa forme.

D'un point de vue théorique, l'idée du droit public, pour se réaliser, passe par trois formes différentes, selon la logique dialectique.

Ces trois formes sont autant des étapes d'un seul et même processus : le moment abstrait, en tant que règles de droit public (le droit public *en soi*) ; le moment subjectif, en tant que droit public subjectif (le droit public *pour soi*) ; enfin le moment concret, en tant que droit public juridictionnel ou le droit public dit par le juge (le droit public *en soi et pour soi*).

Si idéalement, tout droit public doit connaître ces trois formes, sur le plan historique, il se peut qu'un droit public déterminé ne connaisse qu'une ou deux de ces trois formes seulement, ou donne la préférence à une ou deux de ces trois formes. La réalisation du droit public serait dans ces hypothèses incomplète, ou imparfaite. Par exemple, un Etat peut élaborer une masse très importante de règles de droit public (donc sous la forme du droit public abstrait), mais s'il n'instaure pas des juridictions adéquates pour appliquer ces règles, il ne connaît qu'une réalisation imparfaite de son droit public.

§1 — Le droit public abstrait

La première étape de la réalisation du droit public est celle du droit public abstrait. Le droit public abstrait se présente sous la forme de règles de droit public. Il est vrai que par rapport à des idées simplement émises par les philosophes ou par les juristes théoriciens dans leurs écrits doctrinaux, les règles de droit public, dans la mesure où elles sont posées ou admises par les autorités positives, se présentent d'ores et déjà comme le début de la concrétisation de l'idée du droit public : c'est d'ailleurs pour cela qu'elles sont considérées à juste titre comme des règles du droit public positif. Mais d'un autre côté, au regard de ce qu'est le processus global de la réalisation du droit public, les règles de droit public en sont seulement le commencement, et en représentent le moment le plus abstrait : non seulement de nombreuses règles de droit public ne reçoivent pas d'application, mais en plus, toutes les règles de droit public, dans la mesure où elles visent des cas hypothétiques, n'affectent pas encore la situation juridique concrète de l'Etat dans son existence effective. Les règles de droit public ont vocation à être appliquées par les juges dans leurs actes juridictionnels, mais ne sont pas encore effectivement appliquées.

Comme n'importe quelle autre règle de droit, la règle de droit public est grammaticalement formée de deux parties : la partie hypothétique et la partie décisionnelle. La partie hypothétique concerne telle ou telle situation existentielle de l'Etat dans laquelle l'Etat a fait ceci ou n'a pas fait cela. La partie décisionnelle est relative aux conséquences juridiques (*suum cuique*) de ce qu'a fait l'Etat. La règle de droit public est donc de nature hypothético-déductive à sa manière. Les formules incantatoires, idéologiques, telles qu'on les trouve à profusion dans les textes législatifs de nos jours ne sont pas des règles de droit public, faute d'en dégager clairement la structure linguistique intrinsèque[96].

[96] Parmi les textes élaborés par les autorités positives, il y a lieu de faire la distinction entre ceux qui posent des règles de droit (public ou privé) et ceux qui posent des règles morales de l'Etat. Les textes qui posent les règles de droit public sont relatifs à l'étaticité des actes, ou aux droits et obligations de l'Etat ; les textes qui posent les règles morales de l'Etat sont relatifs aux préceptes moraux que l'Etat s'impose à lui-même. Lorsque le préambule de la Constitution française de 1946 dit dans son article 14 que la République française se conforme aux principes du droit international public, et n'entreprendra aucune guerre dans des vues de conquête, et

Dans la perspective qui est la nôtre, les règles de droit public sont surtout des règles d'attribution de la valeur juridique aux actes de l'Etat d'ores et déjà réalisés. Plus précisément, les règles de droit public sont faites pour les juges qui sont appelés à dire les droits et les obligations de l'Etat. Elles ne sont normatives que pour les juges. Dans l'hypothèse où un système juridique ne prévoit pas des juridictions pour appliquer les règles de droit public, l'existence de celles-ci n'aurait pas de signification véritable.

Les auteurs classiques pensent que les règles de droit public sont des impératifs catégoriques et ont pour but de régir les comportements de l'Etat. Que l'Etat puisse et doive être régi par des règles, voilà l'idée de base de toute la construction idéologique de l'Etat de droit. Mais l'Etat de droit ainsi compris reste selon nous imparfait et ne peut être qualifié au mieux que d'Etat légal. En effet, on peut concevoir sans difficulté un Etat brigand (ou un peuple de démons si nous reprenons l'hypothèse de Kant) qui pille sans vergogne les biens d'autrui. Un tel Etat a certes lui aussi ses règles de conduite bien déterminées et bien respectées. Mais le bon sens nous dit qu'on ne saurait raisonnablement le qualifier d'Etat de droit au sens littéral du terme : un véritable Etat de droit doit être non seulement un Etat régi par des règles, mais en plus un Etat respectant les droits d'autrui.

Le droit public abstrait connaît à son tour deux formes, coutumière et écrite. Ces deux formes du droit public abstrait constituent également les deux sources principales du tout droit public positif ou historique. Elle exprime toutes les deux la substance éthique d'un peuple. Par définition, la forme coutumière traduit et exprime implicitement ce qu'un peuple a pu concevoir comme la modalité et la valeur de son existence, de ses droits et de ses obligations. Comparativement, le droit public écrit en est la forme d'expression explicite, dans la mesure où il est médiatisé par le texte. Dans le droit public coutumier, les règles de droit public et leur application se

---

n'emploiera jamais ses forces contre la liberté d'aucun peuple, il ne pose pas là une règle de droit public, mais dicte à l'Etat français une règle de conduite de nature proprement morale. De manière analogue, lorsque le législateur français déclare dans un texte de loi que les ressources d'eau font partie du patrimoine national, il ne fait que donner une règle morale à l'Etat français : celui-ci aura donc un devoir de conservation des ressources d'eau. C'est faute d'avoir fait cette distinction que la doctrine juridique a beaucoup de mal à comprendre les phénomènes législatifs et réglementaires dans les Etats positifs de notre époque.

confondent. Dans le droit public écrit en revanche, il existe nécessairement la distinction entre la normativité et l'effectivité. D'un point de vue phénoménologique, si tout droit public coutumier tend vers la forme écrite, pour davantage de clarté, tout droit public écrit doit, quant à lui, se transformer idéalement en droit public coutumier, pour davantage d'effectivité.

I - Le droit public coutumier

La forme coutumière des règles de droit public repose sur des traditions orales qui font autorité. Si elle convient parfaitement à la société traditionnelle, en revanche, dans la société moderne, on a tendance à la considérer comme inadéquate, à cause de sa fixité (une règle coutumière est difficilement changeable) et de son caractère autoritaire (telle ou telle classes ou castes détiennent le monopole pour découvrir ou plus exactement pour fixer les coutumes).

Historiquement, les règles de droit public apparaissent d'abord sous forme coutumière. Lorsque les individus membres d'un Etat ne sont pas encore parvenus à une conscience parfaitement claire de leurs règles de droit public, ils se contentent de suivre la tradition et d'adhérer à la coutume. D'une certaine manière, le droit public coutumier ressemble à la langue d'un pays qui se forme naturellement, sans l'intervention d'une volonté humaine explicite. C'est en ce sens que les auteurs comme Savigny ont pu considérer le droit coutumier comme la traduction directe de l'esprit du peuple (*Volkgeist*).

Du point de vue de la théorie du droit public, deux questions importantes se posent à propos du droit public coutumier : comment identifier les règles de droit public coutumier ? Et quelle est la portée ou la fonction des règles de droit public coutumier ?

A - L'identification de la coutume

Dans la marche des affaires publiques ou de l'Etat, il existe toutes sortes de pratiques, de manières, de cérémonies, de rituels, de conventions, d'usages, etc.[97] Toutes ne sont pas de la même valeur, et ne forment pas des règles de droit public coutumier. Comment identifier les règles de droit public coutumier ou quelles sont les conditions de l'existence des règles de droit public coutumier ?

---

[97] Pour un inventaire complet, voir l'ouvrage de Martin Louhgin, *The Idea of public law*, op.cit.

Selon la doctrine juridique classique, pour qu'il y ait règle coutumière, il faut la réunion de deux conditions : la répétition d'une certaine pratique ou d'un précédent dans la durée (c'est ce que les auteurs français appellent souvent usage et les auteurs anglo-saxons, convention) et la reconnaissance de cette pratique ou de ce précédent comme obligatoire par *l'opinio juris*.

Un usage est littéralement une pratique répétée dans le temps. Comme le bon sens nous l'enseigne, une fois n'est pas coutume. Pour qu'il y ait coutume, il faut qu'une pratique soit répétée dans la durée. Sous la Ve République française, le général de Gaulle avait utilisé à deux reprises, en 1962 et en 1969, la procédure du référendum législatif de l'article 11 au lieu de la procédure de révision prévue par l'article 89 de la Constitution, afin de réviser la Constitution. Par la suite, certains auteurs ont soutenu l'idée qu'il y a désormais une coutume constitutionnelle en la matière. A notre avis, une telle idée ne saurait convaincre, car si le référendum de 1962 a été couronné de succès, en revanche, en 1969, le peuple français a bel et bien repoussé le projet de révision proposé par le général. Il n'y a donc pas eu une répétition suffisante d'un précédent. Par conséquent, il ne doit pas y avoir une coutume constitutionnelle qui permettrait désormais de réviser la constitution de 1958 avec son article 11. En revanche, au moment de la formation du régime parlementaire anglais au cours du 18e siècle, la pratique de la démission du gouvernement à la suite d'une menace d'*impeachment* de la part du parlement avait été systématiquement suivie. Un des mécanismes-clés du régime parlementaire, celui de la responsabilité politique du gouvernement devant le parlement, est donc issu d'une coutume constitutionnelle anglaise.

Parmi l'ensemble des usages dans la gestion des affaires de l'Etat, on fait la distinction entre ceux qui forment coutume, et ceux qui ne le font pas. Seuls les usages reconnus comme obligatoires par *l'opinio juris* méritent le nom de coutume. Obligatoire ou pas selon *l'opinio juris*, voilà le critère distinctif entre la coutume et la convention (ou l'usage).

Est obligatoire un usage donc le respect s'impose aux pouvoirs publics. En d'autres termes, le non-respect d'un usage obligatoire doit entrainer nécessairement des sanctions, soit de nature institutionnelle, soit de nature juridique. Mais qui peut être considéré comme capable d'exprimer cette *opinio juris ?* A cette question, il n'y a pas une réponse unanimement admise. Certains auteurs pensent que l'*opinio juris* est exprimée par les autorités publiques elles-mêmes. D'autres songent plutôt à l'opinion publique dont les mass-médias de nos jours seraient les porte-parole. Mais selon nous, l'*opinio juris* doit être avant tout celle des juridictions institutionnelles d'un Etat, tels le Conseil d'Etat, la Cour de cassation et le Conseil constitutionnel en France, la Cour Suprême aux Etats-Unis. En effet, elles seules ont la compétence de sanctionner une pratique contraire à la règle coutumière. Dans les pays influencés par le droit anglais, le droit coutumier ou *the Common law* se résume pour l'essentiel en *Judge made law*, ou droit fait par le juge. Cependant dans la mesure où la juridiction institutionnelle est elle-même acceptée par la doctrine juridique et par l'opinion publique en général, on peut considérer approximativement que l'*opinio juris* est, à sa manière, l'émanation de l'esprit collectif d'un peuple.

B - Les fonctions de la coutume

Les règles de droit public coutumières ont des fonctions variables selon qu'un Etat connaît ou non les règles de droit public écrites. Dans un Etat où il n'y a pas de règles de droit public écrites, l'ensemble des règles coutumières forme le droit public de cet Etat. Dans une certaine mesure, le Royaume-Uni de nos jours connaît encore un tel droit public coutumier (en matière constitutionnelle notamment). Dans un Etat où il existe des règles de droit public écrites, la doctrine distingue généralement deux fonctions de règles coutumières : la fonction supplétive et la fonction interprétative. Certains auteurs pensent qu'il peut également y avoir des coutumes qui modifient et abrogent les règles écrites (*contra legem ou contra constitutionem*), ce qui est selon nous critiquable, car l'existence de ce genre de coutumes anéantirait la raison d'être même des règles de droit écrites : sous le couvert de coutume *contra legem ou contra constitutionem,* il y a ni plus ni moins que la violation des règles de droit public écrites.

Lorsque les règles écrites sont lacunaires, les règles coutumières peuvent les suppléer ou les compléter (*praeter constitutionem ou praeter legem*). Le constituant ou le législateur d'un Etat, si sagace qu'il soit, ne saurait tout prévoir et tout règlementer. Il y a souvent des questions juridiques ou institutionnelles qui ne trouvent pas de réponses adéquates dans la constitution écrite ou dans les textes de loi. En droit français, l'exemple le plus significatif est celui des lois constitutionnelles de 1875 qui avaient tout simplement ignoré l'existence du chef du gouvernement. Il fallait donc une coutume constitutionnelle pour combler cette lacune : dès le début de la IIIe République, un président du Conseil des ministres a été nommé pour coordonner et diriger les travaux des différents ministres. Dans une logique similaire, sous la IIIe République, il existe une coutume dite de décret-loi selon laquelle le Parlement peut déléguer le pouvoir de légiférer au gouvernement et ce dernier a la possibilité de faire des décrets, qui, une fois ratifiés par le Parlement, auront force de la loi.

Lorsque les règles écrites sont ambigües et entraînent des difficultés d'interprétation, la coutume peut venir clarifier leur sens. L'article 8 de la constitution de la Ve République française dispose que le Président de la République nomme le premier ministre et met fin à sa fonction, sur la présentation par celui-ci de la démission du Gouvernement. Mais ce même article ne dit point si le Président a également le pouvoir de révoquer le premier ministre en dehors de cette hypothèse de la démission collective du Gouvernement. C'est donc une règle coutumière implicitement acceptée par tous qui va résoudre le problème : sauf durant la période dite de la cohabitation, le Président de la République a effectivement le pouvoir de forcer le premier ministre à la démission. Voici un autre exemple : en France pendant longtemps, les auteurs ont discuté pour savoir quelle est la valeur juridique du préambule de la constitution. Le débat a pris une ampleur inédite au début de la Ve République, car de son résultat dépendra l'effectivité ou non du contrôle de la constitutionnalité des lois instauré par la nouvelle constitution. Pour que ce débat soit clos, il a fallu attendre la célèbre décision du Conseil constitutionnel du 16 juillet 1971 sur la loi relative à la liberté d'association. Désormais, le préambule de la constitution a la pleine valeur constitutionnelle, ce qui signifie que les textes auxquels renvoie ce préambule, à savoir la Déclaration des droits de l'homme et du citoyen de 1789, et le préambule de la constitution de 1946 sont désormais intégrés dans le corpus constitutionnel de la Ve République et peuvent être invoqués à l'encontre des lois adoptées par le Parlement devant le Conseil constitutionnel. Pour nous, il s'agit là d'un cas typique de l'existence d'une coutume qui vient clarifier le sens d'un texte constitutionnel, volontairement ou involontairement obscur.

II - Le droit public écrit

D'une manière générale, le droit public contemporain a une prédilection pour la forme écrite. Selon la plupart des auteurs, la règle de droit écrite serait supérieure à la règle de droit coutumière pour les raisons suivantes : elle est inscrite sur un support matériel facilement repérable (le texte écrit) ; elle est plus facile d'accès (il suffit de savoir lire pour comprendre une règle) ; et enfin, elle est plus facile à changer (ce qui conviendrait mieux au volontarisme moderne). D'un point de vue critique cependant, la forme écrite des règles de droit public comporte évidemment elle aussi des inconvénients : dans la mesure où on peut fabriquer à volonté des textes, et les modifier à l'infini, les règles de droit public écrites ont une propension naturelle à proliférer, pour devenir finalement une nébuleuse impénétrable et incompréhensible. Bref, dans la pratique, l'excès d'écriture pourrait bien conduire à un résultat contraire à ce qu'on pourrait escompter. De nos jours, on déplore un peu partout la complexité du droit (y compris du droit public), en raison du gigantisme et de la versatilité des textes législatifs et réglementaires. Au lieu de l'adage *nul n'est censé ignorer la loi*, on se résigne de plus en plus au constat quelque peu désabusé *nul n'est censé connaître la loi.*

D'un point de vue théorique, le droit public écrit soulève surtout deux problèmes : qui est compétent pour écrire les règles de droit public et comment écrire les règles de droit public ? C'est là la question de l'élaboration des règles de droit public écrit. Comment garantir l'effectivité des règles de droit public écrit ? C'est là la question de l'interprétation du texte de droit public.

A - L'élaboration

L'élaboration des règles de droit public écrites soulève généralement deux sortes de problèmes : celle relative à l'auteur de l'écriture et celle relative à la manière ou à la méthode de l'écriture.

1) Si les règles coutumières se forgent avec le temps à travers la conscience collective d'un peuple, les règles écrites impliquent évidemment l'existence d'un auteur. Par rapport à l'auteur d'un texte du droit public, on soulève généralement la question de la compétence : dans un Etat positif, qui a la compétence nécessaire pour écrire un texte énonciateur des règles de droit public ? Dans la perspective qui est la nôtre, la question de compétence en matière

d'écriture de règles de droit n'est ni plus ni moins que celle de l'imputabilité d'un acte d'écriture de règle de droit à l'Etat : dire qu'une personne est compétente pour écrire un texte énonciateur de règles de droit public veut dire tout simplement que le texte écrit par lui est imputable à l'Etat.

Dans les Etats modernes où il existe une organisation hiérarchique, l'élaboration des règles de droit public implique souvent l'intervention de plusieurs organes de l'Etat : une autorité supérieure délègue le pouvoir d'écrire à une autorité inférieure qui énonce concrètement les règles de droit. Cette autorité inférieure peut à son tour déléguer une partie de son pouvoir à une autre autorité inférieure à elle, etc., ainsi de suite. Plus explicitement, le pouvoir constituant délègue le pouvoir de faire la loi à un organe législatif, qui peut le déléguer à son tour partiellement à des autorités règlementaires, etc.

Il convient d'observer que cette hiérarchisation des autorités compétentes dans l'élaboration des règles de droit public n'est pas toujours nécessaire, ni possible. Dans les Etats autoritaires où le pouvoir d'élaborer des textes appartient à un seul homme, il est inutile de faire la distinction entre le pouvoir constituant, le pouvoir législatif, le pouvoir règlementaire, le pouvoir décisionnel, etc. Même dans la plupart des Etats modernes où il existe une organisation hiérarchique, les domaines d'intervention des différents pouvoirs hiérarchisés ne sont pas toujours faciles à déterminer. Quel doit être le contenu d'un texte constitutionnel par rapport à celui d'un texte législatif, ou quel doit être le contenu d'un texte législatif par rapport à celui d'un texte règlementaire? Il s'agit là de problèmes auxquels on a souvent du mal à trouver des solutions satisfaisantes.

2) De nos jours, à la suite de Hans Kelsen, presque toute la doctrine publiciste admet que dans un Etat positif donné, l'ensemble des règles de droit y compris donc les règles de droit public forme un système hiérarchique ou encore une pyramide normative, en raison de leurs contenus qui sont plus ou moins abstraits : les règles en haut de la pyramide seraient les plus abstraites et devraient être concrétisées de plus en plus par des règles inférieures, etc. jusqu'aux règles individuelles, situées en bas de la pyramide. Mais selon nous, cette conception est critiquable. De notre point de vue, une véritable règle ne doit jamais être complètement abstraite, sous peine de perdre sa qualité même de règle : a-t-on jamais vu un artisan utiliser une règle abstraite pour mesure une ligne droite ou un angle arrondi ? Or, si

l'existence des règles de droit abstraites est un leurre, il ne peut pas non plus y avoir une hiérarchisation des règles de droit. La pyramide normative n'existe tout simplement pas.

Au lieu de la pyramide ou hiérarchie normative, il y a à vrai dire une hiérarchisation des organes étatiques chargés de l'élaboration des règles de droit écrites : l'autorité étatique supérieure, par un texte écrit, fixe les conditions de l'imputation étatique d'un acte d'une autorité étatique inférieure. Pour employer le terme de Hart, nous dirons qu'il y a là une règle de récognition institutionnelle ou règle secondaire (par rapport à la règle primaire qui serait destinée à régir les comportements des hommes). A la limite, seules les règles relatives à l'acte de création des règles (que les auteurs français appellent parfois, avec un horrible barbarisme, actes normateurs) peuvent être empilées les unes sur les autres pour former une espèce de hiérarchie et non les règles de droit proprement dites. Cette signification uniquement institutionnelle de la hiérarchie normative kelsénienne, que Kelsen nomme par ailleurs la dynamique du droit, explique certainement un phénomène culturel assez curieux, mais rarement relevé par les auteurs : dans la pratique, ce sont la plupart du temps les juristes publicistes qui affectionnent la lecture de Kelsen, et adhèrent à sa conception de la hiérarchie normative, tandis les juristes privatistes n'ont jamais montré un quelconque intérêt pour la *Théorie pure du droit* du maître de Vienne ! Comment expliquer une telle curiosité ? Selon nous, si, aux yeux des juristes publicistes soucieux de l'organisation rationnelle de l'Etat, toutes les règles de création du droit doivent être hiérarchisées, aux yeux des juristes privatistes, seul le contenu d'une règle importe véritablement. Bref, dans un système juridique donné, là où les juristes publicistes croient voir la merveille d'une pyramide de normes, les juristes privatistes n'aperçoivent qu'une plateforme toute aplatie de règles de droit, placées les unes à côté des autres.

3) Afin de rendre les règles de droit public écrites accessibles et compréhensibles, on a inventé très tôt la technique de codification : on regroupe par matières un certain nombre de règles de droit public dans un texte unique, de telle sorte qu'elles forment un tout cohérent et complet. La plupart des constitutions modernes écrites peuvent être considérées comme des tentatives de codification de règles de droit public les plus importantes. En matière administrative et juridictionnelle, on peut procéder aussi à des codifications : celle de

procédure administrative, de contentieux administratifs, d'urbanisme, de domaines publics, de collectivités locales, de fiscalité, etc. Idéalement, entre les différents codes d'un droit public déterminé, il doit exister aussi une certaine cohérence logique. En matière d'imposition par exemple, si, dans un code des impôts, on trouve une règle parfaitement différente de celle qu'on trouve dans un code de l'urbanisme ou dans un code des collectivités locales, on dira qu'il y a incohérence voire contradiction dans le droit public d'un Etat.

Idéalement, rien n'interdit de codifier l'ensemble des règles de droit public dans un texte unique. Mais dans la pratique, il s'agit là d'une entreprise particulièrement difficile, voire impossible. En voulant fixer les règles de droit public dans un texte par nature modifiable à l'infini, le législateur court le risque de défaire ce qu'il a fait la veille, à la manière de Pénélope : un code, à peine né, risque d'être modifié au lendemain. Comment concilier ces deux exigences contradictoires, la déterminité et la flexibilité ? Voilà le problème crucial de toute entreprise de codification.

A l'âge de l'écriture sur papier, ce problème reste difficilement soluble. En effet, chaque fois qu'il y a nécessité de modifier ne serait-ce qu'un seul mot d'un texte ou d'un code existant, le législateur est obligé de maintenir ce dernier, tout en faisant un texte nouveau. Il n'est donc pas rare de voir des textes qui modifient des textes qui ont modifié des textes qui avaient modifié des textes, etc. De sorte que par rapport à un problème juridique donné, pour savoir la règle de droit en vigueur, un juge ou un justiciable est obligé de consulter un nombre très important de textes étalés dans le temps, ce qui engendre évidemment une très grande difficulté d'accès et de compréhension et donne naissance au sentiment d'insécurité juridique. La situation pourrait devenir encore plus absurde si le législateur, sous la pression de l'opinion publique (comme c'est souvent le cas dans les Etats qui pratiquent le régime parlementaire), est obligé de fabriquer des textes, pour feindre de tenir les promesses électorales : sans abroger des textes anciens, on met en chantier des textes nouveaux, qui viennent y apporter quelques nuances ou modifications. Le droit deviendra vite dans ces conditions un véritable labyrinthe, dans lequel seuls quelques experts peuvent avoir une chance de se retrouver. Une telle situation est évidemment contraire à l'exigence élémentaire de justice et au principe de l'égalité des citoyens devant la loi.

Pour faire face à cette difficulté de l'écriture des règles de droit, en France, on a inventé la technique dite de codification à droit constant : un code doit être constamment mis à jour pour intégrer les dernières législations en vigueur dans un domaine déterminé. Mais il est évident que tant que le support de l'écriture reste encore sous forme de papier, la codification à droit constant demeure un rêve difficilement réalisable. On n'a fait que transporter la difficulté de la législation ordinaire sur le plan de la codification.

Le problème de la codification à droit constant pourra trouver, à notre avis, un début de solution, avec l'arrivée de l'écriture électronique et d'Internet. En effet, désormais, un législateur pourra, par l'écriture électronique, changer certaines dispositions d'une loi ou d'un code sans en bouleverser l'économie générale, tout en rendant le texte d'origine ainsi que sa modification lisible de manière synoptique dans une seule version électronique. Dans la mesure où la capacité de stockage des textes électroniques est extensible à l'infini, il serait tout à fait loisible pour un législateur ambitieux de codifier toutes les règles de droit public (ainsi que de droit privé) de manière systématique dans un texte électronique unique et consultable instantanément via Internet.

4) Pour qualifier une règle de droit comme règle de droit public, il importe peu qu'elle soit contenue dans un code administratif ou dans un code civil, ou encore dans des lois particulières. Selon nous, dès lors qu'une règle est utilisée par le juge pour régler un contentieux de droit public, elle doit être considérée comme faisant partie du droit public. En droit français par exemple, lorsque le juge administratif utilise une disposition du Code civil pour résoudre un contentieux en matière de responsabilité publique, on doit considérer que la disposition en question a énoncé une règle de droit public. Il est donc inapproprié de dire que dans ce cas, le juge administratif français a emprunté une règle de droit privé. A notre sens, aucune règle de droit n'est, par nature ou *a priori*, de droit public ou de droit privé : c'est bien plutôt son utilisation par le juge qui lui confère après coup un caractère déterminé, de droit public ou de droit privé. Il n'est donc pas absurde de dire que la plupart du temps, la grande majorité de règles de droit sont de nature à la fois publique et privée, ou plus simplement encore, qu'elles sont des règles de droit tout court. Les règles contenues dans le Code civil ne sont pas *par nature* de droit privé,

même si dans la pratique ce sont les juges judiciaires qui en font le plus souvent usage.

B - L'interprétation

1) A la différence des règles de droit public coutumières qui sont immédiatement effectives, les règles de droit public écrites, étant médiatisés par le texte, ne deviendront effectives que si elles sont interprétées et appliquées. Si nous devons emprunter la célèbre distinction kelsénienne, nous dirons qu'un texte de droit public contient uniquement des *Rechtssatz* (propositions juridiques), mais pas encore des *Rechtsnorm* (normes juridiques). Pour qu'un texte juridique écrit puisse se transformer en règle de droit public, il faut qu'il soit intériorisé dans une conscience subjective, et qu'il s'apprête à régir la volonté d'un sujet d'action.

L'interprétation d'un texte juridique est nécessaire, car comme tout texte, celui-ci ne produit son sens que pour un lecteur. Entre l'existence objective d'un texte juridique (qui est lui-même le résultat de l'objectivation d'une certaine conception subjective de la part de l'auteur du texte) et la conscience subjective d'un lecteur, il existe inéluctablement un décalage, celui de la transcendance même du sujet par rapport à l'objet.

2) Le but de l'interprétation consiste évidemment à dégager la règle de droit enfouie dans le texte. Mais la règle de droit selon qui ? Trois perspectives typiques ont été dégagées par la doctrine juridique, en raison de la structure herméneutique propre à toute interprétation : celle de l'auteur du texte, celle du texte lui-même, et enfin celle de l'interprète. La méthode de l'interprétation varie en fonction de perspectives dans lesquelles on se place.

Si l'on conçoit l'interprétation comme le moyen de dégager les règles de droit voulues par l'auteur du texte, la technique qu'il importe de mettre en œuvre est surtout celle de la recherche de l'intention de l'auteur au moment même de l'élaboration du texte. C'est ce qu'on appelle souvent l'interprétation volontariste, l'interprétation historique ou encore l'interprétation génétique. A travers les travaux préparatoires, les débats parlementaires, etc., l'interprète tend à sonder le cœur et le rein du législateur pour savoir ce qu'il avait voulu dire au moment même de l'élaboration d'une loi.

Si l'on conçoit l'interprétation comme le moyen de dégager les règles de droit telles qu'elles existent dans le texte lui-même, sans égard à la volonté initiale du législateur, on s'autorisera quelques libertés par rapport à l'intention de l'auteur du texte. On dira alors que le texte a une existence objective, indépendante de la volonté de son auteur, ou encore que le texte, une fois écrit, échappe à son auteur, pour mener une vie indépendante qui lui est propre. La technique interprétative la plus importante est dès lors celle de l'interprétation littérale ou l'interprétation systémique. Celle-ci peut être à son tour régie par plusieurs principes : celui de l'unité vocabulaire, celui de la cohérence logique (on raisonne alors *a contrario, a simili, ou a fortiori, etc.*), celui de l'effet utile, etc.

Si l'on conçoit enfin l'interprétation comme le moyen de dégager des règles de droit applicables par le juge dans un cas concret, on insistera alors surtout sur le rôle du juge (le lecteur) dans la production du sens normatif. Tout comme le lecteur sait toujours plus que l'auteur d'un texte, si l'on croit la célèbre maxime de Schleiermacher, le père de l'herméneutique moderne, le juge qui interprète le texte de loi sait toujours plus que le législateur lui-même. Plus radicalement encore, selon certains auteurs[98], les règles de droit n'existent jamais en soi dans un texte édicté par le législateur, mais existent uniquement dans l'interprétation que le juge donne au texte, dans un cas concret. Dès lors ce qui importe pour l'interprète, c'est ce qui se produit à l'intérieur de sa propre conscience : être claire et distincte, voilà l'exigence propre à toute interprétation réussie (c'est le principe dit d'intime conviction). Dans un certain sens, ce qu'on appelle parfois l'interprétation fonctionnelle peut être rattaché à cette perspective interprétative du juge : quel est le but poursuivi par le législateur quand il édicte tel ou tel texte ? C'est le juge qui se pose la question et c'est lui également qui en donne la réponse. Le réalisme américain ira même plus loin sur le chemin de l'émancipation du juge par rapport au législateur : le droit est ce que décide le juge, disait jadis le célèbre juge Holmes[99].

3) De notre point de vue, le sens normatif d'un texte de droit public ne réside exclusivement ni dans l'intention de son auteur, ni dans le texte lui-même, ni dans la volonté de l'interprète, mais résulte du processus dialectique de l'interprétation qui les implique tous les trois : l'auteur du texte, le texte lui-même et l'interprète du texte

---

[98] Voir par exemple F. Muller, *Discours de la méthode juridique*, tr.fr, puf, 1998.
[99] Oliver Wendell Holmes, *The path of the law*, in 10 *Harvard law review* 457, 1897.

contribuent ensemble et chacun à sa manière à la production du sens normatif. Mais dans la réalité concrète, laquelle de ces trois composantes du processus interprétatif occupe une place plus importante que les deux autres ? Il s'agit là d'une question simplement empirique ou institutionnelle, pour laquelle il n'existe aucune réponse purement logique. Dans un système juridique donné comme celui de la France d'aujourd'hui, si à première vue, le juge d'instance ou le juge d'appel est libre d'interpréter le texte législatif, et de dire le droit *hic et nunc* en fonction de son interprétation, en réalité, son interprétation est constamment mise sous la surveillance et le contrôle du juge de cassation. En tant que gardien des lois, le juge de cassation représente pour ainsi dire le législateur afin de maintenir une certaine cohérence interprétative des juges ordinaires. C'est donc lui qui doit être considéré comme l'interprète authentique, au sens que les juristes normativistes ont donné à cette expression.

§2 — Le droit public subjectif

La seconde étape de la réalisation du droit public est le droit public subjectif. Les règles de droit public se sont pour ainsi dire intériorisées dans les consciences de l'Etat et font ainsi partie de sa moralité subjective. Sur le plan aussi bien psychologique que phénoménologique, ce moment correspond à la prise de conscience de ses droits par l'Etat dans une situation concrète. Les droits de l'Etat sortent de leur détermination abstraite (sous forme de règles de droit public), pour devenir une prétention subjective de la part de l'Etat.

Notre conception du droit public subjectif n'est donc pas tout à fait la même que celle de G. Jellinek[100]. Pour ce dernier en effet, le droit public subjectif signifie uniquement les droits que les individus particuliers peuvent avoir dans leur relation avec l'Etat en raison précisément de leur statut de sujets de droit. Pour nous, le droit public subjectif doit être pensé avant tout et surtout comme un moment de la réalisation du droit de l'Etat : non seulement les individus membres de l'Etat mais également l'Etat lui-même possèdent des droits publics subjectifs.

[100] G. Jellinek, *System der subjectiven öffentlichen Rechts*, Mohr, Tübingen, 1919.

I - Le droit subjectif des individus

1) Dans la doctrine classique, notamment parmi les auteurs allemands inventeurs de ce concept, le droit public subjectif était compris essentiellement comme le droit des individus face à l'Etat.

Mais selon nous, le droit subjectif des individus vis-à-vis de l'Etat peut être de deux natures tout à fait différentes, selon qu'on envisage l'individu en question comme individu particulier ou comme individu membre de l'Etat, ou pour employer le langage de l'Assemblée constituante française de 1789, comme homme ou comme citoyen.

2) Comme homme, dans sa relation avec l'Etat, l'individu particulier possède des droits et des obligations, exactement de la même manière que dans sa relation avec les autres individus particuliers. Ainsi, lorsqu'il a subi des préjudices à cause des actes étatiques, il a droit à la réparation. Lorsque l'Etat a négligé ses obligations contractuelles, un individu particulier cocontractant de l'Etat peut engager sa responsabilité devant la justice. Théoriquement tout au moins, l'existence de ce genre de droits pour les individus particuliers ne soulève pas de difficultés particulières, puisqu'elle est l'exigence même de la justice. Cependant sur le plan historique, la reconnaissance de ce genre de droits des individus particuliers face à l'Etat n'a pas été chose facile, surtout en raison de la conception traditionnelle de l'Etat souverain : comme une puissance de domination, l'Etat impose sa volonté aux individus particuliers, en vue du bien commun ou de l'intérêt général, même si ce faisant, les intérêts des individus particuliers peuvent en pâtir plus ou moins.

3) Comme citoyen, l'individu est un membre constitutif de l'Etat. Logiquement, il ne pourrait y avoir le moindre conflit entre les deux. *A priori*, il n'existerait donc pas un droit subjectif du citoyen contre l'Etat.

Pour envisager la possibilité même du droit subjectif du citoyen par rapport à l'Etat, il nous faut changer complètement la perspective de la doctrine classique. Lorsqu'un individu conteste la légalité d'un acte administratif (le recours pour excès de pouvoir en droit français), ou judiciaire (le recours en cassation), ou encore la constitutionnalité d'un acte législatif (le recours devant la juridiction constitutionnelle), etc., en quelle qualité il agit exactement et contre qui en réalité ? Dans la perspective qui est la nôtre, il agit toujours en sa qualité d'individu particulier et non point en sa qualité d'individu membre ou de citoyen, et il agit non pas contre l'Etat, mais contre les individus empiriques qui se cachent derrière l'organe de l'Etat. De son côté, l'organe étatique dont l'acte est contesté doit être considéré uniquement comme des individus particuliers, en ce sens que l'existence même d'un recours contentieux à l'encontre de son acte met entre parenthèses momentanément sa qualité d'organe de l'Etat. Dès lors, tout recours contentieux contre l'acte d'un organe de l'Etat doit être considéré comme une confrontation entre deux conceptions de l'Etat, celle du requérant et celle des individus empiriques cachés derrière l'organe de l'Etat. Tout comme le requérant a le droit subjectif de contester l'étaticité de l'acte d'un organe de l'Etat, les individus empiriques derrière cet organe de l'Etat ont le droit subjectif de la défendre. Il y a donc bien deux intérêts subjectifs en conflit au départ. Mais ce qu'il y a de spécifique par rapport à la confrontation des droits subjectifs dans la relation de droit privé, c'est le fait qu'au point d'arrivée, c'est l'intérêt objectif de l'Etat ou l'intérêt général qui se trouve conforté ou modifié. Cette particularité du recours dirigé contre les actes de l'organe de l'Etat justifie selon nous la conception française du recours pour excès de pouvoir. Selon cette conception en effet, le recours pour excès de pouvoir est un recours avant tout objectif, en vue de sauvegarder la légalité (ou selon nous l'étaticité) de l'acte administratif, mais en même temps, pour tenter un tel recours devant la juridiction administrative, le requérant doit justifier d'un intérêt pour agir, d'ordre subjectif ou individuel. Par exemple, pour contester valablement les délibérations d'un conseil municipal en matière budgétaire, il faut que le requérant soit le contribuable de la commune. L'intérêt d'agir subjectif est pour ainsi dire mis au service de l'intérêt objectif de l'Etat, dans le cas du recours pour excès de pouvoir.

Bref, le droit subjectif du citoyen contre l'Etat s'analyse à manière en droit subjectif des individus particuliers dans leur lutte politique, en vue de la réalisation de l'Etat.

II - Le droit subjectif de l'Etat

1) Par droit subjectif de l'Etat, il faut surtout entendre le droit de l'Etat selon la prétention subjective de l'Etat. Sous forme de prétention subjective, le droit de l'Etat quitte la sphère abstraite et entre pour ainsi dire dans la conscience subjective de l'Etat. La prise de conscience des droits de l'Etat s'apparente à la manifestation de

communion sous la direction du pouvoir organisé dans la théorie de l'institution de Maurice Hauriou. Elle fait partie de la moralité de l'Etat. C'est un moment crucial de la réalisation du droit public. Sans elle, le droit public n'aurait tout simplement pas de signification concrète.

2) Puisque la prise de conscience est un phénomène spirituel propre aux individus humains empiriques en chair et en os, dans la réalité concrète, l'Etat ne prend conscience de ses droits que par le biais de ses organes et de ses individus membres.

La prise de conscience du droit public par les organes de l'Etat se réalise essentiellement par le biais des individus empiriques derrière l'organe de l'Etat. Plus concrètement, c'est surtout l'affaire des hommes politiques et des fonctionnaires de l'Etat. Un homme politique ayant un sens aigu des droits et des obligations de l'Etat est un véritable homme d'Etat. Un fonctionnaire zélé capable de défendre les droits de l'Etat partout là où il est nécessaire est un bon serviteur de l'Etat. Sans les hommes politiques et les fonctionnaires ayant un véritable sens de l'Etat, les droits de l'Etat ne pourront pas devenir effectifs, faute de l'énergie subjective pour les défendre.

Il peut exister au sein de l'Etat des organes spécifiques pour la défense de droits de l'Etat. En droit français actuel par exemple, le Président de la République est considéré comme le garant de la constitution par l'article 5 de la Constitution de 1958. De nombreux pouvoirs lui sont ainsi conférés (le pouvoir dictatorial de l'article 16 notamment) pour qu'il puisse remplir effectivement ce rôle de garant de la constitution. Dans une mesure moindre, mais tout aussi significative, le préfet peut être considéré comme le défenseur des droits de l'Etat en matière administrative : par un arrêté il peut élever un conflit de compétence juridictionnelle, chaque fois qu'un contentieux met en jeu l'intérêt de l'administration publique, ou ce qui revient au même, les droits et les obligations de l'Etat.

3) La défense des droits de l'Etat est également l'affaire des individus membres de l'Etat ou des citoyens. Platon a déjà dit que ce ne sont pas les pierres, mais les hommes qui constituent le meilleur rempart de la cité. Lorsque les droits de l'Etat sont bafoués, c'est la chose publique elle-même qui se trouve mise en danger. C'est donc à la fois une vertu civique et une obligation citoyenne de défendre les droits de l'Etat, de la part des individus membres de l'Etat.

La défense des droits de l'Etat par les citoyens peut prendre plusieurs formes. Deux d'entre elles méritent une attention particulière, à savoir le droit de la participation et le droit de la résistance à l'oppression.

Le droit de la participation à la gestion des affaires de l'Etat ou le droit de suffrage (ou encore droit électoral) est un droit subjectif des individus membres de l'Etat. En revendiquant le droit de suffrage, un individu membre de l'Etat considère que la gestion des affaires publiques n'est plus un privilège réservé à un homme providentiel ou à quelques élites, mais est quelque chose qui le concerne personnellement. Pour nous, le droit de suffrage ne doit pas être considéré comme un droit de citoyenneté uniquement dans le régime démocratique : il est le droit des individus membres de tout Etat digne de ce nom, c'est-à-dire, en tant que *res publica.*

Le droit de la résistance à l'oppression ou le droit de la désobéissance civile n'est pas dirigé contre l'Etat, mais vise en réalité les individus empiriques derrière les organes de l'Etat ou les gouvernants, au nom de l'intérêt supérieur de l'Etat ou au nom de la chose publique (*res publica*). Historiquement, c'est souvent au nom du droit de la résistance à l'oppression qu'il y a soulèvement populaire ou révolution politique.

Comme nous l'avons déjà dit, lorsqu'un individu tente un recours pour excès de pouvoir contre un acte administratif, juridictionnel, ou législatif, il agit également en défenseur des droits de l'Etat, alors même qu'à première vue, il cherche à satisfaire ses intérêts particuliers.

4) Le droit public subjectif se présente concrètement sous la forme de la prétention subjective : dans telle ou telle situation, l'Etat a tel ou tel droit, ou n'a pas telle ou telle obligation. On conçoit aisément qu'une telle prétention n'a de sens véritable qu'en face d'une prétention contraire d'un autre sujet de droit, qu'il soit un individu particulier ou une personne morale ou encore un autre Etat : sur le plan proprement psychologique, la prise de conscience est un phénomène réflexif qui n'a lieu qu'en cas de difficulté ou d'obstacle.

Dès lors, le droit public subjectif implique nécessairement l'existence de conflits ou de litiges : lorsque deux prétentions subjectives diamétralement opposées s'affrontent, il y a ce que Jhering appelle lutte pour le droit. Tout comme pour les droits des individus particuliers, les droits de l'Etat doivent eux aussi passer par la lutte pour être réalisés. Lutter pour les droits de l'Etat revient ni plus ni moins à lutter pour l'existence même de l'Etat.

Lorsque la lutte pour les droits de l'Etat se fait par la force, il y a la lutte à mort ou la guerre (entre les Etats ou entre les différents groupements politiques au sein d'un Etat : la guerre des nations ou la guerre civile). Lorsque cette lutte se fait de façon institutionnelle, c'est-à-dire lorsqu'elle est portée devant un tiers impartial et désintéressé, il y a contentieux de droit public[101]. Par le biais du contentieux, le droit public se réalisera enfin sous sa forme concrète.

§3 — Le droit public concret

Le droit public concret est l'actualisation du droit public dans la réalité empirique. La plupart du temps, le droit public se réalise paisiblement, sans trop de difficultés : les lois de l'Etat sont scrupuleusement respectées, les biens publics ne sont pas l'objet de dégradation ou de spoliation, etc. Mais dans d'autres situations, elle doit passer par le combat ou par la voie du contentieux.

Par le biais du contentieux, le droit public devient concret. Les droits de l'Etat ne sont plus purement hypothétiques comme dans le cas de la règle de droit public. Ils ne sont pas non plus de simples prétentions subjectives de la part de l'Etat (ou de ses organes, de ses fonctionnaires, de ses citoyens, etc.), mais sont ici et maintenant déterminés par l'acte juridictionnel d'un tiers. C'est dans la *jurisdictio* du tiers que les droits de l'Etat trouvent son ultime degré de détermination ou sa vérité formelle.

En fonction de différents types de contentieux de droit public, il existe des modes différents pour l'organisation du contentieux dans un système juridique donné.

I - La distinction des contentieux

La distinction des contentieux de droit public a fait couler beaucoup d'encre par le passé. En France, on a abordé ce problème surtout par le biais de la distinction des contentieux administratifs. Nombreux sont les critères avancés par les auteurs afin de trouver la meilleure distinction possible : la distinction entre le contentieux objectif et le contentieux subjectif, la distinction entre le contentieux

[101] Sur ce point, voir Alexandre Kojève, *Esquisse d'une phénoménologie du droit*, op.cit.

de l'excès de pouvoir et le contentieux de pleine juridiction, la distinction entre le contentieux de l'annulation et le contentieux de la responsabilité, etc. Sans qu'il soit nécessaire d'entrer ici dans une discussion détaillée sur les différentes distinctions proposées, il nous semble évident qu'avant d'entreprendre une quelconque distinction des contentieux en droit public, il faut préciser la perspective dans laquelle on doit se placer pour envisager celle-ci. Puisque tout contentieux implique deux prétentions subjectives contradictoires, et que ces prétentions conditionnent les règles de droit applicables et les pouvoirs du juge, il est nécessaire de choisir le point de vue des parties en litige pour envisager la distinction des contentieux en droit public.

Or, que prétendent précisément les deux parties en litige dans un contentieux de droit public ? De deux choses l'une : soit tel acte ou tel fait est imputable ou non à l'Etat, soit tel acte ou tel fait, imputable à l'Etat, doit entraîner ou non telle ou telle conséquence juridique pour l'Etat. Les juristes administrativistes français ont l'habitude de parler de contentieux de l'excès de pouvoir et de contentieux de la responsabilité administrative (ou du plein contentieux ou encore contentieux de pleine juridiction). Mais ces expressions restent selon nous inadéquates. Le terme « contentieux de l'excès de pouvoir » n'exprime pas de manière satisfaisante les cas où une des parties en litige n'est pas un organe de l'Etat mais peut néanmoins accomplir, sous certaines conditions, des actes imputables à l'Etat (en droit français par exemple, des personnes morales de droit privé peuvent, sous certaines conditions, accomplir des actes administratifs imputables à l'Etat). Le terme « contentieux de la responsabilité administrative » met l'accent sur l'obligation de réparation de l'Etat au regard des victimes de ses actes, mais omet l'hypothèse où l'Etat a lui aussi droit à réparation lorsqu'il a subi des préjudices, en raison du comportement d'autrui. Au lieu du contentieux de l'excès de pouvoir et du contentieux de la responsabilité, il nous semble donc préférable de parler du contentieux de l'étaticité (en langue allemande on dira contentieux de *Staatlichkeit*), et du contentieux de droit et obligation de l'Etat. Pour faire simple, dans la suite de notre développement, nous appellerons le premier contentieux d'Etat, le second contentieux de droit.

A - Le contentieux d'Etat

Dans un contentieux d'Etat, les prétentions subjectives qui s'affrontent soulèvent une question de l'imputabilité ou non d'un acte ou d'un fait à l'Etat, ou pus simplement, une question d'étaticité. Lorsque l'une des parties affirme le caractère constitutionnel, législatif, ou administratif de son acte, elle veut dire par là que son acte législatif, administratif ou judiciaire est imputable à l'Etat et non point à elle-même personnellement, ce qui implique également que les conséquences juridiques éventuelles de cet acte doivent être supportées par l'Etat et non point par elle-même personnellement.

Il est évident que le problème de l'étaticité d'un acte ou d'un fait n'est ni plus ni moins que celui de l'Etat lui-même, car, à chaque fois, pour savoir si un tel acte est imputable à l'Etat, il faut savoir au préalable ce qu'on entend par l'Etat *hic et nunc.* Strictement parlant, derrière chaque contentieux d'Etat, se pose une question relative à la conception de l'Etat elle-même dans sa signification concrète. Pour le requérant d'un recours pour excès de pouvoir en droit français par exemple, derrière sa demande d'annulation de tel ou tel acte administratif, se cache en réalité la prétention selon laquelle cet acte administratif n'est pas imputable à l'Etat français. Pour l'auteur de l'acte administratif contesté en revanche, la prétention du requérant n'est pas justifiée, car elle est fondée sur une conception erronée de ce qu'est l'Etat français. Il y a donc bel et bien deux conceptions contradictoires de ce qu'est l'Etat français *hic et nunc.* Le juge du contentieux de l'excès de pouvoir, en rendant une décision d'annulation ou de validation, a non seulement répondu à la demande des parties, mais également contribué à la détermination de l'Etat dans une situation concrète[102].

D'un point de vue théorique, là où il y a contentieux d'Etat, l'Etat n'existe ni *a priori,* ni absolument, mais est quelque chose de relatif : c'est par rapport à chaque acte ou chaque fait, en matière administrative, judiciaire ou législative qu'on doit se poser la question de l'existence de l'Etat. Après tout, comme nous avons déjà eu

[102] M. Hauriou n'avait donc pas eu tort de s'exclamer, dans son commentaire de l'arrêt du Tribunal des conflits, *Association syndicale du canal de Gignac*, 9 décembre 1899, « on nous change notre Etat ! », après avoir constaté que les juges, par de telles décisions, avaient pu amalgamer les associations syndicales des propriétaires privés avec les établissements publics.

l'occasion de le dire, l'Etat n'est rien d'autre que la manière d'être collective de ses individus membres et trouve sa signification concrète seulement dans et à travers les actes de ses individus membres.

Par conséquent, le contentieux d'Etat concerne tous les actes accomplis au nom et pour le compte de l'Etat. En droit français, le contentieux de l'étaticité des actes administratifs s'appelle contentieux de l'excès de pouvoir, et le recours permettant d'enclencher un tel contentieux, recours pour excès de pouvoir. Mais à notre avis, le contentieux de l'excès de pouvoir ne doit pas se limiter aux actes administratifs. Il s'étend aussi aux actes juridictionnels et aux actes législatifs. Que les actes juridictionnels puissent également être entachés de l'excès de pouvoir, il s'agit là de la raison d'être même de ce qu'on appelle contentieux de cassation. Le recours en cassation est un recours dirigé contre l'acte juridictionnel du service judiciaire de l'Etat. La question qu'il soulève est de savoir si l'acte juridictionnel en question est oui ou non entaché de l'excès de pouvoir, ou oui ou non conforme à la loi de l'Etat, ou plus radicalement encore, oui ou non imputable à l'Etat. En ce qui concerne les actes législatifs, le problème de leur étaticité a été pendant longtemps occulté : dans la mesure où c'était le législateur de l'Etat qui fixait lui-même les conditions de l'étaticité des actes administratifs et juridictionnels, à travers ses lois, ses propres actes législatifs étaient présumés imputables à l'Etat, immédiatement et directement. Par ailleurs, dans un Etat démocratique, le législateur étant le peuple ou les représentants du peuple, les lois qu'il élabore sont censées exprimer immédiatement et directement la volonté générale du peuple. La question de l'étaticité des lois ou des actes législatifs ne peut donc se poser dans ces conditions. Aussi a-t-il fallu attendre l'introduction de la distinction entre la constitution et les lois, entre le pouvoir constituant et le pouvoir législatif pour que la question de l'étaticité des actes législatifs puisse trouver un sens véritable. Dans le droit constitutionnel contemporain, derrière l'expression « contrôle de la constitutionnalité des lois », on soulève en réalité la question de l'excès de pouvoir du législateur. L'existence même du contentieux de l'étaticité de l'acte législatif suppose que l'organe législatif de l'Etat n'exprime plus immédiatement ni de manière infaillible la volonté générale du peuple. Comme l'a très bien dit le Conseil constitutionnel français, la loi (ou plus exactement l'acte législatif du Parlement) n'exprime la volonté générale du peuple que sous condition du respect de la constitution. D'une manière analogue, on peut aussi concevoir l'existence d'un contentieux de l'étaticité par rapport à l'acte de révision de la constitution de l'Etat. Dans le cas où le pouvoir constituant originaire (celui qui élabore la constitution écrite *ab initio*) a fixé des conditions formelles (dans ce qu'on appelle habituellement procédure de révision) et des conditions matérielles (interdiction de réviser un certain nombre de dispositions de la constitution : par exemple, dans l'article 89 de la constitution française de 1958, la forme républicaine du gouvernement ne saurait faire l'objet d'aucune révision) pour la révision de la constitution. Si par hypothèse, le pouvoir constituant dérivé (ou plus simplement encore le pouvoir constituant de révision) n'a pas respecté ces conditions dans son acte de révision, il commettrait à notre avis également un excès de pouvoir, ce qui signifie logiquement que son acte de révision ne doit pas être considéré comme immédiatement et directement imputable à l'Etat et doit faire l'objet d'une annulation.

Dans la mesure où le requérant d'un contentieux d'Etat conteste l'étaticité d'un acte (d'un organe de l'Etat), son intérêt personnel ou subjectif passe au second plan par rapport à la détermination de l'Etat. En ce sens, le contentieux d'Etat doit être considéré comme un contentieux objectif, non point subjectif.

Dans un contentieux d'Etat, la mission du juge consiste à déterminer l'étaticité ou non d'un acte. Sa décision est donc à proprement parler une *civitatis-dictio* (dire l'Etat), non point une *juris-dictio* (dire le droit). Elle apparaît tantôt comme une décision d'annulation (quand le juge invalide un acte prétendument étatique), tantôt comme une décision de validation (lorsque le juge accorde l'étaticité à un acte dont l'étaticité a été contestée, ou à un acte *a priori* dépourvu de l'étaticité, car émanant d'une personne de droit privé, par exemple). Bref, le contentieux d'Etat n'est pas toujours synonyme de contentieux d'annulation.

Dans la mesure où le juge du contentieux de l'Etat est appelé à dire l'Etat, il incarne en quelque sorte l'Etat.

B - Le contentieux de droit

Il s'agit ici évidemment du contentieux du droit ou de l'obligation de l'Etat et non point des individus particuliers. L'idée de base de ce contentieux est facile à formuler : lorsque l'Etat, par sa manière d'exister ou d'agir, a causé des préjudices à autrui, ou a subi des préjudices, à cause des comportements d'autrui, il a lui aussi l'obligation de réparer ou le droit à être réparé. En droit positif, le contentieux de droit de l'Etat s'appelle généralement contentieux de la responsabilité publique. Mais d'un point de vue strictement logique, l'expression « contentieux de la responsabilité publique » n'exprime pas de manière adéquate l'idée de contentieux de droit que nous venons de définir : le terme « responsabilité publique ou responsabilité de l'Etat » laisse entendre que l'Etat a seulement l'obligation de réparer les préjudices qu'il a causés à autrui, mais ne comprend pas l'idée qui est la nôtre selon laquelle dans le cas où l'Etat est victime d'un acte dommageable d'autrui, il a lui aussi le droit à être réparé.

Comme nous l'avons dit, les droits et les obligations de l'Etat résultent de ce qu'a fait l'Etat, ou encore de la manière d'être de l'Etat. Par conséquent, tous les actes étatiques peuvent générer des droits ou des obligations pour l'Etat : les actes administratifs et juridictionnels le plus souvent, mais aussi les actes législatifs, les traités et les engagements internationaux, et plus rarement les actes constitutionnels. Pour cette raison, au lieu de l'expression « contentieux de la responsabilité administrative », il est selon nous préférable d'adopter une expression d'un champ sémantique plus large, celle de contentieux de la responsabilité de la puissance publique. Mieux encore, puisque ce contentieux concerne le droit et l'obligation de l'Etat, on peut l'appeler tout simplement contentieux de droit et obligation de l'Etat.

A la différence du contentieux judiciaire *stricto sensu* (ceux qui se déroulent devant le juge judiciaire en droit français), le contentieux de droit et obligation de l'Etat a pour particularité de soulever en fait deux questions différentes. D'abord, il y a une question proprement institutionnelle : tel acte ou tel fait est-il imputable à l'Etat ? Il s'agit là, comme nous l'avons déjà dit, d'une question relative à l'étaticité de l'acte ou du fait. Ensuite, il y a une question strictement juridique : quelle est la conséquence juridique de cet acte ou de ce fait, au cas où il serait imputable à l'Etat ? Ces deux éléments constitutifs de tout contentieux de droit et obligation de l'Etat sont ce que nous appelons hétérogénéité du plein contentieux[103].

---

[103] Voir notre article, « L'hétérogénéité du plein contentieux et la dualité juridictionnelle », in *Annales de l'Université des sciences sociales de Toulouse*, 1995.

Il est remarquable qu'en droit administratif français, le problème de l'étaticité de l'acte ou du fait dommageable dans un contentieux de la responsabilité publique soit souvent traité sous l'angle de la compétence juridictionnelle : lorsque tel contentieux est jugé comme relevant de la compétence de la juridiction administrative, cela signifie en effet que l'étaticité de l'acte ou du fait dommageable est soit directement reconnue, soit qu'elle mérite une attention particulière. En revanche, si tel autre contentieux est déclaré comme relevant de la compétence de la juridiction judiciaire, cela signifie que l'étaticité de l'acte ou du fait dommageable est rejetée, ou qu'elle ne soulève pas de difficulté particulière.

Il faut également observer qu'en droit français, lorsque le contentieux de droit et obligation de l'Etat est porté devant le juge administratif, l'attention principale de ce dernier est surtout dirigée vers la question de l'étaticité de l'acte ou du fait dommageable, alors que la question strictement juridictionnelle passe souvent au second plan, voire est purement et simplement négligée. Il arrive dans la pratique que le juge du plein contentieux se contente de décider si l'administration de l'Etat est oui ou non responsable, et renvoie, en cas de réponse affirmative, le requérant devant l'administration elle-même pour obtenir des dommages et intérêts. Une telle façon de procéder montre bien que le contentieux de la responsabilité de l'Etat est à sa manière un contentieux d'Etat et qu'il n'est nullement assimilable au contentieux judiciaire tout court (celui entre les individus particuliers par exemple). Cependant, si la solution adoptée par le juge de plein contentieux en France est tout à fait compréhensible d'un point de vue pratique, elle n'en reste pas moins critiquable du point de vue de la justice formelle : en renvoyant le demandeur auprès de l'administration de l'Etat elle-même pour obtenir satisfaction, après avoir reconnu l'existence de la responsabilité de l'Etat, le juge du plein contentieux demande implicitement à l'administration de l'Etat de se comporter à la fois comme juge et partie.

Le contentieux de la responsabilité de l'Etat est parfois appelé « contentieux subjectif » parmi les juristes administrativistes français. Mais compte tenu de son caractère hétérogène, nous dirons plus volontiers que le contentieux de la responsabilité de l'Etat est en réalité à la fois subjectif (dans la mesure où le requérant a un droit subjectif à la réparation du préjudice subi), et objectif (dans la mesure où la réparation du préjudice subi incombe à l'Etat ou possède un caractère étatique). Par ailleurs, ce contentieux n'est pas simplement ce qu'on appelle contentieux de pleine juridiction dans lequel le juge aurait le pouvoir de dire pleinement le droit à la manière du juge judiciaire, mais est à proprement parler un *contentieux de trop pleine juridiction*. En effet, en plus de son pouvoir de dire pleinement le droit et l'obligation, le juge a également le pouvoir de dire si oui ou non le droit et l'obligation en question est imputable à l'Etat.

II - L'organisation du contentieux

L'organisation du contentieux doit répondre à une double exigence, celle liée à la nature du contentieux et celle relative à la justice formelle. Eu égard à la nature du contentieux, on soulève la question de savoir si les différents types de contentieux doivent être portés devant un seul ordre de juridiction ou devant deux voire plusieurs ordres de juridiction différents. Plus concrètement, il s'agit là du problème de l'unité ou de la dualité juridictionnelle (ou encore du monisme ou du dualisme juridictionnel). Par rapport à la justice formelle, on se pose la question de savoir comment garantir la vérité formelle de l'acte juridictionnel (*juris-dictio*) du juge, chaque fois que celui-ci est appelé à statuer sur un contentieux de droit public. Il s'agit là concrètement du problème de l'organisation du procès.

A - L'ordre de juridiction

L'organisation des contentieux doit correspondre en premier lieu à la demande des requérants. Dans la mesure où celle-ci soulève tantôt une question d'Etat, tantôt une question de droit et obligation de l'Etat, l'organisme chargé de répondre à cette demande doit être par conséquent tantôt une *civitatis-dictio (dire l'Etat ou l'étaticité)*, tantôt *une juris-dictio (dire le droit)*. La distinction entre *civitatis-dictio* et *juris-dictio* est une invention de notre part, et mérite une certaine explication. Selon la doctrine classique, tous les contentieux soulèveraient une question de droit et devraient être portés devant un organisme dit de juridiction. Or, dans le cas où le juge est appelé à statuer sur un contentieux d'Etat (ou un contentieux de l'excès de pouvoir), sa mission ne consiste pas à proprement parler à dire le droit, mais consiste à dire l'étaticité d'un acte ou encore plus simplement l'Etat. Au lieu de l'acte de *juris-dictio* au sens strict du terme, il a effectué en réalité un acte de *civitatis-dictio*, ou de dire l'Etat. C'est parce que la doctrine classique ne possède pas la distinction entre *juris-dictio et civitatis-dictio* qu'elle a eu beaucoup de mal à caractériser un certain nombre des organismes du droit positif. En France par exemple, les auteurs ont longuement discuté pour savoir si le Conseil constitutionnel sous la Ve République est un organisme politique ou juridictionnel lorsqu'il est appelé à contrôler la constitutionnalité des lois (ou plus exactement des actes législatifs du Parlement). Or, pour nous, la réponse est en l'occurrence assez simple : le Conseil constitutionnel n'est un organisme ni politique, ni juridictionnel, mais est un organisme « *civitatis-dictionnel* », tout comme le juge de l'excès de pouvoir dans l'ordre administratif ou le juge de cassation dans l'ordre judiciaire.

La distinction entre *civitatis-dictio* et *juris-dictio* peut servir de base à l'organisation des contentieux dans un Etat positif.

Deux possibilités existent en effet : les deux types de contentieux (contentieux d'Etat et contentieux de droit et d'obligation de l'Etat) sont portés soit devant un seul et même ordre juridictionnel, on parle alors de l'unité juridictionnelle ; soit devant deux ordres juridictionnels différents, on parle alors de la dualité juridictionnelle. Mais quel que soit le système choisi, compte tenu de la différence de nature entre ces deux types de contentieux, le traitement réservé à chaque contentieux doit être spécifique, ce qui explique par ailleurs la tendance de convergence qu'on peut observer actuellement entre le système anglo-saxon pratiquant l'unité juridictionnelle et le système français adoptant la dualité juridictionnelle.

a - L'unité juridictionnelle

Pour réaliser le contrôle juridictionnel de l'administration ou *the judicial review of administration,* les pays anglo-saxons optent généralement pour le système de l'unité juridictionnelle.

Comme son nom l'indique, l'unité juridictionnelle implique que tous les contentieux, qu'ils soient de droit public ou de droit privé, sont portés devant un seul et même ordre juridictionnel. Pour justifier l'existence d'un ordre juridictionnel unique, les auteurs anglo-saxons recourent souvent au principe de *rule of law*. La loi étant la même pour tous, l'Etat ou l'administration de l'Etat se trouve sur un pied d'égalité avec les individus particuliers. En cas de violation des lois, l'Etat doit être jugé de la même manière que les individus particuliers, par les mêmes juridictions. L'existence de deux ordres de juridictions est perçue par eux comme contraire au principe de *rule of law*. En Angleterre, A.V. Dicey est réputé comme le défenseur le plus véhément de l'ordre juridictionnel unique et du principe de *rule of law*.

Le système de l'unité juridictionnelle a un avantage indéniable : puisque tous les contentieux sont portés devant un seul et même ordre de juridiction, on évite à bon frais la question épineuse de la répartition des compétences juridictionnelles.

Mais le système anglo-saxon souffre nécessairement des maux propres à tout système de l'unité juridictionnelle. En faisant fi de la différence logique entre *civitatis-dictio* et *juris-dictio,* le système de l'unité juridictionnelle aboutit nécessairement aux résultats suivants : l'incompétence relative du juge dans le contrôle de l'administration publique, et l'inefficacité du *judicial review* face à une administration publique de plus en plus complexe.

Ce n'est donc point étonnant si dans la pratique, peu à peu, des juridictions spécifiques ont été créées sous le nom de boards, de commissions, etc. en Angleterre et aux Etats-Unis, ainsi que dans la plupart des autres pays appartenant au Commonwealth, pour s'occuper de contentieux administratifs spécifiques qui soulèvent des difficultés particulières. Sous la façade de l'unité juridictionnelle, on réintroduit subrepticement une multitude de juridictions spécifiques. Loin de faciliter le recours contre les actes administratifs ou *the judicial review*, un tel système aboutit en réalité à son contraire : la difficulté pour trouver la juridiction compétente et la très grande complexité procédurale pour les justiciables, étant donné que devant chaque commission ou chaque board, il peut y avoir une procédure différente.

Dans ces conditions, on comprend aisément que certains esprits éclairés dans le monde anglo-saxon commencent à préconiser l'adoption du dualisme juridictionnel à la française, afin de remédier aux inconvénients inhérents au système de l'unité juridictionnelle.

b - La dualité juridictionnelle

La dualité juridictionnelle se pratique en France et dans les pays influencés par le système juridique français. Historiquement, le principe de la dualité juridictionnelle résulte d'une compréhension particulière du principe de la séparation des pouvoirs : il doit y avoir une séparation non seulement entre le pouvoir législatif et le pouvoir exécutif, mais également entre le pouvoir administratif et le pouvoir judiciaire (ou comme le disent les juristes français, l'autorité administrative et l'autorité judiciaire). En France, on attribue à la loi du 16-24 août de 1790 l'origine de la séparation de la juridiction judiciaire et de l'administration active ainsi que celle des deux ordres de juridictions, la juridiction judiciaire et la juridiction administrative. Dans cette loi, il était fait interdiction au juge judiciaire, sous peine de forfaiture, de connaître des litiges où l'administration de l'Etat est partie, car, comme le disaient souvent les auteurs de l'époque, juger l'administration, c'est encore administrer ! Progressivement, au sein de l'administration elle-même a émergé une juridiction administrative distincte de la juridiction judiciaire : d'abord sous la forme du ministre-juge, ensuite sous la forme d'une juridiction administrative séparée de l'administration active (les conseils de préfecture, le Conseil d'Etat et les tribunaux administratifs et les cours administratifs d'appel). A l'heure actuelle, il existe en France deux ordres de juridictions rigoureusement parallèles : l'ordre judiciaire et l'ordre administratif, chaque ordre ayant ses juridictions d'instance, d'appel, ainsi que de cassation.

Par-delà les circonstances historiques dans lesquelles est née la juridiction administrative en France, sur le plan purement théorique, la justification profonde du dualisme juridictionnel se trouve selon nous dans la distinction des contentieux : au contentieux judiciaire répond l'ordre de juridiction judiciaire, au contentieux administratif, l'ordre de juridiction administrative. En instaurant la dualité juridictionnelle, le droit français apporte une contribution très importante au développement historique du droit : la prise de conscience explicite de la spécificité du droit public par rapport au droit privé.

Les avantages et les inconvénients du dualisme juridictionnel sont déductibles de la distinction des contentieux elle-même. Puisqu'il existe un ordre de juridiction spécialisée dans les contentieux administratifs, on estime que l'exigence spécifique de l'administration de l'Etat est mieux prise en compte et que la juridiction administrative est plus efficace que la juridiction judiciaire pour juger l'administration (étant souvent formé à l'intérieur de l'administration active elle-même, le juge administratif connaît donc mieux le rouage bureaucratique et la réalité administrative et les décisions rendues par lui sont d'autant plus réalistes et efficaces). Mais les inconvénients d'un tel système ne sont pas pour autant négligeables : inévitablement, dans un système de la dualité juridictionnelle, se posera le problème de la répartition des compétences juridictionnelles ainsi que le problème des règles de droit applicables.

Qu'il y ait un problème de la répartition des compétences juridictionnelles dans un système de la dualité juridictionnelle, il s'agit là d'une nécessité logique : à la porte de quel juge dois-je frapper, chaque fois que j'ai un contentieux avec l'administration de l'Etat ? Celle du juge administratif ou celle du juge judiciaire ? Deux cas de figure se présentent en effet : soit, les deux ordres de juridictions se déclarent tous les deux compétents, il y a dès lors ce que les juristes français appellent conflit positif de compétences ; soit, ni l'un ni l'autre de ces deux ordres de juridiction ne se reconnait compétent, il y a dès lors ce que les juristes français appellent conflit négatif de compétences. Dans l'un et l'autre cas, il y a le risque de déni de justice. C'est ailleurs pour éviter un tel conflit de compétences juridictionnelles qu'en France, il existe une instance d'arbitrage, à savoir le Tribunal des conflits, dont l'unique mission consiste à déterminer la juridiction compétente en cas de conflit de compétence, positif ou négatif.

Sans qu'il soit nécessaire d'entrer dans une discussion poussée, nous pensons que la solution du problème des compétences juridictionnelles se trouve dans une juste compréhension de la nature de différents contentieux administratifs.

Il va de soi que les contentieux proprement judiciaires ou les contentieux de droit privé doivent relever de l'ordre de juridiction judiciaire. Par rapport à ce genre de contentieux, la question du conflit des compétences juridictionnelles ne doit pas se poser.

Mais les difficultés commencent à surgir quand il s'agit de répartir les compétences juridictionnelles en matière de contentieux administratifs, c'est-à-dire les contentieux dans lesquels l'administration publique est partie. Pour des raisons de principe (l'exigence de la justice) et pour des considérations simplement pratiques, l'ensemble des contentieux administratifs n'est pas et ne doit pas relever de la seule juridiction administrative : très tôt, en droit administratif français, de nombreux contentieux administratifs ont été en effet attribués à la juridiction judiciaire, par décision soit du législateur, soit du juge, et cette tendance n'a fait que s'accentuer au fil du temps. La question qui se pose est évidemment de savoir selon quel critère un certain nombre de contentieux administratifs doivent relever de la juridiction administrative, et d'autres, de la juridiction judiciaire.

Pour nous, la réponse à cette question doit se trouver dans la nature même des contentieux administratifs.

Étant donné que le contentieux d'excès de pouvoir, ou dans la terminologie qui est la nôtre, le contentieux d'Etat ou de l'étaticité soulève une question d'imputabilité d'un acte administratif à l'Etat, il est spécifiquement administratif et doit relever à ce titre de la compétence exclusive de la juridiction administrative. En d'autres termes, la question de conflit des compétences juridictionnelles ne doit pas se poser par rapport aux contentieux de l'excès de pouvoir. En droit français, cette solution a été très logiquement adoptée par le Conseil constitutionnel. Selon la décision de ce dernier, *Conseil de la concurrence* du 23 janvier 1987, l'annulation et la réformation des décisions prises dans l'exercice des prérogatives de puissance publique par les autorités administratives relèvent, conformément à la conception française de la séparation des pouvoirs, de la juridiction administrative. Si la solution du Conseil constitutionnel mérite notre approbation, elle ne reste pas moins critiquable dans la mesure où elle est fondée sur un prétendu principe fondamental reconnu par les lois de la République (selon le préambule de la constitution de 1946), au lieu d'être justifiée tout simplement par la nature du contentieux d'excès de pouvoir.

Quant aux contentieux de la responsabilité de l'Etat (ou plus largement encore, contentieux de droits et obligations de l'Etat), leur nature est, comme nous l'avons vu, bien plus complexe. Dans ce genre de contentieux, se posent en réalité deux questions différentes. L'une est relative à l'imputabilité de l'acte ou du fait dommageable à l'Etat et c'est une question similaire à celle du contentieux de l'excès de pouvoir. L'autre est relative à la conséquence juridique de l'acte ou du fait dommageable et c'est là une question à proprement parler judiciaire. Dès lors, à quel ordre de juridiction doivent revenir les contentieux de la responsabilité de l'Etat ? A la juridiction administrative seule ? On négligera alors sa nature partiellement judiciaire. A la juridiction judiciaire seule ? On fera alors fi de sa nature partiellement administrative. Bref, selon nous, c'est seulement par rapport aux contentieux de la responsabilité de l'Etat que peuvent se soulever des difficultés en matière de répartition des compétences juridictionnelles.

Trois solutions sont envisageables pour répartir les compétences juridictionnelles, en matière de contentieux de la responsabilité de l'Etat.

Dans une première solution, qu'on peut qualifier de dualiste, les contentieux de la responsabilité de l'Etat relèvent à la fois de la juridiction administrative et de la juridiction judiciaire, la première étant compétente pour dire l'étaticité ou non d'un acte ou d'un fait dommageable, la deuxième étant compétente pour dire la conséquence juridique de l'acte ou du fait en cause. Il est évident qu'une telle solution, parfaitement respectueuse de la nature hétérogène de ce genre de contentieux, comporte néanmoins l'inconvénient important qu'est le mécanisme de question préjudicielle : pour obtenir pleinement satisfaction, les justiciables sont obligés de s'adresser successivement aux deux ordres de juridictions différents.

Dans une seconde solution, on divise de manière plus ou moins rationnelle l'ensemble des contentieux de responsabilité de l'Etat en un certain nombre de domaines, économique, social, sanitaire, etc., et en fonction de l'importance qu'on accorde à l'aspect institutionnel ou à l'aspect juridictionnel de tel ou tel domaine de contentieux, on l'attribue en bloc, au nom du regroupement des compétences juridictionnelles, soit à la juridiction administrative, soit à la juridiction judiciaire. Par exemple, en France, en vertu d'une loi de 1953, l'ensemble des contentieux relatifs aux véhicules administratifs est attribué en bloc à la juridiction judiciaire, alors qu'ils étaient jusqu'à là traités au cas par cas et relevaient tantôt de la juridiction administrative, tantôt de la juridiction judiciaire.

Enfin, dans une troisième solution, on combine les deux solutions précédentes : pour certaines matières, on garde la solution de la question préjudicielle, pour d'autres, en revanche, on fait le regroupement de compétences juridictionnelles par domaines d'activités administratives : les uns seront attribués à la juridiction administrative et les autres à la juridiction judiciaire. En France, dans l'état actuel du droit administratif, il nous semble que ce soit une telle solution qui a été privilégiée par le législateur et par les juges. D'un point de vue théorique, il s'agit là, selon nous, de la meilleure solution envisageable.

Il faut observer que dans le système de la dualité juridictionnelle, il existe deux tendances qui rapprochent celui-ci quelque peu du système de l'unité juridictionnelle : d'une part, la création des organismes dits d'« autorités administratives indépendantes », qui cumulent à la fois la fonction administrative et la fonction juridictionnelle, d'autre part, la volonté d'attribuer tous les contentieux de la responsabilité de l'Etat à la juridiction judiciaire et de ne réserver à la juridiction administrative que les contentieux de l'excès de pouvoir (ou ce que nous appelons contentieux d'Etat). Ce n'est donc pas sans raison que certains auteurs français contemporains s'interrogent de plus en plus souvent sur l'éventualité de la suppression de la dualité juridictionnelle. Selon eux, la mise ne place d'un système de l'unité juridictionnelle n'interdirait pas de créer au sein de l'ordre juridictionnel unique deux types de chambres, dont les unes s'occuperont de contentieux administratifs, et les autres, de contentieux judiciaires. Mais à la réflexion, une telle solution n'en est pas véritablement une : à quoi bon unifier les deux ordres de juridictions si l'on doit réintroduire leur distinction au sein de l'ordre juridictionnel unique ?

B - Le procès

L'organisation du contentieux implique également que la juridiction compétente puisse se comporter comme un véritable tiers (*tertium quid*) face aux parties en litige et que la décision juridictionnelle puisse être considérée comme l'expression de la vérité en droit. Classiquement, il s'agit du problème de la justice formelle, ou de *due process of law* en droit anglo-saxon, ou encore du procès équitable dans le cadre de la Convention européenne des droits de l'homme (cf. son célèbre article 6).

L'organisation du procès doit trouver des solutions à deux problèmes : celui de l'impartialité de la juridiction et celui de degrés juridictionnels (ou la distinction entre la juridiction d'instance et la juridiction de cassation).

a - L'impartialité de la juridiction

L'idée de l'impartialité de la juridiction est déduite logiquement de la tertialité du tiers. Tout tiers véritable doit être impartial et désintéressé par rapport au contentieux porté devant lui, sous peine de perdre sa qualité même de tiers.

Si le principe d'impartialité de la juridiction est facile à formuler sur le plan théorique, sa mise en œuvre pratique est loin d'être aisée. Non seulement tout juge, étant humain, ne peut échapper à sa condition humaine pour être totalement impartial par rapport aux affaires de ses semblables, mais en plus, toutes sortes de liens peuvent le rattacher d'une manière ou d'une autre aux parties en procès devant lui, pour des raisons simplement circonstancielles. C'est en ce sens que l'impartialité doit être seulement entendue comme un idéal à atteindre, ou encore comme une idée régulatrice pour toutes les juridictions positives et non point comme une exigence absolue.

En droit français, au sein de la juridiction pénale, le fait qu'il existe des juges d'instruction et des chambres d'accusation et que les membres du ministère public (les procureurs) puissent parfois participer à la délibération sur la sentence pénale est, selon nous, une entorse à la règle de l'impartialité de la juridiction. Au sein de la juridiction administrative, est également sujette à critique l'existence du commissaire du gouvernement qui conclut sur une affaire administrative (un peu comme le ministère public), qui est en même temps membre de la juridiction administrative et participe au délibéré. C'est donc avec raison que la Cour européenne des Droits de l'Homme a récemment mis en cause l'institution de commissaire du gouvernement en France en raison de son manque d'impartialité (l'affaire *Kress* du 7 juin 2001 et l'affaire *Martinie* du 12 avril 2006). Mais compte tenu de la longue tradition du droit de procédure pénale et du droit administratif français, on aura du mal à imaginer un quelconque changement sur ces deux points dans un avenir proche.

En droit anglais, l'impartialité des juridictions est considérée comme une règle de justice naturelle. Elle se détaille comme suit : nul ne doit être juge dans sa propre cause, et *audi alteram partem (écoutez l'autre partie).* Selon les juristes anglais, il s'agit là d'un principe de valeur universelle qui s'applique à toute autorité ayant un pouvoir discrétionnaire dont l'exercice peut affecter la personne et le bien d'un particulier. Mais dans son application pratique, cette règle rencontre elle aussi beaucoup de difficultés.

Certains auteurs pensent que la collégialité de la juridiction pourrait être un gage d'impartialité. Mais une telle opinion doit être nuancée : si dans certains cas, la pluralité des points de vue constitue un rempart efficace contre la partialité et la précipitation, il n'existe pas une corrélation logique entre l'impartialité et la collégialité : plusieurs juges vénaux peuvent certes former une juridiction collégiale, mais est-ce pour autant que les décisions rendues par eux sont toujours et nécessairement impartiales ? On peut en douter.

Dans la théorie du droit public, le problème de l'impartialité de la juridiction administrative et de la juridiction constitutionnelle a été pendant longtemps considéré comme insoluble. Une juridiction de l'Etat ne peut pas être logiquement impartiale par rapport à l'Etat, puisqu'elle est à la fois juge et partie. Pour sortir de cette difficulté, les auteurs allemands ont dû recourir à la fiction de l'autolimitation de l'Etat : une juridiction étatique qui juge l'Etat veut dire tout simplement que l'Etat s'impose à lui-même une certaine limite. Mais cette conception de l'autolimitation de l'Etat reste évidemment insatisfaisante, car elle laisse entendre que c'est du bon vouloir de l'Etat que dépend sa possibilité d'être jugé.

Pour trouver la solution au problème de l'impartialité de la juridiction en droit public, il faut revenir une fois de plus sur la distinction que nous avons faite entre l'Etat et les organes de l'Etat. Une juridiction de l'Etat n'est certes pas impartiale par rapport à l'Etat, puisqu'elle en fait partie, mais elle peut être parfaitement impartiale par rapport à l'organe de l'Etat, ou plus exactement les individus empiriques cachés derrière l'organe de l'Etat.

Par ailleurs, la question de l'impartialité se pose différemment, selon que le juge est appelé à dire l'éticité d'un acte ou à dire le droit. Dans le cas du contentieux d'Etat (ou contentieux de l'excès de pouvoir en droit français), le juge est impartial par rapport à l'organe étatique dont l'acte a été mis cause, mais il n'est pas impartial par rapport à l'Etat puisque sa décision participe à la détermination même de l'Etat, *hic et nunc*. Dans le cas de contentieux de droit (ou contentieux de la responsabilité de l'Etat, ou contentieux de la pleine juridiction en droit français), en revanche, le juge pourrait être impartial si et seulement si on fait la distinction entre l'Etat judiciaire et l'Etat justiciable au sein de l'Etat positif. Entre l'Etat judiciaire et l'Etat justiciable, il y a pour ainsi dire un dédoublement de l'identité de l'Etat positif. En tant que composant de l'Etat judiciaire, le juge de contentieux de droit de l'Etat peut être impartial par rapport à l'Etat justiciable : c'est un peu comme si au lieu de se comporter comme le juge de tel ou tel Etat, il se prenait pour un juge international appelé à juger un contentieux qui oppose son Etat et un autre sujet de droit.

Cependant sur le plan historique, l'impartialité de la juridiction administrative ou constitutionnelle est loin d'être facile à réaliser, cela précisément parce que pour la conscience ordinaire, le dédoublement de l'Etat en Etat judiciaire et Etat justiciable est parmi les choses les plus difficiles à concevoir.

b - La juridiction d'instance et la juridiction de cassation

Quel que soit le système juridictionnel qu'un pays adopte, il se pose toujours la question de la distinction entre la juridiction d'instance et la juridiction de cassation.

La juridiction d'instance a pour fonction de dire le droit. Elle établit et qualifie juridiquement un acte ou un fait d'abord et détermine la conséquence juridique de l'acte ou du fait en question par la suite. Pour cette raison, la juridiction d'instance s'appelle également juridiction du fait. Le principe contradictoire et le droit à la défense régissent toutes les juridictions d'instance. Au sens strict, seule la juridiction d'instance est une véritable juridiction.

Afin de garantir la véracité formelle des décisions prises par la juridiction d'instance, on fait souvent la distinction entre la juridiction de première instance et la juridiction d'appel. Une juridiction d'appel joue le rôle de garde-fou et a le pouvoir de corriger l'éventuelle erreur commise par la juridiction de première instance.

La juridiction dite de cassation n'est pas un troisième degré de juridiction. Sa fonction principale ne consiste pas à dire le droit pour les parties intéressées, mais à contrôler la légalité (ou plus exactement l'étaticité) des actes juridictionnels des juridictions d'instance. Dans le langage des juristes français, on dira que la fonction de cassation ne consiste pas à juger le fait, mais à juger le droit. C'est pour cette raison que l'acte de cassation n'est pas à proprement parler une *juris-dictio*, mais ce que nous appelons *civitatis-dictio*. Il est dès lors tout à fait logique qu'après la décision de cassation, le juge de cassation renvoie l'affaire à une juridiction d'instance pour un nouveau jugement, en s'abstenant de juger lui-même le fond de l'affaire.

Théoriquement, la distinction entre juridiction d'instance et juridiction de cassation est valable aussi bien pour la juridiction judiciaire que pour la juridiction administrative. Mais dans la pratique, l'application de ce principe peut comporter quelques différences selon qu'il s'agit de la juridiction administrative ou de la juridiction judiciaire. Si par rapport à la juridiction judiciaire, l'application de ce principe ne soulève pas de difficultés particulières, ce ne sera pas le cas par rapport à la juridiction administrative. Ici, dès la juridiction de première instance (par exemple en France dès les tribunaux administratifs), la question que le juge est appelé à trancher se porte déjà sur l'étaticité d'un acte administratif, notamment en cas du contentieux d'excès de pouvoir. Dès lors, le juge de cassation, en contrôlant l'étaticité de l'acte de dire l'étaticité du juge d'instance, se trouve pratiquement confronté à la même difficulté que le juge d'instance, à savoir celle relative à l'étaticité de l'acte administratif contesté. Dans la mesure où le fondement de l'étaticité d'un acte administratif reste toujours sa conformité ou non à la loi et à la constitution de l'Etat, le juge de cassation de l'ordre administratif, en cassant ou annulant le jugement d'une juridiction d'instance, a d'ores et déjà répondu à la question de l'étaticité de l'acte contesté. Par conséquent, et pour des raisons pratiques, après avoir cassé le jugement de la juridiction d'instance, le juge de cassation dans l'ordre administratif peut statuer directement sur le fond de l'affaire, sans qu'il y ait pour lui la nécessité de renvoyer l'affaire devant une autre juridiction d'instance pour un jugement nouveau. A notre avis, il s'agit là de la différence la plus importante entre la cassation de l'ordre administratif et la cassation de l'ordre judiciaire. La pratique de la cassation par le Conseil d'Etat français semble confirmer notre analyse : en matière de contentieux d'excès de pouvoir, le Conseil d'Etat en tant que juridiction de cassation de l'ordre administratif, après avoir cassé la décision d'une cour administrative d'appel, annule souvent directement lui-même la décision administrative qu'il juge illégale, au lieu de la renvoyer à nouveau devant une autre juridiction administrative d'instance.

Chapitre 3 — Réalisation historique du droit public

Introduction

1) Le droit public n'est pas une simple vue de l'esprit, ni le rêve d'un quelconque visionnaire. Il est avant tout un vécu et fait partie de l'expérience humaine. A proprement parler, tout droit public qui existe est nécessairement un droit historique. Ce n'est donc que dans une perspective simplement théorique que l'on peut dégager d'abord l'idée du droit public et parler ensuite de la réalisation de cette idée dans l'histoire. Une telle démarche théorique ne doit signifier en aucun cas que l'idée du droit public existerait d'abord abstraitement quelque part et se réaliserait ensuite dans la réalité historique.

La réalisation de l'idée du droit public dans le temps donne naissance à des droits publics positifs. Tout droit public positif peut être considéré comme une forme particulière de la réalisation de l'idée du droit public.

Le droit public positif, en tant que réalisation de l'idée du droit public dans le temps, est le droit public d'un peuple ou d'un Etat déterminé.

Tout droit public positif répond dès lors à une double exigence : celle de la raison et celle des circonstances historiques.

Dans la mesure où le droit public positif est la réalisation de l'idée du droit public, il est un droit rationnel et fait partie de ce que les auteurs classiques appelaient « droit naturel ». Mais dans la mesure où le droit public positif est celui d'un peuple à une époque historique déterminée, il comporte des éléments inévitablement circonstanciels ou conventionnels. Il n'existe pas au sein d'un droit positif une opposition tranchée entre le droit rationnel et le droit conventionnel. Bien au contraire, les deux y sont complémentaires. L'opposition classique entre le droit naturel et le droit positif est une opposition dogmatique, fondée sur la distinction critiquable entre l'universel et l'individuel. Dans la réalité, l'universel n'est jamais séparé de l'individuel, mais se réalise dans et par ce dernier. Il n'y a pas d'un côté le droit naturel nimbé dans l'éther purement rationnel, et d'un autre, le droit positif complètement rivé au sol pragmatique ou conventionnel. La conception du droit naturel au contenu variable, chère à Rudolf Stammler[104], et plus loin encore à Aristote, traduit à juste titre cette double exigence rationnelle et conventionnelle de tout droit positif. La célèbre phrase « ce qui est rationnel est effectif, ce qui est effectif est rationnel » de Hegel doit être également interprétée en ce sens. Derrière cette apparente redondance terminologique, se cache en réalité une des idées les plus profondes de Hegel : si d'un côté le rationnel doit être réalisé dans la réalité empirique, d'un autre côté et en même temps, dans cette réalité empirique, il existe aussi des choses irrationnelles donc ineffectives, appelées à être dépassées dialectiquement.

2) La science juridique, lorsqu'elle prend tel ou tel droit public positif comme objet d'étude, fait partie de la science historique.

Les juristes positivistes prétendent ne s'intéresser qu'au droit public en vigueur dans tel ou tel système juridique donné. Par le droit en vigueur, ils entendent le droit valable *hic et nunc*. Mais d'un point de vue critique, tout droit réalisé est irrémédiablement un droit passé, donc inactuel. Le présent est un point évanescent : au moment même où les juristes positivistes croient avoir trouvé un droit en vigueur ici et maintenant (à l'instant 1), ce droit est d'ores et déjà enfoui dans le gouffre du passé (à l'instant 2) : rien ne garantit en effet que le législateur ne remplacera pas une règle de droit valable aujourd'hui par une autre règle de droit demain, et que le juge ne modifiera pas ses jurisprudences par une nouvelle décision juridictionnelle. Si nous nous référons à l'école historique du 19e siècle, nous dirons même que l'ensemble des connaissances que nous avons du monde humain est toujours marqué du sceau de l'historicité. La science du droit public positif reste donc une science historique. Elle est une science compréhensive et non point explicative, si nous pouvons nous référer à la célèbre distinction de Dilthey. Sa tâche essentielle consiste à comprendre le droit public positif en tant que fait historique et non pas à proprement parler à établir des règles universellement valables, contrairement à la science de la nature. Le raisonnement au cœur de la science du droit public positif n'est ni inductif ni déductif, mais

---

104 R. Stammler, *Theorie der Rechtswissenschaft*. Scientia-Verlag, Aalen 1970, Neudr. d. 2. Aufl. Halle 1923 ; *Lehrbuch der Rechtsphilosophie*. de Gruyter, Berlin 1970, 3. verm. Aufl., Unveränd. photomechan. Nachdr. Berlin u. Leipzig, de Gruyter, 1928 ; *Die Lehre von dem richtigen Rechte*. Wissenschaftl. Buchgesellschaft, Darmstadt 1964, Unveränd. reprograf. Nachdr. d. neubearb. Aufl. Halle a.d. Saale 1926

analogique. Lorsqu'un juriste positiviste étudie une loi ou un arrêt, son but véritable est la compréhension de cette loi ou de cet arrêt, en vue d'un usage analogique : il y a une chance que dans d'autres cas semblables futurs, la même loi sera appliquée, de la même façon que dans l'arrêt présent, par les autres juges. Mais il s'agit là d'une simple probabilité empirique et non point d'une certitude apodictique, car les autres juges auront certainement leur manière d'interpréter la loi, et la loi en question pourra être entre-temps changée par le législateur.

3) Si toute la science du droit public positif est une science historique, la question que nous devons nous poser est donc celle-ci : comment une telle science est-elle possible ? Ou ce qui revient au même, comment l'histoire du droit public positif est-elle possible ? Poser cette question sans restriction, c'est s'interroger sur la possibilité même de la connaissance historique, et partant de là, sur la possibilité même de la science du droit public positif.

Puisque toute histoire est par définition un plongeon dans le passé, sa possibilité même suppose la résolution de trois difficultés épistémologiques suivantes : celle des faits historiques, celle des lois historiques et enfin celle de l'évolution historique.

Toute histoire réelle est fondée sur des faits passés des hommes, à la différence de la fable ou de la fiction. Or, comment connaître ou plus exactement reconstruire un fait du passé ? Voilà la première difficulté que toute histoire doit commencer par résoudre. Selon Ernest Cassirer[105], Pierre Baylé aurait été au Siècle des Lumières le premier historien à avoir inventé la méthode critique de la connaissance des faits historiques. Est-ce qu'Ulysse ou Jules César existait vraiment ? Est-ce que le premier a vraiment fait son périlleux voyage et le second a bel et bien franchi le Rubicon ? Voilà des questions de fait auxquelles un historien digne de ce nom doit répondre. En ce qui concerne le droit public positif, nous pouvons poser des questions analogues : est-ce que l'Agora a réellement existé dans les Cités grecques, et en quoi a-t-elle pu contribuer à la naissance et au développement de la démocratie à Athènes ? Qu'est-ce que la pratique de l'ostracisme ou du tirage au sort ? Est-ce que dans la Rome primitive, à l'époque de la République, il y avait bel et bien une législation réformiste inscrite sur 12 tables de bronze ? Toutes ces interrogations soulèvent des questions de fait et c'est la première tâche

[105] E. Cassirer, *L'idée de l'histoire*, 1e éditions de Cerf, 1998.

de l'historien ou de la science du droit positif d'établir la véracité des faits, en se basant sur des vestiges archéologiques, sur des documents, des archives, ou des traditions orales, etc. Un juriste publiciste quand il s'intéresse au droit public français à une date déterminée doit également poser des questions similaires : telle ou telle loi a-t-elle été bien promulguée ? Le Conseil d'Etat a-t-il réellement rendu telle ou telle décision à telle ou telle date ?... Dans la mesure où la science du droit public positif établit des faits à partir des signes (textes, traditions orales, etc.), elle fait partie de la sémiotique. Dans la mesure où elle dégage la signification des faits dans un contexte historique déterminé, elle s'apparente également à l'herméneutique.

Puis quand on s'adonne à l'histoire, y compris à l'histoire du droit public et à l'étude du droit public positif, on ne le fait jamais par simple curiosité intellectuelle, même si celle-ci est indispensable à toutes les recherches historiques ou positives. L'histoire ne nous intéresse que si elle peut nous instruire sur notre condition présente. Consciemment ou non, nous demandons à l'histoire des règles qui peuvent nous servir de modèles dans notre vie présente et future. Or, derrière la variété infinie et bigarrée des faits historiques, existe-t-il vraiment des modèles, des lois ? Voilà la seconde difficulté que l'on doit résoudre quand on entreprend une quelconque recherche historique. Au Siècle des Lumières, Montesquieu aurait été, toujours selon Ernest Cassirer, le plus grand philosophe qui se soit efforcé de découvrir des types idéaux dans les faits historiques : derrière les monarchies, il y a selon lui une monarchie idéaltypique, tout comme derrière les aristocraties il y a une aristocratie exemplaire, etc. S'il est vrai que, contrairement à la science de nature qui est selon Windelband « nomothétique » (*nomothetischer Wissenschaft*), la science de l'esprit (dont fait partie la science de l'histoire) est « idéographique » (*ideographischen Wissenschaft*), il faut reconnaître aussi que bien souvent, la compréhension (*Versthen* selon Dilthey) des faits passés n'est possible que si nous pouvons les expliquer à partir des modèles, des lois qui sont censées être valables en soi. Max Weber ne dit pas autre chose quand il affirme qu'il faut construire des modèles pour mieux comprendre le réel (*der idealtypische Methode*). Selon Paul Ricœur, il faut bien expliquer pour mieux comprendre, et il faut bien comprendre pour mieux expliquer.

Enfin, à supposer que notre réponse à la seconde question soit affirmative, la dernière difficulté de la science historique et de la science du droit positif est de savoir si c'est toujours le même modèle qui régit l'ensemble des faits humains, ou bien au contraire, si à des époques différentes, les différents faits sont régis par des modèles différents. Peut-être non seulement les faits, mais aussi les modèles derrière ces faits sont-ils évolutifs ? N'a-t-on pas déjà relevé ainsi l'insuffisance de Montesquieu ? S'il a découvert que la monarchie est régie par le principe de l'honneur, la république, par le principe de la vertu, et le despotisme, par le principe de la peur, il n'a pas su en revanche poser la question de savoir si la monarchie à l'époque gréco-romaine était régie par le même principe que la monarchie à l'époque moderne par exemple. Au lieu donc d'envisager l'histoire comme la simple répétition d'un même modèle, ou l'étirement infini d'un principe unique, faut-il peut-être la comprendre comme un processus évolutif, voire dialectique ? Selon Cassirer, Voltaire aurait été, au Siècle des Lumières, un des premiers auteurs à avoir considéré l'histoire de l'humanité comme une révélation progressive de la raison. Mais c'est au 19e siècle notamment avec Hegel que nous avons appris à proprement parler la manière téléologique de lire l'histoire du monde : non seulement celle-ci a un sens, celui de la réalisation progressive de l'esprit ou de la liberté, mais en plus, elle se déroule selon un schéma dialectique bien précis et déterminé. Pour appliquer cette idée dans l'histoire du droit public, nous dirons volontiers que le droit public de l'époque gréco-romaine n'est pas le même que le droit public du Moyen-âge occidental, tout comme celui-ci n'est pas identique au droit public de l'époque moderne et que le droit public d'une époque postérieure se présente nécessairement comme la négation dialectique de celui de l'époque antérieure, et qu'une telle dialectique donne à l'histoire du droit public dans son ensemble une direction, un rythme.

4) Dans la perspective qui est la nôtre, l'histoire du droit public doit rester avant tout de nature théorétique. Elle n'a pas vocation de décrire l'histoire concrète du droit public de différents peuples du monde. Elle s'apparente davantage à une sorte de philosophie de l'histoire du droit public. Ce qui nous importe avant tout, c'est d'esquisser à grands traits les caractéristiques fondamentales des différents droits publics historiques, et de dégager le principe de leur succession.

Puisque le droit public positif est la réalisation progressive de l'idée du droit public dans le temps, nous devons nous intéresser non seulement aux institutions positives d'ores et déjà réalisées, mais aussi, et surtout à la représentation qu'un peuple (ou ses meilleurs esprits) s'est faite de ses institutions. Les auteurs représentatifs d'une époque, qu'ils soient philosophes, théologiens, juristes, hommes politiques, ou simples écrivains, nous renseigneront autant sinon plus que les lois, les jurisprudences, et les coutumes sur la réalisation de l'idée du droit public dans leur temps. En effet, en tant que conscience réfléchissante, ces auteurs représentent en quelque sorte l'esprit de leur siècle. Par exemple, pour comprendre la réalisation de l'idée du droit public dans l'antiquité gréco-romaine, il nous faut non seulement étudier les lois et les jurisprudences de cette époque, mais également lire des auteurs comme Sophocle, Aristophane, Thucydide, Platon, Aristote, Polybe, Cicéron, Sénèque, etc.

Du reste, puisque l'idée du droit public est à la fois celle du public et celle du droit du public, l'histoire du droit public doit être comprise comme celle du public et comme celle du droit du public.

L'histoire du droit public est avant tout celle de la prise de conscience de la dimension collective de leur existence par les différents peuples. Comment un peuple historique conçoit-il son existence publique par rapport à son existence privée et quelle est la réalisation concrète de ses institutions publiques ? Voilà la première série de questions qui nous intéresseront.

En plus, l'histoire du droit public doit s'intéresser aux conséquences juridiques de l'existence collective d'un peuple. Quels sont les droits et les devoirs qu'un peuple attache à son existence collective ou publique, par rapport à son existence privée et au droit privé ? Voilà l'autre série d'interrogations de toute histoire du droit public digne de ce nom.

5) Quand on parle de l'histoire du droit public, on suppose que les différentes formes historiques du droit public participent toutes à la réalisation de la même idée du droit public et que le droit public d'une époque donnée trouve sa valeur, sa dignité dans l'idée du droit public, en tant que partie d'un tout.

Cependant, entre l'idée du droit public et ses réalisations historiques, il existe inévitablement un décalage : tout droit public positif, n'étant que le « reflet » de l'idée du droit public dans un contexte historique donné, est nécessairement imparfait, et doit être dépassé par une forme supérieure. Le décalage entre le droit public positif et le droit public conceptuel est le moteur de l'évolution des droits publics.

D'un pont de vue conceptuel, l'évolution historique du droit public doit être comprise comme celle de la prise de conscience de l'idée du droit public par les peuples historiques. Cette prise de conscience est à son tour déterminée par la conscience de soi (*Selbstbewüstsein*) et la vision du monde (*Weltanschauung*). Pourquoi en est-il ainsi ? Comme nous l'avons montré précédemment, le public et le privé sont les deux dimensions de l'existence humaine, le privé correspondant à la dimension individuelle, et le public, à la dimension collective ou générique de cette existence. Dès lors, la conception qu'un peuple se fait de son existence et de sa place dans le monde conditionne et détermine nécessairement la conception du public et du privé, ainsi que celle du droit public et du droit privé.

Sur le plan aussi bien psychologique que phénoménologique, aux différentes figures de la conscience de soi correspondent les différentes visions du monde. Logiquement et historiquement, il existe selon nous trois visions fondamentales du monde : vision cosmologique, vision théologique, et enfin vision anthropologique. Ces trois visions du monde correspondent aux trois moments dans la dialectique de l'esprit chez Hegel : en soi, pour soi, et en soi et pour soi.

En raison de ces trois figures de la conscience de soi et de ces trois visions du monde, le droit public connaît lui aussi trois formes historiques, à savoir la forme cosmologique, la forme théologique, et enfin la forme anthropologique. Ces trois formes du droit public entretiennent un rapport dialectique : le droit public d'une époque antérieure prépare celui de l'époque suivante et le droit public de l'époque suivante se présente comme la négation (*Aufhebung*) du droit public de l'époque antérieure. Le droit public cosmologique, par un mouvement dialectique immanent, aboutira nécessairement au droit public théologique. Celui-ci en tant que négation du droit public cosmologique, prépare à son tour l'avènement du droit public anthropologique. Le droit public anthropologique en tant qu'étape ultime de l'évolution du droit public, se présente donc aussi comme la synthèse du droit public cosmologique et du droit public théologique.

D'un point de vue purement spéculatif, la dialectique de la conscience de soi et de la vision du monde, tout comme la dialectique du droit public possède un sens : d'un monde substantif unique (celui des empires orientaux), la vision cosmologique évolue peu à peu vers un monde scindé en deux chez les Romains (le moi ou le subjectif est totalement séparé du monde et de l'objectif, le privé est nettement distingué du public), en passant par les Grecs (le moi commence à se séparer du monde, le subjectif commence à se détacher de l'objectif, tout en maintenant un lien naturel). Dans la vision théologique du monde, le sens de l'évolution est plutôt à l'inverse : de la séparation radicale entre Dieu et le monde (dans le judaïsme), elle est parvenue à nouveau au retour de leur unité (en islam, la soumission totale des croyants à Dieu a pour but d'abolir la distance entre Dieu et le monde), en passant par le christianisme (tout en maintenant la différence entre Dieu et le monde, l'arrivée de Jésus-Christ annonce la réconciliation possible entre Dieu et le monde). Dans la vision anthropologique du monde, si l'homme est pensé comme la synthèse de Dieu et du monde, il connaît à son tour le moment de sécession (l'opposition entre l'individu et le collectif) et le moment de la réunification (la personne humaine comme la synthèse de l'individuel et du collectif).

Notre conception dialectique de l'histoire du droit public est quelque peu inhabituelle. Parmi les historiens ou les philosophes politiques en effet, on discute souvent sur la différence entre liberté moderne et liberté ancienne (Benjamin Constant), entre démocratie moderne et démocratie ancienne (Moss Finley), ou encore entre droit naturel moderne et droit naturel ancien (Léo Strauss et Michel Villey), etc. En optant pour cette division binaire de l'histoire (ancienne et moderne), les auteurs ont adopté implicitement une conception dogmatique du temps et de l'histoire, ce qui les empêche de saisir véritablement le sens de l'évolution du droit et des institutions. Aussi bien les Grecs dans leurs petites Cités que les hommes modernes dans leurs vastes Etats sont libres, mais comment peut-on expliquer que chez les Grecs on admettait qu'il y ait des hommes nés esclaves ? La démocratie ancienne réservait le pouvoir à une petite minorité et pratiquait la forme directe de participation tandis que la démocratie moderne ouvre ce pouvoir à tous, mais pratique la forme représentative. Pourquoi en est-il ainsi ? Le droit moderne (à partir du 17e siècle) et le droit ancien sont tous deux fondés sur la nature, mais chez les Grecs et les Romains, la nature est essentiellement la nature des choses qui les environnent, tandis que chez les hommes modernes, la nature se réfère principalement à la raison humaine elle-même.

Pourquoi une telle différence ? A toutes ces interrogations, la pensée classique a toujours du mal à trouver des réponses convaincantes, faute d'avoir une conception dialectique de l'histoire.

Du reste, notre division de l'histoire du droit public selon les différentes figures de la conscience de soi et les différentes visions du monde diffère quelque peu de celle de Hegel dans sa *Philosophie du droit* (*Grundlinien der Philosophie des Rechts*) et dans ses *« Leçons de la philosophie de l'histoire »* (*Vorlesungen über die Philosophie der Geschichte*). Pour Hegel en effet, l'histoire du monde se divise en quatre périodes, à savoir, le règne oriental, le règne grec, le règne romain et enfin le règne germanique : le premier est celui de l'esprit substantiel où l'esprit a pour ainsi dire sombré dans la substance une et indivisible (principe de l'identité) et qui n'a en soi aucun titre juridique ; le second est celui du savoir de cet esprit substantiel, ou l'esprit pour soi, ce qui engendre quelques belles individualités éthiques ; le troisième est celui de l'universalité abstraite (abstrakten Allgemeinheit) où l'esprit s'évade dans des extrémités de l'abstraction et de l'opposition ; le dernier est celui où l'esprit redevient pour ainsi dire en soi et pour soi et réalise par là une sorte de synthèse des périodes précédentes. Sans entrer dans une discussion détaillée sur cette division hégélienne de l'histoire, il faut simplement observer qu'elle n'est plus tout à fait celle de l'historiographie de nos jours et qu'elle contient quelques subtilités échappant à la compréhension de nos contemporains. De notre point de vue, les trois premières périodes selon Hegel ont davantage de traits en commun que de différences : toutes les trois partagent en effet fondamentalement la même vision du monde, celle d'un cosmos un et indivisible où l'homme est un élément naturel comme toutes les autres choses, où la Cité et le droit sont tous deux considérés comme des donnés de la nature, etc. Ce n'est donc pas sans raison si pour nous, le règne grec et le règne romain font tous les deux partie du monde antique, tout comme les empires orientaux. En plus, la division hégélienne de l'histoire souffre d'une certaine lacune, à savoir, celle du moment judéo-chrétien, et d'une certaine confusion : si l'on doit faire remonter le règne germanique à la fin de l'Empire romain (avec son invasion par les barbares germaniques) comme l'a fait Hegel, il comprendrait des périodes aussi différentes que le Moyen-Age, l'époque moderne et l'époque contemporaine, ce qui est à nos yeux quelque peu confus et insatisfaisant.

Du reste, ce qui différencie véritablement le monde oriental, le monde gréco-romain et le monde germanique, ce n'est pas tant l'étendue de la liberté que la prise de conscience de la liberté : dans le monde oriental, la liberté demeure dans un état substantiel, aucune prise de conscience de la liberté n'existe dans la représentation religieuse ou philosophique. Dans le monde gréco-romain, en revanche, la liberté commence à parvenir à la conscience d'une minorité, une élite, celle des philosophes notamment. Mais cette liberté n'a pas encore été considérée comme l'attribut essentiel de tous les êtres humains : elle reste le privilège d'une minorité, celle des citoyens. Par ailleurs, la liberté ainsi représentée n'est que partiellement réalisée parmi les institutions positives, à travers notamment la démocratie athénienne. Seul le monde moderne, à partir du christianisme, a non seulement conçu la liberté comme l'essence même de l'être humain, mais également tenté de la réaliser parmi les institutions positives.

Il convient de souligner enfin que dans l'histoire réelle du monde, la progression de la conscience de soi et de la vision du monde n'est jamais purement et simplement linéaire et uniforme. Elle est tributaire de la lutte des différentes forces qui agitent constamment l'humanité. A chaque époque, s'il existe bel et bien un courant dominant de la conscience ou de la vision du monde (que les auteurs du XVIIIe siècle avaient appelé esprit du siècle, et que de nos jours on dira plus volontairement épistémè, paradigme ou themata, etc.), il n'exclut nullement qu'il y ait en même temps des vestiges de l'époque antérieure, tout comme des signes avant-coureurs de l'époque suivante. C'est la lutte entre ces trois types de consciences et ces trois types de visions du monde qui rythme en effet les événements d'une époque. En même temps, en raison de cette lutte, l'histoire réelle du monde ne se présente jamais comme une succession claire et nette de différentes étapes. Elle ressemble plutôt à un torrent tumultueux ponctué par de nombreux détours où s'intercalent des progressions et des régressions, des moments paisibles et des soubresauts violents : sous l'apparente continuité, se creuseront peu à peu les abîmes de la rupture ; au-delà de la rupture apparemment la plus radicale, se maintiennent en réalité les us et coutumes les plus ancestraux. N'a-t-on pas déjà observé que même la Révolution française de 1789, si importante soit-elle, n'est pas une nette coupure par rapport au passé de la France monarchique[106] ?

Section 1 — Le droit public cosmologique

Le droit public cosmologique est fondé sur la vision cosmologique du monde.

La vision cosmologique du monde est essentiellement celle du monde oriental et du monde gréco-romain. Elle correspond à l'enfance de l'humanité. Psychologiquement et phénoménologiquement, la vision cosmologique est le premier stade de la conscience humaine dans son rapport avec le monde. Elle est fondamentalement marquée par ce que Hegel appelait le principe de l'identité ou de la substantialité. La conscience humaine n'est pas encore devenue réflexive, n'est pas encore séparée du monde qui l'environne. Il n'y a pas encore la distinction entre le sujet et l'objet. Le moi fait partie du monde. Comme n'importe quelle chose de la nature, l'homme naît, vit et meurt dans le monde selon une sorte de nécessité naturelle (le destin ou le fatum). Loin de dominer la nature, l'homme est pour ainsi dire dominé par la nature. Il n'est pas libre.

Dans la mesure où la conscience humaine n'est pas encore devenue réflexive, le monde se présente nécessairement comme une totalité close, ou comme *cosmos*. Une des différences fondamentales entre la vision cosmologique et la vision théologique réside dans le fait que selon la première, le monde est un et indivisible, tandis que selon la seconde, le monde est double ou divisé entre un Dieu créateur et le monde créé par Dieu. L'absence d'un dieu créateur du monde est la marque même de la vision cosmologique du monde. Plusieurs conséquences en découlent :

Le cosmos est un. C'est le principe de l'unité ou de l'identité. Le cosmos n'a pas de limite à l'extérieur, ni de vide à l'intérieur. Tout est dans le tout. Même les dieux ne sont que des extrapolations des forces naturelles du monde : ils sont pour ainsi dire inclus dans le monde et se comportent comme une partie de ce monde. Aussi bien le démiurge de Platon que le premier moteur immobile d'Aristote n'étaient pas des

[106] Cf. Alexis de Tocqueville, *L'Ancien régime et la révolution*, Flammarion, 1988.

dieux créateurs du monde au sens, comme nous le verrons ci-après, des trois religions monothéistes.

Le cosmos est éternel. Il ne connaît ni commencement ni fin. Il n'y a pas encore la conception linéaire et messianique du temps ou de l'histoire. A la place, c'est le temps cyclique ou le temps de l'éternel retour. Selon la célèbre définition de Platon dans *Timée*, le temps, c'est l'image mobile de l'éternité. L'histoire n'existe pas à proprement parler. Tout au plus, y a-t-il eu des chronologies des événements du monde. Le temps n'a pas à proprement parler un sens ou une direction et ne connaît point de progrès. Tout comme le cycle du jour et de la nuit qui se renouvelle indéfiniment, la vie de l'homme est une éternelle répétition du même. Il n'y rien de neuf sous le soleil. Dans le monde physique ou cosmique, le mouvement existe certes, mais est de nature cyclique ou épicyclique.

Le cosmos est harmonique. Il est parfaitement coordonné et hiérarchisé. Les Grecs distinguent par exemple trois sphères différentes au sein du Cosmos : la sphère lunaire, la sphère supralunaire et la sphère infralunaire. La terre, composée de 4 éléments fondamentaux (air, feu, terre, eau) se trouve au centre du Cosmos. Elle est susceptible de transformation (mouvement quantitatif et qualitatif). Plus loin, c'est la sphère lunaire, et enfin dans la zone périphérique extérieure, il y a la sphère supralunaire, composée d'éther, inaltérable, inchangeable. Si la sphère supralunaire est réservée aux dieux, Zeus et les autres Olympiens, la sphère infralunaire est en revanche celle du monde humain sujet au mouvement et à la corruption. La sphère lunaire, quant à elle, revient vraisemblablement aux héros ou aux ancêtres. A l'intérieur du cosmos, chaque chose a sa place naturelle. C'est pourquoi le cosmos est le modèle même de l'harmonie, de la beauté et de la justice.

Tout en partageant cette même vision foncièrement cosmologique du monde, le monde oriental, le monde grec et le monde romain se distinguent néanmoins par leurs différentes manières d'envisager la place de l'homme au sein du cosmos. Si le monde oriental est surtout marqué par le principe de substantialité, le monde grec amorce la séparation entre la raison et la nature, entre le sujet et l'objet, et le monde romain parachève ce qui a été commencé par les Grecs. Au sein de la vision cosmologique du monde, il y a eu donc un mouvement progressif vers l'émergence du sujet, ou ce qui revient au même, vers l'avènement du principe de la différence là où prédomine le principe de l'identité. Le monde romain en tant que dernière étape de la vision cosmologique du monde, peut être considéré en même temps comme l'étape préparatoire de la vision théologique du monde, en accentuant la séparation entre le moi et le monde, entre le sujet et l'objet dans un cosmos jusque-là substantifié.

Le droit en général et le droit public en particulier se trouvent dans ces conditions déterminés par les différentes manières de concevoir le cosmos et la place de l'homme dans le cosmos.

§1 — Le monde oriental

Le monde oriental est pour l'essentiel un monde substantiel. L'esprit y est enfoui dans le monde ou dans la nature. L'homme n'est pas encore parvenu à la conscience de soi et de sa liberté. Dans la mesure où le subjectif ou la conscience de la liberté n'existe pas, le moi ainsi que le privé n'existe pas encore, ce qui implique également que le public, en tant que corollaire du privé n'existe pas non plus, à proprement parler. Cependant, parmi les empires orientaux, on trouve d'ores et déjà le germe de l'histoire universelle. Un certain mouvement dialectique s'y manifeste pour aboutir finalement au miracle grec qui sera, comme nous allons le voir, le commencement à proprement parler de l'histoire universelle, et également de l'histoire du droit public.

Les différentes parties du monde oriental se différencient entre elles par les principes qui les régissent. Si la Chine se caractérise par l'immobilité, l'uniformité, l'indifférence et la nature prosaïque, l'Inde est en revanche le continent de la libre fantaisie, de l'imagination fébrile, du sentiment et de la différenciation. En Chine, le droit et la morale se confondent. Au sein de l'empire chinois, outre la différence radicale entre l'empereur et ses sujets, règne plutôt le principe de l'indifférence : tous sont égaux dans leur soumission à l'empereur. En Inde, on découvre et valorise l'intériorité sans raison et n'accorde aucune valeur à la vie d'ici-bas, qui n'est que pure illusion. La vie sociale en Inde est régie par le principe de la différence : par naissance, les hommes sont répartis entre les 4 classes (castes), selon les mérites de leurs vies antérieures (l'idée de la réincarnation). La Chine et l'Inde sont toutes les deux des empires statiques, ou végétatifs, ce qui explique en partie leur durée dans le temps. C'est avec l'empire perse que l'esprit commence à faire son apparition, en tant que lumière (la doctrine de Zoroastre), mais cette lumière reste encore purement matérielle ou naturelle (le culte du soleil). Elle n'est pas encore la pensée. En introduisant le principe de l'évolution, la Perse marque l'amorce de l'histoire universelle. C'est pour cette raison que la Perse a disparu et devait disparaître de la scène historique. Sous l'empire perse, si l'esprit se développe chez les Babyloniens et les Syriens en esprit concret (dans le culte d'Adonis), et chez les juifs en esprit abstrait, il appartient aux Egyptiens d'unir le concret et l'abstrait (notamment sous la forme énigmatique du Sphinx, à moitié animale et à moitié humaine).

Dans les empires orientaux (la Chine, l'Inde, la Perse, et l'Egypte), on représente aussi le monde comme cosmos, comme nature, tout comme chez les Grecs et les Romains. Mais à la différence de la Grèce et de Rome, il n'y a ici aucune représentation de la liberté de l'homme à l'intérieur du cosmos. Comme l'a très bien remarqué Hegel, chez les Orientaux, les hommes étaient eux aussi libres, mais simplement ils n'en avaient pas conscience. La liberté reste dans un état substantiel ou en sommeil. L'esprit n'est pas encore détaché du tout environnant qu'est la nature et ne parvient pas à se représenter comme liberté.

Par rapport au droit public, deux conséquences importantes de cette vision du monde doivent être mises en relief :

Premièrement, la distinction entre le public et le privé n'existe pas. Logiquement et psychologiquement, la distinction entre le public et le privé ne peut exister que là où les hommes commencent à prendre conscience de leur moi comme une substance différente du tout naturel ou du cosmos : si la conscience du tout est à l'origine du public, la conscience de soi est le point de départ du privé. Or, dans l'ensemble des empires orientaux, les hommes se considèrent comme partie intégrante de la nature ou du cosmos. Si le moi existe, c'est uniquement en tant que simple intuition et non pas encore de manière représentative, ou par réflexion. La conscience de la liberté n'existe donc pas. L'homme doit se conformer à la loi du cosmos ou à la nature, à l'instar de n'importe quel autre élément du cosmos, animal ou végétal. En Chine ancienne, aussi bien chez Confucius que chez Laozi, l'idéal de la moralité consiste à agir selon le principe de la nature (tao), ou encore mieux, à non-agir (laisser faire la nature elle-même). Le déterminisme omniprésent se traduit dans l'idée du destin ou de la fatalité.

Deuxièmement, le droit public et le droit privé n'existent pas comme deux catégories de droits différents. Le despote gouverne l'empire à la manière du père de famille (empire patriarcal). L'Etat est sa chose personnelle. De leur côté, les hommes appartiennent à l'Etat ou plus exactement à l'empereur par nécessité naturelle et non point par libre choix ou libre consentement. Ils ne parviennent pas à concevoir l'Etat comme leur chose commune, ou comme l'expression de leur moralité objective. Tout comme la nature, l'Etat reste pour eux une puissance étrangère, dominatrice.

Il y a dans les empires orientaux une organisation de l'Etat. Mais cette organisation, qui pourrait être même très poussée comme dans le cas de la Chine avec son système bureaucratique sophistiqué, n'atteint pas encore le stade de l'institutionnalisation du pouvoir. L'Etat appartient à titre personnel à l'empereur. Le but de l'organisation de l'Etat est de rendre plus efficace l'exécution de la volonté de ce dernier. La disparition de l'empereur signifie pratiquement la disparition de l'Etat lui-même.

Parallèlement, l'Etat ou plus exactement le despote a tous les droits face aux individus particuliers, et il n'a pratiquement aucune obligation. Face à l'Etat ou au pouvoir despotique, les individus ont simplement des devoirs et ne possèdent pas de droits.

Mais le droit du despote n'est pas un droit véritable, faute d'être fondé sur le principe de la liberté. Son droit se ramène au simple droit du plus fort : tant qu'il a la force pour se maintenir au pouvoir, le despote fera ce qu'il lui plaît. Mais dès lors que sa force faillit, son pouvoir pourra être renversé par les autres sans vergogne.

Dans sa philosophie de l'histoire, Hegel a caractérisé le monde oriental comme celui où un seul a la liberté, à savoir le despote. Cette opinion nous semble discutable. Même l'empereur n'est pas à proprement parler libre dans son empire despotique, puisque précisément, son pouvoir se confond avec la force et s'exerce essentiellement sous le signe de l'arbitraire. Il n'est pas fondé sur le principe de la liberté.

§2 — Le monde grec

1) Si l'on s'accorde avec Hegel pour dire que l'histoire du monde est celle de la révélation progressive de l'esprit, ou ce qui revient au même, celle de la réalisation progressive de la liberté (car la liberté est l'essence même de l'esprit, tout comme la pesanteur est l'essence

même de la matière), on peut dire que l'histoire universelle commence à proprement parler avec le monde grec. Historiquement et logiquement, le monde grec est la médiation même du monde oriental et du monde romain.

Le miracle grec réside dans le fait que, tout en empruntant sa vision du monde aux peuples orientaux (dont notamment le peuple égyptien), les Grecs ont su dépasser ces derniers, par la prise de conscience de leur liberté subjectivité. « Connais-toi toi-même », cette injonction delphique est le chemin même de la sagesse, si l'on en croit Socrate. La célèbre parole de Protagoras, « l'homme est la mesure de toutes les choses », traduit à sa manière cette émergence du sujet dans un monde jusque-là objectif. Tout en demeurant dans le cosmos, comme parties dans le tout, les Grecs sont néanmoins capables de ruser avec la nature. Aussi bien leur mythologie que leur philosophie témoignent de cette volonté de l'émergence du sujet : par l'art de la dialectique, ils veulent atteindre la sagesse (qui est pourtant réservée aux dieux) ; en recourant à l'oracle des dieux, ils s'efforcent de dominer la nature. Ulysse, en triomphant de multiples dangers de la nature par sa ruse, durant son périlleux voyage, symbolise et incarne pour ainsi dire l'esprit grec.

Chez les Grecs, les dieux existent, ainsi que les religions. Mais il s'agit des dieux semblables aux hommes et des religions naturelles : le culte des ancêtres dans le cadre des religions familiales serait à l'origine de l'existence de nombreux dieux, si l'on en croit Fustel de Coulanges dans son célèbre ouvrage intitulé *La Cité antique*. Contrairement au Dieu transcendantal qui marquera le triomphe de l'entendement abstrait dans les religions monothéistes, les dieux grecs sont issus, quant à eux, de la sensibilité même de l'homme, ou mieux encore, sont des forces naturelles magnifiées. Dans la mesure où la sensibilité est diverse, les religions grecques sont nécessairement polythéistes, et différentes d'une famille à l'autre et d'une cité à l'autre.

Les institutions religieuses se confondent avec les institutions publiques et privées. Chaque foyer domestique a son propre dieu (*Penate*), tout comme la cité elle-même. Les dieux, d'abord attachés à certains territoires ainsi qu'aux groupes qui les occupaient, devinrent, quand ces groupes furent réunis en cités, le symbole de celles-ci. Ils sont censés les protéger, en assurer la cohésion et la puissance. La vie religieuse se confond avec la vie politique. La piété religieuse est en même temps une vertu politique.

Mais cette émergence du sujet dans le monde grec, ce formidable lever du soleil dans le règne de l'esprit, ce moment inaugural de l'histoire universelle restent quelque peu limités : chez les Grecs, seuls quelques hommes (les citoyens) sont libres et non pas l'homme en général, ou l'homme selon le concept. Par ailleurs, l'être humain comme sujet ne s'est pas encore totalement élevé au-dessus du monde objectif, mais y reste attaché, intégré. Sa liberté est pour ainsi dire entachée de naturalité : c'est au hasard de la naissance que l'homme se trouve être libre comme citoyen ou asservi comme esclave. C'est pourquoi chez les Grecs la vision du monde reste fondamentalement la même que celle des peuples orientaux, à savoir la vision cosmologique. En ce sens, la civilisation grecque constitue une période de transition dans l'histoire universelle : elle est à la fois l'achèvement d'une période historique antérieure, à savoir, celle du monde oriental (le rapport entre la civilisation grecque et celle du monde oriental est à la fois celui de l'héritage et de la rupture), et le commencement de l'autre période qu'on appellera plus tard civilisation occidentale.

Le droit public grec trouve les principes de sa détermination dans les caractéristiques fondamentales du monde grec : d'un côté, la liberté subjective pour quelques-uns ; et d'un autre, l'ordre cosmologique qui impose des limites à cette liberté subjective et conditionne l'organisation et le fonctionnement de la cité.

2) Chez les Grecs, et c'est la première fois dans l'histoire universelle, il y a déjà l'esquisse de la distinction entre le public et le privé. L'apparition de la sphère privée, distincte de la sphère publique est désormais possible, car les Grecs commencent à concevoir leur moi subjectif comme quelque chose de différent, quelque chose d'autonome, par rapport au monde substantiel.

L'individu commence à s'affirmer face à la collectivité ou à la cité. La sphère privée est celle du foyer, de la famille ou du domaine économique (*oikos*). Dans la mesure où elle est le cadre de la satisfaction des besoins naturels, la sphère privée est également le domaine de la nécessité ou de la non-liberté. La cité (*polis*) est la sphère publique. Elle est le domaine de l'action et de la liberté. Chez les Grecs, la liberté a une signification essentiellement collective (par rapport aux autres cités) et non pas individuelle. C'est en tant que citoyen, ou membre constitutif de la cité qu'un individu peut se dire libre et non pas en tant qu'individu privé, cantonné dans la sphère domestique ou économique[107].

Cette distinction entre les domaines publics et les domaines privés est attestée par la langue grecque. Le terme grec d'*idion* signifie ce qui est particulier, propre à chacun. Il se recoupe souvent avec la notion d'*oikos*. Les Grecs rattachent en général au domaine commun (*Koinon*) toutes les occupations qui mettent en rapport l'homme avec la collectivité et le terme même qui désigne l'association est *koinon ou koinônia*.

Chez les Grecs, le lieu de culte (sanctuaires), la fortification, le marché (*agora*), le gymnase sont des espaces publics, alors que la terre agricole, la maison sont des espaces privés. Dans la Grèce archaïque, la participation à des activités collectives, telles que sacrifices, banquets, chasses, chœurs, funérailles, assemblées, est la marque même de la citoyenneté. A Athènes, durant la période démocratique, les activités publiques se ramènent essentiellement à la participation aux assemblées, aux tribunaux et à la magistrature.

Mais il n'y a pas encore l'opposition tranchée entre les deux domaines, le public et le privé. Bien au contraire, le public se trouve dans un rapport de stricte corrélation avec le privé : le privé est en quelque sorte constitutif du public. Pour être citoyen, il faut être avant tout chef de famille, c'est-à-dire propriétaire de sa maison, de son foyer, de sa femme, de ses enfants et de ses esclaves. Par ailleurs, l'importance réelle de chaque citoyen au sein de la cité dépend également de sa fortune privée : seuls les riches appartenant à la classe liturgique, c'est-à-dire, seuls ceux qui sont capables de dépenser de l'argent pour le plaisir du peuple (jeux, représentations théâtrales, etc.) peuvent faire partie de la classe dirigeante de la cité, cela même sous le régime démocratique[108].

Mais de l'autre côté, le privé dépend du public pour son effectivité. Les lois de la cité déterminent ainsi l'étendue de la propriété privée, les prérogatives du chef de famille, etc.

Par ailleurs, entre *polis* et *oikos*, il existe des groupes intermédiaires qui pourraient être appelés, par analogie, société civile.

---

[107] Cf. Jacqueline de Romilly, *La Grèce à la découverte de la liberté*, Editions de Fallois, 1989.

[108] Cf. M. Finey, *L'invention de la politique*, Flammarion, 1985.

Ces groupes sont les suivants : les groupes qui jouent le rôle plus ou moins affirmé de division administrative et politique (à Athènes : *dème, tribu, phratrie*) ; les associations cultuelles dont la fonction principale est de rendre culte à une divinité, un héros, ou un défunt (*génos, thiase, eranos, orgéon, koinon* divers) ; et les groupes d'amis (*philoi*) et de compagnons (*hétairies*). L'existence de ces groupes est importante pour le fonctionnement de la cité, car ils sont des lieux de socialisation et d'apprentissage de la vertu civique.

3) La cité y est conçue comme la réplique du cosmos et possède pour cette raison les caractéristiques suivantes :

La cité est un fait de la nature. Elle se forme naturellement par l'agrégation successive de plusieurs familles, de plusieurs villages et de plusieurs tribus. Selon Aristote, en tant qu'animal doué de la parole et de la raison, l'homme ne peut atteindre son plein épanouissement ou réaliser son entéléchie que dans le cadre de la cité. Il est par nature un animal politique. La cité est dès lors la fin naturelle (ou la cause finale) de toutes les autres formes de l'existence humaine. Elle est téléologiquement antérieure aux individus et aux familles. Aussi la vie individuelle et la vie familiale doivent-elles être subordonnées à la vie politique.

La cité est une totalité close et structurée. Tout comme le cosmos, la cité est à sa manière régie par le principe classificatoire ou harmonique : la coordination et la hiérarchisation de différentes classes sociales doivent contribuer à la conservation et à la gloire de la cité. Dans la République idéale de Platon, il y a essentiellement trois classes d'hommes, à l'instar du corps et de l'âme de l'être humain lui-même ou à l'instar du cosmos : il y a d'abord les producteurs (les paysans et les artisans) qui procurent les moyens matériels de l'existence de la cité. Ils forment la classe de fer et de bronze qui correspond à la partie de l'homme au-dessous de la ceinture. Leur vertu est l'endurance. Il y a ensuite les militaires qui ont pour rôle de défendre la cité. Ils forment la classe d'argent qui correspond au cœur de l'homme. Leur vertu est le courage. Il y a enfin les philosophes-rois qui gouvernent la cité. Ils cumulent les rôles politique, sacerdotal et éducatif. Ils forment la classe d'or qui correspond à la tête de l'homme. Leur vertu est la sagesse. Au sein de la cité ainsi structurée règne donc le principe de l'harmonie : chaque classe y a sa place naturelle et doit remplir la fonction qui lui revient. C'est là le sens premier de la justice. La justice au sein de la cité est la justice modèle ou exemplaire : la justice chez un individu ne pourrait être correctement comprise sans connaître au préalable la justice dans la cité. La justice politique est essentiellement une justice distributive : elle consiste à donner à chaque individu ce qui lui revient en raison de la place qu'il occupe à l'intérieur de la cité.

En tant que totalité englobante, la cité est supérieure aux individus et aux familles. Elle possède le droit absolu de vie et de mort sur les citoyens. De leur côté, les citoyens n'ont aucun droit face à la cité, tant il est vrai qu'aussi bien leur corps, leur âme que leurs biens appartiennent à la cité. Antigone a beau protester contre le décret arbitraire de Créon, au nom de la piété familiale ou de la justice divine, elle est tout de même condamnée à être enterrée vivante, au nom du droit de la cité. Socrate a été contraint de boire la ciguë, tout simplement parce que par son enseignement, il aurait corrompu la jeunesse athénienne, en introduisant de nouveaux dieux.

La propriété privée n'a de signification que parmi les citoyens et non pas par rapport à la cité. Elle peut être à tout moment confisquée par la cité.

L'ostracisme est un exemple frappant de cette totale subordination des citoyens à la cité. Un citoyen peut être frappé d'ostracisme, alors même qu'il n'a commis aucune faute : dès lors que sa fortune ou sa popularité est suffisamment grande pour devenir une menace, réelle ou supposée, pour la cité, il peut être l'objet d'un ostracisme.

Lorsque les individus ont commencé à faire valoir réellement leur intériorité ou leur subjectivité au détriment de la moralité substantielle qu'est la religion de la cité, a commencé alors la ruine de celle-ci. La philosophie des sophistes et la dialectique de Socrate ont marqué logiquement et historiquement le début de la décadence de la civilisation grecque.

4) Les régimes politiques adoptés par les cités grecques attestent eux aussi la coexistence de l'objectif et du subjectif dans la conscience grecque. Si Sparte symbolise l'ancrage de la conscience grecque dans une vision fondamentalement cosmologique du monde, Athènes, en inventant la démocratie, témoigne quant à elle de l'émergence du subjectif dans un monde jusque-là fondamentalement objectif.

Sparte est l'une des cités les plus admirées par les Grecs de son temps. Le régime politique y est pour l'essentiel celui de l'aristocratie militaire. Sans entrer dans les détails de ce régime, nous remarquons néanmoins qu'il est entièrement fondé sur le principe de la naturalité :

non seulement la distinction entre les hommes libres et les esclaves, mais aussi celle entre les aristocrates qui détiennent le pouvoir de la cité et ceux qui n'en ont pas, se justifient par la nature. Dès leur naissance, les spartiates sont soumis à la dure loi de la sélection naturelle : la pratique très répandue de l'infanticide a pour but d'en éliminer les plus faibles. C'est également au nom de la nature que la cité impose un mode de vie d'une rigueur toute militaire à l'ensemble de ses citoyens. La cité est tout, ses individus membres ne sont presque rien. Dans ces conditions, la distinction entre le public et le privé, tout comme celle entre le droit public et le droit privé n'existe pas, ou n'a pas de signification véritable.

Mais la contribution la plus importante de la Grèce antique à l'histoire du droit public est sans doute l'invention de la démocratie. L'existence du régime démocratique à Athènes s'explique par l'émergence de la conscience de la liberté subjective chez les Grecs : le moi en tant que partie composante de la cité commence à acquérir une certaine autonomie et à réclamer le droit de participer à la gestion des affaires de la cité.

Cette prise de conscience de la liberté par les Grecs se concrétise dans le principe de l'égalité des citoyens, lequel forme la devise même de la cité d'Athènes : *Isonomia* ou égalité devant la loi ; *Isogoria, ou* égalité de la parole et *Isokrateïa*, ou égalité des pouvoirs.

La cité athénienne a certes elle aussi une base naturelle. Mais contrairement aux autres cités antiques, elle a commencé à laisser une certaine place à la raison ou à la volonté humaine.

C'était au VIe siècle av. J.-C. sous Clisthène qu'est née la démocratie athénienne. A l'époque, parmi les 250000 habitants d'Attique, environ 40000 de sexe masculin, âgés de plus de 20 ans, libres, nés de parents athéniens étaient les citoyens et avaient droit de siège à l'*Ecclesia* (l'assemblée du peuple). Les citoyens étaient regroupés par dèmes (ou villages). Les 100 dèmes formaient les 10 tribus.

Sur le plan organisationnel, la démocratie athénienne fonctionne de manière concentrique, à l'image même du cosmos. L'assemblée plénière des citoyens ou l'*Ecclésia* est dirigée par le Boulé (conseil) qui est composé de 500 membres tirés au sort (à raison de 50 par tribu) pour une durée d'un an. La fonction du Boulé consiste à préparer les réunions de l'*Ecclesia*, à contrôler la régularité de son fonctionnement et à mettre en œuvre ses décisions. Egalement par tirage au sort l'*Ecclesia* forme l'Héliée (tribunal du peuple, composé de 6000 citoyens) qui a la fonction judiciaire.

L'Assemblée des citoyens est souveraine et ses compétences s'exercent à la fois dans les domaines législatif, exécutif, et judiciaire. D'autres assemblées comme le Conseil des 500 et l'Héliée limitent ou tempèrent quelque peu le rôle de l'*Ecclesia,* mais d'une manière qui n'est pas toujours efficace : à partir de 5e siècle avant. J.C., les pouvoirs de l'*Ecclesia* n'ont cessé de s'accroître.

Contrairement à ce que l'on pourrait croire de premier abord, le pouvoir législatif de l'*Ecclesia* connait des limites, car les vraies lois (οἱ νόμοι) sont ancrées dans la tradition datant de l'époque de Clisthène, de Solon, voire de Dracon et sont réputées intangibles. A proprement parler, l'*Ecclesia* ne peut voter que des décrets (ψηφίσματα, *psephismata*) qui doivent se conformer aux lois. Dans le cas contraire, l'initiateur d'un décret risque une procédure judiciaire.

L'*Ecclesia* désigne les magistrats par tirage au sort. Les magistrats ont pour fonction principale d'appliquer les lois sous le contrôle de l'assemblée. L'*Ecclesia* gère les finances publiques et décide des alliances, de l'envoi des ambassades et, souvent, de la paix ou de la guerre.

L'essentiel du pouvoir judiciaire appartient à l'Héliée, mais l'Assemblée peut lancer elle-même des inculpations ou les juger elle-même quand la sûreté de la cité est en jeu. D'un point de vue purement procédural, il existe γραφή (*graphè*), une action en justice à caractère public et ἡ δίκη (*dikè*), une action en justice privée.

La *graphè para nomon* (ἡ γραφή παρά νόμων) est une action en justice publique dans l'intérêt des lois. Cette procédure permet de mettre en accusation tout citoyen ou magistrat auteur d'une proposition de décret ou d'une action politique contraire à la loi. La sanction va de la simple annulation du décret à une amende. Dans les cas graves, les héliastes peuvent prononcer une peine d'atimie (ἡἀτιμία) (une déchéance des droits de citoyenneté) ou la peine capitale. L'*atimie* peut être définitive ou temporaire, selon la gravité des faits. Elle sanctionne des délits d'ordre privé, comme les spoliations, le manque de respect ou de soins aux parents ou encore les violences contre les personnes, mais surtout des délits d'ordre public tels que l'impiété, les fraudes, la corruption, les malversations ou les offenses aux magistrats ou encore une proposition de loi jugée non conforme à la constitution. L'ostracisme (ὁ ὀστρακισμός) a été créé par Clisthène. Le mot « ostracisme » vient d'*ostrakon* (τὸ ὄστρακον), qui signifie « coquille » ou « tesson » (de poterie). Il vise à écarter des affaires publiques des citoyens jugés dangereux pour la cité et son régime politique. Il se traduit par une déchéance des droits de citoyenneté accompagnée d'un bannissement d'une durée de dix ans. L'ostracisme est prononcé par l'Assemblée, par un vote à bulletin secret[109].

A côté de la procédure de la *graphè para nomon,* il en existe une autre dite d'*eisangélie* (ἡ εἰσαγγελία). Il s'agit littéralement de l'« annonce » ou de la proclamation d'une action politique qui vise à dénoncer l'atteinte grave à l'intérêt de la cité. L'*eisangelia* fait l'objet d'un vote et, si l'Assemblée décide de donner suite à l'accusation, le dossier est transmis au Conseil des 500. Celui-ci rédige alors un *probouleuma* définissant précisément le délit et assorti d'une proposition de sanction. L'affaire revient ensuite devant l'Assemblée qui peut souverainement prononcer le jugement ou transmettre l'affaire à l'Héliée.

Comparée à la démocratie moderne, la démocratie grecque possède les trois particularités suivantes, en raison de la vision cosmologique qui lui sert de fondement :

D'abord, elle recourt à l'oracle pour la prise de décision, à l'occasion d'une colonisation, à l'admission de dieux étrangers ou bien lorsqu'il s'agit de livrer une bataille. Prendre la décision par soi-même exige une subjectivité affermie de la volonté. Or, les Grecs n'avaient pas encore cette énergie et cette volonté. Si d'une part, le tirage au sort est exigé par le principe de l'égalité propre à tout régime démocratique authentique, d'autre part et en même temps, il témoigne également de l'absence de la volonté autonome parmi les citoyens athéniens.

[109] La procédure se déroule en deux temps. Les citoyens doivent d'abord se prononcer une fois par an sur l'opportunité d'un ostracisme. Le vote se fait alors à main levée, lors de la sixième prytanie. Si une majorité se dégage, une assemblée extraordinaire sera convoquée sur l'Agora. Groupés par tribus, les citoyens grattent un tesson de terre cuite de manière à y inscrire le nom du citoyen qu'ils souhaitent bannir. Le verdict des *ostraka* est d'autant plus cruel que l'« élection » se fait à la majorité simple, en un seul tour, et qu'on peut donc se trouver ostracisé par une minorité de ses concitoyens, à condition toutefois que le quorum de 6000 votants soit atteint. La procédure est sans appel et son exécution immédiate, le condamné ayant une semaine (dix jours) pour préparer son départ.

Ensuite, elle reconnait l'existence de l'esclavage. Pour que les citoyens puissent délibérer sur les affaires de la cité, s'exercer dans les gymnases et participer aux fêtes, il faut qu'il y ait des esclaves qui accomplissent les travaux manuels à leur place. La célèbre distinction entre le travail, l'œuvre et l'action qu'Hannah Arendt a établie pour rendre compte de la démocratie athénienne doit être mise dans cette perspective historique pour être correctement comprise[110]. L'égalité des citoyens entraîne et suppose l'inégalité entre les maîtres et les esclaves. L'existence des esclaves atteste que les Grecs n'ont pas encore la conscience que tout homme est libre, selon sa nature générique. La liberté reste encore un privilège fondé sur la nature (on est né citoyen ou non-citoyen, libre ou esclave).

Enfin, la démocratie grecque n'a lieu que dans une cité dont la dimension géographique n'excède pas l'enceinte d'une seule ville. De la sorte, les citoyens peuvent participer personnellement au débat public. Au moyen de leur voix, ils animent et se laissent chauffer et exciter par la parole. La démocratie grecque est une démocratie par la parole, non point par l'écrit. Elle est directe et non point représentative. Contrairement à la démocratie moderne qui se pratique dans des vastes Etats, la démocratie grecque était encore limitée par les conditions naturelles, celle de la proximité géographique notamment : elle est donc dépourvue de l'universalité.

§3 — Le monde romain

1) La vision du monde des Romains reste très largement identique à celle des Grecs. Le stoïcisme (Cicéron, Sénèque, Epictète, Marc Aurèle, etc.) et le néo-platonisme (Plotin et son école), tous deux d'origine grecque, sont les deux philosophies les plus importantes chez les Romains. La religion romaine est elle aussi héritière de la religion grecque : la plupart des dieux romains sont issus de la mythologie grecque.

Mais à la différence des Grecs, les Romains ont radicalisé la différenciation entre le sujet et l'objet, entre le moi et le monde. La belle harmonie entre la nature et l'esprit qu'on trouve encore dans la conscience grecque (ou la belle totalité selon la qualification donnée par la philosophie idéaliste allemande comme chez Hegel) cède désormais la place à la séparation nette entre les deux. La vision

---

[110] H. Arendt, *La condition de l'homme moderne*. Calmann-Lévy, 1993.

romaine du monde reste certes encore cosmologique. Mais en même temps, elle prépare déjà la place pour une vision théologique du monde. Ce n'est donc pas un hasard si l'empire romain a pu être peu à peu christianisé.

2) Chez les Romains, à la différence des Grecs, une séparation nette entre la sphère privée et la sphère publique, entre le droit public et le droit privé commence à voir le jour.

Selon la remarque de Hegel, dans la Grèce ancienne, l'esprit, n'étant pas encore retiré dans l'abstraction, contenait encore des éléments naturels. La personnalité générale et abstraite n'existait donc pas encore. Mais à Rome, nous trouvons désormais ce genre de généralité abstraite. La liberté abstraite des Romains met d'un côté l'Etat abstrait, la politique et la force au-dessus des individus concrets, et d'un autre, crée en face de cette généralité abstraite, la personnalité des individus privés. Si après d'incessantes luttes entre les patriciens et les plébéiens, après des conquêtes militaires de plus en plus nombreuses, l'Etat romain a pu parvenir à la domination universelle, la vie politique des Romains reste néanmoins sans âme, sans cœur, et dépourvue de spiritualité. Parallèlement à cet entendement abstrait réalisé par et dans l'Etat romain, se développe le droit privé positif : désormais, la moralité se cantonnera dans l'intériorité, tandis que le droit positif s'occupera de l'extérieur, entièrement étranger à l'intention morale.

A la différence des cités grecques qui étaient de dimension très réduite, en fonction de la configuration géographique de leur milieu naturel, l'Etat romain élargit la sphère publique à sa dimension véritable, c'est-à-dire universelle. L'universalité de l'Etat ou de la République, voilà l'une des contributions les plus importantes que Rome a apportées à l'histoire de l'humanité. Si celle-ci a appris le sens de la liberté chez les Grecs, c'est avec les Romains qu'elle commence à comprendre sa propre universalité : les Romains sont pour ainsi dire les impitoyables éducateurs de l'universalité de l'homme. C'est par des conquêtes militaires successives que l'Etat romain est parvenu à sa dimension universelle. Parallèlement à l'expansion de l'armée romaine, la philosophie stoïcienne a développé pour la première fois l'idée de l'Etat cosmopolite en tant qu'Etat naturel de tous les êtres humains. La citoyenneté, si elle était au départ réservée aux habitants de Rome, a été par la suite étendue progressivement à la population des provinces ou territoires conquis (l'an 212 sous Caracalla, dont le but initial fut d'étendre les lourds impôts dus par les citoyens romains à l'ensemble des habitants de l'empire).

Toutefois, l'universalité de l'homme que les Romains ont contribué à révéler reste très largement abstraite. C'est pourquoi contrairement aux Grecs dont la liberté se manifeste essentiellement dans la sphère publique, les Romains ne peuvent concevoir la liberté que dans la sphère privée. La privatisation de la liberté est d'une certaine manière la rançon de l'universalité abstraite de l'Etat romain. La grandeur et la faiblesse de Rome résident dans cette contradiction ou cette opposition. Désormais, le public est élargi à sa dimension véritable, c'est-à-dire à l'Etat cosmopolite ou universel, tandis que le privé s'identifie à la personne privée, c'est-à-dire à la particularité abstraite de chaque individu humain.

L'Etat romain est dans sa nature profonde une *Res publica* universelle. Le destin ou le fatum même de Rome est l'empire. Si la cité est chez les Grecs encore quelque chose de concret et de naturel, la *Res publica* romaine est essentiellement abstraite. Le patriotisme romain suscita la passion et exigea le sacrifice de la part de ses individus membres. N'a-t-on pas vu qu'un Romain était capable de mettre sa main sur le feu pour prouver son amour envers la République ? Dès sa fondation, Rome s'est toujours trouvée dans la nécessité de conquérir (des terres, des femmes, etc.) et de se défendre. La passion envers la République chez les Romains est comparable à celle d'une bande de voleurs par rapport à leur butin : puisque c'est à leurs risques et périls que les Romains ont obtenu leur *Res publica*, ils sont également capables de sacrifier leur vie pour la défendre. Il ne faut pas oublier que les fondateurs de Rome, Romulus et Remus sont eux-mêmes des voleurs et que la *Res publica* romaine est avant tout le fruit de la conquête militaire de l'armée romaine (qui s'analyse selon nous en vol armé collectif) : la terre conquise deviendra *ager romanus,* et les butins seront souvent partagés entre les généraux et les soldats. Là où il y a richesse à piller, se dirigera l'armée romaine, jusqu'à ce qu'elle rencontre des limites : l'universalité des Romains s'explique originairement par leur instinct de conquête ou de vol.

En même temps et parallèlement, la personne privée était également absolutisée. Le domaine privé est réputé sacré, même par rapport à l'Etat romain. Le *pater familias* jouit d'un droit de domination absolu envers sa femme (qui est considérée essentiellement comme un instrument de reproduction des héritiers pour perpétuer les cultes de la religion domestique, si l'on en croit l'interprétation de Fustel de Coulanges, dans son ouvrage déjà cité *La Cité antique*), ses enfants (le père a un droit de vie et de mort sur ses enfants, sans parler du droit de les vendre comme de vulgaires marchandises), et ses esclaves : c'est là son droit de propriété (*dominium*). La protection du droit de propriété par le droit quiritaire est d'une rigueur radicale : pourvu qu'on établisse fermement son droit sur une formule rituelle et qu'on affirme que *rem meam esse ex jure quiritium* devant un préteur, on peut faire ce qu'on veut avec les choses qu'on possède. Il s'agit là d'une sorte de souveraineté absolue : on est libre d'user et de mal user de sa chose, de l'aliéner, de la transmettre et de la partager entre les héritiers et légataires de son choix. Avec la même rigueur, le droit civil romain protège le créancier par rapport à son débiteur : à condition de respecter les formes de la procédure, le créancier non satisfait peut aller jusqu'à mettre à mort son débiteur. S'il y a plusieurs créanciers, le cadavre du débiteur sera divisé en morceaux : *partes secanta*, selon une loi des XII Tables.

La distinction entre le droit civil, le droit des gens et le droit naturel chez les Romains a pour seul critère la nature des relations auxquelles doivent s'appliquer ces droits : le droit civil est le droit applicable parmi les citoyens romains eux-mêmes ; le droit des gens est le droit applicable entre les Romains et les non-Romains, tandis que le droit naturel est le droit applicable parmi tous les êtres naturels (y compris parmi les animaux).

La distinction entre droit public et droit privé se fait à l'intérieur du droit civil : ils en constituent pour ainsi dire les deux branches constitutives. Selon la célèbre définition d'Ulpien, le droit public concernerait l'utilité publique, tandis que le droit privé concernerait l'utilité privée : d'un côté, la personne privée avec sa propriété, de l'autre, l'Etat romain avec sa chose publique (*res publica*), voilà la base naturelle de la distinction entre droit public et droit privé.

Si, comme nous l'avons vu, la distinction entre sphère publique et sphère privée ainsi que celle entre droit public et droit privé existait déjà chez les Grecs, elle n'était pas encore devenue absolue comme chez les Romains. La sphère privée et la sphère publique, tout comme le droit public et le droit privé étaient pour ainsi dire dans une relation de complémentarité ou d'harmonie, toutes les deux étant considérées comme nécessaires pour réaliser l'idéal de la vie bonne. Selon l'interprétation d'Hannah Arendt, les deux sphères, publique et privée, chez les Grecs répondaient encore aux besoins naturels de l'homme, ceux de travailler, d'œuvrer, et d'agir[111]. Chez les Romains en revanche, le lien harmonique entre la sphère publique et la sphère privée, entre le droit public et le droit privé est en quelque sorte rompu : d'un côté, il y a la personne privée et son droit de propriété, d'un autre il y a l'Etat romain avec sa *res publica* et sa domination abstraite. Bref, la distinction radicale entre le droit public et le droit privé rend manifeste la contradiction entre la liberté privée et la domination publique, entre la propriété privée et la *res publica* universelle.

L'individu romain se détermine essentiellement et abstraitement comme *personne*. Les individus sont absolument égaux : peu importe qu'ils soient esclaves ou citoyens, ils n'ont aucun droit politique. L'intériorité abstraite des Romains se réalise dans l'idée de la personnalité et dans le droit privé. Le droit de la propriété est désormais absolu et sans entrave. Le droit privé consiste en ceci que la personne vaut comme telle dans la réalité qu'elle se donne, dans la propriété. Selon le jugement très sévère de Hegel, « le corps vivant de l'Etat et la mentalité romaine qui y vivait comme son âme, est réduite maintenant à la singularisation du droit privé inanimé. De même que, dans la putréfaction du corps physique, chaque point acquiert pour soi une vie propre, qui n'est toutefois que la vie misérable des vers, de même ici l'organisme politique s'est dissous dans les atomes des personnes privées. Telle est maintenant la condition de la vie romaine : d'un côté la fatalité et la généralité abstraite de la souveraineté, de l'autre l'abstraction individuelle, la personne qui se trouve déterminée de telle sorte que l'individu est quelque chose en soi, non en conformité avec son être vivant, avec la plénitude de son individualité, mais en tant qu'individu abstrait »[112]. Ce n'est donc pas par hasard que les Romains ont un profond mépris à l'égard de la vie, dans ce qu'elle a de plus concret et de plus vivant. Le combat des gladiateurs (à l'occasion des funérailles des riches) se termine souvent par un bain de sang, source de jubilation et d'extase pour le public romain. Les héros stoïques les plus réputés sont ceux qui sont capables de s'automutiler et de se suicider (le célèbre Caton d'Utique par

---

[111] H. Arendt, *La condition de l'homme moderne*. Op.cit.

[112] Hegel, *Leçons de la philosophie de l'histoire*, Vrin, 1970, p. 245.

exemple). L'armée romaine laisse la preuve de sa cruauté partout là où elle passe par les monceaux de cadavres qu'elle a contribué à former.

Bref, la liberté des Romains se cantonne dans la sphère privée, alors que dans la sphère publique, règne la dure loi de la non-liberté.

3) La protection de la propriété privée est l'affaire la plus importante du droit civil romain.

On sait depuis longtemps que le droit romain a profondément influencé les droits de l'Europe moderne et jouit d'une profonde vénération de la part des juristes occidentaux. Le Digest de Justinien a été toujours considéré par ces derniers comme la « *ratio scripta* » elle-même, et constitue la source historique du droit civil de nos jours, continental à coup sûr, anglo-américain, dans une large mesure.

Si le droit romain a un si haut degré de perfection, c'est certainement en raison de son formalisme. Et le formalisme du droit romain ne peut être correctement expliqué ou compris à son tour que par rapport au but qu'il se donne, à savoir, celui de la protection de la propriété privée de la personne privée. C'est précisément parce que le droit romain fournit un excellent outil juridique pour la protection de la propriété privée qu'après les révolutions bourgeoises du XVIIIe siècle, l'Europe occidentale n'a pas hésité à se l'approprier pour en faire l'instrument du libéralisme individualiste, ou ce qui revient au même, de l'individualisme possessif.

Dès le début de son existence, le droit romain a été toujours un droit très formaliste. Le droit formulaire subsiste même après les XII Tables (qui étaient en réalité des formules rendues publiques selon le modèle des lois écrites grecques). On sait aujourd'hui le rôle fondamental joué par les préteurs dans l'élaboration du droit romain. Or, ce rôle n'est pas à proprement parler celui de dire le droit (les préteurs ne sont pas des juges), mais consiste essentiellement à interpréter et à inventer des formules (ce qui l'apparente à la fonction législative d'aujourd'hui). Par ailleurs, c'est par le biais des édits que les préteurs ont pu progressivement assouplir le formalisme rigide du droit romain primitif.

La codification du droit à l'époque justinienne est l'aboutissement à la fois logique et naturel de ce formalisme juridique primitif.

Dans une logique similaire, la science juridique romaine ainsi que son enseignement par des jurisconsultes, — une autre contribution majeure du droit romain aux droits modernes, selon le jugement de Michel Villey —, est elle aussi issue de ce formalisme juridique :

c'était en vue d'aider les préteurs dans leur fonction d'interprétation des formules que se sont peu à peu forgés des jurisconsultes avec leurs écoles d'enseignement et leurs manuels de droit (*Institutes*).

4) L'organisation de l'Etat romain est elle aussi fondée sur la vision cosmologique du monde et est conditionnée par la conception romaine de la distinction entre le public et le privé.

Une de contributions les plus importantes des Romains à ce qu'on appelle aujourd'hui droit constitutionnel est certainement leur invention du gouvernement mixte, un idéal vainement rêvé par les philosophes grecs. Selon l'observation de l'historien grec Polybe en effet, la République romaine aurait réalisé l'idéal même du gouvernement mixte, de par la synthèse qu'elle avait faite du gouvernement d'un seul (le consul), du gouvernement de quelques-uns (le sénat) et du gouvernement du plus grand nombre (le peuple réuni en comices). Cicéron avait une idée semblable sur la constitution romaine.

Le consul est le successeur de l'ancien roi au sein même de la République. Le Sénat est composé des prétendus descendants des compagnons des fondateurs de Rome, Romulus et Remus. Les comices (curiates, centuriates et tributes) sont quant à eux de différentes assemblées du peuple. Le partage des pouvoirs entre les comices, le consul et le sénat est de nature à la fois sociologique et politique.

Il convient de remarquer que cette constitution mixte romaine ne résulte point d'une spéculation théorique, comme chez les philosophes grecs, mais est naturellement issue de l'histoire romaine primitive elle-même : à la période royale, se formait la base des institutions romaines, mais ce fut sous la République que ces institutions sont parvenues à leur maturité et leur perfectionnement, bien souvent sous la pression des événements (expansion militaire, guerres) et surtout en raison de la longue lutte entre les plébéiens et les patriciens. Il convient d'ajouter que le passage de la République à l'Empire n'a pas connu un changement formel de la constitution républicaine, puisque l'empereur se targue d'être un simple *princep* le premier parmi ses pairs. Mais dans la réalité, de par la permanence de sa fonction, par l'hérédité de sa charge, l'empereur n'est plus un simple consul et la nature du régime se trouve quelque peu transformée.

— Le consul représente l'élément monarchique de la constitution romaine. Elu par l'assemblée centuriate, à l'âge minimum de 43 ans, il est sans conteste le magistrat le plus important de l'Etat romain et possède à ce titre l'*imperium*. Puisque selon de nombreux auteurs, la souveraineté de l'Etat moderne trouve son origine dans l'*imperium* romain, nous devons nous attarder un peu sur la signification de ce terme.

L'*imperium* ou la *potestas* signifie la puissance publique de l'Etat romain. Le terme « *imperium* » est, selon Mommsen, d'une étymologie obscure. Il désigne la puissance publique la plus élevée, juridictionnelle ou militaire, par opposition, d'une part, au pouvoir exclusif de défendre tel que l'ont les tribuns du peuple, et d'autre part, au pouvoir subalterne d'ordonner qui appartient aux magistrats inférieurs et aux délégués des magistrats supérieurs. Ce pouvoir illimité d'ordonner est, dans la Rome royale, sans distinction de catégories d'ordres, concentré dans les mains d'un seul (le roi), et dans la Rome républicaine, appartient aux consuls, aux collègues des consuls, et également à tous ceux qui sont investis de la puissance consulaire. Le terme *potestas* signifie initialement l'*imperium*, mais par la suite, dans le langage courant, il désigne le pouvoir appartenant plutôt aux magistrats inférieurs. Seul le consul (ainsi que ses semblables tels préteurs, dictateurs ou tribuns militaires exceptionnels, bref ce qu'on appelle magistrats supérieurs) est *cum imperium*, les autres magistrats (dit inférieurs) sont quant à eux *cum potestas*.

D'ailleurs, le droit public romain distingue *l'imperium domi et l'imperium militae*. Il s'agit là d'une distinction à base territoriale. Le premier s'exerce à l'intérieur de la ville, le deuxième, à l'extérieur. La limite de l'intérieur et de l'extérieur était le *pomerium* de la ville romaine (*Urbs roma*). Un magistrat, après avoir pris les auspices au Capitole (une formalité essentielle qui conditionne la validité même d'une opération militaire), et endossé son costume militaire, dès qu'il a franchi le *pomerium*, deviendra le général. La différence essentielle entre les deux types d'*imperium* réside dans le fait que *l'imperium domi* est soumis au régime de provocation (droit pour le peuple d'intervenir pour statuer souverainement sur des accusations capitales) et d'intercession (droit de veto d'un magistrat à l'encontre de l'acte pris par un de ses collègues), tandis que *l'imperium militae* y est soustrait. Dans la zone entre le mur de la ville et la première borne militaire (mille pas romains, environ 1 kilomètre et demi selon le calcul de Mommsen) où le magistrat et le promagistrat sont également compétents, le critère distinctif est la prise solennelle ou non de l'auspice de départ : le magistrat ayant pris l'auspice est soustrait à la provocation et à l'intercession, tandis que celui qui n'a pas pris l'auspice, y est entièrement soumis. Cette distinction entre *l'imperirum domi* et *l'imperium militae* est sans doute à l'origine de la distinction entre le pouvoir civil et le pouvoir militaire dans les Etats de nos jours.

Si l'*imperium* s'occupe de la *res humanae*, l'*auspicium* a quant à lui pour objet la *res divinae*. La distinction entre l'*aupiscium* et l'*imperium* est une des bases de l'organisation politique de l'Etat romain. Dans la mentalité des Romains, l'homme ne peut ni ne doit connaître les choses de l'avenir. Pour s'assurer le succès d'un projet d'action, il faut compter sur l'approbation des dieux dont notamment Jupiter (*Pater Jovis*), laquelle se manifeste à travers des signes : le vol ou le cri d'oiseaux (*signa ex avibus*), le mouvement des quadrupèdes et reptiles, le tonnerre et l'éclair (celui-ci, lancé par Jupiter lui-même, est considéré comme le plus décisif des signes : généralement c'est un signe favorable au magistrat, mais il empêche l'assemblée du peuple et la prise de décision par elle), le poulet (on fait manger les poulets, si l'un d'eux laisse tomber un grain de son bec, on considérera qu'il y a là un signe favorable des dieux), l'avertissement des dieux (un corbeau qui vole à l'encontre de quelqu'un, une attaque d'épilepsie au cours de l'auspication, etc.). Un signe favorable de dieux est absolument nécessaire pour les actions publiques romaines, tant militaires que civiles. La prise de l'auspice est par ailleurs l'une des attributions fondamentales des magistrats à côté de l'*imperium* proprement dit. Dans un certain sens, l'*imperium* des magistrats résulte de *l'auspicium* ou de la volonté des dieux. Il n'est pas non plus abusif d'affirmer que c'est l'*auspicium* qui confère, au sens propre du terme, l'autorité (*aucto-ritas*) à la décision prise par le magistrat investi de l'*imperium.*

La magistrature romaine (dont fait partie le consul) est régie notamment par trois principes : l'annalité, la collégialité et la responsabilité. Le principe de l'annalité a pour but d'éviter d'instaurer un pouvoir personnel prolongé. Sauf pour le dictateur (6 mois) et le censeur (18 mois), les autres magistrats sont élus pour une durée d'un an. Ce principe n'est pas valable pour ce qu'on appelle promagistrature. Le principe de la collégialité dans la magistrature doit être mis en relation avec l'imperium : la plupart de magistrats sont régis par le principe de la collégialité (deux, trois ou dix), ce qui semble *a priori* contraire au principe de l'unité de l'imperium. Aussi en cas de conflit fallait-il trouver un système de prééminence parmi les collègues. Trois solutions existent en fait : roulement périodique, tirage au sort, ou accomplissement d'un acte en commun. Le principe de la responsabilité reste d'ordre théorique. Pendant la durée de leur fonction, les magistrats ne peuvent être critiqués. Après leur fonction, en principe, ils doivent rendre compte de leur gestion et peuvent être jugés par le Sénat. Mais en pratique, les liens personnels ou familiaux entre les magistrats et les sénateurs permettent d'éviter un tel déboire.

— Le peuple romain existe essentiellement sous forme de comices. Il existe trois types de comices selon des critères différents : comices curiates (l'origine) ; comices centuriates (le cens et l'âge) ; enfin, comices tributes (le lieu).

Les comices curiates dataient de l'époque royale et subsistaient sous la république. Mais étant donné sa fonction politique peu importante, le peuple s'y abstient souvent et se fait remplacer par 30 licteurs. Par la *lex curiate de imperio*, les comices curiates confèrent l'imperium aux magistrats supérieurs élus par les comices centuriates. Mais cette fonction n'est qu'une simple formalité dans la réalité.

Les comices centuriates furent la plus importante assemblée du peuple. A l'origine ils étaient essentiellement des assemblées militaires. Mais peu à peu ils sont devenus également des organes de nature politique. L'assemblée centuriate est divisée en 5 classes en fonction du cens. Elle a des attributions électorales, législatives et judiciaires. L'assemblée élit (*creatio* non *electio*) les magistrats supérieurs titulaires de l'imperium : consuls, préteurs, tribuns militaires à pouvoir consulaire. Elle vote des lois, sous le contrôle rigoureux des magistrats, mais n'a ni l'initiative ni le droit d'amendement. Enfin, elle a une fonction de juridiction en matière pénale notamment (au cas de parricidium et de perduellio) et ce, surtout par le biais de la *provocatio ad populum*. La *provocatio* était possible contre toute condamnation capitale prononcée par un magistrat ainsi que contre de fortes amendes. Elle était portée devant les centuries pour les causes capitales et devant les tribus pour les amendes. C'est donc un recours contre la sentence du magistrat et non point une juridiction de première instance.

L'organisation des comices tributes est à base territoriale. Le nombre des tribus avait varié, mais en l'an 241, il fut fixé définitivement à 35. Les citoyens étaient répartis parmi ces tribus. Les attributions des comices tributes étaient les mêmes que celles des comices centuriates, mais d'un degré inférieur : élection des magistrats inférieurs, des tribuns et des édiles de la plèbe, prononciation sur la *provocatio* contre les sentences pénales infligeant une forte amende, mais non la mort, etc., et à partir d'une époque incertaine, vote des lois.

Il convient de remarquer que l'organisation et le fonctionnement des comices étaient loin d'être parfaitement démocratiques. Seuls les citoyens avaient le droit de participer aux comices, les étrangers, les esclaves ayant été écartés. Mais même parmi les citoyens, tous ne participaient pas à l'assemblée, soit par abstention, volontaire ou involontaire (ceux qui étaient éloignés de Rome), soit parce qu'ils n'étaient pas inscrits sur les listes des centuries et des tribus par les censeurs. Dans la pratique, l'assemblée populaire était dominée par quelques grandes familles (qui disposent des clients).

— Le Sénat romain incarne quant à lui l'élément aristocratique ou oligarchique de la constitution romaine (voir Mommsen, « droit public romain », tome VI et VII). Durant toute la période de la république, le nombre de sénateurs était de 300, mais il fut porté à 600 par Sylla. Le Sénat était d'abord une réunion de fait de *patres* (les chefs de famille romaines, prétendument descendants des compagnons de Romulus), mais devint ensuite un organe constitutionnel juridiquement reconnu. Ils étaient désignés d'abord par les consuls ensuite par les censeurs. Dans le fait le Sénat était composé de la plupart des anciens magistrats curules (consuls, préteurs, édiles curules) et plus tard des édiles de la plèbe, des tribuns et des questeurs. Le Sénat était convoqué et présidé par un magistrat, consul, préteur ou tribun. Parmi les attributions du Sénat, il faut distinguer les monopoles des sénateurs patriciens et les autres attributions générales. En effet, seuls les sénateurs patriciens pouvaient exercer l'*interregnum* (en cas de vacance de magistrat suprême) et disposaient de *l'auctoritas patrum* (un droit de ratification et de veto sur certains actes politiques, en faisant valoir la volonté des dieux). Quant aux autres attributions importantes du Sénat, on doit mentionner son rôle en tant que gardien du culte de la cité, son pouvoir d'autoriser les dépenses (pour la guerre et pour les travaux publics), son droit d'administrer *l'ager publicus* (assignation de la terre conquise) et de fixer les *tributum*, le droit de décider des opérations militaires, la représentation de la cité vis-à-vis des étrangers, son pouvoir de contrôler les magistrats (qui lui rendent compte durant leur fonction et qui les jugent après), enfin, son pouvoir de donner des conseils qui deviendra au fil du temps un véritable pouvoir législatif sous forme de *senatus-consulte*. C'est le Sénat, avec le peuple, mais avant lui (*Senatus populusque Romanus*), qui incarne la cité et la *maiestas senatus* n'est pas moindre que celle du peuple.

Section 2 — Le droit public théologique

Dans la vision théologique du monde, il existe ce que Hegel appelle duplication de la substance : il y a désormais la séparation entre substance divine et substance profane, entre Dieu créateur et monde créé par Dieu. Seul Dieu possède pleinement la dignité ontologique, tandis que le monde créé ne trouve sa raison d'être que dans la volonté de Dieu, ou encore dans son retour à Dieu.

La vision théologique du monde est l'antithèse logique de la vision cosmologique du monde. Elle représente un moment nécessaire de la conscience humaine, celui de la différence après le moment de l'identité. Elle correspond à l'adolescence de l'humanité, âge où la conscience commence à devenir réflexive et est capable de séparer ou de distinguer les choses dans un monde jusque-là unitaire. Le péché originel n'est ni plus ni moins que cette césure de la conscience elle-même : conscience réfléchissante et conscience réfléchie. Cette prise de conscience par l'homme de lui-même est le commencement de sa liberté. Mais en même temps, elle est synonyme de la perte de l'innocence ou du paradis, ou de la chute dans l'abîme du bien et du mal, du vrai et du faux, du beau et du laid.

Historiquement, la vision théologique du monde apparaît avec les religions monothéistes. L'origine des trois religions monothéistes les plus importantes, le judaïsme, le christianisme et l'islam se trouve dans la religion d'Abraham. Comme l'ancêtre d'une tribu nomade, celui-ci, après avoir rompu tous les liens avec le peuple dont il était issu, errait dans de vastes étendues désertiques, au gré d'oasis ou de pâturages. En projetant sa conscience solitaire vers la voûte céleste, il avait conçu le dieu unique comme le créateur et le dominateur du monde. Selon toute vraisemblance, le monothéisme ne peut naître que dans des régions désertiques, alors que dans les contrées où foisonnent les végétations luxuriantes et les animaux sauvages, les hommes ont toujours tendance à voir derrière chaque chose une force magique ou un dieu (paganisme ou polythéisme).

Ces trois religions, tout en partageant foncièrement la même vision du monde, maintiennent néanmoins leur divergence, en fonction de leur manière respective de concevoir la relation entre Dieu créateur et le monde créé. Parmi elles, il existe également un rapport dialectique. Pour le judaïsme, la séparation entre Dieu et le monde est absolue, radicale. Pour le christianisme, en dépit de la différence entre Dieu et le monde créé, un lien existe néanmoins entre les deux par la venue de Jésus Christ. Le messianisme chrétien annonce pour ainsi dire l'union possible entre Dieu et le monde (la rédemption) ou ce que Hegel appelle principe de l'identité de l'identité et de la différence (la conciliation de l'homme et de Dieu se réalise dans Jésus Christ). Pour l'islam, apparu après le judaïsme et le christianisme, la différence entre Dieu et le monde est minimisée voire supprimée, cela non pas à proprement parler d'un point de vue spéculatif, mais sur le plan de la stratégie pratique : en optant pour l'obéissance absolue envers Dieu, les musulmans suppriment pour ainsi dire la distance qui les sépare de ce dernier. La rédemption, au lieu d'être une éternelle promesse, comme dans le christianisme, est considérée comme d'ores et déjà réalisée avec l'arrivée des prophètes. Au lieu d'être caché, Dieu s'est définitivement et totalement révélé dans le monde, à travers les paroles des prophètes. Ces derniers ne sont pas des fils de Dieu, mais sont uniquement des hommes : Moïse, Jésus et Mahomet. En raison de cette révélation totale de Dieu dans le monde, le paradis n'est plus un lendemain qui s'ajourne indéfiniment (comme c'est le cas chez les chrétiens), mais se confond d'ores et déjà avec le présent, éternel et immuable. Dans ces conditions, l'idée de l'histoire ou du progrès est logiquement absente de l'islam, alors qu'elle est inhérente au christianisme. D'où résulte un immobilisme apparent dans le monde musulman. Dans un certain sens, l'islam est un christianisme devenu impatient : en accentuant l'identité là où le judaïsme conçoit la différence radicale et le christianisme maintient la différence relative, l'islam se veut être une religion d'ores et déjà parfaite, car après elle, il n'y aura plus rien à ajouter ni à retrancher. Les deux crédos essentiels de l'islam, celui de l'unité absolue de Dieu et celui de la clôture du cycle de prophéties par Mahomet, peuvent être considérés comme antithétiques au dogme de la trinité divine et à la promesse de rédemption du christianisme.

Dans la vision théologique du monde, le droit en général, et le droit public en particulier trouvent leur fondement dans la volonté de Dieu. Puisque seul Dieu possède pleinement la dignité ontologique, lui seul il est libre et possède les droits. En face de Dieu, l'homme en tant que créature déchue n'a point des droits, mais a uniquement des devoirs. La souveraineté de Dieu sur les hommes est donc absolue. L'existence de la communauté politique s'explique également par la volonté divine. La cité des hommes doit imiter et retourner à la cité de Dieu. Le droit public est dans ce contexte nécessairement un droit théocratique.

Mais en fonction de leur manière respective de concevoir la relation entre l'homme et Dieu, les trois religions n'ont pas les mêmes conceptions du droit et du droit public.

§1 — Le judaïsme

Le judaïsme a trois traits caractéristiques essentiels. D'abord, c'est une religion *historique :* à la différence du paganisme gréco-romain, ici c'est l'homme, sa culture et son histoire qui sont théophaniques et non plus les simples phénomènes de la nature. Ensuite, c'est une religion *prophétique* : Dieu, pour se révéler, a besoin de l'homme (d'où l'Alliance qu'il a faite avec l'homme), plus précisément du peuple juif et de ses prophètes (Noé, Abraham, etc.). Enfin, c'est une religion universelle, mais d'expression particulière : Dieu règne sur toute la création et est le sauveur de tous les peuples. Tout homme a la possibilité d'adopter pour son compte la foi d'Israël, mais à une condition : qu'il souscrive à l'Alliance, qu'il se fasse juif d'esprit, qu'il se soumette au moins pour l'essentiel à la Loi. Sous ces deux aspects apparemment paradoxaux, se cache en effet la cohésion la plus profonde du judaïsme : l'universel se révèle dans et à travers le particulier. Par ailleurs, dès l'avant de l'ère chrétienne, le judaïsme, au cours de la diaspora du peuple juif, offre aux païens deux modes de conversion : le *prosélytisme*, qui comportait la circoncision et la stricte observance du calendrier liturgique et le régime dit « craignant-dieu », qui permettait de rester incirconcis, mais prévoyait la fidélité aux grandes leçons de l'Ecriture et quelques pratiques[113].

[113] Sur ce point, voir Henry Duméry, *Phénoménologie et religion*, puf, 1962.

Dans le judaïsme, la question des droits de l'homme ne se pose pas, ou n'a pas d'importance : l'homme a uniquement le devoir d'obéissance à la volonté de Dieu ou à la loi révélée. La Torah ou les commandements de Dieu (les décalogues révélés à Moise) sont des règles de droit par excellence. Le Talmud, formé des doctrines, des préceptes enseignés par les docteurs juifs les plus reconnus, les anciens rabbins, représente quant à lui la source traditionnelle, dérivée de la volonté divine.

Deux interprétations de la Torah et de ses significations sont à signaler. Selon une interprétation ancienne (celle de l'idéalisme allemand chez Hegel par exemple), la Torah signifierait la loi ou le commandement de Dieu et le judaïsme serait donc une religion d'obéissance, ou ce qui revient au même, une religion de la non-liberté pour les hommes. C'est d'ailleurs en ce sens que Hegel a parlé du positivisme de la religion juive, dans son œuvre de jeunesse intitulée *L'esprit du christianisme et son destin*. Mais une telle conception de la *Torah* est de nos jours de plus en plus contestée. Ainsi selon Herman Cohen ou Emanuel Levinas par exemple, le terme « Torah » ne doit pas être traduit littéralement par la loi, mais doit être compris au sens de l'enseignement. Dieu ne commande pas, mais enseigne aux hommes ce qu'il y a de meilleur pour eux. Aussi l'obéissance à Dieu n'est-elle point synonyme de privation de liberté humaine, mais bien au contraire constitue le fondement même de celle-ci. Par ailleurs, la transcendance radicale de Dieu permet précisément l'ouverture à un autre absolu, ce qui est l'origine même de la liberté humaine : Dieu comme l'absolument autre est donc une invitation à l'espérance et à la liberté. Dans un certain sens, chaque visage humain révèle la transcendance divine et constitue le fondement de notre moralité, selon Levinas.

Dans le judaïsme, le peuple juif, de par son alliance avec Dieu Jehova (un dieu jaloux et exclusif), se définit en effet comme le peuple élu, et cela, quel que soit le lieu de résidence de ses membres. La communauté politique se confond dans ces conditions avec la communauté religieuse. Le Temple était à la fois le symbole du judaïsme et le centre du pouvoir de l'Etat d'Israël. Aussi les destructions du Temple (notamment celle de l'an 70 par les Romains) étaient-elles en même temps la fin de l'Etat juif et le commencement de la diaspora du peuple juif.

La communauté politique s'identifie à la communauté religieuse. Où que soit un juif, de par le fait qu'il est juif, il fait partie de la même communauté. Ce n'est donc pas un hasard si l'Etat Israël de nos jours a vocation à accueillir tous les juifs du monde. Ici, la religion et la politique se confondent, au sens original du terme « religion ».

Le messie que le judaïsme attend sera un roi ou un seigneur, dont la mission consistera à restaurer la monarchie de David, en délivrant le peuple de son exil et reconstruisant le Temple. Le messianisme religieux est en même temps un messianisme politique.

Le droit public est dans ces conditions le droit de la communauté religieuse. Les articles de la foi (ceux de Maimonide 1135-1204 dans son *Guide des Egarés* par exemple) ou des règles compilées par des rabbins (*Shulhan arukh* de Joseph Caro 1488-1575) servent de règles de conduite à la fois aux individus, aux familles et à la communauté.

Pour des raisons historiques, le peuple juif a vécu la plupart du temps dans la diaspora. La communauté religieuse n'a pas pu se concrétiser dans une communauté étatique. La vie religieuse et la vie politique s'organisent autour de différentes synagogues. Les juifs, de par leur appartenance aux différents Etats-nations du monde, font la différence entre leur religion et les Etats politiques dans lesquels ils vivent. « Bons juifs dans la maison, et bons citoyens dans la nation », disent bon nombre des juifs, sous forme de boutade.

Il s'ensuit logiquement que le droit public en tant que droit de l'Etat n'a pas connu une véritable consécration historique.

Le sionisme, en tant que volonté de reconstruire l'Etat d'Israël tel qu'il existait déjà au temps biblique est de nature à la fois politique et religieuse. L'Etat d'Israël, de par son entrée dans l'histoire (1948), marque donc le début possible d'un droit public imprégné du judaïsme.

§2 — Le christianisme

Pour le christianisme, le messie n'est plus à attendre, comme dans l'eschatologie juive, mais est d'ores et déjà apparu en la personne de Jésus. Le salut ne se trouve pas dans un au-delà inaccessible, mais est actualisable dès à présent dans le monde (la promesse de la rédemption).

Selon le christianisme, l'homme est fait à l'image de Dieu. Tout comme Dieu est le créateur du monde, l'homme est lui-même le créateur second de son propre univers de vie. En ce sens, le christianisme contient virtuellement l'humanisme.

A l'instar de Dieu, l'homme est libre et possède des droits. Les droits de l'homme ne sont pas des droits face à Dieu ou contre Dieu, ce qui serait insensé puisque la volonté divine en est la source. Ils sont significatifs surtout par rapport à la nature (un droit de la totale maîtrise et possession, selon le mot célèbre de Descartes) et parmi les êtres humains eux-mêmes. Aussi le droit de l'homme est-il quelque chose de relatif selon la manière dont on interprète la volonté de Dieu.

Le rapport entre le christianisme et l'Etat est complexe et a connu plusieurs phases dialectiques. De cette dialectique résultera, comme nous le verrons plus tard, l'Etat moderne ainsi que le droit public moderne.

Au moment de la naissance du christianisme, chez Jésus et ses apôtres, Dieu et le monde étaient maintenus dans une stricte relation de séparation : rendre à César ce qui est à César et rendre à Dieu ce qui est à Dieu. La religion chrétienne était en ce temps-là une religion apolitique qui se désintéressait de l'Etat et du droit.

Mais à partir de la fondation de l'Eglise chrétienne au premier siècle, l'expansion de la nouvelle religion s'est réalisée très vite dans le cadre territorial de l'Empire romain. Celui-ci sera par ailleurs considéré par certains chrétiens comme une préparation providentielle à l'avènement de la religion chrétienne. Le rapport entre la religion chrétienne et l'Etat ainsi que le droit public a connu par la suite plusieurs variantes.

1) A partir de la conversion de Constantin au christianisme jusqu'à la chute de l'Empire, c'est l'époque de la fusion totale entre la religion et l'Etat. Selon Eusèbe (érudit, historien et chroniqueur proche de Constantin) par exemple, l'Empire romain réaliserait la cité de Dieu sur terre. L'empereur est considéré par lui comme lieutenant de Dieu. Selon lui, Constantin tire son pouvoir de la volonté de Dieu : il est l'ami de Dieu et l'interprète de la Parole. L'empereur entretient des relations directes et personnelles avec Dieu, du fait de son expérience fréquente de la présence divine dans des visions et des songes. Il est paré de toutes les vertus – sagesse, bonté, justice, courage, philanthropie et piété, tant il est lui-même le miroir de l'éclat des vertus de Dieu. Il va sans dire que selon Eusèbe, la monarchie est la meilleure forme de gouvernement : puisqu'il n'y a qu'un seul Dieu, un

seul être suprême, logiquement, il ne peut y avoir qu'un seul empereur.

2) Le Moyen-Age est essentiellement une période de confusion entre le public et le privé ainsi qu'entre le droit public et le droit privé. Mais cette longue période peut être elle-même subdivisée en trois étapes, chacune de ces étapes ayant ses caractéristiques propres.

Le haut Moyen-Age est la période d'une nouvelle séparation très nette entre la religion et l'Etat. Les pères chrétiens commencent à mettre en cause l'intervention de l'Etat romain dans les affaires spirituelles qui doivent relever, selon eux, de l'Eglise. Saint Ambroise de Milan prônait ainsi la soumission de l'Etat à l'Eglise, tandis qu'avec saint Augustin, la cité de Dieu et la cité terrestre sont séparées et maintenues dans leurs différences radicales. La cité de Dieu était conçue comme la cité de l'amour d'autrui, ou de la charité chrétienne, alors que la cité terrestre était identifiée à la cité de l'amour de soi ou de la cupidité. Si la cité de Dieu est parfaite, la cité des hommes est, en revanche, par nature corrompue. Aussi seule la grâce divine permettrait-elle le retour de la cité des hommes à la cité de Dieu. Du point de vue historique, cette période se terminait avec la fin de l'Empire romain occidental et le début de l'invasion des barbares germaniques.

Sur le plan institutionnel, le haut Moyen-Age est surtout marqué par un formidable contraste. Il y a en surface l'existence d'un immense royaume (celui de Clovis 481-511) ou d'un empire (mérovingien et carolingien à partir de 751) qui prétend restaurer l'Empire romain avec la complicité de l'Eglise chrétienne, mais dans la réalité, il y a la féodalisation de la société, en raison même de l'inefficacité et de l'éclatement de l'empire.

L'empire de Charlemagne (couronné à Rome en l'an 800) est de nature théologique. Les barbares germaniques, une fois convertis au christianisme, affichaient leur prétention de restaurer l'Empire romain disparu en Occident. Mais entre l'Etat et l'Eglise, il existera une osmose constante. Si l'empire s'efforçait d'imiter l'Eglise (pendant un temps la clergie était placée sous le patronage de l'empereur qui pouvait même nommer et déposer le Pape), de l'autre côté, l'Eglise se transformait en une sorte d'empire (de nombreux rituels de l'Eglise furent d'origine impériale)[114]. Ce n'est donc point par hasard qu'après l'éclatement de l'empire carolingien, ce fut l'Eglise qui dut assumer de nombreuses fonctions appartenant jadis à l'Etat. Dans un certain sens, l'Eglise était au Moyen-Age une sorte d'Etat théologale qui palliait l'inexistence de l'Etat laïque. Au lieu et à la place d'un droit public étatique, il y avait le droit canonique de l'Eglise romaine.

Ce rapport tumultueux entre Eglise et Etat se maintiendra tout au long du Moyen-Age et de l'époque moderne et est constitutif d'un des traits distinctifs du droit public théologique en Europe occidentale.

Sous la coupole de l'empire défaillant s'est développée progressivement une société largement féodalisée.

A défaut d'un véritable Etat, les hommes organisent leurs rapports sur la base du contrat de fidélité (féodalité veut dire littéralement lien de fidélité). Il convient de souligner le fondement théologique du vasselage et plus généralement de la société médiévale féodale. En l'absence d'une puissance étatique qui garantirait l'exécution du contrat de fidélité, l'efficacité du lien féodal reposait entièrement sur le sermon. Or, comme on le sait, le sermon consistait à invoquer Dieu comme témoin de sa foi, ce qui était une formalité juridique inconnue du droit romain. Il n'est pas étonnant de voir qu'en cas de différend entre un seigneur et son vassal relatif à l'exécution du contrat de fidélité, il appartenait souvent à la Cour du Vatican de trancher le litige.

Pour de nombreux auteurs aujourd'hui, l'époque féodale serait celle de la disparition complète de la distinction entre le public et le privé. Mais une telle opinion mérite selon nous d'être nuancée. Si la relation entre le seigneur et ses vassaux était indéniablement de nature privée et fondée sur le contrat de fidélité, en revanche, il n'est pas interdit de penser qu'à l'intérieur de son domaine (son manoir), un seigneur se comportait bien comme une sorte de puissance publique pour l'ensemble des personnes dépendantes de lui (dont notamment les serfs). Sur ce point, on peut établir une comparaison avec la société internationale de nos jours. En effet dans leurs rapports mutuels, les Etats de nos jours entretiennent un rapport contractuel qui est à maints égards de nature privée, semblable à la relation des individus particuliers à l'intérieur d'un Etat. Mais si l'on envisage le rapport

---

[114] J.H. Burns (sous la direction de), *L'histoire de la pensée politique médiévale*, puf, 1993.

entre l'Etat et ses individus membres, on affirmera sans difficulté qu'il existe un rapport de droit public. Cette combinaison entre la propriété foncière du seigneur (*dominium*) et sa puissance de gouverner son domaine (*imperium*) à l'époque féodale préfigure l'Etat patrimonial que seront plus tard les Etats monarchiques européens.

Moyen Moyen-Age : à partir de la scolastique, celle de Saint Thomas d'Aquin, la raison humaine n'est plus antinomique à la foi, mais est considérée comme son complémentaire nécessaire. Cette revalorisation de la raison s'accompagnera de la réévaluation de l'importance de la cité des hommes. Celle-ci trouvera une nouvelle légitimité religieuse, en tant que moyen de ramener les créatures déchues vers leur créateur. La cité des hommes procède de la cité de Dieu et est appelée à y retourner. Les lois humaines doivent réaliser les lois éternelles et les lois divines révélées. Sur le plan historique, cette revalorisation de la raison humaine et de la cité des hommes par la religion s'est traduit notamment par la tentative de reconstruction germanique du Saint-Empire romain par la maison de Hohenstaufen, avec Frédéric 1er Barberousse en 1152-1190, son fils Henri VI en 1190-1197 et le fils de celui-ci Frédéric II en 1212-1250. La religion et l'Etat se trouvent donc intimement mêlés : d'un côté, l'Eglise s'immisce dans les affaires laïques, et de l'autre, l'empire laïc s'évertue à gagner une légitimité religieuse (à travers la cérémonie du baptême). Entre la papauté et l'empire, complicités et conflits s'enchevêtrent.

Bas Moyen-Age : en dépit d'un bref retour en arrière chez les seconds scolastiques (les Espagnols Francisco de Vitoria, Francisco Suarez, etc.), l'émancipation de la raison humaine par rapport à la foi chrétienne se poursuivra comme l'aboutissement dialectique du christianisme lui-même. Comme le dira plus tard fort pertinemment Feuerbach, il suffit de retourner la formule «Dieu crée l'homme » en « l'homme crée Dieu » pour que les principes les plus intimes et les plus importants du christianisme soient correctement appréhendés (ce sera là en effet la contribution essentielle de Descartes et de Grotius plus tard). Cette émancipation de la raison humaine s'accompagnera historiquement de l'éclatement du Saint-Empire romain et de l'émancipation du pouvoir laïque par rapport à l'Eglise romaine. D'où naîtront aussi progressivement les Etats-nations modernes[115].

---

[115] James Henderson Burns, *Histoire de la pensée politique médiévale*, op.cit.

3) l'Epoque moderne (XVI-XIIIe siècles) est la période de la monarchie de droit divin et du commencement de la distinction entre le droit public et le droit privé.

La monarchie de droit divin de l'époque moderne peut être considérée comme une sorte de retour à l'Etat romain christianisé, mais cette fois sur l'échelle uniquement nationale. Le monarque est considéré comme lieutenant de Dieu sur terre ou comme oint du Seigneur. Son pouvoir provient immédiatement de la volonté de Dieu. Tout comme Dieu est le souverain du monde créé, le monarque est à son tour le souverain de son royaume. Les lois de l'Etat ne sont donc rien d'autre que la manifestation de la volonté du monarque selon son bon plaisir. Certes, le monarque doit lui aussi obéir à des règles tirées notamment de l'Ecriture sainte (selon les célèbres discours de Bossuet), mais ce sont des règles directives et non point coactives.

La distinction entre le droit public et le droit privé a commencé à voir le jour lorsque les monarchies naissantes ne se contentaient plus des règles de droit privé pour régir les affaires du royaume. Et les légistes royaux se sont échinés à trouver des justifications à la prétention du roi, en retournant au droit romain et à son Digeste. Dans son *Traité de l'office* par exemple, Loyseu assimile la seigneurie à l'*imperium* et au *dominium* du droit romain : le roi a à l'égard de son royaume le même droit que le propriétaire sur son domaine. Mais en même temps, il fait la distinction entre seigneurie publique et seigneurie privée. La seigneurie publique est appelée publique parce qu'elle concerne et emporte le commandement ou la puissance publique et qu'elle ne peut être exercée que par la personne publique. La souveraineté royale serait donc de la même nature que la puissance dont le propriétaire dispose à l'égard des choses qu'il possède. La théorie de l'Etat patrimonial est issue directement de cette confusion entre l'*imperium* et le *dominium*.

Progressivement, un nouveau corpus de règles distinctes de celles du droit privé s'est forgé afin de répondre aux besoins de l'administration royale[116].

La théorie de deux corps du roi selon les juristes de l'époque élisabéthaine dénote à sa manière la distinction entre le public et le privé en la personne même du roi. Comme nous l'avons déjà vu, cette

---

[116] Cf. Michael Stolleis, *Histoire du droit public allemand*, op.cit.

théorie peut être considérée comme étant à l'origine de la conception moderne de l'organe de l'Etat[117].

Parallèlement à l'apparition de la théorie du droit naturel moderne (Grotius, Pufendorf, Hobbes etc.) émergeait une nouvelle discipline dite de *jus publicum universale seu naturale* au XVIIe siècle, en Allemagne.

Mais pour que l'humanisme puisse triompher définitivement de la vision théologique du monde, il a fallu attendre la Révolution française qui marquera le début de l'époque contemporaine comme l'ère du droit public anthropologique.

§3 — L'islam

En islam, les droits de l'homme et les droits de Dieu se trouvent pratiquement identifiés. C'est dans la parole de Dieu que l'on trouve immédiatement la source des droits de l'homme et puisque la parole de Dieu a déjà été révélée par les prophètes dont notamment Mahomet, les droits de l'homme trouvent leur source immédiate dans les paroles des prophètes ou dans le Coran. Puisque les lois de Dieu ou les Shari'a sont déjà révélées dans les paroles prophétiques, il suffit d'interpréter correctement le texte du Coran pour déduire les règles de conduite pour les hommes ainsi que leurs droits et leurs devoirs. Parmi les sunnites tout comme parmi les chiites, il y a de nombreuses écoles doctrinales qui adoptent différentes méthodes pour l'interprétation du Coran. A proprement parler, en islam, il n'y a pas ou il ne doit pas y avoir de législateur étatique ou humain. Seul Dieu est législateur. Les Etats positifs peuvent au mieux édicter des Qanun ou de simples ordonnances. La Déclaration des droits de l'homme de 1981 adoptée par le Conseil islamique (à Londres) atteste cette foi dans la toute-puissance de Dieu : « Forts de notre foi dans le fait que Dieu est le maître souverain de toute chose en cette vie immédiate comme en la vie ultime... forts de notre conviction que l'intelligence humaine est incapable d'élaborer la voie la meilleure en vue d'assurer le service de la vie, sans que Dieu ne la guide et ne lui en assure révélation : nous, les musulmans... nous proclamons cette Déclaration, faite au nom de l'Islam, des droits de l'homme tels qu'on peut les déduire du très noble Coran et de la très pure Tradition prophétique (*Sunnah*). A ce titre, ces droits se présentent comme de droits éternels qui ne sauraient

---

[117] Cf. E. Kantorowicz, *Les deux corps du roi*, op.cit.

supporter suppression ou rectification, abrogation ou invalidation. Ce sont des droits qui ont été définis par le Créateur – à lui la louange ! – et aucune créature humaine, quelle qu'elle soit, n'a le droit de les invalider ou de s'y attaquer. »

Contrairement à la religion juive et à la religion chrétienne, l'islam est d'emblée une religion de l'Etat ou plus exactement une religion d'Etat. La fuite de Mahomet de La Mecque vers Médine (Hégire) est aussi et en même temps l'occasion pour la communauté des croyants de se constituer en Etat politique. Le prosélytisme religieux se fait ici par le moyen de la conquête militaire et politique.

Sur la terre de l'islam, tous les croyants forment indistinctement une seule et même communauté, où qu'ils soient. La fraternité religieuse transcende pour ainsi dire les frontières territoriales des Etats-nations. Ou mieux encore, la communauté religieuse prend la place de l'Etat politique. Il ne doit pas y avoir de guerres parmi les nations musulmanes, comme sur la terre chrétienne. La seule guerre que les musulmans peuvent faire, c'est le Jihad ou la guerre sainte contre les non-croyants (ou les infidèles) et les idolâtres.

Il est remarquable que la fulgurante expansion de l'islam n'ait pas pour résultat l'assimilation politique des peuples conquis ou convertis : dès lors que ceux-ci professent leur foi à l'islam, le conquérant arabe leur laisse leurs Etats ou leurs traditions (liberté ou autonomie relative). C'est pourquoi au sein de la seule et même communauté religieuse islamique, il peut subsister de nombreux Etats.

Section 3 — Le droit public anthropologique

Le droit public de l'époque contemporaine est fondé sur la vision anthropologique du monde.

Historiquement, la vision anthropologique du monde est issue de la religion chrétienne. La valorisation de l'homme par le christianisme a préparé la voie de l'humanisme ou l'anthropocentrisme de l'époque contemporaine. L'anthropocentrisme est pour ainsi dire le destin même du christianisme.

Si la vision cosmologique est marquée par le principe de l'identité (thèse), la vision théologique, par celui de la différence (antithèse), la vision anthropologique est, quant à elle, caractérisée par l'identité de l'identité et de la différence (synthèse). Au lieu de la domination de l'homme par la nature comme dans la vision cosmologique, au lieu de la création de l'homme par Dieu comme dans la vision théologique, dans la vision anthropologique du monde, la nature et Dieu sont tous deux considérés comme des créations de l'homme lui-même. La physique moderne depuis Galilée est, comme on le sait, essentiellement une science à base mathématique, c'est-à-dire une science fondée sur les catégories *a priori* de la raison humaine. Le criticisme de Kant apportera à sa manière la justification à la science physique de Galilée et de Newton : la nature en soi (ou le noumène) étant inaccessible, la seule nature que l'homme puisse connaître, c'est son apparition phénoménale, devant la raison humaine. Cette désacralisation de la nature s'accompagnera du désenchantement du monde (mot de Max Weber). Désormais, ce n'est plus Dieu qui crée l'homme. Bien au contraire, c'est l'homme qui crée Dieu, selon la thèse célèbre de Feuerbach dans son livre intitulé *L'essence du christianisme*. Puisque Dieu est l'essence de l'homme aliéné, la religion se ravalera au rang de l'opium du peuple, si l'on suit les auteurs marxistes. Contrairement à la fausse prophétie de Nietzche, Dieu n'est pas mort, puisque le besoin de l'absolu fait partie de la nature même de l'homme, mais a simplement perdu son statut de créateur et dominateur du monde, en devenant désormais une création de l'homme. Toutes les philosophies modernes sont fondamentalement anthropocentriques : l'homme est désormais la figure synthétique du cosmos (ou de la nature) et de Dieu. Derrière le doute radical de Descartes, se cache en réalité le moi gonflé de la confiance en soi avec son *Cogito*. L'idéalisme transcendantal de Kant est entièrement axé sur l'homme lui-même (selon Kant, toute la philosophie consiste à répondre à trois interrogations fondamentales de l'homme, à savoir : que puis-je connaître ? que dois-je faire ? qu'est-ce que je peux espérer ? En un mot, qu'est-ce que l'homme ?). L'existentialisme, un des derniers avatars de la philosophie moderne, est au fond un humanisme (le mot de Sartre). Au lieu de questionner sur l'être comme tel, comme l'on avait fait dans la métaphysique classique, il faut s'intéresser, selon la directive de Heidegger dans son célèbre ouvrage *Sein une Zeit*, à l'étant qui se pose la question de l'être, c'est-à-dire à l'homme lui-même.

Le droit est désormais fondé sur la nature de l'homme. Si l'on continue à parler du droit naturel, ce n'est plus le droit naturel des choses des anciens (à l'époque gréco-romaine), ni le droit naturel divin (au Moyen-Age) qu'on vise. On privilégie dorénavant le droit naturel humain. La nature des choses s'identifie désormais avec la nature de l'homme. Comme l'a annoncé de manière emblématique Hugo Grotius dans sa célèbre introduction au *Jus belli ad pacis*, les préceptes du droit naturel resteront valides, à supposer même que Dieu n'existe pas, ou que les affaires de l'homme ne concernent pas Dieu (*etiamsi daremus*...). Seul l'homme lui-même, ou ce qui revient au même, seule la raison humaine peut être désormais considérée comme le fondement ultime du droit naturel. Le consentement en tant que forme d'expression de la volonté humaine est mis en avant comme source des droits, privé et public. La doctrine du contrat social, inventée jadis par les sophistes grecs, a été redécouverte et systématisée par les rationalistes modernes tels Hobbes, Locke, et Rousseau, afin de justifier l'Etat.

Mais qu'est-ce que l'homme ? A cette question, l'époque contemporaine a apporté successivement trois réponses différentes, ce qui donne naissance à trois types de droits publics : à l'homme envisagé comme individu correspond le droit public individualiste ; à l'homme envisagé comme être collectif ou social correspond le droit public collectiviste, voire socialiste ; enfin à l'homme considéré comme personne humaine correspond le droit public personnaliste. Entre ces trois visions de l'homme ainsi que ces trois types de droits publics, il existe un rapport dialectique : si l'individualisme et le collectivisme forment thèse et antithèse, le personnalisme peut être considéré comme une sorte de tentative de synthèse.

Sur le plan proprement historique, le droit public contemporain a donc connu trois étapes : celle du droit public individualiste, celle du droit public collectiviste ou socialiste, et enfin celle du droit public personnaliste.

Dans un premier temps, par réaction contre la société des ordres et des classes de l'Ancien régime, l'homme en tant qu'individu a été mis à honneur par la bourgeoisie révolutionnaire. Le droit public du 19e siècle est donc de nature essentiellement individualiste. Mais à partir du milieu du 19e siècle, la misère de la classe ouvrière, une des conséquences naturelles du capitalisme sauvage, engendra le marxisme (le socialisme et le communisme). L'homme n'est plus considéré comme un simple individu isolé, ni comme une abstraction citoyenne, mais se présente comme un être socialement situé. Sur le plan historique, le droit public collectiviste prendra la suite du droit public individualiste surtout au cours du 20e siècle. Cependant après ces deux périodes antithétiques viendra nécessairement le temps de la synthèse. A partir de la seconde moitié du 20e siècle et surtout après la chute du Mur de Berlin en 1989, ce n'est plus l'individu humain ni sa contrepartie générique la collectivité ou la communauté qui seront valorisés. Dorénavant, c'est la personne humaine dans son intégralité qui est proclamé un peu partout comme le fondement et le principe des droits, public et privé.

§1 — Le droit public individualiste

C'est essentiellement le droit public du 19e siècle. Son fondement idéologique est l'individualisme.

L'individualisme a des origines diverses, religieuses et philosophiques à la fois. D'après Michel Villey, le christianisme (les pères de désert, la pratique monastique, la confession solitaire augustinienne, la communion individuelle immédiate et directe avec Dieu dans la Réforme luthérienne, etc.), l'humanisme renaissant (Erasmus, Thomas More, Bacon, Montaigne et autres) et le nominalisme (Duns Scot, Guillaume d'Occam, Thomas Hobbes, et plus tard Hume, Bentham, etc.) ont tous contribué à l'émergence de l'individualisme[118].

Mais si l'origine doctrinale de l'individualisme est lointaine, la consécration historique de l'individualisme dans le droit positif ne date que de l'époque de la révolution bourgeoise à la fin du 18e et au début du 19e siècle. Emblématique à cet égard est la *Déclaration des droits de l'Homme et du Citoyen* de 1789 de l'Assemblée Constituante, un texte étendard de la Révolution française qui marquera le début de l'histoire contemporaine. L'ensemble des droits et des libertés de l'homme et du citoyen est centré sur les individus et a pour unique fin le bonheur des individus.

Le droit public individualiste présente plusieurs traits caractéristiques.

La distinction du public et du privé y est relativement simple. Pratiquement, le privé est l'individu, le public est l'Etat. Seul l'individu ou le privé est considéré comme une donnée naturelle, ou une réalité ontologique. L'Etat ou le public n'existe qu'en tant que

[118] Cf. Michel Villey, *Philosophie du droit*, Dalloz, 1978, tome 1.

personne artificielle, construite par les individus, un peu comme une machine à leur service.

Les individus particuliers sont la cause première et la fin ultime de l'existence de l'Etat. Selon Hobbes, le fondateur de la pensée politique moderne (cf. les travaux de Léo Strauss, d'Yves-Charles Zarka, parmi d'autres), par exemple, l'Etat (*the Commonwealth*) est le résultat de l'association des individus. Dans l'état de nature, il n'y a que des individus et ces individus ont tous les droits sur toutes les choses (*jus ominium in omnia*). Mais au lieu d'être des droits véritables, les droits naturels des hommes dans l'état de nature sont l'origine même du non-droit (*Unrecht* en allemand) ou de l'insécurité parmi eux : sur une seule et même chose, s'il y a plusieurs prétentions différentes, il y aura inéluctablement conflit, litige, ou lutte à mort. L'état de nature est par conséquent un état de guerre de tous contre tous, dans lequel l'homme est un loup pour les autres hommes (*homo homini lupus*). Aussi, l'instinct de l'autoconservation, ou ce qui revient au même, l'instinct de la peur de la mort violente pousse les hommes à sortir de l'état de nature par le biais d'un contrat de sujétion (ou *pactum subjectionis)* : chacun transmet l'ensemble de ses droits naturels à un tiers qui peut être un individu ou une assemblée et accepte de se soumettre à son jugement en cas de conflit avec un autre. Ce tiers est donc autorisé à utiliser la force commune pour garantir à tous l'effectivité de leurs droits ainsi que leur sécurité. L'Etat politique, en tant que résultat d'un tel contrat, se présentera à la fois comme un dieu mortel, comme un homme en grand, comme un animal mythique (le Léviathan dans *l'Ancien Testament*) et enfin comme une machine composée[119]. Selon l'analyse de Carl Schmitt, si en tant qu'animal mythique, le Léviathan de Hobbes est bel et bien mort, en tant que machine composée en revanche, il a été entièrement réalisé aux 19e et 20e siècles. Hobbes serait donc à l'origine de l'Etat rationaliste ou de l'Etat légal (cette interprétation de Hobbes par Carl Schmitt a été notamment critiquée par Yves-Charles Zarka, en raison de l'antisémitisme qu'elle connote). Malgré des différences très importantes, Locke (*Deux traités sur le gouvernement civil*), Rousseau (*Du contrat social*), Kant (*Doctrine du droit*) et de nos jours encore, John Rawls (*Théorie de la justice*)

---

[119] Cf. Carl Schmitt, *Le Léviathan dans la doctrine de l'Etat de Thomas Hobbes. Sens et échec d'un symbole politique,* trad. Denis Trierweiller, Paris, Seuil (1938), 2002.

peuvent être tous considérés comme des héritiers de Hobbes, dans la mesure où ils placent tous la volonté contractuelle des individus à la base de leur existence collective, ou l'Etat.

Puisque l'Etat résulte du contrat social des individus, sa raison d'être ou sa finalité ne peut être autre chose que le bonheur de ces derniers. La déclaration de l'Indépendance américaine de 1781 et la déclaration française des droits de l'homme et du citoyen de 1789 sont parfaitement convergentes sur ce point. Les droits des individus sont innés ou naturels. Ils sont de deux ordres : ceux de l'individu privé, et ceux du citoyen, en tant que membre constitutif de l'Etat. En tant qu'individu privé, l'homme a trois types de droit par rapport aux différents aspects de son existence. Comme être spirituel, l'homme a notamment la liberté de penser et de croyance, un des droits les plus précieux de l'homme selon la Déclaration française de 1789. Il a également le droit d'exprimer ce qu'il a pensé ou cru (la liberté d'expression). Comme être physique, informé par l'esprit, l'homme a le droit à son intégrité physique, à la liberté d'aller et venir, à ne pas être puni arbitrairement, etc. En tant que synthèse de l'esprit et du corps, l'homme a la liberté d'entreprendre, et surtout le droit à la propriété (celle-ci étant le fruit de son travail ou de sa libre entreprise). En tant que citoyen, ou membre constitutif de l'Etat, l'homme a le droit de participer à la gestion des affaires de la cité, ou ce qui revient au même, à la formation de la volonté de l'Etat ou à l'élaboration des lois de l'Etat, soit directement lui-même soit par le biais de ses représentants. Il a le droit d'accéder aux emplois publics. Il a le droit de consentir aux impôts et le droit de demander des comptes aux agents publics sur leur manière de gérer les affaires communes, etc.

La primauté des individus a pour corollaire logique la conception minimaliste de l'Etat. L'individualisme philosophique implique nécessairement le libéralisme politique et économique. L'Etat doit laisser agir librement les individus (*laissez-faire*) et se contenter de fonctions régaliennes (police, justice et armée, etc.). Il n'a qu'un simple rôle de gendarme ou de veilleur de nuit. Toutes les sanctions pénales doivent être prévues par les lois de l'Etat (*nullum crimen, nulla poena sine lege*) et les lois pénales ne doivent pas être rétroactives. Pour le libéralisme individualiste, l'Etat est avant tout un mal, bien qu'il soit nécessaire.

Afin de garantir les droits et les libertés des individus, il faut que le pouvoir de l'Etat soit en repos, ou s'exerce de concert. La séparation des pouvoirs est dès lors logiquement nécessaire. Selon l'article 16 de la *Déclaration des droits de l'Homme et du Citoyen*, la garantie des droits et la séparation des pouvoirs sont les deux piliers du constitutionnalisme moderne : « Toute société dans laquelle la garantie de droits n'est pas assurée, ni la séparation des pouvoirs déterminée, n'a point de constitution ». Selon Montesquieu, outre sa signification sociologique (les pouvoirs législatif, exécutif et judiciaire de l'Etat ne doivent pas appartenir à un seul homme ou à un seul groupement d'hommes), la séparation des pouvoirs implique surtout la répartition de la faculté de statuer et de la faculté d'empêcher au sein de chacun des pouvoirs de l'Etat, de telle sorte que son exercice soit empêché ou requière alors l'accord de plusieurs organes étatiques différents.

L'application du principe de la séparation des pouvoirs a donné naissance à deux types de régimes politiques : le régime parlementaire et le régime présidentiel.

Le régime parlementaire est né de la transformation de la monarchie britannique du 17e siècle. Au bout d'un long processus dont l'origine remonte au 13e siècle (*Magna Carta* de 1215), le parlement britannique a peu à peu conquis le pouvoir législatif et budgétaire. La loi de l'Etat n'est plus l'expression de la seule volonté du roi, mais est l'expression de la volonté commune du roi et du parlement, ou plus exactement, du roi dans le parlement (the King in parliament). Après la Glorieuse Révolution de 1688, sous les règnes de rois étrangers qui ne parlaient pas l'anglais et qui se désintéressaient des affaires anglaises, est né le premier ministre, qui était chargé par le roi de gérer les affaires à sa place. C'est vers la fin du 18e siècle qu'a été instauré le mécanisme caractéristique de tout régime parlementaire : la responsabilité politique du gouvernement devant le parlement (la démission du cabinet de Lord North en 1782) et la dissolution du parlement par le gouvernement. Comme nous l'avons montré précédemment, dans sa nature profonde, le régime parlementaire est le régime de la spécialisation organique des fonctions législative et exécutive de l'Etat et conduit non pas à l'équilibre des pouvoirs, mais à la confusion des pouvoirs au profit d'un seul organe de l'Etat (le parlement), ou ce qui revient au même, d'un seul groupement d'hommes (le parti majoritaire au sein du parlement)[120].

Le régime présidentiel est celui des Etats-Unis d'Amérique. Contrairement au régime parlementaire qui s'est formé de manière coutumière, le régime américain a été pensé et voulu par les pères fondateurs des Etats-Unis. Dans la *Constitution de 1787*, la recette de la séparation a été délibérément choisie pour organiser les pouvoirs de l'Etat. Le pouvoir législatif est ici partagé entre le Congrès et le président, le premier ayant la faculté de statuer ou le droit d'initiative, le second, la faculté d'empêcher ou le droit de veto. Le pouvoir exécutif est lui aussi partagé de façon analogue : seulement cette fois-ci, c'est le président qui a la faculté de statuer et le Congrès (dont notamment le Sénat) qui a la faculté d'empêcher (ou de consentir). De la sorte, pour l'exercice aussi bien du pouvoir législatif que du pouvoir exécutif, la collaboration du Congrès et du président est toujours nécessaire. Dans sa nature profonde, le régime américain n'est donc pas un véritable régime présidentiel qui aurait concentré tous les pouvoirs de l'Etat entre les mains du seul président. Il est à proprement parler un régime de *checks and balances*. Ce n'est donc pas un hasard si durant des périodes historiques différentes, le régime américain a pu être qualifié tantôt de gouvernement congressionnel[121], tantôt de gouvernement du juge[122], et tantôt enfin de régime présidentiel, à partir du New Deal des années 30.

Comme nous le verrons ci-après, c'est pendant la période du droit public collectiviste que le régime parlementaire se transformera en gouvernement de cabinet[123], et en gouvernement primoministériel, et le régime de *checks and balances* américain évoluera vers le régime dit présidentiel afin d'assumer le nouveau rôle de l'Etat : l'Etat interventionniste ou l'Etat providence.

La distinction entre droit public et droit privé est elle aussi affectée par l'idéologie individualiste. Puisque l'Etat doit être subordonné aux individus, le droit public en tant que droit de l'Etat doit être

---

[120] Pour l'histoire du parlement anglais, voir également Elisabeth Zoller, *Introduction au droit public*, Dalloz. 2006.

[121] Thomas Woodrow Wilson, *Congresional gouvernment*, 1885.

[122] Edouard Lambert, *Le gouvernement des juges et la lutte contre la législation sociale aux Etats-Unis : l'expérience américaine du contrôle judiciaire de la constitutionnalité des lois,* Dalloz, 2005.

[123] Walter Bagehot, *The English constitution*. Op.cit.

subordonné au droit privé. Dans le jargon des juristes universitaires, on dira que le droit privé est le droit commun, que le droit public est le droit d'exception ou droit exorbitant. Le droit privé serait un droit de la liberté et de l'égalité, tandis que le droit public serait un droit de la contrainte et de l'inégalité. D'aucuns diront même que le droit privé, c'est le spiritualisme, le droit public, le matérialisme ! En droit privé, l'acte juridique par excellence serait le contrat ou le consentement de volontés. En droit public, il serait l'acte unilatéral ou la contrainte, etc.

L'ensemble des droits de l'Etat se résume en un seul droit, à savoir celui de la souveraineté. L'Etat a la souveraineté, car il est la personnification juridique de la nation[124].

Historiquement, la souveraineté nationale est issue de la souveraineté royale de l'Ancien Régime. Si à l'origine, le terme « souveraineté » signifiait surtout le caractère suprême de la puissance du seigneur à l'intérieur de son domaine, à partir de Jean Bodin notamment, il signifierait la puissance du seigneur ou du roi tout court (chez les juristes allemands, la qualité souveraine d'une puissance se dit *Souveränität*, tandis que la puissance de domination au sens substantiel se dit *Herrschaft*). Les révolutionnaires du 18e et du 19e siècle ne faisaient que remplacer le roi par la nation comme titulaire de la souveraineté. Tout comme la puissance royale sous l'Ancien Régime, la souveraineté nationale sera considérée comme une, indivisible, inaliénable et imprescriptible.

La conception de la souveraineté nationale, en dépit de son ambiguïté, servira de base à l'édifice juridique de l'Etat.

A partir du caractère abstrait de la nation, on déduira l'idée selon laquelle la souveraineté nationale n'appartient à aucun individu, ni à aucun corps d'individus. La nation ne peut s'exprimer qu'à travers ses représentants. Les élus ne représentent pas les électeurs, mais l'entité abstraite qu'est la nation. Le mandat détenu par les élus n'est pas un mandat impératif, mais est un mandat représentatif. La loi de l'Etat est l'expression de la volonté nationale. Tous les autres droits de l'Etat, celui de lever des impôts, d'administrer la justice, de faire la guerre et la paix, etc. sont réductibles au droit de la souveraineté de l'Etat ou de la Nation. Le droit public en tant que droit de la souveraineté de l'Etat est essentiellement un droit de la puissance publique.

---

[124] A. Esmein, *Droit constitutionnel*, 5e édition, 1909, p. 1 et 2.

Mais en même temps face à l'Etat et ses organes, l'individu possède des droits et des libertés. Ces droits sont qualifiés de naturels et font l'objet de déclarations ou de garanties. Ils forment les droits publics subjectifs selon les juristes allemands. L'existence de ces droits publics subjectifs justifiera les différents types de recours dont les individus disposent à l'encontre de l'Etat : le recours pour excès de pouvoir et le recours de pleine juridiction en droit administratif français par exemple. Le contrôle juridictionnel des actes administratifs dans le système juridique continental tout comme le *judicial review* dans le monde anglo-saxon a pour but de protéger les droits et les libertés des individus face à l'administration de l'Etat. Et parallèlement, si l'action de l'Etat a causé des préjudices aux individus particuliers, ces derniers ont droit à la réparation. L'existence de la responsabilité de la puissance publique est le corollaire des droits publics subjectifs des individus.

La souveraineté de l'Etat sert également de fondement au droit international public classique : le principe d'indépendance, ou de non-ingérence, le principe d'égalité des Etats sont tous deux déduits de la souveraineté de l'Etat et régissent les relations internationales ainsi que les organisations internationales.

La plupart des concepts du droit public de nos jours sont héritiers du droit public individualiste : la distinction des contentieux (contentieux d'excès de pouvoir et contentieux de la pleine juridiction en France), la notion d'intérêt pour agir, ou de cas d'ouverture, etc. Mais en même temps, ils ont plus ou moins perdu leurs significations d'origine.

§2 — Le droit public collectiviste

Grosso modo, le droit public du 20e siècle peut être qualifié de collectiviste.

Sur le plan idéologique, le collectivisme est un mélange issu du romantisme, de l'hégélianisme, du marxisme et du sociologisme (de Comte et de Spenser). A la manière d'un organisme vivant, le tout social (la société, la classe ou la nation) existe avant les individus particuliers et possède une raison d'être supérieure. Si la société en tant que catégorie de la pensée commence à exister à partir notamment du premier quart du 19e siècle, ce n'est qu'au cours du 20e siècle qu'elle se transmue en véritable idéologie politique et exerce une influence profonde sur la configuration du droit public positif.

L'influence de l'idéologie collectiviste sur le droit public positif s'atteste aussi bien dans les pays socialistes que dans les pays capitalistes.

Dans le bloc des pays dits socialistes, l'Etat absorbe entièrement les individus. La distinction entre le public et le privé n'a plus de sens et a pratiquement disparu, puisque le public est tout, et le privé n'est presque rien. Il n'y a plus de vie privée, toute existence de l'homme étant placée sous le signe du public. Tout droit est toujours public. Le socle du droit privé, le droit de la propriété privée, se trouve ainsi aboli, pour laisser place à la propriété collective : tout le bien appartient à la collectivité et est réparti selon le principe d'« à chacun selon ses besoins ».

En tant qu'appareil de répression de la classe prolétarienne contre la classe bourgeoise, l'Etat socialiste incarne non pas l'intérêt général, mais uniquement l'intérêt de la classe prolétarienne. La partie dirigeante de cette dernière détient donc tous les pouvoirs de l'Etat. L'Etat se confond pratiquement avec le parti communiste. Parallèlement aux organes de l'Etat hiérarchiquement structurés, il existe des organes du parti communiste qui les dirigent et les contrôlent. Le principe de l'unification des pouvoirs remplace celui de la séparation des pouvoirs. Le régime politique dans les pays socialistes n'est ni parlementaire ni présidentiel, mais est un régime dit de « concentration des pouvoirs à base démocratique ». Il s'analyse en une succession de représentations : la base élit des représentants pour former l'organe de l'Etat ou du parti du niveau supérieur qui élira à son tour des représentants qui formeront l'organe de l'Etat ou du parti d'un niveau encore plus élevé et ainsi de suite, jusqu'au sommet de l'Etat ou du parti. En dernier ressort, les pouvoirs de l'Etat et du parti sont nécessairement concentrés entre les mains d'un seul homme. L'Etat est incarné et personnifié par le dirigeant du parti communiste. Le culte personnel du chef est inhérent à cette organisation concentrique du pouvoir de l'Etat socialiste.

Toutes les activités humaines deviennent des fonctions de l'Etat. L'Etat planifie et intervient dans tous les domaines de la vie, économique, sociale et culturelle, etc. L'omniprésence de l'Etat s'accompagne nécessairement d'une bureaucratie administrative toujours plus complexe et plus tatillonne. Il n'y a pas de contrôle juridictionnel de l'administration de l'Etat, ni de véritable droit administratif. Tout au plus, on y trouve une forme partisane du contrôle de l'administration de l'Etat, effectué par le parti communiste.

Dans la mesure où l'intérêt de l'Etat ou de la société est tout, celui des individus particuliers est soluble à celui de l'Etat ou de la société, il n'y a logiquement pas un droit subjectif des individus contre l'Etat. Les décisions prises par les organes dirigeants de l'Etat ou du parti communiste ne peuvent être l'objet d'aucune contestation. Pour une raison similaire, l'Etat ne peut pas non plus causer de préjudices à ses individus membres. Il n'y a donc logiquement pas d'un quelconque régime juridique de la responsabilité de l'Etat.

Dans les pays capitalistes occidentaux, la logique collectiviste a également pénétré au cœur de la construction du droit public au cours du 20e siècle.

Pour Léon Duguit, le droit public subjectiviste (ou métaphysique) et individualiste de l'époque de la Révolution doit céder la place au droit public socialiste ou collectiviste du 20e siècle[125].

La distinction entre le public et le privé n'a plus la même signification qu'auparavant. La sphère privée cède désormais une certaine place à la sphère publique. La propriété privée n'est plus absolue, mais peut être assujettie à l'intérêt général. Sous certaines conditions, l'Etat peut et doit nationaliser les entreprises privées. Le droit public gagne désormais son titre de noblesse et n'est plus considéré comme un droit d'exception à côté du droit privé. Bien au contraire, le droit privé se trouve de plus en plus placé sous le patronage du droit public. Bref, c'est là le phénomène que certains auteurs appellent publicisation du droit privé[126].

La transformation en question affecte aussi bien le droit public organisationnel que le droit public de commerce juridique.

Du point de vue du droit public organisationnel d'abord, l'individu n'est plus considéré comme l'unique fondement ni la fin ultime de l'Etat politique. Bien au contraire, l'Etat a une raison d'être en soi, en tant qu'il est l'expression même de la solidarité organique de ses individus membres et qu'il incarne l'intérêt général. Au lieu d'être un assemblage des individus sur la base contractuelle, l'Etat se présente

[125] Cf. Léon Duguit, *Les transformations du droit public*, op.cit.

[126] Selon Edouard Charlie. Voir sa critique notamment par Charles Eisenmann dans un article déjà cité, « Droit public et droit privé », in *RDP*, 1952.

d'emblée comme une sorte d'organisme vivant qui incarne la nation ou la communauté (*Gemeinschaft*).

Le principe de la séparation des pouvoirs connaît désormais certaines limites dans son application. Aussi bien dans le régime parlementaire que dans le régime présidentiel, la séparation des pouvoirs de façade cède de plus en plus la place à l'unification des pouvoirs dans la réalité. Dans les faits sinon en droit, les pouvoirs se concentrent dans l'organe gouvernemental ou plus exactement entre les mains du chef du gouvernement ou du pouvoir exécutif. Le régime anglais se transmue en régime primoministériel (ou le premier ministre soutenu par une majorité cohérente et disciplinée au sein de la chambre basse House of Commons, cumule à la fois le pouvoir législatif et le pouvoir exécutif), tandis que le régime américain de *checks and balances* se métamorphosera en régime présidentiel. Selon Maurice Hauriou, à la place de la traditionnelle distinction entre le pouvoir législatif et le pouvoir exécutif, il faut mettre désormais l'accent sur l'importance de la distinction entre le pouvoir gouvernemental et le pouvoir électoral (ou du pouvoir du suffrage) : pourvu qu'un groupement d'hommes soit choisi par le corps électoral, il a nécessairement le pouvoir gouvernemental qui totalise tous les pouvoirs de l'Etat, y compris le pouvoir législatif et le pouvoir exécutif. La distinction entre le pouvoir législatif et le pouvoir exécutif, alors même qu'elle reste valide sur le plan de la logique, a perdu son intérêt pratique.

En droit administratif, on substitue dorénavant la notion de service public à celle de puissance publique comme fondement de l'action administrative de l'Etat. Bien que les actes administratifs unilatéraux subsistent toujours dans les domaines relatifs aux fonctions régaliennes de l'Etat (police, justice notamment), ce sont les contrats administratifs qui doivent de plus en plus être utilisés par l'administration publique dans de nombreux domaines économiques, sociaux, culturels, etc.

Le droit public subjectif classique connaît lui aussi une nouvelle configuration. Les individus n'en sont plus les uniques titulaires. A côté d'eux, il en existe d'autres, à caractère collectif, tels les familles, les syndicats, les professions, les partis, etc. Les droits ne sont plus des « droits-libertés », mais deviennent essentiellement des « droits-créances ». De nouveaux droits font leur apparition, comme les droits dits économiques et sociaux selon le préambule de la constitution française de 1946. Le rôle de l'Etat n'est plus celui de l'Etat gendarme, mais est celui de l'Etat providence (Welfare state) ou de l'Etat interventionniste.

Si le droit public socialiste et le droit public collectiviste peuvent être considérés comme deux formes normales, le droit public dans les régimes totalitaires est, en revanche, une forme de réaction extrême, pathologique (selon une expression de René Dumont) par rapport au droit public individualiste. Au nom de la nation (en réalité la race germanique dans le « national-socialisme » d'Adolf Hitler) ou de la classe du prolétariat (dans le stalinisme soviétique), l'Etat se transforme en totalité écrasante face à ses individus membres. La sphère privée est entièrement absorbée par la sphère publique. Le droit privé disparaît au sein du droit public. Au sein de l'Etat règne sans partage le Führer ou le chef du parti communiste. La loi de l'Etat est l'expression de la volonté arbitraire d'un seul. En face de la toute-puissance de l'Etat personnifié par le chef, les individus n'ont pratiquement aucun droit, aucune liberté.

Le droit public de l'Etat totalitaire marque à la fois la limite et la fin du droit public collectiviste.

§3 — Le droit public personnaliste

Après la thèse et l'antithèse que représentent respectivement le droit public individualiste et le droit public collectiviste, viendra le temps de la synthèse que nous pouvons qualifier de droit public personnaliste.

Historiquement, le droit public personnaliste peut être considéré comme la réaction normale au droit public collectiviste hypertrophié, notamment sous sa forme totalitaire. C'est après la Seconde Guerre mondiale que le droit public personnaliste commence à voir le jour, d'abord dans les pays occidentaux et ensuite sur le plan mondial, avec le phénomène de la renaissance du droit naturel. A partir de la chute du Mur de Berlin en 1989, cette tendance ne fait que s'accentuer.

La valorisation de la personne humaine est évidemment fondée sur la ferme conviction que l'homme n'est ni un simple individu, entièrement centré sur son moi égoïste, ni un être purement collectif, toujours animé par l'amour d'autrui, mais est les deux à la fois. S'il est vrai que sur les plans religieux, philosophique, psychologique, éthique, etc., la notion même de personne a toujours suscité des controverses, du point de vue fonctionnel, elle ne représente pas moins l'homme dans sa totalité ou dans son intégralité. La personne humaine est pour ainsi dire la synthèse de l'être individuel et l'être générique de l'homme.

Le droit personnaliste est la négation dialectique du droit individualiste et du droit collectiviste. Il a été préparé par la philosophie de la personne (Kierkegaard, Max Scheler, Gabriel Marcel, Maurice Nédoncelle, etc.) et par le mouvement personnaliste notamment dans les années 50 (le personnalisme communautaire d'Emmanuel Mounier) qui critiquent le morcellement de l'être humain par la conception individualiste et la conception collectiviste. Entre l'individualisme précautionneux du monde petit-bourgeois et l'anonymat collectiviste, les philosophes de la personne refusaient de choisir : il n'était pour eux de personne qu'en société, et la relation interpersonnelle constituait l'expérience première à partir de laquelle pouvait se définir l'ordre personnel. Pour Mounier par exemple, la personne n'est pas une entité juridique qu'il faudrait défendre contre la collectivité. Au contraire, le personnalisme tient que la société est dans l'homme, autant que l'homme est dans la société (« l'individu pour la société et la société pour la personne »). Par opposition à l'individu, être isolé, pure abstraction, la personne est engagée, dès sa naissance, dans une communauté. Par opposition à l'individu, objet arithmétique, élément d'une masse, la personne est un sujet autocréateur : « Elle est la seule réalité que nous connaissions et que nous fassions en même temps du dedans ; elle se conquiert sur l'impersonnel par un mouvement de personnalisation. » Enfin, par opposition à l'individu, entité close, la personne est ouverte à la transcendance, elle est réponse à une « vocation ». La personne est donc l'homme qui se fonde, mais par la négation même de son individualité, s'ouvrant ainsi à la communauté et à l'univers. « L'homme concret, c'est l'homme qui se donne. »[127]

Sur le plan philosophique, on peut considérer la conception personnaliste du droit comme l'aboutissement logique et historique de toutes les discussions sur le droit positif et le droit naturel, le droit objectif et le droit subjectif, le droit substantiel et le droit procédural, etc.

Selon Arthur Kaufmann, par exemple, de nos jours, l'objet ou le thème de tout le discours sur la justice doit être l'homme lui-même,

---

[127] Cf. Article « personnalisme », in *EncyclopædiaUniversalis*, 2005.

non pas l'homme au sens empirique, mais l'homme en tant que *personne*. La personne ne doit pas être prise au sens éthique ou anthropologique, mais dans son sens logico-ontologique original, celui de « rôle », ou l'ensemble des relations que l'homme entretient avec d'autres hommes ou avec les choses. L'idée de droit est une idée de l'homme comme personne. Sans l'idée de l'homme personne, il n'y a point d'idée de droit[128]. L'exigence fondamentale du droit est selon lui celle-là même qui a été autrefois formulée par Hegel : sois une personne et respecte autrui comme des personnes (Das Rechtsgebot ist : « sei ein Person und respektiere die anderen als Personen »[129]).

Les caractéristiques essentielles du droit public personnaliste peuvent être résumées de la manière suivante :

La distinction entre le public et le privé ainsi que celle entre le droit public et le droit privé est relativisée. On s'efforce d'accorder une égale importance à l'existence individuelle et à l'existence collective de l'homme. Le droit public et le droit privé cèdent de plus en plus la place aux droits dits fondamentaux (ou *Grundrechts* en allemand), qui concerneraient tant la vie privée que la vie publique de la personne humaine.

Le public connait désormais une configuration nouvelle : L'Etat n'est plus Etat gendarme ni Etat providence, mais les deux à la fois. D'un côté, le capitalisme libéral demande à l'Etat de laisser libre cours à la concurrence du marché, de l'autre, et paradoxalement, la politique de welfare exige de l'Etat d'intervenir activement pour réguler la concurrence privée et protéger les classes économiquement faibles (le néo-libéralisme). Dans ces conditions, l'action de l'Etat revêt forcément un caractère provisoire, oscillatoire, faute d'une idéologie dominante. A la place du parti de droite (plutôt de nature individualiste) et du parti de gauche (plutôt de nature collectiviste) avec leur idéologie politique caractérisée, il existe désormais des experts qui n'ont qu'une simple vision technocratique de la gestion des affaires publiques. L'Etat gestionnaire s'approche curieusement de l'idéal communiste préconisé autrefois par les auteurs marxistes : au

---

[128] « *Die Idee des Rechts ist die Idee des personalen Menschen – oder sie ist gar nichts* ! », in Artur Kaufmann, « Problemgeshichte der Rechtsphilosophie », in Kaufmann et Neumann, *Einführung in Rechtsphilosophie und Rechtstheorie der Gegenwart*, C.F. Müller, 7e Auflage, 2004 ; et *Grundlegung einer personalen Rechttheorie*, in, RTH 17, 1986.

[129] Hegel, *Grundlinien der Philosophie des Rechts*, fn. 129, §36.

lieu du gouvernement des hommes, il y a désormais l'administration des choses. Le discours managérial centré sur la gouvernance de l'Etat remplace insidieusement les idéologies politiques d'autrefois axées sur les classes sociales, sur la domination de l'Etat, ou encore sur l'indépendance nationale. Au lieu des hommes politiques, ce sont désormais les experts ou les techniciens, cachés derrière toutes sortes de commissions, de conseils, qui gèrent en réalité les affaires de l'Etat.

En même temps, les Etats-nations classiques comme figures par excellence du public ont tendance à se fondre dans de vastes ensembles régionaux ou internationaux. Le phénomène de la régionalisation et de la mondialisation met à mal la vieille souveraineté des Etats-nations : dans le tourment et la douleur, l'humanité s'achemine vers une sorte de *Cosmopolis* ou d'Etat mondial, puisque seul ce dernier satisfait pleinement l'exigence de l'universalité de la personne humaine. En droit international public, au lieu du sacro-saint principe de l'indépendance des Etats souverains, on prône de plus en plus le droit voire le devoir d'ingérence, pour des raisons humanitaires.

Mais parallèlement et en contrepartie, se développe un peu partout la tendance du repli sur soi ou de l'égoïsme local, régional. Le phénomène de la décentralisation et de la régionalisation traduit à sa manière l'individualité irréductible de la personne humaine.

L'organisation de l'Etat combinera désormais le principe libéral et le principe démocratique à la fois (démo-libéral, dira-t-on en France).

Partout on met en avant l'idée de l'Etat de droit en tant que corollaire logique de la personne humaine. Dorénavant, l'Etat n'est plus simplement une machine construite de façon rationnelle pour la réalisation de l'action collective, mais est également un sujet soumis aux règles de droit, à l'instar de n'importe quel autre sujet de droit.

Le contrôle de la constitutionnalité des lois remplacera désormais la séparation des pouvoirs, comme la recette miracle de l'organisation des pouvoirs de l'Etat, dans le discours doctrinal. Derrière l'apparence de faire respecter la constitution par le législateur de l'Etat (une exigence somme toute formelle), le contrôle de la constitutionnalité a aussi et surtout pour but véritable de garantir les droits et les libertés fondamentaux (*Grundrechts*) de la personne humaine. D'un point de vue théorique, le contrôle de la constitutionnalité des lois peut être considéré comme une modalité particulière de l'application du principe de la séparation des pouvoirs : le juge constitutionnel, en contrôlant la constitutionnalité d'une loi, exerce en réalité un droit de veto en matière législative, ce qui veut dire également qu'il partage, sous condition de la saisine, la fonction législative avec l'organe de l'Etat ayant adopté le texte législatif (le parlement sous l'impulsion de gouvernement dans un régime parlementaire, ou le Congrès aux Etats-Unis). Il fait figure de législateur négatif, en face du législateur actif qu'est le parlement ou le Congrès.

Cette valorisation de l'Etat de droit (par rapport à l'Etat légal d'autre fois) doit être mise en parallèle avec son pendant, à savoir la valorisation de la personne humaine. Sous la pression environnementale, scientifique, technologique, etc., on s'efforce d'élaborer des nouveaux droits afin de protéger ce qu'on appelle dignité de la personne humaine. Celle-ci fait l'objet des arrêts retentissants, des thèses volumineuses, des colloques et des conférences interminables un peu partout dans le monde. Le droit à l'avortement ? C'est pour protéger la dignité humaine des femmes. Le droit à être né ou à ne pas être né dans ce monde ? C'est pour protéger la dignité humaine de la future personne du fœtus. Le droit à la santé ou droit à ne pas être né handicapé et le droit de mourir ? Le droit à un environnement sain ? Et le droit à l'amour et à l'eau fraîche ? Et le droit au bonheur ? Toute cette prolifération de droits de l'homme dits de troisième génération (après les droits individualistes et collectivistes) dénote la même intention parfaitement louable : des droits qui permettraient l'épanouissement ou l'accomplissement de la personne humaine.

Le droit public personnaliste est en voie d'élaboration. De par ses exigences intrinsèques, il doit servir la personne humaine dans son intégralité. Aussi n'est-il point anormal de constater que c'est un droit très difficile à mettre en place : les nombreuses divergences et contradictions qu'on constate dans ce droit public personnaliste naissant ne font que traduire les difficultés de la tâche à accomplir.

Conclusion

Si comme synthèse, le droit public anthropologique représente l'étape ultime de la réalisation historique de l'idée du droit public, en tant que négation dialectique du droit public cosmologique et du droit public théologique, il doit en même temps intégrer certains éléments de ces deux types de droit public antérieurs. Il n'est donc pas surprenant de constater que de nos jours, à l'époque même du droit public anthropologique, il existe souvent des mouvements de retour au droit public cosmologique et au droit public théologique. Aussi bien l'écologie que les phénomènes religieux divers (le foisonnement de sectes religieuses ou le regain de faveur de l'Eglise catholique auprès d'une jeunesse assoiffée de la transcendance) laissent penser que les hommes contemporains sont à la recherche d'un nouveau fondement pour leur existence, tantôt en direction de la nature, tantôt en direction de Dieu. Mais derrière le souci de la protection de la nature, ou sous l'apparence de l'amour de Dieu, se cache toujours l'homme lui-même avec ses propres angoisses et désirs.

Par-delà le cosmos, Dieu et l'homme lui-même, il n'y a point d'autres références possibles. Aussi l'humanité sera-t-elle contrainte à choisir entre le droit public cosmologique, le droit public théologique et enfin le droit public anthropologique. Et il est à parier que c'est le droit public anthropologique qui emportera son choix, dans un monde désenchanté où l'homme ne pourra trouver, dans un miroir fabriqué par lui-même, que sa propre image.

Bibliographie

1) M. Hauriou, *Principes de droit public*, Sirey, 1916 ; *Théorie de l'institution et de la fondation*, Cahiers de la Nouvelle journée, 1925, n° 4.

2) L. Duguit, *Traité du droit constitutionnel*, Fontemoing & Cie, 1911 ; *Les transformations du droit public*, A. Colin, 1913 ; *Leçons de droit public général*, Edition de Boccard, 1926.

3) R. de Carré de Malberg, *Contribution à la théorie générale de l'Etat*. CNRS, 1962.

4) G. Jellinek, *l'Etat moderne et ses droits*, édition Panthéon-Assas, diff. LGDJ, 1988 ; *System der subjektiven öffentlichen Rechte*, Fribourg, 1892.

5) J.C. Bluntschli, *Le droit public général* (*Allgemeines Staatsrecht*), Paris, Librairie Guillaumin, 1881.

6) P. Craig, *Public law and democracy in the United Kingdom and the United States of America*, Oxford Clarendon Press. 1990.

7) M. Loughlin, *The idea of public law*, Oxford university press, 2003 ; *Public law and political theory*, Oxford Clarendon press, 1992.

8) CF von Gerber, *Über öffentliche Rechte*, Mohr, Tübingen 1913 ; *Grundzüge eines Systems des deutschen Staatsrechts*, Leibzig, 1865.

9) E. Zollers, *Introduction au droit public*. Dalloz, 2006.

10) S. Goyard-Fabre, *Les principes philosophiques du droit politique*, puf, 1997.

11) H.-W, Arndt und W. Rudolf, *Öffentliches Recht. Grundriss für das Studium der Rechts - und Wirtschaftswissenschaft*. München, 2002.

12) M. Troper, *Pour une théorie juridique de l'Etat*, puf, 1994.

13) M. Stolleis, *Histoire du droit public en Allemagne*, puf, 1998.

14) O. Beaud, *La puissance de l'Etat*, puf, 1994.

15) J.A. Mazères, « Public et privé dans l'œuvre d'Hannah Arendt : de l'opposition de termes en termes de l'opposition », in *RDP*, 2005, p. 1047 et s.

Table des matières

L'HARMATTAN, ITALIA
Via Degli Artisti 15 ; 10124 Torino

L'HARMATTAN HONGRIE
Könyvesbolt ; Kossuth L. u. 14-16
1053 Budapest

L'HARMATTAN BURKINA FASO
Rue 15.167 Route du Pô Patte d'oie
12 BP 226
Ouagadougou 12
(00226) 76 59 79 86

ESPACE L'HARMATTAN KINSHASA
Faculté des Sciences Sociales,
Politiques et Administratives
BP243, KIN XI ; Université de Kinshasa

L'HARMATTAN GUINÉE
Almamya Rue KA 028
En face du restaurant le cèdre
OKB agency BP 3470 Conakry
(00224) 60 20 85 08
harmattanguinee@yahoo.fr

L'HARMATTAN CÔTE D'IVOIRE
M. Etien N'dah Ahmon
Résidence Karl / cité des arts
Abidjan-Cocody 03 BP 1588 Abidjan 03
(00225) 05 77 87 31

L'HARMATTAN MAURITANIE
Espace El Kettab du livre francophone
N° 472 avenue Palais des Congrès
BP 316 Nouakchott
(00222) 63 25 980

L'HARMATTAN CAMEROUN
Immeuble Olympia face à la Camair
BP 11486 Yaoundé
(237) 458.67.00/976.61.66
harmattancam@yahoo.fr

L'HARMATTAN SÉNÉGAL
« Villa Rose », rue de Diourbel X G, Point E
BP 45034 Dakar FANN
(00221) 33 825 98 58 / 77 242 25 08
senharmattan@gmail.com

592124 - Décembre 2014
Achevé d'imprimer par

1livre.com
du rêve à la réalité !